학급에 바로 적용하는
학교상담

Jolie Ziomek-Daigle 편저 | 이은정 · 이주 공역

School Counseling Classroom Guidance
Prevention, Accountability, and Outcomes

학지사

School Counseling Classroom Guidance:
Prevention, Accountability, and Outcomes
by Jolie Ziomek-Daigle

역자 서문

미국에 스쿨 카운슬러(school counselor)가 있다면 한국에는 전문상담교사가 있다. 우리나라의 전문상담교사제도는 1964년 교도교사제도에서 그 뿌리를 찾을 수 있다. 우리나라의 학교상담 정책은 교도교사제도로부터 시작되었으며, 1990년에 교도교사는 진로상담교사로 명칭이 변경되었다. 1998년에 진로상담교사는 전문상담교사로 새로이 명칭이 변경되었으며, 현재까지 그 명칭을 유지하면서 사용되고 있다(이은정, 2024). 2004년 1월 29일에는「학교폭력예방 및 대책에 관한 법률」이 제정되면서 제12조 제1항에 교내 상담실 설치를 명문화했다.「초 · 중등교육법」제19조의2 제1항의 규정에 따라 전문상담교사 배치를 명시했고, 2005년 9월에 중등교사선정임용경쟁시험을 통해 처음으로 교과 수업 없이 학교상담 업무만을 전담하는 전문상담순회교사가 교육지원청에 배치되었다. 2007년 3월에는 단위 학교에 전문상담교사를 배치하기 시작하면서 학생들은 교내에서 전문상담 서비스를 받을 수 있게 되었다.

전문상담교사가 배치된 지 20년이 되었지만, 전문상담교사의 고유 업무에 대한 경계 혼란이나 전문상담교사의 역할과 정체성, 단위 학교 내 교육공동체 구성원 간의 갈등 등에 대한 연구와 교과 교사와 전문상담교사의 승진 차별 등에 대한 이의제기는 계속되는 경향이 있다. 이에 학교상담이 정착된 미국의 사례를 통해 우리나라의 전문상담교사와 학교상담의 현재를 점검해 보고 싶은 호기심이 생기기 시작했다. 특히 2024년 한국교육신문의 보도에 따르면, 우리나라 전문상담교사 배치율은 48.4%로 전국 배치율이 절반도 되지 못한다(한병규, 2023). 이에 비해 이 책에 나와 있듯, 미국 학교의 경우에는 1개 학교에 학교상담자가 1명에서 4명까지 배치되어 있는 사례를 접할 수 있다. 또한 학교상담자 1명당 학생 250명의 비율로 배치하는 것을 미국학교상담자협회(American School Counselor Association: ASCA)에서 권장하는 미국과 달리 36개 학급 또는 1,000명 이상의 대규모 학교에서도 전문상담교사 1명만을 배치하고 있는 우리나라의 실정을 통해 우리나라 학교상담 정책의 한계를 들여다볼 수 있다.

미국의 문화적 · 역사적 배경은 우리나라와 사뭇 다르다. 또한 미국의 학교 시스템과 교원양성체제 등도 한국의 학교 시스템이나 교원양성체제와도 다르다. 하지만 학교상담자의 전문성을 존중하면서 학생의 성장과 학교 발전을 위해 교과 교사, 담임교사, 학교장, 행정팀, 마을교육공동체와 협업하는 미국의 학교상담 문화는 우리가 배워야 할 부분으로 보인다. 특히 미국의 교과 교사와 학교상담자의 협업을 통해 교과 간 연계 교육과정을 구현하고, 학교상담자의 학급적용 상담교육 수업이 진행되는 과정은 인상적이다.

역자는 고등학교 교양심리학 수업을 통해 학생의 학업적 목적 달성을 위한 심리지원과 대학 진학을 위한 준비와 진로설계, 학교폭력의 예방적 효과 등이 나타남을 경험했다(디지털교육연구센터 온라인 공동교육과정팀, 2020). 또한 미술치료 기법을 활용하여 수석교사와 협력 수업을 진행한 경험을 통해 초등학교 수업 시간을 활용한 학생의 자기인식 및 자기돌봄, 타인 조망 수용 능력 등을 강화할 수 있음을 확인했다(신상민, 2023). 새학기 환경 변화로 어려움을 겪는 학생의 심리정서적 지원을 돕고, 담임교사와 학생과의 응집력을 강화하기 위한 프로그램을 운영하며 학교상담 영역에서 학년부와의 협업의 중요성이 강조되어야 함을 깨달을 수 있었다(이윤, 2024).

하지만 여전히 학교장의 상담역량과 교사들의 교과감수성 차이, 전문상담교사 교원양성제도의 한계 등은 교육 현장에서 전문상담교사의 학급적용 상담교육이나 심리지원을 어렵게 하는 요인 중 하나로 작용할 수 있다. 단적으로 한국형 사회정서교육이 한국의 자살 예방 및 생명 존중 교육으로 오용되는 우리나라의 교육 현실이 이를 입증해 준다. 또한 교육학과 심리학의 학문적 배경이 함께 요구되는 학교상담의 특수성과 전문상담교사의 직무 성격 때문에 학교밖 상담센터의 시스템에 대한 사전지식만으로는 학교상담을 온전히 이해하기 어렵다. 학교상담 시스템에서는 상담실에서 이루어지는 개인상담 그 이상의 역할이 요구된다. 따라서 개인상담만이 전문상담교사의 업무라는 인식은 학교상담의 발전을 저해하는 요인 중 하나로 작용될 수 있을 것이라 예상된다. 이 책을 통해 미국의 스쿨 카운슬러, 즉 학교상담자의 역할을 이해하고 이를 통해 한국의 학교상담의 인식과 전문상담교사의 지위에 있어서 새로운 전환을 맞이하는 기회가 되기를 소망해 본다. 이를 위해 원문의 내용을 최대한 살리면서도 한국의 학교상담 현장의 전문가들이 이해하기 쉽도록 표현을 일부 수정하고 역자 주를 달았다.

마지막으로 이 책을 번역할 기회를 주신 학지사 김진환 대표님과 임직원들께 깊은 감사의 마음을 전하고 싶다. 우리의 이 작업이 우리나라 학교상담의 발전에 조금이라도 기여하기를 바라고, 특히 그 영향이 아이들의 심리정서적 안정과 학교생활의 즐거움으로 발현되기를 진심으로 바란다. 지금 현재를 느낄 수 있게 해 주셔서 감사하다.

대표 역자

이은정

|참고문헌|

디지털교육연구센터 온라인 공동교육과정 팀(2020). 2019년 온라인 공동교육과정 시범운영 우수 사례집. 한국교육개발원.

신상민(2023). 백성초, 수석교사와 전문상담교사의 협력 수업. 교육연합신문.

이은정(2024). 전문상담교사가 인식하는 정책대상집단의 사회적 구성 분석 및 정책 개선 연구. 이화여자대학교 대학원 박사학위 청구논문.

이윤(2024). 평택교육지원청, 송탄중학교 학급 응집력 주간 '도란도란 원팀' 운영. 아이뉴스24.

한병규(2023). 전문상담교사 전국 배치율 절반도 안 돼. 한국교육신문.

편저자 서문

미국학교상담자협회에서는 학교상담자의 근무 시간 중 적어도 80%를 학생을 위한 직간접적인 상담 서비스 제공에 사용할 것을 권장하고 있다(ASCA, 2009).[1] 학급적용 상담교육 프로그램은 학교상담자가 학생들의 역량, 기술 및 지식을 함양할 수 있도록 돕기 위해 학교의 광범위한 학업적 교육과정의 일부로 구조화된 수업을 설계하는 전달 체제(delivery system) 중 하나이다. 학급적용 상담교육 프로그램은 교사 및 학교장, 행정팀과의 협업을 통해 수업을 만들어 나가는 종합적인 학교상담 프로그램 운영에 있어서 필수적인 요소이다. 학교상담자는 매일 아동 · 청소년과 만나 일곱 시간을 보낼 수 있다는 점에서 행운이라 할 수 있으며, 학급적용 상담교육 프로그램을 통해 단위 학교의 전교생과 상담 활동을 할 가장 좋은 기회를 얻을 수 있고 보편적인 개입을 제공할 수 있다.

학교상담자 양성 프로그램은 오랫동안 큰 변화가 없었고, 프로그램에 참여하는 학교상담 수련생(예비 학교상담자)에게 학급적용 상담교육 프로그램을 개발하고 학급에 적용하여 운영하는 데 필요한 기술을 배우고, 연습하고, 연마하기 위한 기회를 제공하지도 않았다. 학급적용 상담교육 프로그램은 단독 강의를 통해서만 배울 수 있는 내용이 아니다. 오히려 전공 기초 및 세미나 수업이나 그 이후, 혹은 상담수련 과정에서의 실습에서 다루어야 할 내용에 속한다. 학교상담 수련생은 상담 실습이나 인턴십 중에 학급적용 상담교육 프로그램을 개발해 보고, 현장 평가에서 학급적용 상담교육 프로그램에 포함되어야 할 항목이 반드시 적용되었는지를 확인한다. 그러나 학교상담 수련생과 실무자인 학교상담자에게 기대되는 바와 교육과정에 포함된 내용 간에는 간극이 존재한다. 또다른 수련 과정에서 학교상담 수련생은 조별 과제와 같은 집단 작업, 대인관계 간 상호작용, 내담자인 학생들을 지지하기 위해 관련된 기술들을 배우고 이를 실습 과정에 적용해

1 American School Counselor Association (ASCA). (2009). *The ASCA national model: A framework for school counseling programs*. Author.

본다. 상담 전공 학생들도 학급적용 상담교육 프로그램 개발에 필요한 특정 기술들을 익히는 것이 필요하며, 이는 학급적용 상담교육의 실시뿐만 아니라 학교상담 프로그램 전반의 효과성 제고에도 도움이 된다.

이 책은 학교상담 프로그램을 위한 학급적용 상담교육 프로그램의 기초, 전략 및 관련 연구 성과를 담고 있다. 안녕(건강) 증진을 위한 수단의 하나로 예방 및 예방적 치료에 대한 정부 기관의 관심이 증가하고 있다. 학급적용 상담교육 프로그램은 예방과 증진 모두에 뿌리를 두고 있다는 점에서 독특하다고 할 수 있다. 또한 보편성을 띠며 모든 학생이 동일한 학습 내용과 기술, 역량에 접근할 수 있도록 한다.

이 책은 4부로 구성되어 있다. 제1부에서는 학급적용 상담교육 프로그램과 관련된 학교상담의 역사, 학생 중심의 찾아가는 서비스(전달 체제)로서의 학급적용 상담교육, 미국학교상담자협회가 제시하는 학생 발달의 세 영역(학업, 진로 및 사회/정서적 영역)에 대해 다룬다. 제2부에서는 학급적용 상담교육 프로그램과 관련하여 발달적 · 맥락적 측면에서 고려해야 할 사항과 학교급 및 학년에 따라 달라지는 특수한 사항에 대해 논한다. 제3부에서는 학급적용 상담교육 프로그램 개발의 계획, 실행 및 평가 방법의 핵심 사항을 학생 행동과 학급 내 역동을 다루는 방법과 함께 제시한다. 마지막으로, 제4부에서는 적극적인 협력자로서의 학교상담자의 모습과 학급적용 상담교육 프로그램의 성과 연구 및 향후 방향에 대한 내용을 포함시켰다.

교수자가 학생들의 학습 정도를 파악하는 데 도움을 주고자 각 장마다 선다형 및 주관식 문제를 제공했다. 이 책이 학교상담자 수련 프로그램 간의 간극을 메우고 학교 현장의 상담 업무 관련 실무자들의 전문성을 신장시키는 데 기여하기를 바란다. 학교상담 수련생과 학교상담 현장의 전문상담자 모두가 편안하고 전문적이고 능숙하게 학급적용 상담교육 프로그램을 개발할 수 있어야 한다. 나는 항상 이렇게 말한다. "학교상담자는 세상에서 가장 운이 좋은 사람이다. 매일 아이들을 일곱 시간씩 만날 수 있으니까." 학교상담자들이 주어진 시간을 의미 있게 활용하고, 더 많은 아이에게 다가가고, 모든 사람에게 학교가 더욱 안전하고 좋은 곳이 될 수 있도록 노력하기를 바란다.

차례

PART 02 학급적용 상담교육을 위한 발달적 및 맥락적 고려 사항

CHAPTER 03 초등학교 _ 57

CHAPTER 04 중학교 _ 73

CHAPTER 05 고등학교 _ 107

PART 03 학급적용 상담교육의 계획, 실행 및 평가

CHAPTER 08 촉진 기술과 학급 경영 _ 211

PART 04 학급적용 상담교육 관련 기타 고려 사항

CHAPTER 09 적극적인 협력자로서의 학교상담자 _ 259

PART **01**

찾아가는 상담 서비스로서의 학교상담 및 학급적용 상담교육

CHAPTER 01

상담의 역사, 학교상담의 출현 그리고 학급적용 상담교육

Jolie Ziomek-Daigle

직업국(The Bereau)은 아동이 선택해야 할 직업을 결정해 주기보다는 아동이 직업에 대해 알아보고 스스로 결론을 내릴 수 있도록 돕는 것을 목표로 한다. 이는 직업 선택에 있어서 과학적인 방법을 적용하려는 노력을 하지 않을 때보다 훨씬 더 유효하고 유용할 결과를 가져올 가능성이 높다. 우리의 모토는 지식과 깨달음(light), 정보 전달(information), 영감(inspiration), 협업(cooperation)이다(Parsons, 1909, p. 92).

이 장을 시작하면서 나온 Parsons의 말은 상담의 초기 단계에서부터 내담자의 발달과 역량 강화를 촉진하기 위한 상담자의 직업적 헌신을 강조한다.

제1장에서는 상담 직업(counseling profession)에 대한 간략한 역사, 학교상담 전문 분야(school counseling specialty), 그리고 지난 세기 동안 상담 분야의 동향에 대해 살펴보고자 한다. 또한 책무성 평가(accountability measures)와 더불어 일상적인 위기관리(day-to-day crisis work)에서 예방 프로그램으로의 전환에 대해서도 논의할 예정이다. 마지막으로 승인 기준, 직업의 전문성 기준, 윤리 강령에 대한 검토와 이러한 기준에 포함된 발달을 고려한 학급적용 상담교육 프로그램 개발에 대해 다룰 것이다. 제1장의 학습 내용은 다음과 같다.

- 상담 및 학교상담의 등장, 학급적용 상담교육(classroom guidance)[1] 프로그램 개발의 등장을 이해할 수 있다.

1 classroom은 교실 또는 학급으로 번역할 수 있으나, 이 책에서는 상담교육이 이루어지는 물리적인 장소보다는 학생 집단을 대상으로 이루어지는 상담교육이라는 의미에서 학급으로 번역했다.

- 책무성 평가로 인해 변화된 학교상담자 자격과 자격 요건의 강화에 대해 서술할 수 있다.
- 예방 모형들과 이것들이 학급적용 상담교육 프로그램 개발에 적용되는 방식을 설명할 수 있다.
- 학급적용 상담교육 프로그램 개발과 관련하여 상담 및 관련 교육 프로그램 인증 협의회(Council for Accreditation of Counseling & Related Educational Programs: CACREP)의 2009년 기준과 미국학교상담자협회(American School Counselor Association: ASCA)의 'ASCA 학생의 목적 달성을 위한 마음가짐 및 행동' 지침(Mindsets & Behaviors for Student Success)[2]을 이해할 수 있다.

역사적 배경

직업 지도

학교상담은 20세기 초반 직업 지도(vocational guidance)[3]로 시작되었다. 당시 젊은이들의 직업 수요에 대한 관심으로 인하여 Frank Parsons와 다른 학자들의 연구가 이루어졌으며, 이는 학교상담의 뿌리가 되었다. 당시의 주요 사회적 문제는 아동 노동, 이민/이주, 도시화 등이었기에 학교나 가정에 소속된 개인에서 직업인으로의 이행을 돕기 위해 직업 지도가 나타났다(Herr & Erford, 2011).

학교 체제에 통합된 직업 지도

Parsons의 연구로 매사추세츠주 보스턴의 학교에 직업상담이 도입되었고, 학생들이 노동자로서 필요한 기술들을 얻을 수 있도록 돕기 위한 직업국이 신설되었다. 당시 직업 지도를 옹호했던 많은 사람(즉, George E. Myers나 Anna Reed)은 전통적으로 학교에서 가르쳤던 과목인 수학이나 과학처럼 진로 탐색(career exploration)이 교육과정에 반드시

2 이때 student success는 academic success, college career readiness, social/emotional development의 성공, 즉 목적 달성을 의미한다.

3 대한민국 영문법령명에 따라 직업 지도로 번역했다(https://elaw.klri.re.kr/kor_service/lawTotalSearch.do).

포함되어야 한다고 보았다. 이 시기에는 단순히 학생들의 직업에 대한 욕구(vocational needs)에 맞추는 것 이상으로 직업 지도 과정이 철저하게 진행되어야 한다고 보았다(Sink, 2005). 이후 학급 단위 교육 프로그램이 개발되었고, 프로그램에는 가정에서의 생활, 선량한 시민으로서의 삶, 스스로를 돌보며 타인과 어울리는 삶 등 일상적인 경험에 대한 광범위한 주제들이 포함되었다.

〈연습문제 1-1〉을 통해 진로상담 및 대학상담에서 학교상담이 어떻게 시작되었는지 탐색해 보자.

연습문제 1-1

진로상담 및 대학상담에서 학교상담의 기원 탐색하기

학교상담자는 진로정교화와 중등교육 이후의 교육에 대한 학생의 욕구에 대해 새로운 시각으로 바라보게 되었다. 예를 들어, 조지아주의 「조지아 경제발전을 위한 역량 있는 인재 양성법(BRIDGE AcT)」(2010)[4]과 영부인 Michelle Obama가 발의한 리치 하이어(Reach Higher) 교육캠페인은 학교상담자가 초중등학교에 재학 중인 모든 학생을 대상으로 진로 관련 활동 및 평가를 더욱 많이 실시할 수 있는 기회를 제공한다. 학교상담의 기원과 학교상담이 시작된 배경이 현재의 학교상담자의 역할에 미치는 영향에 대해 논의해 보자. 유사점과 차이점은 각각 무엇인가?

스푸트니크 위성의 발사

이후 수십 년간 학교상담은 전문 분야로서 새롭게 정의됨과 동시에 미국 연방정부로부터 전문 분야로서의 특별한 인식과 지원을 얻게 되었다. 이러한 변화는 제2차 세계대전 이후 발생했다. 1957년 스푸트니크 위성의 발사로 인해 미국 연방정부는 수학과 과학 수준이 소련에 비해 뒤처지고 있다는 결론을 내리게 되었다. 이러한 우려는 1958년 우수한 학생을 가려내어 대학에 진학하도록 하는 것을 최종 목표로 하는 「국방교육법(National Defense Education Act)」의 통과로 이어졌다. 미국 연방정부는 수학 및 과학 성적

4 「조지아 경제발전을 위한 역량 있는 인재 양성법(Building Resourceful Individuals to Develop Georgia's Economy Act: BRIDGE)」은 6~12학년 학생이 대학 및 진로 선택에 관한 다양한 정보를 접할 수 있도록 보장하기 위해 제정되었다.

의 저하를 우려하여 직업 지도 분야의 상담자들이 사정 및 시험관리에 대한 교육을 받게 했고, 이는 직업상담 분야의 형태에 영향을 주었다. 연방정부의 예산으로 공학이나 수학, 과학 분야의 재능을 가진 학생들을 발굴하기 위해 학교상담자를 양성하고 채용하게 되었다. Herr와 Erford(2011)는 이 시기에 학교상담 분야가 입법과 전문화에 의해 정의되었다고 보았다. 학교상담 분야의 전문화 과정에는 미국학교상담자협회[전(前) 미국 인적자원 및 직업 지도 협회(Formerly American Personnel and Guidance Association)]와 같은 여러 관련 조직의 등장도 포함된다. 이 조직들은 전문성과 관련하여 명확한 기준을 세우고 자격 취득을 위해 필요한 교육 요건을 제정했다. 이와 동시에 주 단위의 자격 요건이 생기게 되고, 이에 맞추어 대학들은 직업교육과 상담에 관한 연수 프로그램을 실시하게 되었다.

〈연습문제 1-2〉를 통해 학교상담 분야에 미친 외부 영향에 대해 탐색해 보자.

연습문제 1-2

학교상담 분야에 미친 외부 영향 탐색하기

현재 미국의 우주 프로그램이 존재하지 않거나 멈춰 있다고 보는 사람도 있을 것이다. 해양, 우주, 사이버 공간 중 어디에서든 경쟁국의 전 지구적인 발전이 정부 주도의 새로운 훈련 프로그램을 이끌어 낼 수 있을 것인가? 이러한 사건들은 학교상담자가 어떤 방식으로 지도성을 발휘하는 자리에 있도록 할 것인가?

학교에서의 상담교육 및 상담

이후 수십 년간 여러 법률이 통과되어 학교상담자들의 책임이 증가하게 되었다. 1984년 통과된 「Carl D. Perkins법」과 1995년 통과된 「초등학교 상담 시범법(Elemntary School Counseling Demonstration Act)」[5]은 학교상담자가 아동 학대, 약물 오남용, 진로교육 등의 학생 문제에 관여할 수 있도록 지역 및 주의 규정과 더불어 큰 영향을 미쳤다. 학교상담자가 발달 영역(학업, 진로 및 사회/정서적 영역)에서 더 많은 책임을 부여받게 되면서 책

5 「Carl D. Perkins 직업 및 기술교육법(Carl D. Perkins Career and Technik Education Act)」은 고등학교와 대학교 학생의 직업 및 기술교육을 통해 고숙력, 고임금, 수요가 높은 직업에 진출하도록 지원할 목적으로 제정되었다.

무성과 프로그램 구성 요소의 일체성을 보장하기 위해 종합적인 프로그램 모형이 등장하기 시작했다(Gysbers & Henderson, 2006). 이 기간이 끝나갈 무렵 학교상담 변혁 계획(Transforming School Counseling Initiative; Education Trust, 1997)과 2001년 「아동 낙오 방지법(No Child Left Behind: NCLB)」이 탄생했다. 이어서 학교상담 분야에서 수련 중 책무성 평가(accountability measures)를 늘리고 초중등학교 학생의 학업, 진로 및 사회/정서적 발달을 위한 상담교육과 상담 제공이 잘 융합되도록 했는지를 다룰 것이다.

주(州) 자격 인증의 변화

학교상담 분야가 보다 명확히 규정되기 시작하면서 교원자격 없이도 학교상담자의 자격을 발급받을 수 있게 되었다. 이러한 움직임은 상담 분야 대학원 학위를 가진 사람이 학교에서 전문가로 일할 수 있도록 물꼬를 텄다는 점에서 기념비적인 일이었다. 학교상담자의 교육 및 업무 경험이 더욱 다양해졌고, 학교상담 분야가 전직 교사였던 사람들의 시야를 넘어서 확장되기 시작했다. 주 자격 인증을 받기 위해 교직 경험에 대한 요구를 없앰으로써 대부분의 주에서 학교상담에 대해 흥미를 가진 모든 상담자에게 문호를 개방했다. 그러나 현재 학교상담자로서 교직 경험을 요구하는 주도 있다.

〈연습문제 1-3〉에서는 당신이 거주하는, 혹은 일하고 싶은 주(지역)에서 요구하는 학교상담자 자격에 대해 알아보도록 한다.

연습문제 1-3

학교상담자의 자격 요건 검토하기

당신이 어느 주(지역)에서 일하게 될지 알고 있는가? 교직 경험이 반드시 필요한가? 미국 내에 해당하는 경우, ASCA 홈페이지에서 세부 정보를 확인해 보라.

교직 경험이 더 효과적인 학교상담으로 이어진다는 증거는 부족하다. 그러나 학교상담자는 교실에서의 상담 실제, 효과적인 학급 경영에 관한 역동의 이해, 대규모 학생 집단에 도움을 주기 위한 교실 활용 등의 기술이 필요하다. 이 책에서 다룰 수많은 증거 기반 실제(evidence-based practice)는 학생의 목적 달성을 위한 기술(SSS)이나 '회복탄력성 및 동기 증진 프로그램 와이 트라이?(Why Try?)'[6]와 같은 학급적용 상담교육 프로그램을 통해 적용된다.

증거 기반 실제 + 다수의 학생에게 실시 = 학교상담자 책무성 및 영향

상담의 현재

책무성과 변화된 학교상담자

1990년대 중반에는 기준에 기반한 개혁, 책무성 평가, 소프트웨어와 의사소통 기술의 발전이 시작됐다(House & Martin, 1998). 학교상담자는 학생의 목표 성취에 대해 긴밀히 대화를 나누고, 특히 학생의 성과를 증거에 기반하여 산출하라는 요구를 받았다. 학교상담자가 지지자와 교육 리더로서의 역할을 해야 하는지, 형평성과 접근성(equity and access)에 대한 문제를 다루어야 하는지에 대한 토론도 벌어졌다(Paisley & Hayes, 2003). 학교상담 분야에서의 이러한 변혁적 움직임으로 인해 학생 개인의 필요에 초점을 맞추는 임상적 정신건강 모형보다 모든 학생의 학업, 진로, 대학 진학에 대한 열망에 초점을 맞추는 종합적인 프로그램 개발에 더욱 주목하게 되었다. 이러한 논의 결과와 교육 풍토에 대한 반응으로서 많은 상담 수련 프로그램에서 학교상담자가 제공할 수 있는 기여에 가치를 두고, 아동·청소년의 학업 및 정신건강에 대한 요구에 부응하기 위해 노력하게 되었다. 지금까지 여러 프로그램에서 혁신적인 내용의 수업과 적재적소의 현장 배치를 통해 학교에서 숙련된 실행자이자 교육적 리더로 성장하도록 하는 상담자 양성 수련 모

6 Why Try?(https://whytry.org)는 유치원생부터 고등학생을 대상으로 교사와 학교상담자가 활용할 수 있도록 개발된 교육과정이자 유료 프로그램이다. 이 프로그램은 동기가 부족한 학생들에게 동기를 부여하고, 트라우마를 겪는 학생들을 지원한다. 학생들의 참여도를 높이고, 학업 성취를 향상시키기 위한 간단하고 실질적인 전략과 자료를 제공한다. Why Try? 교육과정은 의사결정, 긍정적인 자아존중감, 정서 조절, 회복탄력적인 사고방식, 또래의 영향과 관계, 문제 해결, 근면과 결단력, 책임감과 기대, 관계 형성, 자기효능감과 같은 열 가지의 필수적인 삶의 기술을 가르친다.

형을 채택하고 있다(Paisley & McMahon, 2001; Siomek-Daigle, MacMahon, & Paisley, 2008).

이 시기의 교육 변혁에 대한 노력은 미국학교상담자협회(ASCA)와 같은 조직이 프로그램을 위한 국가적 표준을 발달시키도록 이끌었다. ASCA의 표준 개발은 학업, 진로 및 사회/정서적 영역에 대한 학생의 역량 및 성과에 집중되었다. ASCA는 곧 『미국학교상담자협회 국가 모형: 학교상담 프로그램을 위한 체계(ASCA National Model: A Framework for School Counseling Programs)』(ASCA, 2012b)를 출간하여 계획(foundation), 관리 체제(management system), 전달 체제(delivery system), 책무성(accountability)의 네 영역에서 학교상담자가 표준에 기반한 프로그램을 개발하는 데 도움을 주었다. 2014년 ASCA는 2004년에 발표한 학생을 위한 국가 표준(National Standards for Students) 대신 'ASCA 학생의 목적 달성을 위한 마음가짐 및 행동(ASCA Mindsets & Behaviors for Student Success)'을 발표했다. 이 지침은 35가지의 표준을 제시하고 있는데, 자료에 기반한 종합적인 학교상담 프로그램에 따라 학생들이 습득해야 하는 특정한 태도, 지식, 기술 등이 포함되어 있다.

책무성과 교육 변혁이 강조되는 현재의 학교 풍토에서 학교상담자는 종합적인 모형에 기반한 프로그램을 개발하는 것에 안주하지 않고 학생들의 긍정적 성과를 이끌어 내도록 노력해야 한다. 따라서 "상담자는 무엇을 하는가?"라는 질문은 "학교상담자가 무엇을 했기에 학생들이 어떻게 달라졌는가?"로 재구성된다(ASCA, 2012b, p. 17). Brown과 Trusty(2005)는 "만약 학교상담자가 학생의 성취도를 높여야 한다면, 학교상담자의 개입에 따른 결과라는 명확한 증거가 제시되어야 한다."(p. 13)라고 제안했다. 졸업률 증가, 학력평가 점수 상승, 외부 연계의 감소와 같은 입증된 성과는 학교상담자의 성과이자 학교 전체의 개선 목표가 되기도 한다. 그러나 이러한 성과들이 상담에 따른 개입 및 중재와 관련된다는 점이 자료로 명확히 뒷받침되어야 한다. 자료 수집 및 분석을 위한 혼합 연구 방법(관찰, 문헌 분석, 포커스 집단, 다중 평가 등)을 통해 학교상담자는 효과성을 입증하는 추가적인 증거를 제시해야 할 수도 있다. 전문성 개발, 수련, 학교심리학자와 특수교육전문가와 같은 동료 전문가들과의 협업을 통해 학교상담자는 증거에 기반한 학교상담이 이루어질 수 있도록 노력해야 한다.

증거 기반 실제는 뒤에서 더욱 자세히 다룰 것이나, 소집단 토론을 통해 〈연습문제 1-4〉의 내용에 대해 나누어 보자.

연습문제 1-4

소집단 토론

증거 기반 실제에 대해 무엇을 알고 있는가? 학생의 성과를 위해 학교상담자가 활용하고 학급적용 상담교육 프로그램 설계를 통해 전달될 수 있는 증거 기반 개입의 예를 떠올려 보라(즉, 학교 참여 증가, 출석률 증가, 외부 연계 감소, 정학 감소). Brown과 Trusty(2005)가 학교상담자에게 요구한 바에 대해 생각해 보라.

학교 기반 예방 프로그램의 중점 사항

학생을 학교에서 직접 접할 수 있는 개인과 학교는 프로그램을 확인하고 예방을 위한 봉사활동을 제공하기에 좋은 위치에 있다. 학교상담자처럼 타인을 돕는 전문 분야에 종사하는 사람은 학교의 타 전문가와 지역사회 내의 전문가와 협력하여 예방을 위한 노력을 할 수 있다. 의학(건강검진, 독감예방접종 등), 컴퓨터공학(바이러스 탐지 프로그램 등), 자동차공학(점검 주기 스케줄 등)에 이르기까지 여러 분야에서도 예방 중점 활동이 이루어지고 있다. 학교상담자가 학생의 위기 사안을 다루느라 예방 활동까지는 관심을 가지지 못하는 것일까? 아니면 예방적 프로그램의 사용 및 평가에 대해 수련을 받지 못했기 때문일까? 어쩌면 두 가지 이유가 모두 해당될까?

학교 기반 예방 프로그램은 사회/정서적 발달, 행동, 학업적 목적 달성과 여러 단기적인 위기 상황과 관련된 결과에 긍정적 영향을 준다. 안타깝게도 책무성 평가의 현재 기조는 학교가 학생의 성과와 관련된 즉각적 요구에만 초점을 맞추게 한다. 전년도 대학진학률, 졸업률, 출석률, 정학률 등과 같은 자료를 바탕으로 학교는 금년도에 실시될 개입을 계획하도록 관리되고 있다. 「아동 낙오 방지법(NCLB)」과 미국의 교육개혁 프로그램 '레이스 투 더 탑(Race to the Top)'의 의무사항을 따르는 학교와 학군에서는 학교장과 교직원이 전년도 자료를 바탕으로 개선책을 마련해야 하며, 이로 인해 2년 또는 4년 동안의 추세나 누적 평균을 효과적으로 검토할 수 없다.

학교 기반 개입은 보편적인 프로그램과 특정 대상을 타겟으로 하는 프로그램으로 나누어 볼 수 있다. 보편적인 프로그램은 보통 전교생을 대상으로 실행되며, 비용이 적당하며, 다양한 위험 요인을 줄이고 질서와 지속 가능성을 유지하는 폭넓은 보호 요인을 촉진하는 것을 목표로 한다(Greenberg, 2010). 이와 달리 특정 대상을 타겟으로 하는 개입/중재는 보통 위기에 처하게 할 수 있는 특성을 가졌거나 현재 기능에 영향을 줄 수 있는 위기를 경험하고 있는 등 특정 집단의 학생을 대상으로 한다. 질병통제예방센터(The Centers for Disease Control and Prevention)나 국립보건원(The National Institute of Health) 등의 홈페이지를 살펴보면 예방적 치료(preventative care)와 학교 기반 예방과 관련하여 현재 진행되고 있는 기금 및 연구 계획을 여럿 찾아볼 수 있다. 이는 학교 기반 중재/개입의 방향과 필요 영역에 대한 증거를 명확히 제공한다. 학교상담 분야를 지속시키며, 학교상담을 통한 개입/중재가 효과적으로 유지하고 그 효과를 보여 주기 위해서는 인식 가능하고 측정 가능한 문제들을 사전에 다룰 수 있는 프로그램을 개발해야 한다. 학교상담 핵심 교육과정에서 만들어 낸 종합적인 학교상담 프로그램과 수업은 보편적인 수준 및 특정 대상을 타겟으로 한 개입과 함께 예방에 중점을 둘 수 있으며, 학급적용 상담교육 프로그램 개발을 통해 가능할 것이다.

학생 중심의 찾아가는 서비스로서의 학급적용 상담교육 프로그램

학교상담자 대 학생의 비율은 주마다, 그리고 각 주 내에서도 지역마다 차이가 있다. ASCA에 따르면, 미국의 평균 학교상담자 대 학생의 비율은 1:471이다(ASCA, 2011). 캘리포니아주에서는 학교상담자 1명이 1,016명의 학생을 담당하는 반면, 와이오밍주에서는 200명의 학생을 담당한다. ASCA에서 권장하는 학교상담자 대 학생의 비율은 1:250이다. 지역별 차이가 크기 때문에 학교상담자 한 사람이 담당하게 될 대략적인 학생 수는 약 500명이라고 보는 것이 좋다. 이 500명의 학생의 가족 또한 잠재적 서비스 대상에 포함된다고 상정해야 한다. 학교상담자 한 사람이 학생 500명과 그 가족에게 전문적인 서비스를 제공하기 위한 방법은 무엇일까? 학교상담자가 예방적인 증거 기반 프로그램과 서비스를 개발하고 제공할 수 있는 방법은 무엇일까?

ASCA 국가 모델(2012b)에서는 학교상담자가 학생들에게 직간접적인 서비스를 제공하는 데 근무시간 중 80% 이상을 할애할 것을 권장한다. 전달 체제(delivery system)의 일부로서 학급적용 상담교육 프로그램은 학교상담의 핵심 교육과정으로 구성되며, 학생들의 역량 개발을 돕는 구조화된 수업을 포함하고 모든 학생이 목적을 달성할 수 있도록 발달 단계상 적합한 지식과 기술을 제공한다. 〈연습문제 1-5〉의 차트에는 학급적용 상담교육 프로그램을 통해 제공할 수 있는 학교 기반 예방 영역에 대한 정보가 제시되어 있다. 이 도표는 아직 완전하지 않다. 동료와 협력하여 추가 주제 영역과 관련 증거 기반 실제를 찾아보라.

연습문제 1-5

학생 발달 영역별 증거 기반 실제의 사례

	학업	진로	사회/정서
주제	학생의 학업적 및 사회적 역량 개발	진로 의사결정과 자기효능감 증대	사회적 및 정서적 학습 향상
증거 기반 실제	학생의 목적 달성을 위한 기술(Student Success Skills; Brigman, Webb, & Campbell, 2007)	디스커버 프로그램(DISCOVER Program; Maples & Luzzo, 2005)[7]	놀라운 시기 프로그램(Incredible Years Program; The Incredible Years, 2013)[8]

예방 모형의 단계

Leavell과 Clark(1958)는 다양한 수준의 예방을 설명하는 모형을 제안했다. 이 모형은 공중보건 분야에 큰 영향을 미쳤는데, 건강과 중증 상태를 양극으로 하는 연속선상에서 질병을 파악하는 한편, 예방 단계 중 첫 두 단계는 사회·문화적 맥락에서 다뤄지기 때문에 학급적용 상담교육 프로그램 제공에 적용될 수 있다. Leavell과 Clark에 따르면, 처음 두 단계의 예방에는 원시적 예방과 1차적 예방이 포함된다.

원시적 예방(primordial prevention)은 특정 집단 내에서 나타나지 않은 위험 요인의 부족으로 묘사되며, 이 단계에서는 유해한 행동을 억제하는 것을 목표로 한다. 이러한 점에서 학급적용 상담교육 프로그램에서의 원시적 예방은 본질적으로 심리교육적인 내용의 전달로 볼 수 있다. 그 예로 초등학교에서 실시하는 아동 안전 및 권리 교육 프로그램 '차일드 헬프/스픽 업/비 세이프(Child Help/Speak UP/Be Safe; 이전의 '바람직한 신체 접촉/

7 사회인지적 진로발달을 위한 프로그램이다.

8 0~12세 아동의 사회정서 역량을 강화하고 문제행동을 예방 및 감소하기 위해 부모, 교사, 아동을 대상으로 하는 다중구성요소 프로그램이다.

바람직하지 않은 신체 접촉 예방 교육'), 고등학교에서의 졸업 요건을 검토하거나 진로 탐색 프로그램을 실시하는 것 등이다.

다음 단계는 1차적 예방(primary prevention)이다. 1차적 예방은 위험 요소가 지역사회에서 주목받는 사회적 관심사가 되었을 때 그 영향에 취약해지기 전에 취하는 조치이다. 예를 들면, 고등학교에서의 대학 진학률이 낮을 때 학교상담자가 학급적용 상담교육 수업을 통해 고등학교 졸업 후의 진로의 다양성에 대해 다루는 것이다. 초등학교의 경우라면 현재 6학년 학생들의 하위 25%에 해당하는 성적을 고려하여 5학년 학생들의 중학교 진학 준비를 지원하는 것이다.

다음에 제시된 〈연습문제 1-6A〉와 〈연습문제 1-6B〉를 통해 예방의 초기 단계와 예방이 어떻게 종합적인 학교상담 프로그램에 통합될 수 있는지에 대해 더 잘 이해할 수 있을 것이다. 소규모 집단을 구성하여 학교급별(초중고)로 예방 수준에 따른 학급적용 학교상담 교육 프로그램의 주제를 정리하고, 학업, 진로 및 사회/정서적 영역별로 개입 방법을 알아보라.

연습문제 1-6A

예방(원시적 예방)의 초기 단계 이해하기

원시적 예방: 학업, 진로 및 사회/정서적 발달을 위해 모든 학생을 대상으로 하는 심리교육적 내용	초등학교	중학교	고등학교
학업			
진로			
사회/정서			

연습문제 1-6B

예방(1차적 예방)의 초기 단계 이해하기

1차적 예방: 모든 학생을 대상으로 하는 심리교육적 내용. 집단 내에 위험 요인이 존재할 수 있음	초등학교	중학교	고등학교
학업			
진로			
사회/정서			

발달을 고려한 상담교육 프로그램 개발

1979년 ASCA에서는 처음으로 발달을 고려한 상담교육(developmental guidance)의 정의를 내렸다. 이 정의에서 예방의 초기 힌트는 발달을 고려한 상담교육을 개인/사회적 측면, 진로 측면, 정서적 · 도덕적 · 인지적 측면과 같은 학생의 삶의 몇 가지 요소의 통합을 촉진하는 것으로 설명했다(ASCA, 1979). 현재 개인/사회적 영역이 사회/정서적 영역으로 변경되었다(ASCA, 2014). ASCA가 내린 정의와 더불어 학교상담 프로그램의 몇몇 초기 모델은 모든 학생을 위해 설계된 지침 교육과정 전달 체계뿐만 아니라 발달/예방적 접근법을 포함했다(Gysbers & Henderson, 2006; Myrick, 1997). 발달을 고려한 상담교육 교육과정은 교실에서 제공되며, 본질적으로 심리교육이며, 새로운 기술을 가르치고, 더 큰 학교 교육과정의 일부로 포함된다. Myrick(1997)은 다음과 같은 구성 요소를 갖는 개발 지침 모델을 제안했다.

- 모든 학생을 대상으로 하여야 한다.
- 편성되고 계획된 교육과정을 포함해야 한다.
- 학교와 학생의 요구를 기반으로 하되 순차적이고 유연해야 한다.
- 전체 교육과정에 통합되어야 한다.
- 교사와 다른 전문가들을 적극적으로 참여시켜야 한다.
- 학생들이 새롭고 유용한 정보를 배울 수 있도록 해야 한다.
- 전문적인 서비스를 제공하는 전문가로서 학교상담자의 역할을 지원해야 한다.

오늘날 학교에서 발달을 고려한 상담교육 교육과정은 공통 핵심 교육과정과 같은 내용 기준에 각 차시에서 다룰 단원과 회기를 연결 지음으로써 더 큰 단위의 학문적 프로그램과 연결될 것이다. 발달을 고려한 상담교육 프로그램에서 학생의 학업적 성과와 목표를 측정하고 이해관계자에게 이러한 결과를 보고하는 평가 절차 또한 현행 학급적용 상담교육 프로그램의 필수 구성 요소이다.

학생이 발달 단계를 거치며 지원과 상담교육이 필요하다는 전제하에 운영되는 학급적용 프로그램은 모든 학생이 접근할 수 있는 플랫폼을 제공하고 그들의 학업, 진로 및 사회/정서적 영역에서의 성장을 촉진한다. 아동 · 청소년 성장에 대한 전문가로서 학교상담자는 발달을 고려한 적절한 콘텐츠로 학생의 기준과 역량을 쉽게 연결할 수 있다.

Campbell과 Dahir(1997)는 학교상담자가 발달적으로 적절한 기준을 지침으로 사용하고, 학업, 진로 및 사회/정서적 발달 영역에서 각 학년별 역량을 파악할 수 있다고 제안했다. 발달을 고려한 상담교육 프로그램은 학교와 학생의 요구에 기반하고, 설정된 기준에 기초하며, 평가와 성과 보고가 되는 차시와 단원을 포함하므로, 1차적 예방의 정의에 부합한다. 〈연습문제 1-7〉은 미국의 주 교육 기준을 학급적용 상담교육 프로그램에 더 잘 연결할 수 있도록 하기 위해 따라야 할 개요를 제공한다.

연습문제 1-7

주 교육 기준을 학급적용 상담교육 프로그램 설계와 연결하기

발달을 고려한 상담교육 프로그램이 초등학교, 중학교, 고등학교 수준에서 어떻게 달라질지 학교폭력 예방을 예로 생각해 보라. 학교폭력 예방에 대한 회기가 어떻게 학교 교육과정에 연결되고 기준을 충족시킬 수 있을까? 학교폭력 예방에 대한 회기는 어떤 내용 영역에 포함될 수 있을까? 당신이 속한 지역의 교육부(교육청) 웹사이트를 보고 학생의 학습 기준을 검토하라. 그리고 다음의 표를 완성하라.

학교폭력 예방에 대한 발달을 고려한 상담교육 프로그램	초등학교	중학교	고등학교
각 차시별로 발달상 적절한 내용과 지지 활동을 정리하라.			
이 차시는 어떤 내용 영역/학급에서 실시될 수 있는가?			
당신의 수업 내용에 맞는 지역의 학생/내용 기준을 정리하라.			

학교상담자가 지니는 전문가로서의 정체성

상담 및 관련 교육 프로그램 인증 협의회가 제시하는 기준

미국에서는 수백 개의 상담 프로그램이 상담 및 관련 교육 프로그램 인증 협의회

(CACREP)의 인증을 받았다. CACREP가 제시하는 기준은 학생들이 상담 내용을 배우고 기술을 효과적으로 사용할 수 있도록 돕기 위해 고안된 것이다. 2009년 개정판(CACREP, 2009)에는 250개 이상의 기준이 포함되어 있으며, 학교상담 전문 분야에는 다른 어떤 영역보다 더 많은 기준이 제시되어 있다.

다음 각 호의 기준은 학교상담 교육과정 및 상담교육 프로그램의 개발 및 시행에 관한 것이다.

- 학생의 학업, 진로 및 사회/정서적 성장을 촉진하기 위한 수업 지침을 제공한다(IV.D.2).
- 교육과정 설계, 수업지도안 개발, 학급경영 전략, 그리고 상담 및 상담교육 관련 자료를 가르치기 위한 차별화된 교육 전략을 이해한다(IV.K.3).
- 학생의 성취도를 높이기 위해 주제와 교육학적 내용 지식 및 기술을 활용하는 차별화된 교육 전략을 구현한다(IV.L.3).

학교상담과 관련된 기준은 상담교육 프로그램의 개발, 수행 및 평가와 직접적인 관련이 있다. 이러한 프로그램을 개발, 수행 및 평가함에 있어 학교상담을 배우는 예비 학교상담자에게 최적의 교육 경험이 제공될 수 있도록 다음과 같은 주제 영역이 기준에 포함된다.

- 윤리적 및 법적으로 고려해야 할 사항
- 학생의 학습과 발달
- 문화적으로 고려해야 할 사항 및 역량
- 전환 프로그램
- 집단 역동
- 학교 풍토
- 부모와 가족의 참여
- 요구사정
- 평가 정보
- 프로그램 평가
- 상담 결과 및 측정 가능한 결과

- 자료의 사용
- 가족, 학교, 마을교육공동체의 협업
- 학교장, 행정팀, 교사, 직원, 마을교육공동체 구성원의 협업
- 또래 프로그램을 활용한 개입

미국학교상담자협회

학생의 목적 달성을 위한 마음가짐 및 행동: 초중등학교의 모든 학생을 위한 대학 진학 및 진로 준비 표준

2014년, ASCA에서는 초중고에 재학 중인 학생을 위한 국가 표준(National Standards for K-12 Students)을 'ASCA 학생의 목적 달성을 위한 마음가짐 및 행동(Mindsets & Behaviors for Student Success)'으로 대체했다. 「아동 낙오 방지법(NCLB)」에 따른 신속한 교육 개혁에 맞춰 학교 체제 전반에 걸쳐 책임 조치가 시행되었다. 「아동 낙오 방지법(NCLB)」은 잠재적으로 교원양성과 달성률에 초점을 맞추게 하는 결과를 만들었지만, 정서적 · 신체적 건강, 학교 안전, 청소년과 가족의 사회경제적 현실과 같은 학생의 성공을 가로막는 잠재적 장애물까지 인식하지는 못했다. 1997년에 처음으로 도입된 학생들을 위한 ASCA 국가 표준은 모든 학교상담자가 사용할 수 있는 최초의 학교상담 체계를 제공했다. 이 체계 안에서 상담자들은 학생들이 종합적인 학교상담 프로그램 참여를 통해 얻어야 할 지식과 기술을 파악하고 우선 순위를 결정할 수 있었다. 현재 ASCA에서 제시하고 있는 'ASCA 학생의 목적 달성을 위한 마음가짐 및 행동'(ASCA, 2014)은 초기 학교상담 체계에서 확장되었으며, 학생 성과에 대한 연구와 모범 사례에 기반한다.

'ASCA 학생의 목적 달성을 위한 마음가짐 및 행동'은 교원 양성, 사회복지, 학교심리학과 같은 다른 전문적인 기준과 통합될 수 있다. 통합된 내용은 도표로 요약 정리하여 교사, 관리자, 학부모 및 지역사회 구성원 등 교육 분야의 관계자들이 함께 논의할 수 있다. 학제 간 시스템이 제공되면 관계자들은 상담적인 개입이 광의의 교육과정, 내용 표준, 공통 핵심 기준 및 학생의 학습 결과와 관련된다는 것을 알게 된다. 여러 토론과 자료 조사 결과는 학교상담 프로그램이 학생들의 학습과 성공을 어떻게 향상시키는지, 종합적인 학교상담 프로그램에 적극적으로 참여함으로써 학생들의 결과가 어떻게 달라지는지에 대한 실증적인 근거를 제시할 수 있다. 'ASCA 학생의 목적 달성을 위한 마음가짐 및 행동'은 ASCA에서 제시하는 국가 모델과 종합적인 학교상담 프로그램의 기반이 된

다. 〈연습문제 1-8〉은 CACREP의 국가 기준(CACREP, 2009)과 ASCA의 'ASCA 학생의 목적 달성을 위한 마음가짐 및 행동'을 통합하는 데 도움이 될 것이며, 나아가 학교상담자의 학습 및 실제에 어떤 영향을 미치고 있는지 더 잘 이해할 수 있을 것이다.

연습문제 1-8

CACREP의 국가 기준과 'ASCA 학생의 목적 달성을 위한 마음가짐 및 행동'을 통합하기

'ASCA 학생의 목적 달성을 위한 마음가짐 및 행동'(2014)을 검토하라. 세 가지 영역(학업, 진로 및 사회/정서)과 관련 전략 및 기술에 주목하여 각 영역별로 기준이 될 만한 단원/차시를 찾아보라. 그리고 CACREP가 제시하는 국가 기준(2009)을 이러한 활동과 매치해 보라. 학교상담자는 상담 관련 서비스나 개입을 통해 학생들이 어떻게 다른지에 대한 근거를 보여야 함을 기억하라. 차시명, 수업 내용, 지원 활동 및 평가에 대해 기록하라.

학교상담자의 역량

ASCA에서는 교사가 학교 환경과 학생의 요구를 충족시키기 위해 갖추어야 할 지식, 태도, 기술을 개략적으로 설명하는 통일된 체계를 제공하기 위해 학교상담자의 역량을 고안했다. 학교상담자를 양성하는 전문가, 학교상담자, 학교상담을 공부하는 학생, 학교장 및 행정팀과 수련감독자는 다음과 같은 방법으로 이러한 역량을 활용할 수 있다.

- 학생이 책임감 있고 종합적인 프로그램을 개발하는 데 필요한 기술을 갖출 수 있도록 대학원 교육과정에서의 훈련 목적으로 활용한다.
- 전문적인 개발 계획을 수립 및 시행할 때 학교상담자 스스로 자기평가 목적으로 활용한다.
- 학교상담 업무에 대한 이해가 있는 수련감독자가 평가 목적으로 활용한다.

ASCA의 '학교상담자가 갖춰야 할 역량(ASCA School Counselor Competencies)'(2012a)은 학교상담 프로그램에 대한 첫 번째 부분을 제외하고는 ASCA에서 제시하는 국가 모델의 구성과 유사하다. 각 부분은 지식, 능력 및 기술, 태도와 관련된 기준을 제시한다. ASCA에서 제시하는 학교상담자가 갖춰야 할 역량의 다섯 가지 요소는 학교상담 프로그램(school counseling programs), 계획(foundations), 운영(management), 전달(delivery) 및 책무성(accountability)을 포함한다. 학급적용 상담교육 프로그램의 전달 체계는 이 다섯 가지 구성 요소 모두와 상호 연관이 있지만, 특히 전달과 관련이 크다. 학교상담자는 'ASCA 학생의 목적 달성을 위한 마음가짐 및 행동'에 부합하는 핵심 교육과정을 통해 학급적용 상담교육 프로그램을 수행하는 데 필요한 능력과 기술을 발휘할 수 있어야 한다. 학교상남 핵심 교육과징에 대한 자세한 내용은 제6장에서 추가적으로 다룰 것이다. 〈연습문제 1-9〉를 통해 학급적용 상담교육 프로그램을 시행할 때 학교상담자로서 자신의 강점과 어려움을 더 잘 이해할 수 있을 것이다.

연습문제 1-9

학급적용 상담교육 프로그램을 실시할 때 경험할 개인적 강점과 어려움 이해하기

'ASCA 학생의 목적 달성을 위한 마음가짐 및 행동'(ASCA, 2014)을 살펴보라. 학교상담 핵심 교육과정을 구현하기 위해 실무자가 실천할 것을 다음과 같이 제안하고 있다. 기존 학생 자료의 활용, 학생과 학교의 요구 충족을 위한 자료와 교육 전략 개발, 교직원의 참여 장려, 다양한 기술 사용, 학생 행동 관리, 프로그램 평가, 그리고 다문화 및 다원적 경향에 대한 이해와 민감한 반응 등이다. 당신의 이전 전문성 경험을 바탕으로 앞서 제시된 내용 중에서 당신에게 도전적인 과제가 무엇인지, 그리고 당신의 능력으로 자신 있게 감당할 수 있는 분야는 무엇인지 파악하라. 이 내용을 동료와 함께 논의해 보라.

ASCA 국가 모델

상담자가 '더 많은 상담을 할 수 있도록' 도와주기 위해 고안된 ASCA 국가 모델(2005)에서는 학생의 성과를 촉진하는 종합적인 자료 기반 학교상담 프로그램의 구성 요소에 관한 틀을 제공한다. 학업, 진로 및 사회/정서적 영역에서 학생 발달과 관련된 지속적인 자료 수집 및 통합 기준을 바탕으로 이 모델은 모든 학생을 위한 접근성 및 형평성 있는 교육의 실시, 종합적인 학교상담 프로그램 효과성의 증거를 제공하는 학생 지식과 기술의 성과, 체계적으로 설계된 프로그램의 수행, 자료에 기반한 의사결정, 자격을 갖춘 학교상담자가 제공하는 서비스와 개입을 촉진한다. 종합적인 학교상담 프로그램에 관련된 사람은 학부모, 교사, 학교장, 행정팀, 학생, 마을교육공동체 구성원 등이다. 이들은 하나의 팀을 구성함으로써 부가적인 가치를 만들어 내며, 프로그램 개선 과정에 지속적으로 참여하게 된다. 종합적인 학교상담 프로그램의 틀은 네 가지 요소로 구성되며, 계획, 전달 및 책무성이 이에 해당한다.

종합적인 학교상담 프로그램의 계획(foundation)은 초점(focus) 위에 구축된다. 프로그램의 초점은 프로그램의 효과성과 학생 성취도에 미치는 영향에 대해 학교상담자가 가진 신념을 포함한다. 이러한 신념은 학생의 결과에 영향을 미침으로써 프로그램의 미래 비전에 영향을 미친다. 마지막으로 종합적인 학교상담 프로그램의 사명은 학교의 전반적인 사명 선언문과 연계되어 있으며 비전 및 사명 선언문이 평가되는 방식을 설명한다. 'ASCA 학생의 목적 달성을 위한 마음가짐 및 행동'과 ASCA가 제시하는 학교상담자 역량 또한 종합적인 학교상담 프로그램의 기반을 구성하는 요소이다.

종합적인 학교상담 프로그램의 운영(management)은 측정, 합의, 그리고 그것들이 의존하는 계획을 명확하게 반영하는 다른 형태의 자료 등으로 구성된다. 달력을 보면 주 단위와 월 단위로 사용된 시간을 알 수 있다. 상담자 역량 및 프로그램 성과에 대한 평가는 연중 진행된다. 프로그램의 목표를 규정하는 연간 합의는 학교장과 행정팀이 검토 및 승인하며, 프로그램별 자문위원회는 지속적인 개선을 위한 의견과 권고사항을 제시한다. 발달을 고려한 상담교육 프로그램 및 소집단 계획과 관련된 프로그램 및 실행 계획의 결과에 대한 자료 분석은 프로그램의 영향과 결과를 알아보는 데 도움이 된다.

종합적인 학교상담 프로그램의 전달(delivery)은 직간접적인 학생 서비스를 통해 이루어진다. 학생은 이 모델에 따른 서비스를 받게 되고, 더 나아가 부모, 학교장, 행정팀, 교사, 마을교육공동체의 구성원들도 상담 과정에 참여하게 된다. 직접적인 서비스로는 개별 학생 상담 및 프로그램, 집단상담, 반응적 서비스, 학교상담 핵심 교육과정 등이 있으며, 간접 서비스에는 의뢰, 자문 제공 및 협업이 해당된다(ASCA, 2012b). 학급적용 상담교육 프로그램은 학생에게 직접적인 서비스를 제공한다는 점에 유의해야 한다.

윤리 강령

내담자 보호를 위해 기관 또는 협회 차원에서 마음가짐 및 행동에 대한 통일성 있는 지침을 개발하여 전문성 있는 서비스 제공의 기준을 제시하고 있다. 학교에서 일하기 위해 훈련을 받고 있는 예비 학교상담자는 미국상담협회(American Counseling Association: ACA)와 ASCA에서 제정한 윤리 강령과 실천 기준을 모두 숙지해야 한다. 또한 CACREP에서의 요구사항으로는 상담 전공 학생들이 현장 배치 전 전문 책임 보험(professional liability insurance)에 가입해야 한다고 명시하고 있다. 전문 책임 보험은 ACA나 ASCA와 같은 상담 관련 단체를 통해 가입할 수 있으며, 학생 할인을 제공하는 경우가 많다.

학교에서 일한다면 내담자에 대한 정의, 미성년자와의 비밀보장 문제, 그리고 학생에 대한 기록을 다루는 것과 관련된 딜레마를 언제나 경험하게 될 것이다. 학교상담자는 반드시 준수해야 할 윤리 기준과 행동 강령을 따르는 것뿐만 아니라, 윤리적 딜레마에 직면했을 때 적절한 판단을 내릴 수 있도록 돕는 의사결정 과정도 활용해야 한다. ACA 윤리 강령 및 실무 기준 지침(Standards of Practice guidelines)과 ASCA 학교상담자 윤리 기준을 모두 검토해 보라. 아이들을 대상으로 일하고 학교 환경에서 상담을 진행하는 것과 관련된 윤리 강령에 세심하게 검토하라. 해당 상황에서 적용되는 윤리 기준을 식별하고, ASCA의 윤리적 의사결정 모델(ASCA, 2010)을 사용하라. 〈연습문제 1-10〉에서는 학급적용 상담교육 프로그램과 관련된 예시 사례에 적용할 수 있는 윤리 기준을 알아보고, 적용하는 연습을 해 볼 것이다.

연습문제 1-10

윤리 기준 확인하기

학급적용 상담교육 프로그램 계획, 미성년자를 대상으로 하는 상담과 비밀보장에 관련된 윤리 기준을 확인해 보자. 다음과 같은 시나리오를 떠올려 보라. Jessica는 남동부 도시 지역에 위치한 클라크 쇼얼스 고등학교에 새로 부임한 학교상담자이다. Jessica는 3명의 학교상담자와 함께 일하는데, 그녀의 담당은 9학년에서 12학년에 재학 중인 학생들 중 성이 영문 알파벳 P에서 T로 시작되는 학생이다. 학교상담자 4명은 9학년 학급을 나누어 맡기로 하고, 담임교사들에게 4차시로 구성된 학급적용 상담교육 프로그램을 제안했다. 고등학교 졸업 요건과 진급에 필요한 학점에 대한 차시를 진행하면서 Jessica는 학생들에게 이번 수업이 끝나기 전에 대답을 듣고 싶은 질문을 종이에 적어 내라고 했다. Jessica는 자신이 개인상담을 담당하지 않는 학생에게 쪽지를 받았다. 메모에는 이 학생이 임신 중이고, 부모 몰래 필요한 의료서비스를 찾는 데 도와줬으면 한다는 내용이 담겨 있었다. 이 상황에서 어떻게 대응할 것인가?

학급적용 상담교육 프로그램을 실시할 때 학교상담자는 윤리적으로 행동하고 교육과정이 학생에게 발달 단계상 적절하고 문화적으로 관련이 있는지 확인해야 한다. 내담자에게 치료를 제공하는 상담자가 문화적으로 민감한 렌즈를 통해 내담자의 인지적 · 사회적 · 언어적 요구를 충족시키듯, 학교상담 교육과정의 설계와 전달도 마찬가지이어야 한다. Hermann, Remley와 Huey(2010)는 학교상담자의 윤리적 지침의 초석이 되는 다섯 가지 도덕적 원칙에 대해 다루었다. 이러한 도덕적 원칙은 윤리적 고려 사항에 포함되는데, 이는 모든 딜레마가 윤리 강령으로 해결되는 것은 아니기 때문이다. 그러나 자율성(autonomy), 무해성(nonmaleficence), 선의(beneficence), 정의(justice) 및 충실성(fidelity)이라는 도덕적 원칙을 사용하여 토론의 방향성을 잡는 데 도움을 얻고 딜레마 상황에서 상충되는 문제들을 더 잘 이해할 수 있다. 학교상담자라는 직업의 윤리적 지침의 기본이 되는 다섯 가지 도덕적 원칙을 각각 검토해 보라. 발달 단계별로 학급적용 상담교육 프로그램을 전달하는 데 발생할 수 있는 상황을 도덕적 원칙별로 찾아보라. 그리고 더 나아가 윤리적 딜레마 상황을 풀기 위한 해결책을 확인하라.

핵심 정리

- 학교상담 분야는 20세기로의 전환기에 직업 지도로부터 시작되었다.
- 학급적용 상담교육은 곧이어 진로 개발과 더불어 개인적 · 사회적 사안을 포함하도록 확대되었다.
- 학교상담자는 전직 교사일 수도 있고 아닐 수도 있다. 학급적용 상담교육의 전달 체계는 종종 수련 프로그램의 후반, 교육 실습과 인턴십 단계에서 다룬다. 본질적으로 발달적인 성격을 가지므로 학급적용 상담교육에 대한 훈련은 수련 프로그램 내내 진행되어야 한다.
- 최근의 책무성 조치와 교육 개혁으로 인해 학교상담자는 "학교상담자가 하는 일이 학생들을 어떻게 변화시키는가?"(ASCA, 2012b, p. 17)라는 질문을 검토하게 되었다.
- 학급적용 상담교육 프로그램은 예방에 뿌리를 둔 프로그램을 시행하기 위한 이상적인 시스템이다.
- 미국의 국가 인증 기준(CACREP)과 전문 단체(ACA, ASCA)는 예비 학교상담자의 학습에 따른 성과에 영향을 미치고 학교상담자의 전문가적 정체성에 기여한다.

요약

이번 장에서는 상담의 역사와 학교상담 전문 분야의 기원에 대해 간략히 제시했다. 책무성 평가와 더불어 학교상담이 어떻게 변화해 왔는지, 예방 기반 프로그램 등 향후 동향에 대해 논의했다. 발달을 고려한 학급적용 상담교육 프로그램과 관련된 인증, 전문적 기준과 윤리 강령도 소개함으로써 학교상담자가 자신의 업무를 어떻게 알리고 직업적 정체성을 어떻게 형성하는지에 대해 독자의 이해를 도왔다.

참 / 고 / 문 / 헌

American Counseling Association (ACA). (2005). *ACA code of ethics*. Alexandria, VA: Author.

American School Counselor Association (ASCA). (1979). *Standards for guidance and counseling programs*. Falls Church, VA: ASCA.

American School Counselor Association (ASCA). (2004). *ASCA National Standards for Students*. Alexandria, VA: Author.

American School Counselor Association (ASCA). (2010). *Ethical principles for school counselors*. Retrieved March 22, 2015, from http://www.schoolcounselor.org/asca/media/asca/Resource%20Center/Legal%20and%20Ethical%20Issues/Sample%20Documents/EthicalStandards2010.pdf

American School Counselor Association (ASCA). (2011). *Student-to-school-counselor ratios 2010-2011*. Retrieved March 22, 2015, from http://www.schoolcounselor.org/asca/media/asca/home/Ratios10-11.pdf

American School Counselor Association (ASCA). (2012a). *ASCA school counselor competencies*. Retrieved March 22, 2015, from http://www.schoolcounselor.org/asca/media/asca/home/SCCompetencies.pdf

American School Counselor Association (ASCA). (2012b). *The ASCA national model: A framework for school counseling programs* (3rd ed.). Alexandria, VA: Author.

American School Counselor Association (ASCA). (2014). *Mindsets and behaviors for student success: K-12 college-and career-readiness standards for every student*. Alexandria, VA: Author.

Brigman, G., Webb, L., & Campbell, C. (2007). Building skills for school success: Improving the academic and social competence of students. *Professional School Counseling, 10*(3), 279-288.

Brown, D., & Trusty, J. (2005). The ASCA national model, accountability, and establishing causal links between school counselors' activities and student outcomes: A reply to Sink. *Professional School Counseling, 9*(1), 13-15.

Campbell, C. A., & Dahir, C. A. (1997). *The national standards for school counseling programs*. Alexandria, VA: American School Counselor Association.

Council for Accreditation of Counseling & Related Educational Programs (CACREP). (2009). *2009 standards for accreditation*. Alexandria, VA: Author.

Education Trust. (1997). *Working definition of school counseling*. Washington, DC: Author.

Greenberg, M. (2010). School-based prevention: Current status and future challenges. Effective *Education, 2*(1), 27-52.

Gysbers, N. C., & Henderson, P. (2006). *Developing and managing your school guidance program* (4th ed.). Alexandria, VA: American Counseling Association.

Hermann, M., Remley, T., & Huey, W. (2010). *Ethical and legal issues in school counseling*. Alexandria, VA: American School Counselor Association.

Herr, E. L., & Erford, B. T. (2011). Historical roots and future issues. In B. T. Erford (Ed.), *Transforming the school counseling profession* (3rd ed., pp. 19-43). Columbus, OH: Pearson Merrill Prentice Hall.

House, R. M., & Martin, P. J. (1998). Advocating for better futures for all students: A new vision for school counselors. *Education, 779*, 284-291.

Leavell, H. R., & Clark, E. G. (1958). *Preventative medicine for the doctor in his community: An epidemiologic approach*. New York, NY: McGraw-Hill.

Maples, M. R., & Luzzo, D. A. (2005). Evaluating DISCOVER's effectiveness in enhancing college students' social cognitive career development. *Career Development Quarterly, 53*, 274-285.

Myrick, R. D. (1997). *Developmental guidance and counseling: A practical approach* (3rd ed.). Minneapolis, MN: Educational Media Corporation.

Paisley, P. O., & Hayes, R. L. (2003). School counseling in the academic domain: Transformation in preparation and practice. *Professional School Counseling, 6*, 198-205.

Paisley, P. O., & McMahon, H. G. (2001). School counseling for the 21st century: Challenges and opportunities. *Professional School Counseling, 5*, 106-115.

Parsons, F. (1909). *Choosing a vocation*. Boston, MA: Houghton Mifflin.

Sink, C. (Ed.). (2005). *Contemporary school counseling: Theory, research, and practice*. Boston, MA: Houghton Mifflin/Lahaska.

The Incredible Years. (2013). [website]. Retrieved March 26, 2015, from http://incredibleyears.com/programs/

Ziomek-Daigle, J., McMahon, H. G., & Paisley, P. O. (2008). Adlerian-based intervention for professional school counselors serving as both counselors and educational leaders. *Journal of Individual Psychology, 64*(4), 450-467.

CHAPTER 02

세 가지의 대영역: 학업, 진로 그리고 사회/정서적 영역

Jolie Ziomek-Daigle

학교상담자는 종합적인 학교상담 프로그램을 설계함에 있어서 모든 학생의 학업, 진로 및 사회/정서적 발달 요구 사항을 다룰 수 있는 특별한 훈련을 이수하고 고유한 자격을 갖추고 있다(ASCA, 2004).

학교상담자는 초중등학교 학생을 대상으로 3개의 대영역에서 상담 서비스와 예방적 개입을 하고 있다. 학교상담의 목적은 학생들이 학업적 목적 달성, 진로와 대학의 이해, 사회/정서적 성장 영역에서 지식과 기술을 숙달하는 것이다. 학업, 진로 및 사회/정서적 발달이라는 세 영역은 ASCA가 만든 틀에 내재되어 있어 학교상담자는 종합적인 프로그램을 개발할 때 세 영역을 모두 포함하게 된다. 이전의 학생을 위한 ASCA 국가 표준(2004)과 'ASCA 학생의 목적 달성을 위한 마음가짐 및 행동'(2014)은 ASCA 국가 모델(2009)의 틀로서 중요한 역할을 한다. 국가 모형과 틀은 학교상담자의 역할과 책임에 대해 정의하고 있으며, 학생의 학업적 목적 달성을 촉진하고, 상담 프로그램을 학습의 필수적인 구성 요소로 다룬다. 제2장의 학습 내용은 다음과 같다.

- 학교상담자가 초중등학교 학생의 발달을 촉진시키기 위해 다루는 세 가지 대영역(학업, 진로 및 사회/정서적 영역)을 이해할 수 있다.
- 세 영역에서 학교상담자의 증거 기반 개입과 관련된 조사와 성과 연구를 설명할 수 있다.
- 학교상담자의 업무가 계획적이고 국가적 및 전문적인 기준과 관련되어 있음을 이해하기 위해 'ASCA 학생의 목적 달성을 위한 마음가짐 및 행동'을 검토할 수 있다.

세 가지 발달 영역에 대한 초중등학교 학생의 요구에 관심 기울이기

ASCA 학생의 목적 달성을 위한 마음가짐 및 행동

'ASCA 학생의 목적 달성을 위한 마음가짐 및 행동'(2014)은 학업, 진로 및 사회/정서적 영역을 학생 발달의 세 가지 광범위한 영역으로 강조한다. "이 세 영역은 학습 과정을 강화시키고 대학이나 진로를 준비하는 문화를 조성하는 마음가짐과 행동을 촉진한다"(ASCA, 2014). 이 틀에는 요구사정과 학습의 성과에 바탕을 둔 35개의 표준이 포함되어 있다. 이 기준은 개인상담, 집단상담, 학급적용 상담교육 프로그램을 통해 세 영역에 적용될 수 있다.

학업 영역

ASCA 국가 모델은 초중등학교 학생의 학업 발달에 중점을 두며, 이는 학업 영역에서 학교상담자의 역할이 중요함을 강조한다. 학업 발달은 학교상담 문헌과 학교상담자의 전문성 개발에서 중시될 뿐만 아니라 다른 영역(진로, 사회/정서적)도 학생의 학업성취도 향상과 관련되어 있기 때문이다. 학교상담자는 실무자이자 교육자로 수련을 받고 초중등학교 학생에게 상담 서비스와 개입을 제공한다. 또한 학교상담 혁신 계획(Transformed School Counseling Initiative)과 같은 운동과 「아동 낙오 방지법(NCLB)」(U.S. Department of Education, 2001)과 같은 교육 개혁 조치를 통해 학교상담 분야의 예산 지원이 이루어진다. 특히 정책입안자, 교육감과 교육행정가, 연방정부나 주정부의 교육공무원이 학교상담자에게 예산 지원을 하기 위한 기준으로 학업성취도는 매우 중요하다. ASCA 국가 모델은 학업성취도를 향상시키기 위한 전략을 강조할 뿐만 아니라 상담자가 사회 변화를 지지하고 모든 학생의 성취 격차를 줄이기 위해 노력해야 한다고 본다.

지난 10년 동안의 엄격한 책무성 평가에도 불구하고 학습자 간 성취 격차는 좁혀지지 않고 있다. 사실 그 격차는 더 커졌다. 특히 인종과 민족, 사회경제적 지위 간 격차는 계속 커지고 있으며, 여기에는 장애 학생도 포함된다. 「아동 낙오 방지법(NCLB)」의 제정은 미국의 실패한 교육 시스템을 조명할 수 있었으나, 가장 도움이 필요한 일부 학교에서는 오히려 불합리한 평가로 교사를 처벌하거나 학생을 유예시키는 경직된 정책을 만들어 냈다(U.S. Department of Education, 2001). 이로 인해 학생의 학업 발달은 학교상담자가,

학생의 교수학습은 관리자와 교사가 책임지게 되었다. 그럼에도 불구하고 종합적인 자료 기반 학교상담 프로그램과 잘 개발된 학교상담 교육과정을 통해 학교상담자는 모든 학생의 학업적 요구에 관심을 기울인다. 〈연습문제 2-1〉을 통해 학업 발달에서 학교상담자의 역할과 교수(instruction) 및 향상(enhancement)의 차이에 대해 생각해 볼 수 있다.

연습문제 2-1

학업 발달에서 학교상담자의 역할에 대해 생각해 보기

잠시 시간을 내어 학교상담자의 역할에 대해 생각해 보자. 교사(그리고 중고등학교 수준에서 여러 교사)는 학년(초등학교) 또는 교과별(수학, 사회)로 수업을 제공한다. 초등 교사는 여러 학년 수준의 모든 교과 내용을, 중등 교사는 교과별로 수업한다. 그러나 상담자는 모든 학생의 학업 능력을 향상시키기를 기대 받는다. 학업적 영역에서의 교수와 학업 능력 향상의 주된 차이는 무엇인가? 둘은 어떠한 관련이 있는가? 관련 연구를 참고할 수도 있다. 당신의 생각과 발견에 대해 동료와 토의해 보자.

학교상담자의 책임은 교내 모든 학생의 학업 발달과 목적 달성을 보장하는 것이다. 이는 출석 문제가 있는 학생, 행동장애를 가진 학생, 정학 대상 학생, 재택 프로그램을 통해 서비스를 받을 수 있는 학생, 미국에서 영어를 배우는 학생과 특수학급에 더 적합한 장애 학생을 포함한다. 학교상담자는 학년 중 특정 시점에 모든 학생과 만나야 한다.[1] 학급적용 상담교육 프로그램은 교실 환경에서 모든 학생에게 접근할 수 있는 전달 체제이다. 연구 결과에 따르면, 학업 발달을 증진시키기 위한 수단으로서 학급적용 상담교육 프로그램을 구성하는 것은 아주 효과적이다(Sink, 2005b).

학교상담자가 학생의 학업적 생활을 개선하는 데 효과적이라는 증거를 보여 주는 것은 쉽지 않다. Brown과 Trusty(2005)는 학교상담 프로그램이 단순한 학업 개입 이상의 것을 수반하며, 학교상담 프로그램의 어떤 요소가 학업성취에 영향을 주는지를 알아내는 것은 어려울 수 있다고 말했다. 게다가 학습 문화를 조성하는 책임을 맡고 있는 것은 교사와 학교장이지 학교상담자가 그 역할을 맡는 것은 아니다. 학교상담자가 학생의 성취도에 어떤 방식으로 직접적인 영향을 주는가는 불분명하다. 안타깝게도 교육 개혁과

1 우리나라의 예로, '학교 상담주간'이 있다.

교육과정 설계에 대한 중요한 논의가 이루어지고 있는 시점임에도 현재 이 분야에 대한 성과 연구가 부족한 상황이다. 연구 결과에 따르면, 학생의 학습과 학업성취에 가장 중요한 영향을 미치는 학교 관련 요소는 교실 수업이다(Galassi & Akos, 2012). 학교상담자는 학생의 학업 발달 및 성취와 관련된 성과를 어떻게 향상시킬 수 있는가?

초중등학교 학생의 학업성취를 촉진하면서 학급적용 상담교육의 형태로 제공되는 프로그램은 많지 않다. 학생의 목적 달성을 위한 기술(Student Success Skills: SSS)은 학업성취를 다루는 학교상담자 주도의 학급적용 상담교육 프로그램이다(Brigman, Campbell, & Webb, 2004; Campbell & Brigman, 2005). 학생의 목적 달성을 위한 기술을 통해 지역 및 주 차원에서 학생의 수학 및 읽기 시험 점수를 향상시킬 수 있었다. 개입은 목표 설정, 진행 상황 모니터링, 능동적이고 적극적인 학습의 세부 기술들을 포함하여 학생들의 학업적 기술, 사회적 기술, 자기관리 기술을 향상시킨다. 여타의 학업 향상 프로그램들[(그 예로, '성공적인 학교생활(Succeeding in School)' '맞춤형 문제 해결 프로그램(Solution Shop)']의 결과는 제한적이었지만 더 탐구하고 연구할 가치가 있다.

Sink(2005b)는 학생의 인지 전략을 강조하는 학급적용 상담교육 프로그램을 통해 학생의 자기조절, 자기관리 및 자기성찰을 돕고 학업 영역을 향상시킨다고 말한다(〈연습문제 2-2〉에 제시된 학생의 목적 달성을 위한 기술 참조). 학업 영역 향상을 위한 추가 활동으로는 정보의 기억과 유지, 조직화, 학습 습관 형성을 위한 연습이 있다. 학생이 학업적 자기조절 기술을 학습할 때 학교상담자는 사회/정서적 발달과 관련된 내용을 포함시켜야 한다. 연구에 따르면, 주요 상호작용 및 관계 기술에 기반하여 개발된 학급적용 상담교육 프로그램은 학업 향상 및 학습에 도움을 준다(Campbell & Brigman, 2005; Sink, 2005b). 동기부여, 자기효능감, 문제 해결력, 적극적 경청, 자신과 타인에 대한 이해, 협력, 참여, 공감과 같은 개념은 학업적 목적 달성과 학습을 향상시킬 뿐만 아니라 심리적으로 건강한 개인의 특징이 될 수 있다(Nicoll, 1994; Sink, 2005a). Galassi와 Akos(2012)는 학교상담자가 소그룹 또는 학급적용 상담교육 활동에서 성취도가 낮은 학생에게 공부 방법과 시험 응시 방법에 대한 개입을 제공하는 연구를 진행했다. 그러나 저자가 제시한 바와 같이, 많은 학교상담자가 자기조절 및 학습 기술을 포함하는 이러한 행동(즉, 공부 기술)의 이면에 있는 더 광범위한 심리학적 개념을 이해하지 못하고 있었다. 〈연습문제 2-2〉에서는 학생의 목적 달성과 관련된 증거 기반 실제로 리뷰할 수 있는 유용한 논문을 소개한다.

연습문제 2-2

논문 리뷰: 증거 기반 실제와 학생의 목적 달성

학생의 목적 달성을 위한 기술(SSS)

학생의 목적 달성을 위한 기술 프로그램은 학생의 학업성취를 지원하는 학교상담 개입의 한 예이다. 2011년 Villares, Lemberger, Brigman과 Webb이 『Journal of Humanistic Counseling』에 기고한 「학생의 목적 달성을 위한 기술: 인본주의 이론에 근거한 증거 기반 학교상담 프로그램(Student Success Skills: An Evidence-Based School Counseling Program Grounded in Humanistic Theory)」이라는 제목의 논문을 리뷰하고 이 프로그램에 대해 좀 더 자세히 알아보라.

학업 영역의 발달은 앞서 언급한 심리적 건강(즉, 사회/정서적 발달)뿐만 아니라 학생의 진로 및 대학 입학 준비를 돕는 것과도 관련이 있다. 학생에게 자기조절 및 학습의 세부 기술(즉, 동기부여, 자기효능감, 적극적 경청 등)을 세분화하여 가르친다면, 학생이 평생 학습자가 되고 직장에서 성공할 수 있는 기초를 마련해 줄 것이다. 만약 학생이 현재의 학업을 미래의 진로와 연결하고자 한다면 학습의 과정을 이해하고, 학업적 성공을 경험하며, 기술(학습 실패 이후에 회복하는 방법 등)을 배워야 한다. 관련 학업 및 고등 교육 계획을 제공해야 할 필요성을 입증하는 연구에서는 고급 수학 또는 응용과학 과정(즉, 지질학)과 같이 학교상담자가 학생에게 추천하는 특정 과목이 학사학위 취득 가능성을 높인다는 것이 증명되었다(Trusty & Niles, 2003).

동기부여는 학업 영역에서 학생을 위한 학급적용 상담교육 프로그램을 구성할 때 논의되어야 할 가장 중요한 심리적 개념 중 하나이다. 학교에서의 목적 달성과 관련된 학업적 동기는 모든 학생을 대상으로 학급적용 상담교육 프로그램을 제공하는 과정에 포함되어야 한다. 연구 결과에 따르면, 동기부여의 결핍은 종종 학생의 휴학, 낮은 성취도, 학업중단으로 이어진다(Rowell & Hong, 2013; Ziomek-Daigle & Andrews, 2009). 게다가 학교 풍토, 교육자의 성취에 대한 인식, 가족의 지지 및 가족의 교육적 성취 등도 학업 동기에 영향을 미친다(Eccles, 2007).

Rowell과 Hong(2013)은 개인의 신념/인식, 목표, 가치와 같은 동기부여와 관련된 개념이 학생의 학습에 영향을 미치고, 내재적 또는 외재적으로 동기를 부여하는 수준에도 영향을 미친다고 했다. 학습에 대한 학생의 신념과 인식은 자기효능감 수준이나 특정 과제를 수행하고 달성하는 능력에 대한 믿음에 기인할 수 있다(Bandura, 1997). 연구에 따르면, 성취할 수 있는 자신의 능력(즉, 자기효능감)을 믿지 않는 학생은 과제를 피하고, 좌절감이 생기면 그만두고 다시 시도하려는 노력을 하지 않는다(Weiner, 1986). 학업 목표를 설정한 학생은 이를 점검하거나 조정할 수 있는 과정을 개발하여, 과제를 달성했을 때 유능함과 숙달감을 느낄 수 있다. 학교상담자는 학년 중 특정 시점에 학업 영역의 진행 상황을 점검하는 학급적용 상담교육 프로그램을 통해 학생이 목표를 달성하기 위해 올바른 길을 가고 있는지에 대한 피드백을 제공하는 독특한 위치에 있다(Rowell & Hong, 2013). 또한 학습에 대한 학생의 가치는 대개 학습 내용에 대한 참여나 학교와 가정에서 학습 활동을 통해 획득하려는 것과 관련이 있다. 예를 들어, 숙제 매트릭스[즉, 틱택토(tic-tac-toe) 차트]는 학생들이 특정 과목에서 완수해야 할 과제를 결정하는 데 유용하게 사용되고 있다. 마지막으로 과목별 수업에 참여하는 수준은 학생에게 내재적 혹은 외재적 동기가 부여되고 있는지에 대한 단서를 제공한다. 어린 시절과 청소년기에 내재적 동기를 가진 학생은 성취 목표를 더욱 잘 달성할 수 있다. 교과 수업과 교실 활동에 적극적으로 참여하고, 자율적인 교실 환경에서 학습하는 학생은 내재적 동기를 추구하는 경향이 있다(Rowell & Hong, 2013).

학업 발달 영역은 학생의 학습을 지원하고 장려하기 위해 제공되는 활동 및 학습 전략과 학교상담 프로그램에 내재된 기준을 포함하고 있다. 학업 발달에 초점을 맞춘 기준은 행동적 기준인 범주 2에 더 잘 나타난다. 행동적 기준은 세 가지 범주로 분류되며, 학생의 목적 달성과 좀 더 밀접하게 관련되어 있다. 세 가지 하위 범주는 학습 전략, 자기관리 기술, 사회적 기술이다. 〈연습문제 2-3〉을 살펴보고 적절한 학생의 학습 성과를 어떻게 향상시킬 수 있을지 탐색해 보자.

연습문제 2-3

'ASCA 학생의 목적 달성을 위한 마음가짐 및 행동'에 따른 수업의 행동 목표 개발(학업 영역)

학업 영역을 다룬 부분에서 제시된 연구를 바탕으로 'ASCA 학생의 목적 달성을 위한 마음가짐 및 행동'을 검토한 후, 학업적인 측면에서 초중등학교 학생을 위한 학급적용 상담교육 프로그램을 통해 달성할 수 있는 행동 목표를 3~4개 정도 구성해 보라. 예를 들면 다음과 같다. 학생은 표준 A.1-3을 충족하고, 무엇이 자신에게 동기부여를 하는지를 이해함으로써 성공적인 학습으로 이어지는 태도나 행동을 파악할 수 있다.

진로 영역

제1장에서 논의되었듯이, 학교상담의 기원은 20세기에 접어들면서 Frank Parsons의 직업 관련 현장 활동과 함께 등장했다. 심리검사를 통해 학생이 자신의 진로 흥미와 기술을 이해하도록 돕고, 희망하는 진로를 고등교육 프로그램과 연결하고, 마을교육공동체와 학교 간의 협력체제를 구축하는 것은 100년 이상 학교상담의 전문적인 영역의 일부였다. 진로 개발 분야의 진보가 수십년 동안 계속 이루어졌다는 것은 의심할 여지가 없지만, 학교상담자는 학생이 자신의 흥미와 능력을 직업 세계에 연결하도록 돕기 위해 끊임없이 에너지를 쏟고 있다.

미국 경제의 어려움과 함께 이민, 인구통계, 기술의 변화는 직업 분야에 대한 인식을 높여 주었다. 이에 따라 학교상담자는 초등학교, 중학교, 고등학교 수준에서의 진로 활동을 개발하고 통합하도록 요구받게 되었다. 저학년 대상 수업에 진로 발달을 통합하여 가르침으로써 학생이 진로 발달과 성공이 평생에 걸쳐 이루어진다는 것을 깨닫게 한다. 게다가 세계화와 기술의 발전으로 고등학교와 고등교육과정이 매우 빠른 속도로 변화하고 있다. 몇 가지 예로, 가상교육, 진로아카데미, 고등학교 수업과 대학 수업을 동시에 수강하는 이중등록이 있다. 진로 개발을 촉진하고 진로 동향을 파악하는 것은 오늘날 종합적인 상담 프로그램 관리와 학급적용 상담교육 프로그램 개발에 중요한 고려 사항이다.

진로 발달 이론의 변화는 진로가 평생에 걸쳐 능력과 관심이 변하는 발달 과정이라는 Super(1957)의 제안에 의해 시작되었다. Niles와 Harris-Bowlsbey(2013)는 생애 전반에 걸친 진로 발달에 대해 논의하면서 진로 발달이 삶의 역할을 변화시키는 과정이라고 했다. 특히 예기치 않은 노동시장에 변화가 발생할 때 이러한 역할의 전환과 관리가 필수적임을 강조했다. 진로 영역에서 'ASCA 학생의 목적 달성을 위한 마음가짐 및 행동'이 강조하는 점은 상담자가 학생의 진로 선택과 실행을 위한 지식 및 기술의 개발을 돕고, 학생의 생애 역할 준비도(life-role readiness) 발달을 지도해야 한다는 것이다. 생애 역할 준비도에 대한 학생의 생각을 촉진하기 위해 진로활동에 포함시킬 만한 구체적인 질문으로는 "학생, 노동자, 마을교육공동체 구성원으로서 목적 달성을 위해 어떤 기술이 필요한가?" "나의 진로 포부를 달성하고 일생 동안 변화에 순응하기 위해서는 어떤 지식과 기술이 필요한가?"(Akos & Niles, 2007) 등이 있다.

모든 학생의 고등교육기관 참여를 늘리기 위한 연방 및 주 정부의 가장 최근 목표 및 계획과 관련하여 진로 영역은 고등교육 참여 및 계획과 연결되어 있다. 안타깝게도, 진로 관련 내용이나 대학 진학 계획에 대해 학교상담자의 효과성을 뒷받침하는 연구는 부족한 실정이다(Dahir & Stone, 2009). 학교상담자는 종종 위기 상황을 줄이고 학생, 교사, 관리자의 즉각적이고 일상적인 요구를 충족시키려고 노력한다. 이러한 치료적 활동의 대부분은 학업중단 예방, 학업 지원, 따돌림/교우관계, 정신건강 문제 및 가족 지지와 관련이 있다. 학교상담자의 적극적인 학급적용 상담교육 제공 및 종합적인 상담 프로그램 개발은 모든 학생이 진로 인식을 키우고 고등학교 졸업 후 계획을 세우도록 한다. 이는 학생이 유치원부터 대학까지(K-16) 진급하는 데 중요한 역할을 하며, 대학 진학 전 진로 기초를 마련하고 성공적인 고등학교 졸업을 보장하는 데 기여한다. K-16은 유치원부터 학사학위 취득까지를 포괄하여 지칭하는 표현이다. 이러한 활동은 학교상담자가 한 일이 초중등학교 학생의 고등학교 졸업 후의 성공과 이어진다는 성과 자료가 적다는 Dahir와 Stone(2009)의 우려에 대한 대답이 될 것이다.

지난 10년 동안의 경제성장 둔화로 인해 교육자와 정책입안자는 모든 학생을 대상으로 한 진로 및 대학 진학 계획을 필수적인 요소로 재고하게 되었다. 학생이 진로에 대한 지식을 얻는 것과 고등교육기관에 등록하는 것 사이에는 명백한 연관성이 있다. Belasco(2013)는 대학 관련 정보를 접하고 졸업이 가까워지면서 상담자를 더욱 자주 만난 학생이 고등교육기관, 특히 4년제 대학에 다니게 될 가능성이 높다는 것을 발견했다. 게다가 사회경제적 지위가 낮은 가정의 학생은 종종 대학 캠퍼스에 대한 인식도 없고, 위축되어 있으며, 대학에 가고 싶은 마음에 대한 지지가 부족하다. 이러한 학생은 대학 관련 정보에 대한 접근성을 키우고 상담자와 지속적인 관계를 맺음으로써 혜택을 얻게 된다. 경제적으로 더 여유로운 가정에서는 자녀에게 유료 대학 입시 상담자와 같은 외부 자원을 제공할 수 있으며, 이는 해당 집단의 학생이 대학에 진학하는 문화로 이어진다. 학교상담자는 사회경제적 지위가 낮은 학생을 포함하여 모든 학생의 진로 및 고등교육 진학 준비를 위한 기회 확대에 관심을 가져야 한다. 연구 결과에 따르면, 국가 경제의 성장과 경쟁력을 유지하는 것은 사회경제적 지위가 상대적으로 낮은 개인의 교육성취도를 높이는 것과 관련이 있다(Belasco, 2013).

진로 발달 영역에는 학교상담 프로그램 및 활동에 내재된 기준이 포함되어 있어 학생이 학교를 직업 세계와 연결하고, 초중등교육에서 고등교육으로의 성공적 전환을 위한 계획을 수립하고, 평생 동안 직업 전환을 할 수 있도록 한다. 진로 발달 기준은 ASCA 행동 표준과 학습 전략, 자기관리 기술, 사회적 기술의 하위 범주에서 살펴볼 수 있다(〈연습문제 2-4〉 참조).

연습문제 2-4

'ASCA 학생의 목적 달성을 위한 마음가짐 및 행동'에 따른 수업의 행동 목표 개발(진로 영역)

진로 영역을 다룬 부분에서 제시된 연구를 바탕으로 'ASCA 학생의 목적 달성을 위한 마음가짐 및 행동'을 검토한 후, 진로 개발 측면에서 초중등학교 학생을 위한 학급적용 상담교육 프로그램을 통해 달성할 수 있는 행동 목표를 3~4개 정도 구성해 보라. 예를 들면 다음과 같다. 학생은 표준 B.1-3을 충족하고, 자신의 관심 분야에서 지역훈련 프로그램 혹은 대학 전공을 확인하여 진로 계획 과정에 대한 지식을 설명할 수 있다.

사회/정서적 영역

앞서 논의한 바와 같이, 지난 20년간의 책무성 평가는 초중등학교 교육과정의 공통 핵심 요소를 표준화하고 학생 학습의 결과를 측정하는 데 변화를 일으켰다. 오늘날 목적 달성에 성공한 초중등학교 학생이 갖추어야 할 자질(즉, 학업적 성공, 진로 및 대학 준비, 자신감)에 대한 많은 논의에서 빠진 요소는 심리적으로 건강한 사람의 측면이다. 미국의 후기 교육개혁운동은 시험 점수, 성과 측정, 교사의 질을 바탕으로 하는 학생의 성취도에 지나친 관심을 기울였으며, 아동의 정서적 · 개인적 · 사회적 성장의 필요성을 무시해 왔다. 또한 이론상 학업 향상에 도움이 될 인력(즉, 추가 관리자, 교육과정 코치)과 자금 지원(즉, 시험 점수 향상에 대한 보상)의 증대를 지나치게 강조했다. 인력 및 자원 배분을 늘리는 방향성은 성취도의 향상으로 이어지지 않았으며, 결과적으로 사회/정서적 성장을 포함한 전체론적, 다층적인 학생 발달에 대한 관심을 다른 곳으로 돌리게 했다.

1980년대 및 1990년대에 발표된 학교상담의 성과를 다루는 연구의 절반은 교정적인 반응적 서비스(remedial responsive services)에 대한 것이다. 이는 학교상담자가 심리적 어려움을 겪는 학생을 지원하는 시간만을 반영한다. Sink(2005a)는 교정 문제와 위기 대응에 초점을 맞추는 것이 실제 학교상담 업무라고 가정했다. 학교상담자는 종종 모든 영역, 특히 학생의 사회/정서적 발달 영역에서 사전 예방 프로그램이 부족하여 당면한 위기에 대응하고 있다고 느낀다.

과거에는 예방적 성격을 띠는 사회/정서적 영역에서 학생 발달을 촉진할 수 있는 시간은 거의 없었으며, 대개 학급적용 상담교육 프로그램 개발을 통해 전달되었다. 이는 정서교육, 인성교육 및 도덕교육 영역에 초점을 맞춘 프로그램과 연결되어 있었다(Nicoll, 1994). 그러나 일부 인성교육 프로그램에 비판적인 사람들은 많은 프로그램이 문화적 규범, 전통, 행동 등을 배제하는 매우 좁은 관점에서 개발되었다고 주장했다. 게다가 사회적·정서적 성장을 촉진시키는 것으로 널리 합의된 특성과 특징을 포괄하는 단일한 인성교육 프로그램은 존재하지 않는 것으로 보인다. Nicoll(1994)은 가장 인기 있고 효과적인 정서교육 프로그램 여덟 가지를 통해 자기이해 및 타인이해, 공감, 의사소통, 협업, 책임감과 같은 사회적 기술을 확인했다. 상담자가 업무 시간을 어떻게 활용하는지에 대한 Barna와 Brott(2011)의 연구에서 '학업적 기준을 충족하는 것'이 상담자에게 '가장 중요한 요소'로 인식되었다. 그러나 연구 참여자는 인성의 원칙이 사회/정서적 기준과 좀 더 밀접하게 관계되어 있으며, 궁극적으로 학업성취를 향상시키는 것과 연결될 수 있다고 보았다. 학급적용 상담교육을 설계할 때 학생의 사회/정서적 발달에 초점을 맞춘 프로그램 개발은 청소년 개인이 직면한 도전 과제를 반영할 만큼 개별화되어야 하지만, 동시에 모든 학생의 요구를 충족할 만큼 포괄적이어야 한다.

분명한 것은 학업성취가 성적, 시험 점수, 졸업률과 같은 결과를 통해 측정된다는 점이다. 그러나 이러한 학업적 평가는 학생이 얼마나 균형 잡힌 성장을 이루었는지 또는 미래에 어떤 사람이 될 것인지를 나타내지는 않는다. 학업, 진로, 대학 진학 분야에서 초중등학교 학생의 현재 및 미래의 성공에 기여할 수 있는 사회/정서적 특성으로 동기부여, 몰입, 의도적 행동, 자기효능감 등이 포함된다. 반면에 공격성, 불안, 부주의/과잉행동과 같은 일반적인 도전 과제는 앞의 긍정적인 성장 특성들을 저해하는 장애물로 작용할 수 있다(Barna & Brott, 2011). 목적이 분명한 학급적용 상담교육 프로그램 개발은 학생의 대인관계 성장을 돕고, 기준을 충족하며, 학교상담자의 직무를 초중등학교 학생의 목적 달성과 연결하여 성과를 산출해 내는 심리교육적 내용을 제공할 수 있다.

학급적용 상담교육을 통해 사회/정서적 발달에 대한 정보를 제공하는 프로그램은 거의 없다. Thompson, Robertson, Curtis와 Frick(2013)는 학급적용 상담교육 프로그램을 통해 전달될 수 있는 아동기 불안에 대한 몇 가지 학교 기반 개입 프로그램을 제시했다. 그중 하나인 평생친구 '프렌즈 포 라이프(FRIENDS for Life)' 프로그램[2]은 인지 행동적 접근 방식을 통해 불안 증상을 예방하는 것을 목표로 한다. 사전 및 사후 검사 점수 비교를 통해 해당 프로그램에 참여한 아동이 통제군의 아동보다 불안 증상이 감소한 것으로 나타났다. 마찬가지로 아동 불안 관리 프로그램 '코핑 캣(Coping Cat)' 교육과정과 관련된

2 프렌즈 포 라이프(FRIENDS for Life) 프로그램은 https://friendsresilience.org/friendsforlife에서 확인할 수 있다.

연구[3](Kendall, 1994)에서도 사전 및 사후 검사 자료를 분석한 결과, 프로그램에 등록한 아동의 64%가 1년 후 추적 조사에서 더 이상 불안장애의 진단 기준에 해당되지 않는 것으로 나타났다. 다음의 〈연습문제 2-5〉 및 〈연습문제 2-6〉은 증거 기반 실제와 관련된 연구와 이러한 프로그램이 'ASCA 학생의 목적 달성을 위한 마음가짐 및 행동'과 어떻게 연계되는지에 대한 연구를 검토할 수 있는 기회를 제공한다.

연습문제 2-5

'ASCA 학생의 목적 달성을 위한 마음가짐 및 행동'과 일치하는 증거 기반 실제(프렌즈 포 라이프)

인터넷을 잘 검색해서 평생친구 '프렌즈 포 라이프(FRIENDS for Life)' 불안 예방 프로그램에 대한 정보를 찾으라. 사회/정서적 영역에서 'ASCA 학생의 목적 달성을 위한 마음가짐 및 행동'을 다룰 때에 학교상담자는 이 프로그램를 적용할 수 있어야 한다.

연습문제 2-6

'ASCA 학생의 목적 달성을 위한 마음가짐 및 행동'과 일치하는 증거 기반 실제(코핑 캣 교육과정)

인터넷을 잘 검색해서 아동 불안 관리 프로그램 '코핑 캣(Coping Cat)' 교육과정에 대한 정보를 찾으라. 사회/정서적 영역에서 'ASCA 학생의 목적 달성을 위한 마음가짐 및 행동'을 다룰 때 학교상담자는 이 프로그램를 적용할 수 있어야 한다.

학교상담자는 학업성취와 관련된 사회/정서적 성장에 중점을 두어 학생의 발달 영역에서의 균형을 맞출 수 있다. 성취와 성공에 필요한 사회/정서적 특성을 증진시키기 위해 학급적용 상담교육 프로그램은 매 학년 초에 시작될 수 있다. 예를 들어, 각 차시는 이해, 공감, 의사소통, 협업, 책임감과 같은 인성의 원칙을 기반으로 구성될 수 있다. 학생이 학업에 집중하고 흥미를 가지도록 하는 사회/정서적 특성은 동기, 참여, 의도성 및 자

3 아동 불안 관리 프로그램 '코핑 캣(Coping Cat)' 교육과정 프로그램은 https://www.cebc4cw.org/program/coping-cat/detailed에서 확인할 수 있다.

기효능감을 포함한다. 이러한 구성을 염두에 두고 학급적용 상담교육 프로그램을 개발하면 학업 및 개인적/사회적 영역에서 학생이 성과를 내는 효과적인 전략을 제공한다. 마지막으로 학급적용 상담교육 프로그램을 통해 시험 기간이 되기 전에 불안을 감소시키고 이에 대응할 수 있도록 전략을 익히게 하는 것은 모든 학생에게 도움이 될 수 있다. 이 분야에 초점을 맞춘 수업은 개인 및 직업 세계에서 평생에 걸친 도전과 전환에 도움이 되는 기술을 제공할 수 있다.

사회/정서적 영역에서는 학생들이 감정을 관리하고 대인관계 기술을 습득하는 데 도움이 되는 학교상담 프로그램을 포함한 표준화된 기준을 가지고 있다. 이 표준화된 기준은 몇 가지 비인지적 요인(Farrington et al., 2012)을 기반으로 하며, 사회/정서적 특성인 끈기, 회복탄력성, 목표 설정, 도움 구하기, 협동심, 자기효능감, 자기조절, 자기통제, 동기부여, 노력, 조직화와 학습 전략을 설명한다. 사회/정서적 발달과 관련된 표준은 범주1(마음가짐 표준)과 범주2(행동 표준)에 모두 포함되어 있다. 마음가짐 표준은 학생이 자신에 대해 가지고 있는 심리사회적 신념과 태도로부터 구성된다. 자세한 내용은 〈연습문제 2-7〉을 참조하라.

연습문제 2-7

'ASCA 학생의 목적 달성을 위한 마음가짐 및 행동'에 따른 수업의 행동 목표 개발(사회/정서적 영역)

사회/정서적 영역을 다룬 부분에서 제시된 연구를 바탕으로 'ASCA 학생의 목적 달성을 위한 마음가짐 및 행동'을 검토한 후, 사회/정서적인 측면에서 초중등학교 학생을 위한 학급적용 상담교육 프로그램을 통해 달성할 수 있는 행동 목표를 3~4개 정도 구성해 보라. 예를 들면 다음과 같다. 학생은 '아동 안전 및 권리 교육 '차일드 헬프/스픽 업/비 세이프[Child Help/Speak Up/Be Safe; 이전의 '바람직한 신체 접촉/바람직하지 않은 신체 접촉 예방 교육(Good Touch/Bad Touch)']' 심리 교육 차시에 참석하여 적절한 신체 접촉과 부적절한 신체 접촉의 차이점에 대해 학습하며 표준 C.2를 충족할 것이다.

〈연습문제 2-8〉은 학생의 학업, 진로 및 사회/정서적 발달의 증진에 기반을 둔 종합적인 학교상담 프로그램을 구축하기 위해서 학부모와 마을교육공동체가 함께 협업의 중요성과 원동력을 이해하는 데 도움을 준다.

연습문제 2-8

학부모 및 마을교육공동체의 협업의 힘 이해하기

학교상담자가 종합적인 학교상담 프로그램을 개발하고 효과적인 학급적용 상담교육 프로그램을 전달하는 데 상당히 노력하고 있을지라도 가족, 학교, 마을의 교육공동체와의 협업에도 관심을 가져야 한다. 학생이 학업적 성취를 이루고 진로와 대학 입시를 준비하고, 사회/정서적 성장을 지속하는 것은 교사, 관리자, 학부모, 그리고 마을교육공동체의 역할이다.

학교의 사명 및 비전 선언문과 학교 개선 계획에 학업, 진로 및 사회/정서적 발달이 반영되어야 한다. 학교상담자는 학부모와의 관계를 개선하여 이러한 영역의 발달을 적극적으로 촉진할 수 있다. 종합적인 상담 프로그램을 개발하기 위해 교사 및 관리자와 협력하고, 마을교육공동체 기관, 서비스 조직, 마을 내 기업 및 산업체와 협력해야 한다. 학교상담자의 협업에 대한 연구에서는 종합적인 프로그램을 제공할 때 모든 학생의 요구를 충족시키기 위해 팀 접근 방식을 취하는 것이 서비스와 개입의 개별화와 체계적 제공으로 이어짐을 보여 준다(Sink, 2005a).

핵심 정리

- 학교상담자는 오랫동안 학생 발달의 세 가지 대영역인 학업, 진로 및 사회/정서적 영역을 다루는 프로그램, 서비스 개입을 제공해 왔다.
- ASCA 국가 모델(2009)과 'ASCA 학생의 목적 달성을 위한 마음가짐 및 행동'(2014)은 초중등학교 학생의 학습을 위한 특별한 표준을 제시하고, 학교상담자의 역할과 책임을 정의하며, 학생의 학업성취를 촉진했으며, 학생 성취의 중심적 요소인 학교상담 프로그램을 제공했다.
- 학교상담자는 학교에서 학업적 교육과정을 강화하고 상위 교육과정에 상담 관련 자료를 가미한다.
- 동기부여는 중요한 심리적 구성 개념이고, 학업성취와 관련이 있다.
- 학년 및 수준에 따라 학급적용 상담교육 프로그램을 구성할 때 진로 인식, 진로 탐색, 진로 발달과 관련된 활동을 포함한다. 현재 많은 주에서 초중등학교 단계에서의 진로 활동을 의무화하여 인력 양성에 도움을 주고 있다.
- 학급적용 상담교육 프로그램의 구성을 통해 대학에 진학하는 문화를 조성하고 대학 준비도를 개선하는 것은 성취도, 목표 달성도, 기회 격차를 해소하는 데 도움이 될 수 있다.

- 학업적 책무성과 교육개혁의 결과로 인해 지난 수십년 동안 학생의 사회/정서적 발달에 대한 관심은 감소되어 왔다.
- 학교상담자는 학생의 사회/정서적 요구가 충족되어야 학업에 대한 목표달성을 이룰 수 있고 진로 및 대학 활동에서 흥미가 분명해짐을 기억할 필요가 있다.

요약

이 장에서는 독자에게 학교상담자의 업무를 안내하는 세 가지의 대영역(학업, 진로 및 사회/정서적)을 소개했다. 각 영역과 관련된 연구가 논의되어 학교상담자가 특정 발달 영역을 다룰 때 사용할 수 있는 개입 방법에 대해 좀 더 쉽게 이해할 수 있도록 노력했다. 마지막으로 'ASCA 학생의 목적 달성을 위한 마음가짐 및 행동'의 표준이 이 장에 포함되어 독자가 모든 학생에 대한 기대 사항에 대해 알 수 있도록 했다.

참 / 고 / 문 / 헌

Akos, P., & Niles, S. G. (2007). Promoting educational and career planning in schools. In B. Erford (Ed.), *Transforming the school counseling profession* (2nd ed., pp. 195-210). New York, NY: Prentice Hall.

American School Counselor Association (ASCA). (2004). *ASCA national standards for students*. Alexandria, VA: Author

American School Counselor Association (ASCA). (2009). *The American school counselor national model: A framework for school counseling programs*. Alexandria, VA: Author.

American School Counselor Association (ASCA). (2014). *Mindsets & behaviors for student success: K-12 college- and career-readiness standards for every student*. Alexandria, VA: Author.

Bandura, A. (1997). *Self-efficacy: The exercise of control*. New York, NY: Freeman.

Barna, J. S., & Brott, P. E. (2011). How important is personal/social development to academic achievement? The elementary school counselor's perspective. *Professional School Counseling, 14*(3), 242-249.

Belasco, A. S. (2013). Creating college opportunity: School counselors and their influence on postsecondary enrollment. *Research in Higher Education, 54*(7), 781-804.

Brigman, G., Campbell, C., & Webb, L. (2004). Student success skills. Helping students develop the academic, social, and self-management skill they need to succeed. *Classroom Guidance Manual*. Boca Raton, FL: Atlantic Education Consultants.

Brown, D., & Trusty, J. (2005). School counselors, comprehensive school counseling programs, and academic achievement: Are school counselors promising more than they can deliver? *Professional School Counseling, 9*, 1-8.

Campbell, C., & Brigman, G. (2005). Closing the achievement gap: A structured approach to group counseling. *Journal for the Specialists in Group Work, 30*, 67-82.

Dahir, C., & Stone, C. (2009). School counselor accountability: The path to social justice and systemic change. *Journal of Counseling and Development, 87*, 12-20.

Eccles, J. C. (2007). Families, schools, and developing achievement-related motivations and engagement. In J. E. Grusec & P. D. Hastings (Eds.), *Handbook of socialization* (pp. 665-691). New York, NY: Guilford.

Farrington, C. A., Roderick, M., Allensworth, E., Nagaoka, J., Keyes, T. S., Johnson, D. W., & Bechum, A. (2012). *Teaching adolescents to become learners: The role of noncognitive factors in shaping school performance. A critical literature review*. University of Chicago Consortium on Chicago School Research.

Galassi, J. P., & Akos, P. (2012). Preparing school counselors to promote academic development. *Counselor Education and Supervision, 51*, 50-63.

Kendall, P. (1994). Treating anxiety disorders in children: Results of a randomized clinical trial. *Journal of Consultation and Clinical Psychology, 62*, 100-110.

Nicoll, W. G. (1994). Developing effective classroom guidance programs: An integrative framework. *The School Counselor, 41*(4), 360-364.

Niles, S. G., & Harris-Bowlsbey, J. (2013). *Career development interventions in the 21st century* (4th ed.). Columbus, OH: Merrill Prentice Hall.

Rowell, L., & Hong, E. H. (2013). Academic motivation: Concepts, strategies, and counseling approaches. *Professional School Counseling, 16*(3), 158-171.

Sink, C. A. (2005a). Comprehensive school counseling programs and academic achievement. A rejoinder to Brown and Trusty. *Professional School Counseling, 9*, 9-12.

Sink, C. A. (2005b). Fostering academic development and learning: Implications and recommendations for middle school counselors. *Professional School Counseling, 9*(2),

128-135.

Super, D. (1957). *The psychology of careers: An introduction to vocational development*. New York, NY: Harper.

Thompson, E., Robertson, P., Curtis, R., & Frick, M. H. (2013). Students with anxiety: Implications for professional school counselors. *Professional School Counseling, 16*(4), 222-234.

Trusty, N., & Niles, S. (2003). High school math courses and completion of the bachelor's degree. *Professional School Counseling, 7*, 99-107.

U.S. Department of Education. (2001). *No Child Left Behind* (ERIC Document No. ED 447 608). Washington, DC: Author.

Weiner, B. (1986). *An attributional analysis of achievement motivation*. New York, NY: Springer.

Ziomek-Daigle, J., & Andrews, P. G. (2009). Dropout prevention in the middle grades. *Middle School Journal, 40*(5), 54-60.

PART **02**

학급적용 상담교육을 위한 발달적 및 맥락적 고려 사항

CHAPTER 03

초등학교

Jolie Ziomek-Daigle · Christy W. Lan

"우리 학교 학생들이 사이좋게 지내고 서로를 공정하게 대할 수 있도록 도와주셔서 감사합니다. 선생님께서 우리 반 전체 학생들과 함께한 모든 활동이 좋았어요. 제가 가장 좋아한 활동은 학교폭력에 대응하는 다섯 가지 방법이었어요. 선생님이 가져오신 인형도 좋아해요. 선생님 방에 가는 것도 좋아요. 거긴 상쾌한 느낌이 들거든요. 우리는 모두 좋은 친구가 되기 위해 함께 노력하고 있어요. 선생님은 멋진 상담 선생님이에요!"

인용된 문구는 어느 초등학생이 학교상담자에게 보낸 것으로, 초등학교에서 근무하는 학교상담자 역할의 중요성과 상황의 복잡성을 강조하고 있다. 학교상담에 대한 문헌에 등장하는 초등학교 상담의 새로운 실천 방향은 종합적인 프로그램 계획, 협업 및 예방 조치에 중점을 두고 있으며, ASCA에서 제시한 학교상담의 국가 모델의 중심 신조이다(ASCA, 2012; Walsh, Barrett, & DePaul, 2008). ASCA에서는 진로와 대학 준비도에 중점을 두는 모든 학생을 위한 학습 과정을 안내하고 향상시키는 세 영역(학업, 진로 및 사회/정서적 영역)으로 구성된 35가지 마음가짐과 행동 표준을 만들었다(ASCA, 2014). 초등학생과 학교 환경에 대한 이 장의 내용을 읽으면 다음을 할 수 있다. 제3장의 학습 내용은 다음과 같다.

- 초등학생의 신체적 · 사회/정서적 · 인지적 요구를 이해할 수 있다.
- 초등학교 수준에서 강점에 기반한 전문상담자의 역할을 이해할 수 있다.
- 초등학교에서의 종합적 학교상담 프로그램을 이해할 수 있다.
- 초등학생을 대상으로 하는 예방 프로그램과 상담 개입 방법을 알 수 있다.

- 'ASCA 학생의 목적 달성을 위한 마음가짐 및 행동' 중 어떤 규준이 종합적인 학교상담 프로그램에서 도출되어야 하는지 알 수 있다.

학교상담 연구에서 초등학교 상담 영역이 상대적으로 덜 다루어졌다. 아마도 중등학교 학생을 대상으로 하는 위기 상황이나 교정 교육에 대한 관심이 더 컸기 때문일 것이다. 초등학교 상담은 증거 기반 실제와 상담 분야에 대한 꾸준한 국가 지원이 부족하다. 예를 들어, 미국의 초등학교에서는 학교상담자나 시간제 보조상담자를 찾을 수 없을 수도 있고, 상담자 대 학생 비율이 1:700인 곳조차 발견하지 못할 수도 있다. 중고등학교와 비교했을 때, 초등학교 상담은 명백히 다르다. 초등학교 수준에서 실시할 수 있는 증거 기반 예방 프로그램은 다양하며, 4~12세 아동은 발달 단계상 행동 변화와 학업 교정을 시작할 수 있는 시기이다. 중퇴, 소극적인 수업 참여(disengagement), 임신 또는 학교폭력과 같은 더욱 심각한 문제가 고학년에서 더 많이 발생하는가? 아니면 4~12세 아동은 언어, 인지, 행동 면에서 청소년과 상당한 발달상의 차이가 있어 교육자와 상담자 모두가 이를 다루는 데 어려움을 겪는가? ASCA에서는 초등학교에 근무하는 상담자가 "진정한 팔방미인"이며(ASCA, 2012, p. 75), 학교상담 프로그램의 전달 요소에서 적절한 균형을 찾기 위해 노력해야 한다고 지적한다.

William Burnham은 100여년 전인 1928년에 어린아이의 정신건강을 위한 개입이 필요함을 언급하며 학교상담자의 중요성을 처음으로 말한 사람이다. 미국의 정규교육은 프리스쿨(preschool)과 유치원 전 학교(prekindergarten)로 시작되는 경우가 많다. 그러나 이러한 유아를 대상으로 한 프로그램에 의무적으로 참여해야 하는 것은 아니며, 자금 지원 역시 비일관적이다. Wright(2012)는 유아를 위해 마련된 기금이 주마다 다르며, 미국은 보편적인 유아교육 프로그램이 결여된 유일한 서구 국가라고 보고했다. 수요가 많은데도 불구하고 연방정부가 자금을 제공하지 않는 여러 지역에 유치원 교육을 위한 자금을 제공하고 있으며, 매년 주 예산을 일관성 있게 제공하지 않기 때문에 프로그램의 성과 자료를 생성하는 데 어려움이 있다. 이와는 대조적으로 헤드스타트(Head Start)와 얼리스타트(Early Start) 프로그램은 대부분 연방정부의 자금 지원을 받으며 저소득층 가정의 자녀와 장애 아동에게 조기교육을 제공하는 것을 목표로 하고 있다. 헤드스타트 프로그램은 지원받은 아동이 유치원 수준에서 중산층이나 상류층 출신 아이의 수준까지 따라잡을 수 있다는 증거를 꾸준히 제공해 왔다. 헤드스타트 프로그램이 가난한 학생과 장애 학생의 학업 및 사회적 기술을 향상시킨다는 연구 결과가 있음에도 불구하고(Light,

2012), 지원 대상의 폭은 여전히 상당히 좁으며, 도움이 필요하지만 기준을 충족하지 못한 아동이나 확인되지 않은 가족은 서비스를 받지 못할 수도 있다. 여러 학습장애와 행동문제를 조기에 발견하여 교정할 수 있기 때문에 프리스쿨과 유치원 전 학교 프로그램은 교육, 아동 및 사회에 대한 진정한 투자가 된다.

사·례·연·구

John은 유아기에 천식과 알레르기를 앓았는데, 그로 인해 종종 귀에 염증이 생겼다. 그 결과 John의 청력은 말하기와 언어 발달에 영향을 미쳤다. John이 말을 시작했을 때, 그의 말은 종종 뒤죽박죽이어서 다른 사람들이 이해하기 어려웠기 때문에 John은 효과적으로 의사소통하는 것이 힘들었다. 점점 어휘력이 늘고 주변 세계에 대한 이해가 커지면서, John은 또래 및 어른들과 명확하게 의사소통할 수 없는 것 때문에 종종 좌절감을 느꼈다. John은 4세 때부터 주 정부의 지원을 받아 운영되는 유아 프로그램이 있는 주에 거주했다. John의 부모님과 선생님은 말하기와 언어 발달이 학습과 사회적 상호작용에 미치는 영향을 인식했다. John은 지원 서비스 대상으로 선정되었고, 일주일에 한 번씩 언어병리학자를 만나 그가 겪고 있는 어려움에 대한 도움을 받기 시작했다. John은 유치원 전 학교, 유치원, 그리고 1학년 과정 내내 언어치료사를 만났다. 말하기와 언어 문제를 조기에 파악했기 때문에 John은 2학년이 된 뒤 더 이상 추가적인 지원 서비스가 필요 없게 되었다. John의 말하기와 언어 발달은 또래와 같은 수준에 이르렀고, 그는 학업적으로도 사회적으로도 잘 지내고 있다.

초등학생

초등학교는 다른 학교급과 비교하여 가장 많은 학년(미국의 경우 평균적으로 유치원 전 학교에서 5학년까지)이 다니며, 학생의 연령 범위도 가장 넓다. 미국의 일부 초등학교에는 유치원 전 학교에 해당하는 아동부터 5, 6학년 학생까지 다니기도 한다. 초등학교에 다니는 학생들의 나이는 3세(헤드스타트나 프리스쿨의 경우)부터 11세 또는 12세에 걸쳐 있다. 학교상담 개입을 할 때 중고등학교의 경우 학생의 발달 수준에 따른 조정이 크게 필요 없을 수도 있으나, 초등학교에서 근무하는 학교상담자의 경우 학생의 연령에 기초하여 수업을 반드시 조정해야 한다. 예방이나 상담에 초점을 맞춘 개입을 할 때 다음 절에서 알아볼 초기 아동기의 발달상 고려 사항과 특징을 염두에 두어야 한다.

신체적 발달

아동기의 신체적 성장은 영유아기나 청소년기의 성장에 비해 더디다. 초기 아동기(4~8세)에는 달리기, 기어오르기와 같은 대근육 운동 기술(gross motor skills)과 도구 사용과 같은 소근육 운동 기술(fine motor skills)이 서서히 발달한다. 이러한 기술의 습득과 숙달이 이루어지는 것은 아동기 후반기에 가서이다. 이 시기 동안 근육군(muscle groups)이 형성되고 체모(body hair)가 더 뚜렷해지면서 신체는 더욱 탄력 있고 성숙해진다. 때때로 아동은 식사를 거르고도 배가 고프다는 신호를 나타내지 않기도 하는데, 이는 몸이 속도를 늦추기 때문일 수 있다. 그러나 아동이 청소년기에 접어들면 달라진다. 10~11세 정도의 아동은 사춘기에 가까워지고 있거나 막 접어든 상태로, 자의식을 느끼기 시작할 수 있다. 더 어린 나이에 발견되지 않았다면, 이 단계에서 만성질환이 발생할 수 있다. 많은 학령기 아동은 천식, 당뇨병, 빈혈과 같은 만성질환을 앓으며 학교에 다닌다. 유치원을 마칠 즈음에는 유치가 빠지고 영구치가 나기 시작한다.

인지적 발달

초기 아동기는 상상력, 구체적인 사고, 그리고 자기중심성을 특징으로 한다. 초등학교에 근무하는 상담자가 이 시기에 해당하는 아이들과 작업할 때, Piaget의 인지발달 이론이 유용한 틀이 될 수 있다. 초등학교 시기 동안 아동의 사고는 전조작기적 사고에서 구체적 조작기적 사고로 변화하게 되며, 보다 논리적인 방식으로 사고를 하게 된다(Myers, Shaffner, & Briggs, 2002). 인과관계가 확실하지 않고, 특정 인물에게 여러 정체성을 동시에 부여하는 데(예를 들어, 선생님이자 부모인 경우) 어려움을 겪는다고 설명한다(Vernon, 2010). 초기 아동기에 부모는 자녀가 자기주장을 드러내고, 말대꾸하고, 의견을 내는 것을 보게 될 수 있다. 여전히 충동성이 남아 있지만, 더 잘 제어할 수 있게 된다. 이후에는 고차원적 사고, 심도 있는 대화(exntended conversations), 논리적 결과에 대한 이해가 가능해진다. 이 시기의 아동은 작은 키, 빨간 머리색, 여드름이 생기는 것과 같은 자신과 타인 간의 차이점을 알아차리기 시작한다. 어휘는 40,000개 이상으로까지 증가하고

(Vernon, 2009), 기초 어휘와 문법을 획득하게 된다. 뇌는 전체 무게의 90%까지 성장하며, 정보의 부호화, 저장 및 검색 능력의 향상으로 기억력이 증진된다(Lightfoot, Cole, & Cole, 2009).

사회/정서적 발달

아동기에 학습의 중심은 대부분 놀이이다. 아동은 차례를 기다리며 나누어 가지고 놀기도 하지만, 일부 놀이 중 다툼이 생기기도 한다. 아동의 어휘력은 여전히 늘고 있고, 표현은 행동을 통해 드러난다. 이 시기의 아동을 훈육하는 것은 부모와 교육자에게 힘든 일이다. 대부분의 아동은 몇 가지 감정(화가 난, 슬픈, 행복한, 겁나는 등)만을 알고 있기 때문에 타인과의 의사소통이 제한적이다. 성별에 대한 고정관념이 분명하게 나타나기 시작하는데, 남자아이는 거칠고 경쟁적인 놀이를 좋아하고, 여자아이는 양육과 협동적인 놀이를 선호하는 모습을 보인다. 동성 간에 무리지어 어울리는 모습도 볼 수 있다. 아동은 성숙함에 따라 우정과 또래 집단이 삶에서 가장 중요해진다. 나이가 더 들면 공감 능력이 커지고, 사람들과 세계관의 차이에 대해 이해하게 된다. 사회성이 함양되며 교실과 학교 밖에서 협력적인 활동에 참여하게 된다. 유아기에는 괴물에 대한 두려움이 컸다면, 이제는 더욱 현실감을 갖게 되어 죽음, 낙제, 교통사고 등 실제적인 문제에 대한 두려움이 생긴다. 이 시기에는 아동 스스로 민족적 정체성을 이해하기 시작한다. 부모는 이 시기의 자녀에게 방과 후나 주말에 무리한 스케줄을 만든다. 그 이유는 이렇게 하면 아이들에게 운동이나 예술 등의 재능을 키워 줄 수 있을 것이라는 믿음 때문이다. 그러나 자유 놀이(free play)가 창의성, 상상력, 그리고 독립심을 키운다는 사실을 부모는 기억할 필요가 있다. 아이는 놀이를 통해 상상을 해 보고, 감정적인 안도감을 경험하고, 자신의 세계에서 통제력을 키우는 시간을 가질 수 있다. 부모는 학업적인 요구사항이 증가함에 따라 학교에서 놀이가 줄어든다는 것을 기억해야 할 필요가 있다. 따라서 방과 후와 주말에 가정에서의 놀이 시간은 더욱 많이 확보되어야 한다. 또한 이 연령대의 아동은 여전히 하루 10시간 이상의 수면이 필요하므로 오후 시간에서 저녁 시간으로, 저녁 식사 후 숙제를 한 뒤 잠자리에 드는 식으로 안정적으로 일과가 전환되는 것이 필요할 수 있다. 자유롭고 여유로운 놀이 대신 과도하게 계획된 활동은 아동에게 더 많은 부담을 줄 수 있다.

초등학생의 강점과 도전 과제

다른 연령대의 학생들과 마찬가지로, 초등학생 역시 부모, 교사, 그리고 상담자가 고민해야 할 과제를 안겨 준다. 그러나 상담 개입의 결과, 아동이 학업적, 행동/사회적으로 나아지고 뛰어나게 변화되는 것을 보면 많은 만족감을 얻을 수 있다. 초등학교에 근무하는 학교상담자는 예방을 기본으로 강점에 기반한 이론을 아우르는 상담적 개입을 개발해야 한다. 초등학교에서는 학부모의 요구 수준이 높기 때문에 학부모와 면담할 기회가 상대적으로 더 많다. 학부모는 보통 아이들의 등하교를 함께하고, 성적 사정회(report card conferences)에 참석해야 하며, 부모/교사 조직과 학교 기반 활동에 더 적극적이다. 초등학교의 학습 자료는 학부모들에게 그렇게 어려운 내용이 아니어서 초등학교 시기 숙제와 과제에 대한 학부모의 참여도가 가장 높다.

강점 기반 상담

초등학교에 근무하는 상담자는 강점 기반 상담(Stengths-Based Counseling: SBC)을 이해하고 활용해야 한다. 아동은 자신의 개인적인 강점과 회복탄력성(resilience)을 이해하고 쌓아 나가는 가운데 문제가 될 수 있는 행동을 다루기 위해 도움을 필요로 한다. 강점 기반 상담은 아동이 자신의 재능을 충분히 이해하여 어려운 시간을 잘 보낼 수 있게 한다. 개인의 강점은 대처 기술을 향상시키고 자아의 긍정적인 차원을 늘리는 데 도움을 준다. 1차적 예방의 한 형태로, 상대적으로 요구 사항이 많은 일부 학생을 대상으로 결손을 줄이기 위한 서비스를 제공하는 것 대신 다수 학생이 학업, 진로 및 사회/정서적 능력을 개발하고 개인적 강점을 증진할 수 있는 프로그램을 운영하는 것이 장려될 필요가 있다(ASCA, 2012; Galassi, Griffin, & Akos, 2008).

Galassi와 동료들(2008)은 학교상담자의 주요한 기능 중 하나를 문제 예방과 감소에 초점을 맞추는 것이라고 보았다. 위기 상황에 대처하고 교정 서비스를 제공하는 것은 학교상담자에게 불가피한 하루 일과일 것이다. 그러나 자료에 기반한 체계적이고 종합적인 학교상담 프로그램은 학업, 진로 및 사회/정서적 영역에서 긍정적인 발달을 추구해야 한다. 학생의 강점 증진, 긍정심리학, 예방, 웰니스에 기반을 둔 종합적인 학교상담 프로그램은 증진에 초점을 맞춘 전달, 증거 기반 실제, 지지 활동, 리더십 및 협업을 통한 성공적인 파트너십 형성을 포함한다. Harris, Thoresen과 Lopez(2007)는 상담 프로그램에 강점 기반 작업을 통합하는 것이 개인에게 토대를 제공할 수 있으며 어떤 전략보다도 더욱 지속적으로 영향을 줄 수 있다고 주장했다. 〈연습문제 3-1〉에서 학교폭력 문제에 대한 강점 기반 접근의 예를 살펴보자.

연습문제 3-1

강점 기반 접근에 따른 사례 개념화

Bobby는 도시 지역의 초등학교에 다니는 4학년 학생이다. 쉬는 시간이 끝나고 돌아오는 Bobby의 눈에 눈물이 글썽이는 것을 본 선생님은 Bobby를 상담실로 보냈다. Bobby와 이야기를 나눈 후, 학교상담자는 교실에서 함께 공부하는 아이 중 다수가 Bobby의 몸무게를 가지고 놀리고 있다는 사실을 확인할 수 있었다. 학교폭력으로 여길 수 있는 상황이었다. 학교폭력이 한동안 지속되고 있는 것처럼 보였지만 지난 수년 동안 Bobby는 신고도 하지 않았고, 학교폭력을 당하고 있다는 것에 대해 티를 내지도 않았다. 학교상담자는 Bobby를 몇 년 전부터 알고 지냈는데, Bobby가 영재 프로그램에 참여하고 있고, 가족이 지지적이고 친밀하며, 연극에 관심이 많음을 알고 있었다. 사실 Bobby는 곧 상연될 학교 연극의 주연으로 선발된 상태였다. 학교상담자는 바로 지난주에 같은 교실에서 다른 학생에게 일어난 비슷한 상황을 다루었기 때문에 걱정이 되었다. 강점 기반 접근의 관점에서 다음의 질문에 대답해 보라.

- 학교상담자는 어떤 방법으로 Bobby가 자신의 개인적인 강점을 이용하여 이 상황에 대처하고 문제를 풀어 나가는 것을 도울 수 있을까?
- 학교상담자는 어떤 방법으로 같은 교실에서 발생한 일련의 사건을 사전에 해결할 수 있을까?
- 학교상담자가 생각해 볼 만한 예방책이 있을까?

초등학교에서의 종합적인 학교상담 프로그램

이전 장에서 논의한 바와 같이 ASCA 국가 모델의 도입으로 학교상담자는 자료 기반의 체계적인 프로그램을 개발할 수 있었다. 교직원의 일원으로서 학업성취도와 시험 점수뿐만 아니라 진로와 대학 준비도 수준을 높이는 것에 대해 학교상담자가 맡은 업무의 공로를 인정받을 수 있다. 특히 초등학교에서는 어린 학생의 학교와 직업 세계 간의 연결을 이해할 수 있어야 한다(ASCA, 2014). 그러나 상담자가 진정으로 학생의 발달에 기여하는 것을 보여 주고 싶다면, 종합적인 학교 프로그램과 관련된 직접적인 개입과 서비스가 필수적이다. Sink와 Stroh(2003)는 학생의 학업성취도와 사회/정서적 발달 증진을 위한 종합적인 학교상담 프로그램에 직접적인 시사점을 제공하는 연구는 부족하다고 보았다. 학생의 성취도와 종합적인 학교상담 프로그램 간의 직접적인 상관을 다루고자 한 첫 연구 결과를 정리하면 다음과 같다(Stink & Stroh, 2003). 첫째, 2~3년 동안 '종합적인 학교상담 프로그램에 부분적으로 참여한' 초등학생(3~4학년)에게서도 학업성취도 향상과 학업성취도의 격차가 줄어드는 경향이 나타났다(p. 220). 둘째, 사회경제적 지위와 관계없이 종합적인 학교상담 프로그램을 제공하는 학교에 다니는 아동은 학업적 · 사회적 혜택을 얻었다. 어린 학생(즉, 초등학교 저학년)은 대체적으로 종합적인 학교상담 프로그램이 있는 학교에 다니는 경우 시험과 학업에서 더 좋은 성적을 낸다는 것이 드러났다.

연구 결과는 자료 기반의 체계적인 학교상담 프로그램을 통해 초등학생이 많은 혜택을 받고 있음을 보여 준다. 초등학교에 근무하는 상담자는 직접적인 개입과 서비스를 성과와 연결하는 프로그램을 실시할 필요가 있다. Vernon(2009)은 상담교육 프로그램 설계가 초등학교의 경우 학업을 목표로 해야 한다고 제안했다. Sink와 Stroh(2003)는 '슬기로운 학교생활(How to Succeed in School)'이라는 제목의 상담 교육과정의 예를 제시했다. 상담 수업은 학습 기술, 조직화 및 계획 수립 요령, 교실에서의 긍정적인 행동, 시험 전략, 글쓰기 능력 향상, 숙제 완료하기 등의 내용이 포함된다. 실제로 ASCA(2014)에서는 종합적인 학교상담 프로그램을 통해 학생이 습득해야 할 구체적인 지식, 신념, 기술을 우선순위에 두고 파악하기 위한 35가지 마음가짐과 행동 표준을 개발했다. 〈연습문제 3-2〉에서 어떻게 당신만의 학급적용 상담 수업을 만들지 생각해 보라.

사 · 례 · 연 · 구

초등학교에서 일하는 한 상담자는 격주에 한 번 진행되는 학급적용 상담교육 수업에서 학업적 영역을 다룬다. 2학년을 대상으로 한 마지막 수업은 조직화에 관한 내용이었다. 발달 수준에 적절하고, 참여적이고, 의미가 있는 수업을 만들기 위해 상담자는 2학년 학생이 조직화의 중요성을 이해할 수 있도록 창의적인 수업 방법을 사용했다. 예를 들면, Stan과 Jan Bernstein의 책 『번스타인 베어즈와 지저분한 방(The Bernstein Bears and the Messy

Room)』을 읽는 것으로 조직화에 대한 수업을 시작했다. 어린 학생들에게 조직화의 개념을 소개하면서 수업에 대한 흥미 유발을 위해 이 책을 활용한 것은 발달 수준에 적절하다고 볼 수 있다. 학교상담자는 조직화의 중요성을 논의한 뒤, 학용품이 정리되지 않고 엉망으로 담겨 있는 쟁반을 들고 왔다. 상담자는 30초 동안 학생들에게 쟁반 위의 흐트러진 물건들을 보게 한 뒤, 보이지 않는 곳에 두고 기억할 수 있는 한 많은 물건을 적어 보게 했다. 그러고 나서 학생들에게 30초 동안 잘 정돈된 학용품이 들어 있는 쟁반을 보여 주고 기억할 수 있는 한 많은 항목을 적어 달라고 다시 요청했다. 학교상담자는 두 쟁반의 차이점에 대한 토론을 진행하고, 조직화의 중요성을 요약하면서 수업을 마무리했다.

연습문제 3-2

학급적용 상담교육 수업 구안하기

당신은 유치원부터 5학년까지의 학생이 다니는 초등학교에 근무하는 학교상담자이다. 당신이 근무하는 주에서는 4학년 학생 전체를 대상으로 표준화된 쓰기 시험을 의무화했다. 4학년 학생은 표준화된 평가를 받는 것에 익숙하긴 하지만, 올해 처음으로 쓰기 시험을 보게 된 상황이다. 학생들은 지시에 따라 글을 써야 하고, 그들이 쓴 글은 여러 영역에서 점수를 매기고 평가될 것이다. 4학년 교사가 당신에게 이번 쓰기 시험 준비에 도움이 되는 상담 수업을 진행해 달라고 요청했다. 다음 사항을 고려하라.

- 수업을 계획할 때 고려해야 할 발달과 관련된 사항은 무엇인가?
- 당신의 교실 수업의 목표는 무엇인가?
- 어떻게 수업을 설계할 것인가?(예: 어떤 활동을 구현할 것인가?)

사·례·연·구

진로 개발 영역과 관련하여 초등학교에 근무하는 한 상담자는 매달 '진로 카페(Career Cafe)'를 운영한다. 진로 카페에서는 점심 시간 중 전문가를 학교로 직접 초대하여 그 전문가에게 해당 직업에 대해 구체적인 이야기를 듣는 시간을 갖는다. 학교상담자는 모든 학급이 연중 4회 열리는 진로 카페에 참석할 수 있도록 일정을 짰다. 또한 전교생을 위한 진로의 날(Career Day)을 매년 봄에 운영한다.

초등학생을 대상으로 하는 상담 개입

학교상담자는 초등학교에 다니는 아동의 인지 및 언어 발달 수준의 폭이 상당하다는 것을 이해하고 있어야 한다. 유치원 전 학교에서 초등학교 3학년에 해당하는 아동은 아마도 놀이치료와 표현예술에 가장 반응이 좋을 것이다. 좀 더 나이가 들고 발달이 진행되면 언어적 질문에 대해 생각하고 적절하게 대답할 수 있을 것이다. 그러나 연구에 따르면 놀이치료 기술(즉, 추적하기, 책임 돌려 주기)과 표현예술의 사용은 모든 연령대의 사람들에게 유용하며(Vernon, 2008), 소그룹, 커플, 형제, 가족과 같은 다양한 집단을 대상으로도 유용하다. 인지능력이 발달하더라도 아동은 여전히 즉흥적이고 충동적이며, 자신의 행동이 어떤 결과를 낼지 인식하는 것이 어렵다는 것을 반드시 기억해야 한다.

저학년 아동에게 가장 중요한 과제는 협동 놀이(cooperative play) 참여와 다양한 관점에 대한 이해이다. 이 연령대에 속하는 아동 간 학습의 차이는 두 가지 형태가 있다. 첫째, 읽기, 쓰기, 추론에서의 학업적 목적 달성은 유아교육에 대한 노출의 부족, 부모의 교육 성취 수준 및 가족의 사회경제적 지위에 따라 다양하게 나타날 수 있다. 그러나 이러한 차이는 보통 2~3학년이 되면 정상 범위까지 따라잡을 수 있다. 둘째, 학습의 어려움이 있음을 알지 못하여 따라잡을 수 있는 기간 동안 지원이 제공되지 못하는 경우이다. 해당 연령대의 학생을 가르치는 교사 중 많은 수가 학생의 검사를 의뢰하기 전 대기 기간이 존재한다고 말한다.

3~5학년 아동 중 일부는 학교에서 큰 성공을 경험하고, 일부 또는 모든 과목에서 우수한 성적을 받을 가능성이 높다. 그 외의 다른 학생들은 낮은 성적, 표준화된 시험에서의 낮은 점수, 교사와의 갈등, 전반적으로 학교에서의 낮은 활동 참여 등을 경험할 수 있으며, 이는 자기인식에 영향을 미친다. 이 연령대의 아동은 또래 관계와 또래에게서 받는 인정에 더 의존하며, 이러한 요소들 역시 자기인식에 영향을 미친다. 중학교에 진학하면서 일부 학생은 또래에게 인정을 받는 것에 의존하며, 학업 및 학교에서의 활동에 대한 참여 수준이 낮아지는 질풍노도의 시기에 들어선다.

이어서 초등학교에서 상담자가 어려움을 해결할 수 있는 일반적인 개입 방안에 대해 논의하고자 한다. 학교에서 경험하게 되는 어려움 중 일부는 모든 학교급(예: 학교폭력)에 걸쳐 나타날 수도 있지만, 저연령대의 아동에게서만 나타나는 문제도 있을 수 있다.

사·례·연·구

학교상담자는 가족 변화(예: 이혼, 별거, 이사)를 겪고 있는 학생을 위해 가족 변화 소그룹을 진행하고 있다. 해당되는 학생들이 많이 추천되었고, 일정 조정을 이유로 상담자는 2학년에서 4학년까지의 학생들을 이 소그룹 상담에 포함시켰다. 따라서 집단상담을 계획할 때 학교상담자는 집단에 속한 학생의 연령대에 맞는 활동을 신중하게 선택해야 한다. 학교상담자는 집단상담 내내 표현적 예술 활동을 활용하는데, 이는 초등학생에게 효과적일 뿐만 아니라 학생의 발달 수준에 맞게 활동을 조정할 수 있기 때문이다. 예를 들어, 초기 회기 중 한 회기에서 집단 구성원에게 재료를 제공하고 가족 초상화를 그리도록 요청했다. 그림의 세부 사항과 수준은 나이에 따라 달랐지만, 이 활동은 집단 내 모든 학생에게 발달적으로 적합한 활동이었다. 집단 구성원들이 자신의 가족 초상화에 대해 공유하면서, 다른 가족 형태에 대한 발달 수준에 맞는 적절한 설명을 들으며 유익한 경험을 했다.

1차적 예방

학교상담 분야는 예방에 초점을 맞춘다는 점에서 여타 관련 분야와 쉽게 구별된다. 예방에 기반한 개입을 제공하려는 노력이 증가하고 있는 가운데 학생의 학업, 진로 및 사회/정서적 발달 향상을 위한 더 많은 증거 기반 프로그램이 활용 가능하다. 세 영역에서의 학생 발달 증진에 앞서 행동에 대한 체계적인 방식의 관리가 선행되어야 한다. Sugai와 Horner(2009)에 따르면, 2000년부터 실시된 긍정적 행동 중재 및 지원(Positive Behavior Interventions and Supports: PBIS) 프로그램은 학교마다 달라 보이지만 다섯 가지 기본적인 구성 요소는 공통적이다. 첫째, 전담팀(leadership team), 둘째, 간략하고 학교 전반에 걸친 철학 또는 틀, 셋째, 교실, 화장실, 급식실, 통학 차량 등 학교의 각 구역에 대한 구체적인 행동 지침, 넷째, 개별 교실에서의 지침, 다섯째, 추가적인 지원이 필요한 학생들을 위한 구체적인 전략이다. 이에 더하여 의사결정을 위해 전담팀에 문서를 제공하는 방법에 따라 자료가 수집된다.

긍정적 행동 중재 및 지원이 최근 수년간 더 많은 주목을 받게 된 것은 초중고의 모든 학교급에서 긍정적인 성과를 냈고, 청소년 사법 프로그램에서도 성공적인 결과를 냈기 때문이다(Curtis, Van Horne, Robertson, & Karvonen, 2010). 긍정적 행동 중재 및 지원은 국가 차원에서 논의되고 있으며, 다수의 연방 및 주의 교육 보조금을 받기 위한 증거 기반 실제로 인정받고 있다. 초등학교에서 긍정적 행동 중재 및 지원의 결과에 대한 연구는 제한적이지만, 연구 결과는 긍정적이다. 연구 대상 학교에 따라 다양한 결과가 나타나기는 했지만, 이를 종합하면 행동 문제와 학업중단이 20~60% 감소한 것으로 나타났다(Sugai & Horner, 2009). 학업중단의 감소는 교육자, 관리자 및 정책 입안자에게 중요한데, 출석률이 면밀히 모니터링되어 재정 지원으로 이어지기 때문이다. 〈연습문제 3-3〉에서 학교에서의 긍정적 행동 중재 및 지원 프로그램 사용 방법을 알아보라.

연습문제 3-3

효과적인 긍정적 행동 중재 및 지원 프로그램 실시

당신은 신규 학교상담자로서 초등학교 근무를 제안받았다. 새 학년도 준비를 위해 학교 자료를 검토하고 교직원 및 관계자들과 협력하기 시작했는데, 그 결과 이 학교는 긍정적 행동 중재 및 지원 프로그램을 실시하면 매우 긍정적인 효과가 있을 것이라는 결론에 도달했다. 긍정적 행동 중재 및 지원 프로그램의 다섯 가지 구성 요소를 고려하여 효과적인 긍정적 행동 중재 및 지원 프로그램을 학교에서 실시하기 위해 취할 조치에 대해 논의하라.

학교폭력 예방

대부분의 사람이 어린 시절 학교폭력을 경험한 적이 있다고 말하겠지만, 가해자였음을 인정할 만큼 개방적인 사람은 적을 것이다. 2000년대 초반, 학교폭력을 예방하려는 노력은 탄력을 받게 되었다. 1990년대에 발생한 일련의 비극적인 학교 내 총기 사건 이후 발표된 여러 보고서가 영향을 주었다. 보고서에는 총격범들이 만성적으로 학교폭력을 당했다고 기록되었다(Vossekuil, Fein, Reddy, Borum, & Modzeleski, 2002). 실제로 모든 학교 내 총기 사건의 67%는 어린 시절 상당한 학교폭력을 경험한 사람이 일으킨 것으로 나타났다(Wright, 2012). 학교폭력 행위에 대한 개인의 시각이 다르기 때문에 학교폭력을 정의하고 다루는 방식이 다를 수 있다. 언어폭력(bullying comments)은 성별, 인종/민족, 장애, 성적 지향성, 외모 등에 대해 이루어질 수 있는데, 함께 생활하는 어른들의 어린 시절의 경험과 타인을 대하는 방식에 대한 허용 정도에 따라 언어폭력임을 눈치챌 수도 있고 그러지 못할 수도 있다.

아이들이 나이가 들수록 학교폭력은 신체적 및 언어적으로 더 공격적으로 나타난다. 신체폭력(physical bullying)은 3학년부터 점점 더 흔해진다. 가해 학생은 그 힘을 즐기고 공감력이 부족하다. 피해 학생은 종종 학교 활동에 소극적이 되고, 수업 활동, 점심 시간, 외부 활동 중 소집단 활동에 참여하지 않으려고 한다. 아마도 부모와 상담자가 경험하지 못했을 또 다른 형태의 학교폭력은 사이버 학교폭력(cyberbullying)이다. 사이버 학교폭력 역시 대면으로 이루어지는 학교폭력과 동일한 방식으로 다뤄야 한다. 가해 학생은 페이스북(Facebook), X(이전의 Twitter), 유튜브(YouTube), 핀터레스트(Pinterest), 텀블러(Tumblr) 등의 소셜미디어를 통해 위협적이고 괴롭히는 댓글을 달고 스토킹을 한다. 해킹 및 신원 도용과 더불어 이러한 행위들은 모두 학교폭력이 될 수 있고, 주 및 연방법 위반 행위가 된다. 부모와 학교상담자는 아동이 이메일이나 문자로 사이버 학교폭력에 해당하는 행동을 할 수 있음을 고려해야 한다. 학교폭력 예방을 위해서는 사이버 학교폭력에 대한 내용도 포함해야 한다. 학교폭력은 테크놀로지 뒤에 가면을 쓰고 숨어 더 많은 권력과 자유를 누릴 수도 있다.

사·례·연·구

초등학교에서 근무하는 학교상담자는 학교폭력 사건을 알리고 다루기 위한 일관된 체계뿐만 아니라 학교폭력 예방 프로그램을 개발하는 것이 중요함을 이해한다. 학교폭력의 정의, 학교폭력 사건을 다루는 방법, 그리고 교내 신고 절차에 대한 교육을 위해 학교상담자는 신학기의 첫 한달 동안 각 교실을 찾는다. 학기 초에 진행된 수업을 통해 학생들은 학교폭력이 무엇인지, 학교폭력에 어떻게 대처해야 하는지, 그리고 학교폭력을 어떻게 신고해야 하는지를 이해할 수 있다. 또한 학생들은 학교폭력에 연루된다면 발생할 수 있는 결과에 대해 이해하게 된다. 학교상담자는 학교폭력의 정의와 신고 절차에 대해 교직원 회의에서 다룬다. 학교상담자는 학교폭력이 무엇인지 알리는 홍보 포스터를 만들어 담임교사가 교실에 잘 보이게 게시하도록 한다. 이렇게 조기에 실시되는 수업은 초등학교에서 학교폭력을 포괄적, 협력적으로 다루고 사전 대책을 강구하는 데 중요하다.

초등학교의 현재 모습

초등학교에 들어서면 보통 들뜸과 에너지를 느낀다. 많은 경우 초등학교의 중앙 현관은 알록달록한 그림과 동기부여적인 명언들로 꾸며 놓아서 자연히 눈길이 가게 된다. 복도 곳곳에 전시된 학생들의 작품은 가정에 있는 듯한 느낌이 들게 한다. 복도를 걸으면 어린 학생들의 재잘거림을 들을 수 있다. 학교 방문자는 교사들이 다양한 교수법으로 학생의 주의를 끌어 이들이 학습 과정에 푹 빠지게 되는 모습을 볼 수 있다. 운동장에서 노는 아이, 점심을 먹으며 친구들과 이야기하는 아이, 체육 수업 중 체육관에서 뛰어노는 아이, 음악 시간에 리코더 연주를 배우는 아이도 볼 수 있을 것이다. 엄마의 출근으로 눈물을 흘리는 어린 학생이 있는 바로 옆 복도에는 몇 달 안에 중학교에 진학하는 학생도 만날 수 있다.

대부분의 초등학교가 재미와 놀이로 어린 학생들에게 어필한다는 점은 의심할 여지가 없지만, 지난 10년 동안 유치원 과정부터 시작되는 초등학교 교육과정이 성취 기준에 의거한 교육과정으로의 전환이 진행되었다. 초등학생의 하루 일과는 학업과 사회적 학습의 균형을 맞추는 것을 목표로 구조화되고 결정된다. 저학년은 이러한 구조에 적응하는 데 어려움을 겪을 수 있고, 학교에서 기대되는 바에 성공적으로 부응하기 위해 추가적인 지원이 필요할 수 있다. 고학년은 중학교 진학이나 스트레스 관리 등의 문제를 다뤄야 할 수도 있다. 또한 사회경제적 지위와 민족성 등 해당 학교만의 문제 또는 마을교육공동체의 문제 역시 고려되어야 할 것이다. 따라서 종합적인 학교상담 프로그램 시행을 준비하는 모든 학교상담자에게 중요한 첫 단계는 학교의 자료를 분석하고 그에 기반하여 개입과 프로그램을 조정하는 것이다.

핵심 정리

- 초등학교 상담의 실제에 대해 제시된 새로운 지향점은 종합적인 프로그램 설계, 협업, 예방 조치에 초점을 맞추는 학교상담 문헌에서 나타났으며, ASCA의 학교상담 국가 모델(ASCA, 2012; Walsh et al., 2008)의 가장 중요한 신조이기도 하다.

- 중고등학생의 경우, 발달 수준에 맞추어 학교상담 개입을 조정할 필요가 없을 수 있지만, 초등학교에 근무하는 학교상담자는 학생의 연령을 고려하여 수업을 조정해야 한다.
- 초등학교에 근무하는 학교상담자는 예방에 바탕을 두고, 강점 기반 이론들을 아우르는 상담 개입 방법을 개발해야 한다.
- 학교상담자가 진정으로 학생의 발달에 기여한다는 것을 보여 주기 위해서는 종합적인 학교 프로그램과 연계된 직접적인 개입과 서비스가 필요하다.
- 연구 결과에 따르면, 자료에 기반한 체계적인 학교상담 프로그램은 초등학생에게 많은 이로운 효과를 제공한다. 초등학교에 근무하는 학교상담자는 직접적인 개입과 서비스가 성과로 나타날 수 있는 프로그램을 실시해야 한다.
- 학교상담자는 초등학교에 다니는 아동마다 인지 및 언어 발달에 상당한 편차가 있음을 이해할 필요가 있다. 상대적으로 어린 아동(유치원에서 초등학교 3학년까지)은 놀이치료와 표현예술을 활용할 때 가장 잘 반응할 것이다. 나이가 들고 더 발달함에 따라 질문을 통해 생각하고 적절하게 반응할 수 있을 것이다.
- 예방에 기반한 개입을 제공하려는 노력이 증가했음에도 학생의 학업, 진로 및 사회/정서적 발달을 촉진하는 근거 기반 프로그램이 더 많이 제공되고 있다.

참 / 고 / 문 / 헌

American School Counselor Association (ASCA). (2012). *ASCA national model: A framework for school counseling programs* (3rd ed.). Alexandria, VA: Author.

American School Counselor Association (ASCA). (2014). *Mindsets & behaviors for student success: K-12 college-and career-readiness standards for every student*. Alexandria, VA: Author.

Curtis, R., Van Horne, J. W., Robertson, P., & Karvonen, M. (2010). Outcomes of a school-wide positive behavioral support program. *Professional School Counseling, 13*, 159-164.

Galassi, J., Griffin, D., & Akos, P. (2008). Strengths-based school counseling and the ASCA national model. *Professional School Counseling, 12*(2), 176-181.

Harris, A. H. S., Thoresen, C. E., & Lopez, S. J. (2007). Integrating positive psychology into counseling: Why and (when appropriate) how. *Journal of Counseling and Development, 85*, 3-13.

Lightfoot, C., Cole, M., & Cole, S. R. (2009). *The development of children*. (6th ed.). New

York, NY: Worth Publishers.

Myers, J. E., Shaffner, M. F., & Briggs, M. K. (2002). Developmental counseling and therapy: An effective approach to understanding and counseling children. *Professional School Counseling, 5*(3), 194-202.

Sink, C. A., & Stroh, H. R. (2003). Raising achievement test scores of early elementary school students through comprehensive school counseling programs. *Professional School Counseling, 6*, 352-364.

Sugai, G., & Horner, R. H. (2009). Responsiveness-to-intervention and school-wide positive behavior supports: Integration of multi-tiered approaches. *Exceptionality, 17*, 223-237.

Vernon, A. (2010). *Counseling children and adolescents* (4th ed.). Denver, CO: Love Publishing.

Vossekuil, B., Fein, R., Reddy, M., Borum, R., & Modzeleski, W. (2002). *The final report and findings of the safe school initiative: Implications for the prevention of school attacks in the United States*. Washington, DC: U.S. Department of Education.

Walsh, M. E., Barrett, J., & DePaul, J. (2008). Day-to-day activities of school counselors. Alignment with new directions in the field and the ASCA national model. *Professional School Counseling, 10*(4), 370-378.

Wright, R. J. (2012). *Introduction to school counseling*. Thousand Oaks, CA: SAGE.

CHAPTER 04

중학교

Sam Steen · Joy Rose · Kristin Avina · Dana Jenkins

중학교 학교상담자는 학생이 호소하는 다양한 문제에 대한 어려움을 이해하고, 이에 대응하는 정신건강 관점의 교육전문가이다. 중학교 학교상담자는 협력체계를 통해 종합적인 교육 프로그램을 제공해야 한다(ASCA, 2012).

학교상담자는 지구촌 사회에서 전문상담 분야의 광범위함과 복잡성에 대해 충분히 이해하고 이를 보여 줄 책임이 있다. 또한 학교상담자는 유치원부터 초중등학교 학생의 학업, 진로 및 사회/정서적 발달을 촉진하는 데 중점을 두는 학교 환경에 적용할 수 있는 필수적 기술을 갖추어야 한다. 학교상담자는 지역사회 이슈나 시급한 동향과 같은 학교 환경에 영향을 미칠 수 있는 외부 요인들을 조사해야 한다. 예비 학교상담자는 많은 학교상담자가 실제 현장에서 수행 중인 역할을 하기 위한 일정 수의 인턴십 시간을 이수해야 한다(CACREP, 2009). 경우에 따라서 학교상담자는 석사과정 중에 농어촌 초등학교나 도심 외곽의 고등학교에서 인턴십을 마쳤을 수도 있다. 또 다른 예비 학교상담자는 도심의 공사립 학교 둘 다에서 경력을 쌓았을 수도 있다. 하지만 학교상담자가 처음으로 근무한 학교에서 요구받은 업무는 그들의 이전 근무 경험과 전혀 다를 수도 있다. 기본적으로 학군, 교육공동체, 학교행정, 교직원 구성 등은 학교마다 서로 다른 특성을 가지고 있기 때문이다. 발달을 고려한 종합적인 상담 프로그램에서 요구되는 특정 역할을 수행하도록 학교상담자를 양성하고, 이러한 기능을 해당 맥락에서 적절하게 적용하도록 하는 것은 엄청난 노력이 동반될 수도 있다.

이 장에서는 청소년 발달(즉, 신체적 · 인지적 · 사회적 발달)에 대해 탐구해 보고자 한다. 다음으로, 중학교 환경 그리고 중학교 수준에서의 복잡성과 기회에 대한 논의가 이루어질 것이다. 학급적용 상담교육 프로그램에 대한 심층적인 논의와 이러한 프로그램을 만들고 실행할 때 고려해야 할 전략도 포함되어 있다. 추가적으로 성찰할 수 있는 사례를 제시한다. 이 경우에 독자는 제시된 상황에서 자신이 어떻게 기능하는지를 성찰할 수 있는 기회를 가질 수 있다. 아울러 두 명의 현직 중학교 학교상담자로부터 비슷한 상황에서의 경험에 대한 사례 나눔이 제공된다. 마지막으로 학급적용 상담교육 프로그램의 다양한 예시가 제시되어 있다. 정리해 보면 중학교에 재학 중인 청소년에게 고려되어야 할 여러 발달적인 요인이 논의될 것이다. 이러한 요인은 중학생이 해당 발달 단계에서 생각하고 느끼고 행동하는 배경이 될 것이다. 또한 학교상담자가 학급적용 상담교육 프로그램을 활용하여 학생의 목적 달성을 위한 길을 여는 방법에 대해서도 다룰 것이다.

중학교 학급적용 상담교육 프로그램과 학생 발달에 관한 이 장을 읽은 후, 독자들은 다음과 같은 것을 할 수 있다. 제4장의 학습 내용은 다음과 같다.

- 청소년기 발달의 주요 측면을 확인할 수 있다.
- 중학교 학교 환경의 역동을 이해할 수 있다.
- 학급적용 상담교육 프로그램 개발의 적용에 대해 이해할 수 있다.

청소년기 발달

신체적 발달

유아기를 제외하면 초기 청소년기(11~14세)는 인생의 다른 어떤 발달 단계보다 더 크고, 더 빠르고, 더 세분화된 발달을 특징으로 한다. 청소년의 성장과 발달의 일부로서 학생은 종종 무한한 음식, 신체적 활동, 수면을 필요로 한다. 게다가 청소년은 잠시도 가만히 있지 않으려고 하는 등 에너지가 넘쳐 보이기도 하다. 남녀 모두에게 급격한 성장이 일어나며, 소녀들은 월경을 시작할 수도 있다(Northeast Foudation for Children, 2005).

사춘기와 관련된 변화가 힘들 수 있다는 것은 말할 필요도 없지만, 또래와 비교해서 좀 더 일찍(조숙) 혹은 좀 더 늦게 성숙하는 학생에게는 이러한 어려움이 더 커질 수 있다. 조숙한 학생에게 학교상담 서비스를 제공하는 학교상담자가 직면하는 복잡성은 다음의 사례 연구를 통해 확인할 수 있다.

사·례·연·구

5~9학년 학생을 맡고 있는 6학년 학교상담자인 Dominique 선생님은 종종 또래보다 신체적으로 조숙한 학생을 지원해야 한다. 특히 그녀가 남학생, 여학생과 함께 교육 활동을 할 때 직면하는 한 가지의 어려움은 의사소통 계획을 세우는 것이다. 이는 조숙한 학생(그들의 경험을 정상화하는 데 도움이 되기 위해)이나 신체적 변화에 지나치게 관심이 쏠려 있는 학생에게 유용할 수도 있다. 좀 더 구체적으로 그녀는 소년들이 또래에 비해 조숙한 것이 사회적으로 좀 더 유리하다는 것을 발견했다. 그러나 또래보다 좀 더 신체적으로 일찍 성숙한 여학생은 친구들로부터 종종 놀림을 당하거나 따돌림 등의 학교폭력을 경험하기도 했다. 한편 또래에 비해 신체적으로 미숙한 남학생도 모욕과 같은 비슷한 공격을 경험하고 있었다. 이러한 현실을 감안하여 Dominique 선생님은 사춘기 동안 경험하는 새로운 변화에 대하여 충분히 논의하고 설명하기 위해 학급적용 상담교육 특별수업을 만들기로 결심했다. 이 수업의 또다른 목적은 일부 학생이 경험하고 있는 부정적인 경험과 추가적인 괴롭힘과 따돌림 같은 학교폭력이 학생에게 미칠 수 있는 영향을 다루는 것이다. Dominique 선생님은 두 영역(건강증진, 상담)의 기준을 충족하기 위해 학급적용 상담교육 특별수업을 건강교육교사와 함께 협력수업으로 진행했다.

인지적 발달

일반적으로 “청소년기의 인지발달은 중요한 성장을 이루지만 여전히 한계점도 혼재되어 있다”(Wigfield, Lutz, & Wagner, 2005, p. 113). 자기성찰과 가설 설정 능력과 같은 부분에서 이점이 보이지만, 청소년의 의사결정 과정에서 위험한 행동을 할 가능성이 높은 것은 명백한 한계로 드러난다. 이러한 인지적 도전은 청소년기 동안 다른 사람들이 해당 발달 단계의 학생을 인식하는 방식에 영향을 미칠 수도 있다. 예를 들어, 학생은 폭음과 같은 좀 더 위험한 행동을 시작할지도 모른다. 이러한 일이 발생하는 파티에 참석하여 잘못된 무리와 연루되는 경우에 이 일은 학교에서 다르게 다룰 수도 있다. 이러한 사실이 표면화된다면 사람들은 이러한 학생을 호의적으로 바라보는 것이 힘들 수 있기 때문이다. 북동부아동재단(Northeast Foundation for Children, 2005)에 따르면, 학문적으로 볼 때 학생은 청소년기의 발달 단계 동안에 좀 더 인지적인 방향의 특성을 나타낼지도 모른다. 예를 들어, 학생은 청소년기의 인지적 발달로 인해 추상적으로 사고할 수 있다. 따라서 합리적인 목표를 설정하고 잘 집중할 수 있다. 이러한 학생은 종종 말하는 것보다 글쓰기를 더 잘하며, 좋은 학습 습관을 기르기 위해 너무 길거나 부담스럽지 않은 과제, 미리 예측 가능한 숙제가 필요하다. 게다가 중학생은 미술 교과와 같은 특정 과목 혹은 기술에서 특출함을 보이기 시작할 수도 있다. 이러한 인지적 능력은 다양한 방식으로 나타날 수 있다는 점을 기억해야 하며, 앞의 예시는 중학교 연령대의 학생에게서 나타나는 전형적인 몇 가지 특징에 불과하다.

사회적 발달

약 11~14세 사이의 학생은 의심할 여지 없이 다양한 사회적 행동을 보인다. 일반적으로 받아들여지는 이론에 따르면, 정체성 대 역할 혼란은 이 발달 단계에서 서로 얽히고 연결된다(Erikson, 1965). 그러므로 중학교 학교상담자는 학생이 개인적인 충동(충동 조절, 분노 관리, 조직화)이나 특정 사회집단의 구성(친한 친구 그룹, 갈등 해결, 학교폭력 예방)에 따라 의사결정을 내릴 때 직면한 어려움을 해결하고자 노력해야 한다. 예를 들어, 어떤 학생은 금방 화를 내지만 금방 용서하기도 한다. 경쟁이 치열한 경향이 있지만 또한 매우 협력적일 수도 있다. 동시에 사회적 위상에도 민감하여 누가 또래 집단에 속했는지 아닌지를 생각하며 소속감과 인기에 대한 고민을 한다. 중학교 시기의 학생은 종종 논쟁하고, 규칙에 도전하고, 한계를 시험하기도 한다(Wood, 2005).

초기 청소년기는 학생의 자율성과 자기결정에 대한 열망이 증가하는 기간이다. 이러한 열망은 학생에게 나타날 수 있으며, 스스로에게 집중하고 자의식을 가질 수 있도록 한다. 동시에 정체성 문제로 갈등하거나 또래의 관심을 끌기 위해 경쟁할 수도 있다(Eccles et al., 1993).

청소년기의 발달은 청소년 자신뿐만 아니라 보호자나 법적대리인 모두에게 매우 어려운 삶의 단계로 인식된다. 사실 청소년은 필연적으로 어른의 지배에 맞서 대항하고, 교실과 같은 환경에서 내외적으로 부모-자녀 갈등과 유사한 상황에 처했을 때 반감을 가진다. 초기 청소년기는 학생이 부모와 거리를 두려고 하는 시기이지만, 종종 다른 또래들, 어떤 경우에는 다른 성인과의 긴밀한 관계를 통해 이 공간을 채우기를 원한다. 학생이 자율성을 주장하려는 노력은 종종 복장, 언어, 음악, 친구 선호도, 학업성취도와 관련된 규칙에 대해 성인과 갈등을 일으킨다.

학교 환경에서 사춘기 이전(preadolescence)의 기본 과업은 강점과 약점을 모두 가지고 있다는 현실적인 정체성을 형성하고, 자기존중의 이상과 존경받는 직업 선택 및/또는 고등교육 기회를 선택하거나 그 방향으로 진로를 설정하는 것이다. 그러나 이러한 내부적 투쟁은 필연적으로 교육공동체를 둘러싸고 있는 무수한 환경적 요인에 의해 더 심각해진다(Bryan, 2005). 예를 들어, 최근에 미국으로 이민 온 많은 학생은 확인하기 어려운 도전 과제를 경험하고 있다. 어떤 학교에 다니든(예산이 부족한 공립학교, 부유한 공립학교 혹은 농어촌 지역의 공립학교) 학생은 이러한 발달 과업을 수행하는 것에 대한 어려움을 겪거나 수많은 장애물에 직면한다. 적대적인 상황에서 신규 이민자가 겪는 추가적인 스트레스는 다음 사례 연구에서 찾아볼 수 있다.

사 · 례 · 연 · 구

Manuel은 최근 엘살바도르 출신의 어머니와 함께 미국으로 이민 온 공립중학교 7학년 학생이다. Manuel은 본국에서는 학교를 다녔지만, 엄마와 여행을 한 9개월 동안은 학업을 중단한 상태였다. Manuel을 담당한 교사는 그가 새로운 학교에 잘 적응하고 있고 친구를 사귀는 것에 대한 어려움이 없음을 알아챘다. 그는 수학 실력이 약간 뒤처져 있지만 방과 후 수업을 받은지 일주일만에 실력 향상을 보여 주었다. Manuel이 걱정하는 한 가지 영역은 남자 교사와 소통하는 방식이다. Manuel은 남자 교사가 하는 말을 무시하거나 가끔은 노골적으로 예의바르지 않게 행동했다. 학교상담자는 Manuel과의 대화를 통해 아버지에 대한 적개심과 함께 어렸을 때부터의 아버지의 빈자리를 알게 되었다. 추가적으로 엘살바도르를 여행하는 동안, Manuel과 그의 어머니는 그들과 함께 여행하는 그룹의 몇몇 남자와 불쾌한 대화를 나누었다. 이러한 경험들이 결합되어 Manuel은 실제로 사람들을 믿지 못하고 이는 교사-학생 간 관계에서도 나타나고 있다. 학교상담자는 Manuel과 이 문제에 대해 의논한 후, Manuel이 어머니를 동행한 상태에서 Manuel의 남자 교사와 개별적으로 만나도록 했다. 이러한 모임의 목적은 Manuel과 남자 교사 사이에, 그리고 교사와 학부모 사이에 개방적 의사소통을 확립하는 것이다. 추가적으로 Manuel은 자신의 경험에 대해 교사와 나눌 수 있었고, 이러한 공유를 통해 신뢰 관계를 형성하는 토대가 마련되었다. Manuel의 변화는 하룻밤 사이에 일어나지 않았지만, 시간이 지남에 따라 Manuel은 자신을 가르치는 선생님이 진심으로 자신을 위해 최선을 다하고자 한다는 것을 배울 수 있었다. 이것은 학생의 태도를 변화시켰고 이는 성적과 학업성취도에서도 나타났다.

더 구체적으로 말하면 학교는 여전히 더 다양한 인종적 · 민족적 · 문화적 배경을 가진 학생의 요구를 어떻게 충족시킬지에 대해 어려움을 겪고 있으며, 이는 많은 지역에서 낮은 시험 점수와 실행 성과로 드러난다. 게다가 이러한 다양성은 앞의 예시 사례에서 볼 수 있듯이 단순히 인종과 민족을 넘어 사회경제적 지위, 생물학적 성(sex)과 사회적 성(gender), 성적 지향, 성정체성, 영적인 부분과 종교, 인지적 능력, 정신건강 상태, 신체적 능력과 시민성 등을 포함한다. 중학교 시기에는 학생의 정체성, 그들의 가족과 마을 교육공동체가 끊임없이 변화하고 발전하기 때문에 학교상담자는 다양한 문제를 다루는 데 열려 있어야 한다.

확인해 보기

- ☑ 유아기를 제외하고, 사춘기 이전 시기는 가장 강력하고 빠른 발달적 도전이 일어나는 시기일 수 있다.
- ☑ 사춘기 이전 시기는 학생이 부모와 거리를 두려고 하는 시기이지만, 종종 그 공백을 돌봄이 가능한 또 다른 성인과 함께하려고 한다.
- ☑ 사춘기 이전 시기에 학생은 독립성과 자율성을 추구하면서 또래의 의견에 높은 가치를 둔다.

중학교

중학교 진학 전후 기간 동안, 학생은 초기 청소년기에 접어들면서 찾아오는 정신적·신체적 변화를 탐색하게 된다. "자기와 마음이 맞는 작은 집단을 찾지 못한 청소년은 편안함을 느끼기가 쉽지 않다"(Cohen, Reinherz, & Frost, 1994, p. 49). 일부 청소년에게는 작은 하위 집단이 감당할 수 있는 최대 크기의 집단일 수 있다. 중학생만의 독특한 가치는 또래 집단이 '서로의 성장과 자기이해를 위한 투쟁'에 있어서 중요한 역할을 한다는 점에서도 찾을 수 있다(Corey & Corey, 1982, p. 235).

학교는 학생의 발달정신적 요구에 항상 반응하지는 않는 사회적 환경이다. 이상적으로는 중학교 환경이 학생에게 현재의 성숙도를 고려하여 성장하고 발전할 수 있는 충분한 구조를 제공하면서도 더 높은 수준의 학업성취와 사회적 성숙을 위한 도전적인 환경을 제공해야 한다(Akos, 2005). 또한 중학교가 교육의 목적을 달성하려면 학생이 개인적으로 성장해야 한다. 학생이 원하는 목적을 달성하기 위해서는 학교의 조직, 교육과정, 교수법, 프로그램이 어린 청소년의 발달 준비 상태나 요구, 흥미에 기초해야 한다. 그러나 다수의 중학교는 책임감 있고 독립적인 행동을 촉진할 수 있는 문제 해결에 있어서 학생을 참여시키기보다는 행동을 통제하는 것에 여념이 없다.

중학교 시절은 학생의 인생에서 처음으로 자신의 발달 경로를 크게 형성할 수 있는 독립적이고 자율적인 선택을 하는 시기이다. 그러나 Eccles와 동료들(1993)의 연구에 의하면, 중학생이 초등학생보다 학습과 관련된 결정을 덜 내리는 경우가 많다. 학생들은 6학년과 8학년을 위한 규칙에 차이가 없을 때 자신들이 아기처럼 취급받는다고 주장한다. 청소년은 합리적으로 안전하면서도 지적으로 도전적인 환경을 필요로 한다. 사회적 환경이 학생의 발달적 욕구와 사회적 기대를 충족시키지 못한다면 학생의 학업 성취도는 떨어진다(Eccles et al., 1993).

또한 교육 구조, 교수 전략 및 학습 환경은 학생의 학습 및 발달에 대한 요구와 일치해야 한다. 청소년 발달과 관련된 부정적인 심리적 변화 중 일부는 청소년의 발달에 대한 요구와 사회 및/또는 학교 환경이 제공하는 기회 간의 불일치에서 비롯된다. 예를 들어, 청소년이 자신의 필요와 독립성을 맞춰 주지 못하는 환경(학교, 가정 또는 마을교육공동체)에 있을 때 자신감을 잃을 수 있다. 이로 인해 무단결석, 학습무관심, 학업중단과 같은 부정적인 행동 패턴에 빠질 수 있다(White & Kelly, 2010).

학업중단 예방을 위한 학교상담자의 역할과 책임은 연구 문헌에서 더 많이 다루며, 특히 고등학교 환경에 비해 초등학교 및 중학교 환경이 더 많은 관심을 받고 있다(White & Kelly, 2010). 더 이상 고등학생이 될 때까지 기다렸다가 학습무관심 문제와 학업중단 문제를 해결할 수는 없다. 자료에 따르면, 이미 중학교 시기에 학업중단율과 상관관계가 있는 여러 지표가 분명하게 나타나기 때문이다. 결과(缺課) 처리와 무단결석은 정학, 외부 연계, 수학 및 영어/언어 과목의 낮은 점수와 함께 학업중단을 예측하는 가장 높은 두 가지 요인이다. 또한 전체 학생의 거의 25%가 제때 졸업하지 못하거나 유예되고 있다(Ziomek-Daigle & Andrews, 2009). 더욱이 학업을 중단한 개인은 계속해서 가장 높은 실업률을 보인다(White & Kelly, 2010). 따라서 발달을 고려한 종합적인 중학교 학급적용 상담교육 프로그램은 가족 문제, 또래 압력, 무단결석 및 결과(缺課)와 같은 다양한 문제에 직면한 많은 학생에게 다가가는 효과적인 방법이다(Bryan, Steen, & Day-Vines, 2010). 이러한 요인은 중학교와 고등학교 사이의 전환기에 학업을 중단하는 것과 관련이 있다(Prevatt & Kelly, 2003).

이해도 확인

- ☑ 학교의 모든 측면은 학생의 발달 수준에 적합해야 한다.
- ☑ 중학생은 독립성과 자율성을 키우기 위해 구조적이고 도전적인 환경이 필요하다.
- ☑ 중학생 시기는 학생이 자신의 발달 경로에 영향을 미칠 독립적인 선택을 하는 첫 번째 시기이다.
- ☑ 학생의 인지적 · 발달적 · 정서적 요구를 충족시킴으로써 학교 환경은 무단결석 및 학업중단과 같은 부정적인 행동 패턴을 예방할 수 있다.

학급적용 상담교육 프로그램 개발: 중학교에서의 종합적인 학교상담 프로그램의 필수 구성 요소

많은 학생이 사춘기 이전에 어려움에 직면한다는 것을 고려하여 학교상담자, 인증 기관(예: CACREP) 및 미국학교상담자협회(ASCA)에서는 학교상담 프로그램이 학생의 학업, 진로 및 사회/정서적 발달에 긍정적인 영향을 미친다는 것을 입증해야 한다(ASCA, 2012). 전문 학교상담자 회원을 위한 대표 조직인 ASCA에서는 ASCA 국가 모델 내에서 학생 발달의 광범위한 구성 요소를 강조한다. 최근 ASCA에서는 학교상담자가 설계하고 촉진하는 종합적인 학교상담 프로그램이 학생의 성취를 촉진하는 것을 목표로 하며, 발달적, 예방적, 다면적임을 명시하는 입장 성명을 수정했다.

ASCA 학교상담 프로그램을 위한 국가 모델(ASCA, 2012)은 일반적으로 정신건강 문제의 발병을 예방하기 위해 일반 학생, 위기에 처한 학생 또는 전환기에 있는 학생을 위한 직접적인 서비스를 제공하는 데 중점을 두고 학급적용 상담교육 프로그램을 전달 체제의 일부로 정의한다. 또한 교실에서 많은 학생을 대상으로 심리교육을 제공하는 직접적인 서비스를 제공할 것을 권장한다.

학교상담 핵심 교육과정

> 이 교육과정은 학생이 원하는 역량을 함양하고 모든 학생에게 자신의 발달 수준에 적합한 지식, 태도 및 기술을 제공하도록 설계된 구조화된 수업으로 구성되어 있다. 학교상담 핵심 교육과정은 학교의 전체 교육과정 전반에 걸쳐 제공되며, 초중등학교 교실 활동에서는 다른 전문 교육자와 협업하여 학교상담자에 의해 체계적으로 제시된다(ASCA, 2012).

학급적용 상담교육 프로그램은 모든 학생의 학업, 진로 및 사회/정서적 발달과 관련된 문제를 해결할 책임이 있는 학교상담자에게는 필수적이다. 개인상담이나 소그룹 활동을 통해 많은 학생의 모든 요구를 해결하는 것은 거의 불가능할 것이다. 이러한 학급적용 상담교육 프로그램은 월별 주제를 기반으로 한 인성교육, 교육청에서 의무적으로 추진 중인 계획, 학교 차원의 관리 프로그램(예: 학교폭력 예방 또는 사회적 기술 교육) 또는 학교에서 분명하게 드러나는 중요한 필요(예: 진로 인식), 지역 학생에게 특화된 문제(예: 학업중단 예방), 혹은 이 모든 요소의 조합으로 구성될 수 있다(Bryan et al., 2010).

학급적용 상담교육의 이점

CACREP 기준(2009)과 ASCA 학교상담 프로그램을 위한 국가 모델(ASCA, 2012)에서는 학교상담자가 학생의 모든 요구에 주의를 기울이기 위해 적극적인 노력을 기울일 것을 제안하지만, 학업성취에 특별한 중점을 두는 현실에 대해 부정할 수는 없다. 현재 교육정책 이해관계자들은 학교상담 프로그램이 학생의 성취 성과에 직접적인 영향을 미칠 수 있는 역량에 초점을 맞추고 있다(Steen & Noguera, 2010). 이러한 영향은 직접적이거나 즉각적일 수 있다(예: 학습 기술에 대한 학급적용 상담교육 프로그램을 들은 학생은 학업 목표를 보다 명확하게 전달할 수 있음). 또는 간접적이거나 지연될 수도 있다(예: 사회적 기술에 대한 학급적용 상담교육 프로그램이 끝날 때 학생은 전체 학점 평균이 일정 비율만큼 증가함). 학술 문헌에 따르면, 신중하게 설계되고 목표 지향적으로 실행된 전략적 개입은 교사와 관리자가 학업성취도를 향상시키기 위해 학교에서 기울이는 노력을 효과적으로 지원할 수 있음이 밝혀졌다(Brown & Trusty, 2005). 도시 학군에서 2년 정도 근무한 경험이 있는 지방의 학교상담자는 다음 사례 연구에서 학업성취도를 높이는 것을 목표로 하는 이러한 개입 중 하나를 강조한다.

사·례·연·구

워싱턴 D.C.의 공립중학교에서 근무하는 학교상담자는 조직화, 시간 관리 및 학습 기술에 중점을 둔 학급적용 상담교육 수업을 실시한다. 이 수업은 한 학기가 끝난 후, 영어와 수학에서 잦은 지각과 낮은 성적 패턴이 나타날 때 실시한다. 이 수업의 목적은 조직화가 학교생활에 어떻게 도움이 되는지, 시간 관리 기술이 숙제를 끝내고도 하고 싶은 일을 할 시간을 확보하는 데 어떻게 도움이 되는지, 좋은 공부 기술이 어떻게 점진적인 성적 향상으로 이어질 수 있는지 더 잘 이해하도록 돕는 것이다.

앞서 제시된 사례는 학생의 요구, 의도된 성과 및 종합적인 학교상담 프로그램을 위한 선택된 개입이 명확하게 연결된 전략적 개입을 보여 준다. 언뜻 보기에 이것은 단순히 해결하려는 문제와 관련된 개입을 선택하는 것으로 보일 수 있다. 그러나 예상 성과를 넘어서는 더 많은 정보를 탐색하게 되더라도 개입 또는 프로그램의 목표 및 목적이 무엇인지 명확히 하고, 개입 또는 프로그램에 대한 성과가 무엇인지 협의적으로 정의해야 한다. 책무성이 중시되는 시대에 학교상담자는 이러한 결과를 종합적인 학교상담 프로그램의 목표 및 목적과 연결시켜야 한다. 또한 학교상담자는 자신이 맡은 학생에게 발달적으로 적합한 개입을 선택해야 한다.

예를 들어, 학교상담자는 학급적용 상담교육 프로그램을 사용하여 다음 학년으로 진급하는 학생을 도울 수 있다. 학급적용 상담교육 프로그램은 단일 차시일 수도 있고, 여러 차시로 구성된 단원일 수도 있다. 일반적으로 학급적용 상담교육 교육과정은 4~6개의 수업으로 이루어진 단원으로 구성된다(Bryan et al., 2010). 예를 들어, 차시의 목표는 7학년에서 8학년으로 성공적으로 진급하기 위한 전략을 배우는 것일 수 있다. 프로그램의 목표는 새로운 교사에게 자신의 학습 스타일을 알리는 방법, 자신의 의견을 전달하는 글쓰기 방법을 배우고, 일일 일정과 책임을 점검하는 방법을 배우는 것일 수 있다. 기본적으로 프로그램은 차시의 목표를 달성해야 한다. 그러나 차시는 본래의 목표를 달성하는 것 외에 예상치 못한 부수적인 결과를 초래할 수 있다. 이는 전체적인 목표와 목적이 달성되었더라도 학업적 또는 개인적인 목적 달성과 같은 부수적인 혜택이 처음에는 명확하지 않기 때문이다.

즉, 학급적용 상담교육은 다음과 같은 이유로 이상적이다.

- 또래 집단은 청소년 발달에 가장 강력한 영향을 미치며, 학급적용 상담교육은 학생이 자신의 경험을 정상화할 수 있는 기회를 제공할 수 있다.
- 이 시기의 학생은 종종 자신의 감정과 가치가 명확하지 않다. 그러므로 자신에 대해 탐구하는 데 도움을 받기 위해 또래에게 의지한다. 교실 구조(classroom structure)[1]는 학생들이 새로 습득한 정보를 어떻게 이해하는지 처리하는 한편, 내용을 배울 수 있는 기회를 제공할 수 있다.
- 학생은 자신의 고유한 상황에서 의사결정 과정과 이러한 기술을 어떻게 적용하는지에 대한 방법을 배울 수 있다(Bryan et al., 2010).

즉, 학급적용 상담교육 프로그램 개발은 특히 또래와의 상호작용을 촉진할 수 있는 적절한 통로가 될 수 있다. 또래 집단이 청소년의 특성을 변화시키기보다는 기존의 강점과 약점을 강화하는 경향이 있는 시기에 더욱 그러하다. 연구에 따르면, 청소년은 또래 집단과 자신을 돌봐 주는 성인이 있을수록 학업성취도가 더 높고, 성취 지향적인 목표를 가지며, 미래에 대해 더 많이 생각하는 것으로 나타났다.

학급적용 상담교육 프로그램 개발은 또한 학생이 서로 관계를 맺어야 하는 방식을 반영할 수 있는 환경을 제공한다. 이 전달 방식은 교실에서뿐만 아니라 생활에서 유용한 기술을 가르치는 데 사용할 수 있다. 이 메커니즘은 또한 학생이 현실적인 상황과 시나리오를 분석하고 통찰력을 얻거나 자존감을 높이거나 다른 사람을 도움으로써 성취감을 얻기 위해 여러 환류 자원을 제공하는 데 도움이 될 수 있다(Shechtman, Bar-El, & Hadar, 1997).

1 교실 구조(classroom structure)는 교실에서 학습이 이루어지는 방식이나 환경을 의미하는 것으로, 구성원들 간에 상호작용하는 방식, 교수 학습 방법이나 교사의 역할 등을 포함한다.

학급적용 상담교육 계획하기

사정

첫 번째 단계로, 학교상담자는 학급적용 상담교육 프로그램을 계획하기 전에 요구사정(need assessment)을 제공해야 하며 전년도의 자료도 검토해야 한다. 사정 자료의 결과는 학생의 발달적, 사회/정서적 및 학업적 요구를 충족할 수 있는 상담 교육과정을 설계하는 데 사용된다. 학급적용 상담교육 프로그램이 예방적인 성격을 가진다면, 요구사정을 통해 학생이 관심을 가질 만한 주제를 파악할 수 있다. 예를 들어, 사춘기 이전 학생은 우정, 건강한 관계, 부모님과 사이좋게 지내는 것과 같은 주제에 관심을 가진다.

학생의 요구 사항을 파악하는 또 다른 방법은 정기적으로 수집되는 기존 자료를 검토하는 것이다. 예를 들어, 정기 고사, 성적, 출석, 의뢰 및 정학과 같은 다양한 기초 자료를 사용할 수 있다. 이러한 기초 자료는 신뢰할 수 있으며, SASI[2]와 같은 데이터베이스에서 학교상담자가 쉽게 사용할 수 있다. 또한 교직원은 신뢰할 수 있는 자료 출처이다. 그들의 의견은 정확한 프로그램을 개발하는 데 도움이 된다. 이 정보를 활용하면 체계적인 요구 사항을 해결할 수 있는 학급적용 상담교육 프로그램을 만드는 데 도움이 된다. [그림 4-1]은 학급적용 상담교육 수업/단원을 계획하는 데 사용할 수 있는 개요의 예시이다.

학급적용 상담교육 수업 계획

- 수업명/주제
- 목표 및 목적
- 필요한 수업 자료
- 교실 활동
  - 소개/복습
  - 교수
  - 전개
  - 마무리
- 평가 전략
- 숙제/수업 사이 활동(해당되는 경우)

[그림 4-1] 학급적용 상담교육 수업 계획

2 SASI(Student Administrative Systems and Integration)는 미국에서 사용되었던 학생 정보 관리시스템이다. 현재는 클라우드 기반의 SIS(Student Information System)로 대체되었다.

학급적용 상담교육 목적과 목표

명확한 목적과 목표를 설정하는 것은 중요하다. 사정을 통해 또는 기존 자료를 검토하여 학생의 요구 사항을 파악한 후 학교상담자는 이 정보를 사용하여 학급적용 상담교육 프로그램의 적절한 목표와 목적을 결정할 수 있다. 일반적으로 목적(goal)은 학생이 상담교육 수업 후 무엇을 할 수 있는지에 대한 일반적인 진술로 되어 있다. 목표(objective)는 프로그램 후 예상되는 구체적이고 측정 가능한 행동 변화로 서술되며, 평가할 수 있는 방식으로 작성되어야 한다.

목적의 예로는 학생에게 자신의 감정을 식별하고 표현하는 방법(예: 적절한 대처 기술) 또는 발생할 수 있는 스트레스에 대처할 수 있는 전략(예: 스트레스 관리 기술)을 가르치는 것 등이 있다. 목적과 관계없이 목표는 학생 성취도와 쉽게 연결되는 지식과 기술을 포함하는 것이 중요하다. 수업의 틀을 잡는 데 사용할 수 있는 목표의 예로는 '효과적인 의사소통 정의하기' '효과적인 의사소통 전략(예: 말하기, 쓰기, 지지하기)을 배우기' '효과적인 의사소통 전략 연습하기'가 있다. 이러한 목표에는 '효과적인 의사소통을 위한 문화적 고려 사항을 논의하기'도 포함될 수 있다. 의사소통은 학생이 이러한 기술을 교사 및 가족과 함께 활용할 때 학생 성취에 쉽게 영향을 줄 수 있다. 다음으로 학교상담자는 학교상담 프로그램에 대한 ASCA 국가 표준, 관련 주 기준 또는 특정 학교 개선 목적을 고려한 상담교육 교육과정을 개발해야 한다. 예를 들어, 학교 개선 계획에는 학생 출석률 증가와 관련된 목적이 포함될 수 있다. 이 경우 학교상담자는 일부 학생이 학교에 올 때 직면할 수 있는 장애물을 해결하고, 이러한 장애물을 극복하기 위한 전략을 제공하는 학급적용 상담교육 프로그램을 개발할 수 있다. ASCA 국가 모델과 학교상담 프로그램을 위한 국가 표준(ASCA, 2012)은 자료 기반이며, 관련성 있는 수업을 만들기 위한 유용한 틀을 제공한다. 학교상담자는 수업 활동과 수업 자료에 대한 아이디어를 낼 수 있는 자료를 찾아야 한다. 많은 기초 자료를 인쇄물이나 웹을 통해 얻을 수 있다. 또한 기초 자료는 학교상담 관련 논문, 전문상담 웹사이트[예: ASCA 웹사이트(http://www.schoolcounselor.org)] 및 전문성 개발 모임(예: 주 및 전국 상담 콘퍼런스 및 지역 워크숍)에서 찾을 수 있다. Delucia-Waack(2006)는 청소년 대상 대규모 교육 집단을 운영하는 데 유용한 다양한 기초 자료를 포함했는데, 그중에는 책, 동영상, 게임 등의 자료 가이드도 포함되어 있다.

학교상담 촉진 및 학급적용 상담교육을 위한 리더십 기술

학교상담자는 학급적용 상담교육 프로그램을 촉진하기 위해 다음의 기술을 사용할 수 있다. 이러한 기술에는 배려, 따뜻함, 공감, 지원, 긍정적 존중, 수용 및 진정성과 같은 존재 방식뿐만 아니라 정보를 전달하거나, 토론을 생성하거나, 탐색 중인 정보를 처리하는 데 사용할 수 있는 시작 및 마무리가 포함된다. 이러한 기술은 교실에서 중학생을 위한 활동에 참여하고 싶어 하는 학생에게 도움이 되는 안전한 환경을 구축하는 데 중요한 요소이다. 학교상담자는 사전에 몇 가지 구조와 기대치를 제공할 수 있다. 더 중요한 것은 이러한 기대가 교실 규범, 목표 및 적절한 학생 태도를 (학생의 의견을 반영하여) 공동으로 창조하는 것과 결합되어야 한다는 것이다. 응집력 있고 안전한 환경을 조성하는 것 외에도 학교상담자는 학생이 수업 시간에 생성된 정보와 아이디어의 의미를 이해하고, 그 과정에서 나타날 수 있는 학습을 탐구할 수 있도록 도와야 한다. 특히 학생이 정서적으로 자극을 받으면 그들이 차시에서 배운 내용이나 경험한 것을 개인적으로 연결하는 데 도움이 될 수 있다. 이것은 학생이 자신의 감정과 행동을 연결하고 탐색함으로써 이루어질 수 있다. 학생의 참여를 유도하기 위한 전략에 대한 벤 다이어그램은 [그림 4-2]에 제시되어 있다.

학교상담자는 중학생과 함께 활동할 때 널리 보급된 미디어(예: 시각 및 청각 자극) 및 기타 새로운 정보 기술로 인해 수업을 진행하는 데 어려움이 있다는 점을 주목해야 한다. 학교상담자는 학생의 관심을 유지하기 위한 방식으로 교실 수업을 진행해야 한다.

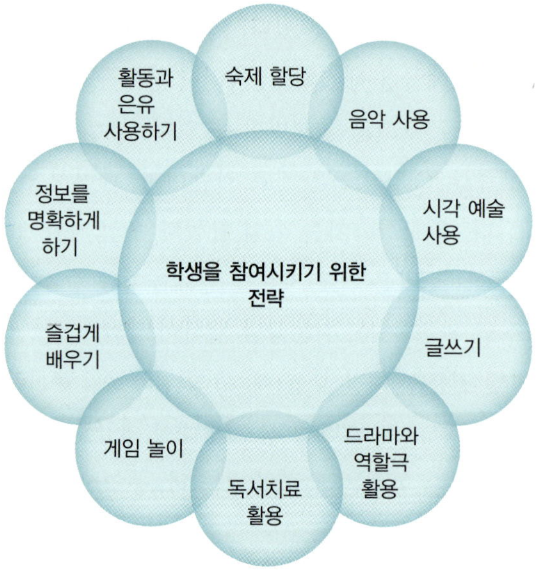

[그림 4-2] 벤 다이어그램

따라서 주제에 대한 열정을 가지고 학생을 격려하는 것은 학생의 의견을 소중하게 여기는 공간을 만드는 데 도움이 될 수 있다. 다양한 미디어와 형식을 사용해서 정보를 제시하면 학생의 참여를 유도하는 데 도움이 된다. 실제로 학생 활동은 시각적 · 청각적 · 촉각적 자극을 통합하는 방식으로 촉진될 수 있다(한 예로, 중학교 학교상담자는 학생을 쇼 진행자, 토론자, 청중으로 나누어 질문하는 토크쇼 형식을 사용할 수 있다; Davis, 2005). 학생의 참여는 비판적 사고를 촉진하고 정보를 의미 있게 전달하는 수업 환경을 조성할 가능성이 높다(Brown & Trusty, 2005). 다음에 목표 설정에 대한 학급적용 상담교육 차시의 예가 제시되어 있다.[3]

사 · 례 · 연 · 구

목표를 향해, 준비, 시작(Ready, Set, Goals) 학급적용 상담교육

통합할 수 있는 수업 및 수행 기준: 영어/언어, 수학, 사회과학, 과학, 외국어

목적(Goals): (배운 정보, 새로운 행동이나 기술, 생각 또는 감정에 대해 구체적으로 설정하십시오)

1. 학생은 단기 목표와 장기 목표의 차이점을 배운다.
2. 학생은 특히 학업성취와 관련하여 SMARTR 목표를 설정하는 방법을 배운다.
3. 학생은 스스로 설정한 목표를 달성하는 데 필요한 전략을 탐구하고 발견한다.

목표(Objectives): ASCA 학생의 목적 달성을 위한 마음가짐 및 행동
범주 2: 행동 표준
학습 전략
정보에 입각한 의사결정을 하기 위한 비판적 사고 기술을 발휘하기
장단기적 학업, 진로 및 사회/정서적 영역의 목표 인식하기

3 이 책에서 goal은 포괄적이고 추상적인 성격의 '목적'으로, objective는 구체적인 단계나 성취 수준을 서술하는 성격의 '목표'로 번역하는 것을 일반적인 원칙으로 했다. 그러나 사례연구의 프로그램 제목(Ready, Set, Goals)과 SMARTR 기준과 연결하여 학생이 학습활동을 통해 달성해야 할 Goal은 예외적으로 '목표'로 번역했다. 이는 해당 프로그램에서 제시하는 SMARTR Goals가 목적의 포괄성이나 추상성보다는 세부적이고 측정 가능한 실행 목표에 초점을 맞추고 있기 때문이다. 따라서 해당 맥락에서는 '목적'보다는 '목표'로 번역하는 것이 적절하다는 판단에 따라 해당 프로그램의 제목과 교육 내용에서의 goal은 '목표'로 번역했다.

예상 소요 시간: 45분

재료: 두꺼운 색종이로 자른 큰 별 모양, 마커 또는 색연필, 컬러 색인 카드, 펀치, 노끈

소개

이 차시에서는 단기 및 장기 목표에 대해 논의할 것이라고 학생에게 알린다. 학생은 단기 및 장기 목표가 무엇인지 배우고, 이번 학년도에 달성해야 할 목표를 설정한다. 자원한 학생에게 단기 목표를 어떻게 정의할 것인지 모두에게 공유해 달라고 요청한다. 단기 목표의 한 가지 정의는 가까운 장래에 달성할 목표(예: 하루, 일주일 이내 또는 몇 달 이내)이다. 다음으로, 학생에게 장기 목표를 어떻게 정의할 것인지 공유하게 한다. 장기 목표의 한 가지 정의는 더 긴 기간(예: 한 학기, 1년, 5년 또는 20년)에 걸쳐 달성할 목표이다. 정의를 설명한 뒤 모든 학생이 이해하면 학생에게 SMARTR 목표를 만드는 방법을 소개한다.

S: 구체적인(Specific)
M: 측정 가능한(Measurable)
A: 달성 가능한(Achievable)
R: 결과 중심의(Results focused)
T: 시간 제한이 있는(Time bound)
R: 재평가하기(Reevaluate)

학생에게 이번 학년도에 달성하고자 하는 단기 학업 목표와 장기 학업 목표를 브레인스토밍하도록 한다. 자신을 위한 SMARTR 목표를 설정해 보는 것임을 상기시키고, 모둠원과 함께 생각하고 토론할 시간을 준다.

활동

각 학생에게 자신이 세운 목표를 적어 볼 수 있도록 잘라 낸 별 모양 색종이를 한 장씩 나눠 준다. 별의 한쪽에는 장기 학업 목표를 쓰고 뒤집어서 다른 쪽에는 단기 학업 목표를 쓰게 한다. 다음으로, 반으로 자른 4~5개의 컬러 색인 카드를 주고, 목표를 달성하기 위한 전략을 하나씩 적어 보라고 한다. 또한 컬러 색인을 별에 연결하기 위해 모둠원에게 노끈을 제공한다. 자원하는 학생에게 자신이 생각해 낸 목표 중 하나 또는 둘 다를 설명하고, 목표를 달성하기 위해 필요하다고 생각하는 단계를 나누도록 한다. 학생이 원한다면 교실에 별을 걸어 전시한다.

과정 질문

- 이번 학년도에 구체적인 목표를 설정하는 것은 어땠나요?

- 목표를 달성하기 위해 필요한 단계를 어떻게 선택했나요?
- 우리가 다함께 올해 목표를 성공적으로 달성하기 위해 우리는 무엇을 할 수 있을까요?

마지막으로 학생이 목표를 설정하고, 목표를 달성하기 위한 전략을 찾는 것에 대한 토론에 솔직하게 참여할 수 있는 능력과 의지를 칭찬한다.

나눔 활동

학생이 학교에 있는 한 사람을 골라 이메일, 학교 우편 시스템 또는 대면으로 접촉하도록 한다. 학생에게 다음 수업이 시작되기 전에 그 사람에게 연락하여 수업 중 세운 자신의 목표를 나누고, 어떤 상호작용을 했는지 다음 시간에 나눌 준비를 하도록 격려한다.

기타: 대화는 개인적인 목표나 진로 목표뿐만 아니라 보다 구체적인 학업 목표에 초점을 맞추도록 조정해도 된다.

핵심 교육과정에 통합하는 방법에 대한 제안: 이 활동은 학생이 특정 주제 영역의 목표 설정에 집중하도록 함으로써 핵심 교육과정에 통합될 수 있다. 학생이 설정한 목표에 따라 해당 교과 교사와 공유하고, 공유를 받은 교사는 한 해 동안 학생의 진행 상황을 확인한다.

평가 전략

ASCA에서는 학교상담자가 학교상담 프로그램에 대한 형성평가와 총괄평가를 모두 실시해야 할 필요성을 강조하기 때문에 학급적용 상담교육 수업을 평가하는 것이 필수적이다. 학급적용 상담교육 수업은 학생이 배워야 할 것을 가르치는 데 높은 효과를 보이며, 이 과정을 측정하기 위해 평가 전략이 필요하다.

특히 학교상담 프로그램 및 상담교육 수업의 효과를 평가하는 데 사용할 수 있는 세 가지 유형의 자료가 있는데, 과정, 인식 및 결과 자료이다. 과정 자료는 "누구를 위해 무엇을 했는가?", 인식 자료는 "학생이 무엇을 알고 있고, 믿고, 무엇을 할 수 있다고 생각하는가?", 마지막으로 결과 자료는 "그래서 어떻게 되었는가?"라는 질문에 답한다(ASCA, 2012). 시험 응시 전략에 대한 학급적용 상담교육 수업에 대한 인식 자료의 예로는 학생이 중간고사 또는 기말고사를 잘 준비할 수 있는 능력이 향상되었는지 알아보는 사전 및 사후 평가 자료를 수집하는 것이 될 수 있다. 평가를 상담교육 프로그램의 중요한 부분으로 실천하면 성공적인 상담교육 수업을 제공할 수 있다.

학급적용 상담교육 수업 예시

ASCA 학생의 목적 달성을 위한 마음가짐 및 행동

▶ 학급적용 상담교육 수업 예시 1

단원	학교폭력 예방(사회적 기술)
수업	부정적인 단어를 긍정적인 단어로 바꾸기
ASCA 학생의 목적 달성을 위한 마음가짐 및 행동	범주 2: 행동 규준 사회적 기술 2. 다른 학생과 긍정적이고 지지적인 관계 형성하기 6. 효과적인 협업 및 협동 기술 사용하기 9. 상황과 환경에 적합한 사회적 성숙함과 행동을 보여 주기
목표	학생은 다른 사람이 자신에게 상처를 주고 부정적인 말을 할 때 어떻게 느끼고 반응하는지 배우게 된다. 이 수업은 학생에게 자신이 더 큰 세상의 일부이며, 자신의 행동에는 결과가 따른다는 것을 가르치기 위해 마련되었다. 또한 학생은 긍정적인 문구/단어가 부정적인 문구/단어보다 어떻게 더 좋은 영향을 주는가를 배우게 된다.
자료	• 책가방 • 다양한 크기의 책 • 포스트잇(여러 색상)
시간	20~30분
활동	1. ‘불편함을 감수할 수 있는’ 학생이 있는지 묻는다. 자원하는 학생이 있으면 그 학생에게 빈 책가방을 메라고 한다. 2. 이 책가방이 우리 모두가 매일 착용하는 보이지 않는 책가방, 즉 우리의 자존감(우리가 누구인지와 자신의 가치에 대해 어떻게 느끼는지)을 어떻게 나타내는지 토론한다. 3. 가방을 멘 학생에게 포스트잇을 주고, 가능한 한 높이 뛰어올라 포스트잇을 붙이게 한다. 4. 반 학생들에게 학교폭력을 목격한 경험을 설명해 달라고 한다. 사건마다 학생이 멘 책가방에 책을 한 권씩 추가해야 한다. 각 책은 하나의 부정적인 의견/행동을 나타낸다. 5. 모든 책이 책가방에 들어가면 가방을 멘 학생에게 다시 높이 뛰어올라 포스트잇을 벽에 붙이게 한다. 6. 이 포스트잇을 이전에 붙인 포스트잇만큼 높은 곳에 붙이지 못한 이유에 대해 토론한다. 7. 그런 다음 가방을 멘 학생에 대한 격려와 칭찬의 말을 나누도록 한다. 긍정적인 대화를 나눌 때마다 책가방에서 책 한 권을 꺼낸다.

활동	8. 가방을 멘 학생에게 마지막으로 한 번 더 높이 뛰어오르게 하고, 마지막 포스트잇을 벽에 붙이라고 한다. 9. 세 번째 포스트잇이 다른 두 스티커보다 높다는 점을 확인한다. 그 이유와 다음의 내용을 토론한다. ① 부정적인 말은 우리에게 어떤 영향을 미치는가? ② 긍정적인 말은 우리에게 어떤 영향을 미칠 수 있는가? ③ 어떻게 하면 더 긍정적인 학교 분위기를 조성할 수 있는가?
마무리	긍정적이고 부정적인 문구/단어가 미칠 수 있는 영향에 대해 이야기한다. 학생이 이 활동에서 무엇을 배웠는지 토론한다.
과제	학생에게 다음 주에 친구 및 가족과 함께 격려나 칭찬의 말 다섯 마디를 나누도록 한다. 학생은 격려/칭찬을 나눈 후 어떤 느낌이 들었는지, 그것이 다른 사람에게 어떤 영향을 미쳤는지 탐색하게 한다.
평가 전략	• 과정: 단원에는 몇 개의 수업이 있는가? 각 수업을 받은 학생은 몇 명인가? • 인식: 사전 및 사후 설문조사로 긍정적 및 부정적 단어에 대한 학생의 지식을 평가한다. • 성과: 수업 전후의 언어폭력과 관련된 징계 의뢰 건수를 비교한다.

▶ 학급적용 상담교육 수업 예시 2

단원	학교 및 학습을 위한 도구(자기관리 기술)
수업	과제 관리
ASCA 학생의 목적 달성을 위한 마음가짐 및 행동	범주 2: 행동 규준 자기관리 기술 2. 자기절제와 자제력 발휘하기 3. 독립적으로 일할 수 있는 능력 발휘하기 8. 학교, 가정 및 마을교육공동체 활동의 균형을 맞출 수 있는 능력 발휘하기
목표	학생의 목적을 달성할 수 있도록 부여받은 과제를 효과적으로 관리할 수 있다. 이 수업을 통해 학생은 중요한 과제의 우선순위를 정하고 다음 주에 완료하려고 했으나 실현 불가능한 과제를 제외하는 방법을 배운다. 학생은 또한 완료해야 하는 과제를 미리 계획하게 된다.
자료	• 화이트보드 • 화이트보드 마커 • 종이 • 연필
시간	35~45분

활동	1. 학생에게 "시간을 내서 매주 하는 것 중 가장 중요한 것은 무엇인가?"라고 물어보는 것으로 시작한다. 대답을 칠판에 기록한다. 2. 학생에게 개별적으로 그 주에 할 일을 목록으로 만들도록 지시한다. 3. 과제 관리를 위한 PREP 팁을 소개한다. PREP의 각 단계가 제시될 때마다 학생에게 할 일 목록을 검토하고 다시 작업하도록 권유한다. 칠판에 기록한 대답을 예시로 든다. • 우선순위 지정(Prioritize): 과제를 세 그룹으로 분류한다. 해야 할 과제에 각각 ①, ② 또는 ③으로 번호를 붙인다. ① 학교에서 생산적이고 성공적인 한 주를 보내는 데 절대적으로 필요하다(예 숙제 완료, 시험 공부). ② 가족 및 친구와의 관계 또는 신체적 · 정신적 건강에 중요하다(예 영화 보러 가기, 함께 저녁을 먹기, 운동하기). ③ 다른 모든 것(예 비디오 게임, TV 시청). • 재구성(Reorganize): 가장 중요한 과제에 소요되는 시간을 예측한다. ①과 ②로 분류된 과제 옆에 요일을 적는다. 이것들은 학생이 매일 해야 할 일이다. 많은 시간이 소요되는 여러 과제가 있는 경우 과제를 분산시킨다. • 제거(Eliminate): 해당 주간에 실현 불가능한 기대나 완수하지 못하더라도 삶에 부정적인 영향을 미치지 않을 것들 중 두 가지 이상을 목록에서 지운다. • 사전 계획(Plan ahead): 다음 주에 시간을 내야 할 세 가지 중요한 할 일을 예측한다(예 과학 박람회 프로젝트).
마무리	학생에게 다음 주의 우선순위로 둔 것들을 몇 가지 나눠 달라고 한다.
과제	시간 관리에 대한 수업에 사용하기 위해 일주일 동안 시간을 어떻게 보냈는지에 대한 기록을 작성해야 한다.
평가 전략	• 과정: 단원에는 몇 개의 수업이 있는가? 각 수업에 참여한 학생은 몇 명인가? • 인식: 사전 및 사후 설문조사는 과제 관리를 위한 PREP 방식에 대한 학생의 지식을 평가한다. • 결과: 수업 전후에 학생의 숙제 완료율을 조사한다.

▶ 학급적용 상담교육 수업 예시 3

단원	대학 진학 및 진로 개발(학습 전략)
수업	고등학교 계획과 관련된 용어

<table>
<tr><td>ASCA 학생의
목적 달성을 위한
마음가짐 및 행동</td><td>범주 2: 행동 규준
학습 전략
5. 미디어 및 테크놀로지 기술 적용하기
6. 높은 질적 기준 설정하기
9. 증거를 수집하고 정보에 입각한 결정을 위하여 다양한 관점 고려하기</td></tr>
<tr><td>목표</td><td>학생은 고등학교 및 대학 진학 계획 수립에서 자주 사용되는 용어에 익숙해질 것이다. 이 수업에서 학생은 이러한 용어의 중요성을 배우고 테크놀로지를 사용하는 활동을 통해 얻은 지식을 확인한다.</td></tr>
<tr><td>자료</td><td>
• 화이트보드
• 화이트보드 마커
• 연필
• 컴퓨터
• 유인물

유인물 예제
<u>고등학교 계획과 관련된 용어</u>
활동 1: 정의
<table>
<tr><td>학점:</td><td></td></tr>
<tr><td>졸업 요건:</td><td></td></tr>
<tr><td>선수 과목(prerequisite):</td><td></td></tr>
<tr><td>대학 수준의 고등학교 과목(AP):</td><td></td></tr>
<tr><td>선택 과목(Elective):</td><td></td></tr>
<tr><td>성적(GPA):</td><td></td></tr>
<tr><td>진로 클러스터(Career Cluster):</td><td></td></tr>
<tr><td>STEM:</td><td></td></tr>
<tr><td>과외 활동:</td><td></td></tr>
<tr><td>4년 계획:</td><td></td></tr>
</table>
활동 2: 인터넷 조사
<table>
<tr><td>졸업 학점:</td><td></td><td>선택 과목:</td><td></td></tr>
<tr><td>필수 과목:</td><td>1.</td><td>과외 활동:</td><td></td></tr>
<tr><td></td><td>2.</td><td>동일 진로 클러스터:</td><td>1.</td></tr>
<tr><td></td><td>3.</td><td></td><td>2.</td></tr>
<tr><td>물리의 선수 과목:</td><td></td><td>STEM 과정:</td><td></td></tr>
<tr><td>AP 과정:</td><td></td><td>과외 활동:</td><td></td></tr>
</table>
</td></tr>
</table>

시간	35~45분
활동	1. 수업을 시작하기 전에 화이트보드에 학점, 졸업 요건, 선수 과목, AP, 선택 과목, 성적, 진로 클러스터, STEM, 과외 활동 및 4년 계획과 같은 어휘를 나열하라. 2. 학생의 의견을 수렴하여 각 용어의 정의와 중요성을 검토한다. 학생에게 유인물에 각 용어의 정의를 기입하도록 지시한다. 3. 학생은 인터넷을 사용하여 고등학교 웹사이트에서 다음을 찾을 수 있다. • 졸업에 필요한 학점 • 필수 과목 3개 • 물리의 선수 과목 • AP 과정 1개 • 선택 과목 1개 • 과외 활동 1개 • 동일한 진로 클러스터 내 과정 2개 • STEM 과정 1개
마무리	고등학교 수학 계획과 관련된 용어에 익숙해지는 것이 왜 중요한지 토의한다. 학생에게 수업에서 배운 것에 대한 소감을 나눠 달라고 한다.
과제	학생은 완성된 용어 유인물을 진로 계획 포트폴리오에 추가하게 된다.
평가 전략	• 과정: 단원에는 몇 개의 수업이 있는가? 각 수업에 참여한 학생은 몇 명인가? • 인식: 각 수업이 끝날 때 학습 점검 퀴즈를 사용하여 학생이 고등학교 수학 계획과 관련된 용어를 이해했는지 평가한다. • 결과: 고등학교 진급 상황을 추적한다(과목의 성적, 9학년 교육과정의 성공적인 이수 여부를 과거 학생들과 비교).

▶ 학급적용 상담교육 수업 예시 4

단원	고등학교 진학과 적응(총 3차시)
수업	1차시: 당신의 선택은 무엇입니까?
ASCA 학생의 목적 달성을 위한 마음가짐 및 행동	범주 2: 행동 규준 학습 전략 5. 미디어와 테크놀로지 기술 적용하기 9. 증거를 수집하고 정보에 입각한 결정을 위하여 다양한 관점 고려하기
목표	학생은 자신이 지원할 수 있는 해당 지역의 고등학교에 대해 알게 된다. 이 수업은 학생이 관내 고등학교와 각 고등학교에서 학생에게 제공해야 하는 다양한 내용을 소개하기 위한 것이다. 학생은 어떤 학교가 자신에게 가장 적합한 학교인지, 그리고 그 이유는 무엇인지 생각하기 시작한다.

자료	• 화이트보드 • 화이트보드 마커 • 컴퓨터 • 고등학교 선택 워크시트 • 연필
시간	35~45분
활동	1. 학생에게 알고 있는 관내 모든 고등학교의 이름을 말해 보라고 한다. 자원한 학생에게 화이트보드에 목록을 적으라고 한다. 학생이 말하지 않은 학교는 학생이 작업을 마쳤을 때 교사가 목록에 추가한다. 2. 학생을 세 명씩 한 모둠으로 나누어 컴퓨터로 목록에 있는 학교를 조사하게 한다. 각 모둠에 하나 또는 두 개의 학교(목록의 길이에 따라 다름)를 할당하고 학교에 대한 정보를 찾을 수 있도록 학군 웹사이트로 안내한다. 3. 학생에게 활동을 위한 질문을 제공하라. 학교에서 어떤 종류의 수업과 프로그램이 제공되는가? 학교는 어디에 위치해 있는가? 학교의 졸업률은 어떻게 되는가? 학교에서 제공하는 교외 활동과 스포츠는 무엇인가? 4. 학생에게 학교를 조사할 시간을 준 후, 각 모둠별로 배운 내용을 학급 전체 학생들과 나누게 한다.
마무리	수업 종결을 위해 학생에게 수업 중 여러 고등학교에 대해 알게 된 정보를 바탕으로 고등학교 선택 워크시트를 완성하게 한다.
과제	학생에게 고등학교 선택 워크시트를 부모님과 공유하도록 안내한다.
평가 전략	• 과정: 단원에는 몇 개의 수업이 있는가? 각 수업에 참여한 학생은 몇 명인가? • 인식: 학생이 수업을 통해 관내 고등학교에 대해 어떤 지식을 얻었는지 평가하기 위해 수업 전후에 고등학교 선택 워크시트를 완성한다. • 결과: 학생이 다니게 될 다양한 유형의 고등학교를 확인한다.

▶ 고등학교 선택 워크시트

제가 선택한 첫 번째 고등학교는 ______________________________

이 학교가 저에게 가장 좋은 이유는 다음과 같습니다.

1. ______________________________

2. ______________________________

3. ______________________________

제가 선택한 두 번째 고등학교는 ______________________________

이 학교가 저에게 가장 좋은 이유는 다음과 같습니다.

1. ______________________________

2. ______________________________

3. ______________________________

제가 선택한 세 번째 고등학교는 ______________________________

이 학교가 저에게 가장 좋은 이유는 다음과 같습니다.

1. ______________________________

2. ______________________________

3. ______________________________

단원	고등학교 진학과 적응(총 3차시)
수업	2차시: 시간 관리 기술 익히기
ASCA 학생의 목적 달성을 위한 마음가짐 및 행동	범주 2 : 행동 규준 자기관리 기술 2. 자기절제와 자제력 발휘하기 3. 독립적으로 일할 수 있는 능력 발휘하기 8. 학교, 가정 및 마을교육공동체의 활동의 균형을 맞출 수 있는 능력 발휘하기
목표	학생은 고등학교에서의 목적 달성과 관련된 시간 관리의 중요성을 배우게 된다. 이 수업은 학생이 고등학교로 진학했을 때 시간을 관리하는 방법에 대한 실질적인 예를 제공하기 위한 것이다. 학생은 학업 목적 달성을 위해 시간의 우선순위를 정하는 방법을 배운다.
자료	• 시간 관리 워크시트 • 고등학교 시간표 샘플 • 연필
시간	35~45분
활동	성공적인 시간 관리와 고등학교로 진학했을 때 시간 관리 기술의 중요성에 대해 토론을 진행하라.

	1. 학생에게 시간을 관리하기 위해서는 다음과 같이 해야 한다고 설명한다. ① 하루 중 해야 할 일과 하고 싶은 모든 것을 고려한다. ② 하루 중 이루어지는 활동에 얼마나 많은 시간이 소요되는지 이해한다. ③ 학생이 하루를 보내는 데 도움이 되는 계획을 세운다. 2. 각 학생에게 시간 관리 워크시트의 사본과 고등학교 시간표 샘플을 제공한다. 3. 학생에게 주어진 고등학교 시간표 샘플에 따라 시간 관리 워크시트를 완성하도록 지시한다. 내년에 고등학교에서 참여할 수 있는 과외 활동(스포츠, 직업 등)을 시간 관리 워크시트에 포함하도록 상기시킨다. 4. 학생과 시간 관리 워크시트가 어떻게 짜였는지 토론한다. ① 24시간 동안 필요한 모든 것을 다할 수 있는가? ② 그렇지 않다면 시간을 효율적으로 사용하기 위해 제거할 수 있는 목록이 있는가?
마무리	학교에서 성공하기 위한 시간 관리의 중요성을 강조하면서 토론을 마친다.
평가 전략	• 과정: 단원에는 몇 개의 수업이 있는가? 각 수업에 참여한 학생은 몇 명인가? • 인식: 단원 점검 퀴즈를 사용하여 '해야 할 일'과 '하고 싶은 일'의 정의를 설명하고, 학생이 시간 관리를 위해 해야 할 일을 제거해야 하는 상황 시나리오 예시를 제시하도록 하라. • 결과: 학급적용 상담교육 수업 후 출석 및 지각 상황에 대해 확인한다.

▶ 시간 관리 워크시트

이름: ____________________

당신의 임무는 시간 관리의 균형을 맞추는 것입니다!	
총 소요 시간:	24시간

단원	고등학교 진학과 적응(총 3차시)
수업	3차시: 고등학교에서 당신을 위한 지원은 무엇이 있는가?
ASCA 학생의 목적 달성을 위한 마음가짐 및 행동	범주 2: 행동 규준 자기관리 기술 10. 진학과 적응을 관리하고 변화하는 상황과 책임에 적응할 수 있는 능력 발휘하기 사회적 기술 3. 목적 달성을 지원하는 어른들과 관계 형성하기 8. 필요한 경우 옹호 기술과 자기주장 능력 발휘하기
목표	학생은 고등학교에서 어떤 지원을 받을 수 있는지 배우게 된다. 이 수업은 고등학교에서의 지원 시스템이 어떤 것일지 간략하게 설명함으로써 학생의 고등학교 진학과 적응을 격려하기 위한 것이다. 학생은 어떤 학교가 자신에게 가장 적합한 학교인지, 그리고 그 이유는 무엇인지 생각하기 시작할 것이다.
자료	고등학교 학교상담자 및 기타 지원 제도 목록
시간	35~45분
활동	1. 토의를 시작하기 위해 모둠과 함께 내부 자원과 외부 자원을 정의한다. 학생 중에서 정의를 이야기할 수 있는 사람이 있는지 물어본다. 내부 자원의 일반적인 정의는 자신 안에서 강점이 되는 측면이다(예: 목표 의식, 개인적인 힘). 외부 자원은 자신 이외에 외부에서 목적을 달성할 수 있게 도와주는 측면으로, 가족, 학교, 마을교육공동체를 통해 얻을 수 있다. 이 수업에서는 외부 자원에 중점을 두고, 학생들이 논의한 고등학교에서 제공되는 구체적인 지원을 다룰 것이라고 설명한다. 2. 다음으로 학생에게 오른쪽에 있는 사람과 대화를 나누며 학교 교육공동체 내에서 지원 네트워크 역할을 할 수 있는 개인이나 조직 목록을 브레인스토밍하도록 한다. 예시로는 학교상담자, 교사, 학생지도 교사, 멘토 등이 있다. 3. 학급에서 학생들이 생각해 낸 목록/아이디어를 공유하게 한다.* * 촉진자로서 학교상담자는 고등학교에서의 활동적인 지원 목록을 준비해야 한다. 예를 들어, 학생의 고등학교 선택 워크시트에서 가장 자주 선택된 고등학교에서 근무하는 학교상담자의 이름 목록을 준비한다.
마무리	학생에게 오늘 수업에서 배운 것을 모둠에서 나누라고 한다. 학생은 고등학교에서 이용할 수 있는 모든 지원을 알고 있는가? 학생은 이제 고등학교 진학과 적응에 대해 어떻게 생각하는가?
과제	다음 수업을 준비하기 위해 학생에게 자신이 속한 마을교육공동체의 알고 있는 지원 시스템에 대해 브레인스토밍하게 한다.

평가 전략	• 과정: 단원에는 몇 개의 수업이 있는가? 각 수업에 참여한 학생은 몇 명인가? • 인식: 학생에게 고등학교로 진학할 때 도움을 줄 수 있는 여러 사람을 나열하게 한다.

이해도 확인

- ☑ 학급적용 상담교육은 학교상담자가 한 번의 개입을 통해 다수의 학생을 접할 수 있는 방법이다.
- ☑ 교과 교사의 교육과정 및 수업과 마찬가지로 학급적용 상담교육 수업은 학생의 요구를 충족시키기 위해 해당 발달 단계에 적합해야 한다.
- ☑ 학교상담자는 담임교사의 학급경영 방식을 학급적용 상담교육 수업에 적용시키는 것이 효과적이다. 예를 들어, 학생의 성과 기준을 사용하는 것과 마찬가지로 상담교육 수업 중에 학급 규칙을 적용하는 것은 학생에게 유용한 일관성을 제공한다.
- ☑ 학급적용 상담교육 수업은 학생이 또래의 적절한 행동과 의사결정 패턴을 배우고 모범을 보이는 데 도움이 될 수 있다.

성찰해 볼 사례

당신이 300명의 7학년 학생을 담당하는 중학교의 1년차 학교상담자라고 상상해 보자. 당신의 학교는 동부 해안에 위치한 중산층 마을교육공동체 내에 있다. 이 마을교육공동체에는 많은 군인 가족뿐만 아니라 최근 이민자와 실향민 가족이 유입되면서 수많은 문화적 배경을 가지게 되었다. 지금까지 이 시나리오에 대한 당신의 생각과 반응은 어떠한가? 1학기가 끝날 때쯤, 당신은 일상생활에서 스트레스가 많은 사건을 겪고 있는 몇몇 학생을 개별적으로 만나도록 요청받았다. 이들이 자신의 문제를 해결하려고 하는 태도는 또래가 서로에게 미치는 강력한 영향으로 인해 더욱 악화되었다. 처음에 이 학생들은 서로 관련되어 있어 보이지 않았다. 하지만 개별적으로 만나 보니 그들의 부적절한 대처 방식(예: 자해, 물질 문제, 싸움)이 개별 사건이 아니라는 것이 분명해졌다. 이 학생들은 서로에 대해 알고 있었고, 각 학생이 자신의 문제를 처리하려고 시도하는 방식을 알고 있었다. 그 학생들은 마치 서로에게 영향을 미치는 것처럼 보였다. 이 경우 당신은 무엇을 할 수 있는가?

몇몇 학생과 간단한 개별 면담을 진행한 후, 학교장 및 행정팀과 상의하기로 결정했다. 이 협의 후, 학급적용 상담교육 단원을 가르치는 것이 적절하겠다는 의견이 나왔다. 이러한 비생산적인 행동을 다루는 데 유용할 것으로 생각되는 주제는 무엇이 있는가?

학교장 및 행정팀의 자문을 들은 후, 학급적용 상담교육 단원의 목적을 두 가지로 정했다. 첫째, 스트레스가 많은 생활 사건을 탐색하고 토의한다. 둘째, 이러한 문제가 발생한 경우 이를 처리할 수 있는 생산적인 전략을 찾아낸다. 이 학급적용 상담교육 프로그램의 목표는 다음과 같다.

- 학생에게 대처의 정의를 가르친다.
- 학생이 인생의 어려움에 적절하게 대처할 수 있는 네 가지 방법을 설명한다.
- 학생에게 과거의 어려운 상황에 어떻게 대처했는지 찾아보게 한다.

이러한 목표에 비추어 볼 때, 이 주제에 대해 어떤 구체적인 교훈을 얻을 수 있는가? 사용할 수 있는 활동에는 어떤 것이 있는가? 어떤 유형의 멀티미디어를 이 활동에 포함시키겠는가? 차시를 진행하기 위해 사용할 수 있는 전략에는 어떤 것이 있는가? 수업을 위한 몇 가지 과정 질문을 만든다. 학생이 집중력을 잃게 된다면 이러한 방해 요소를 어떻게 처리할 것인가? 학습이 장기적인 영향을 미치도록 하기 위해 어떤 종류의 과제를 제공할 수 있는가? 이 수업에 대해 동료교사와 어떻게 후속 조치를 취할 예정인가? 어떻게 평가할 것인가? 수업을 통해 예상되는 성과를 충족했는지 어떻게 알 수 있는가?

다음은 앞서 제시된 사례에 대한 두 명의 현직 중학교 학교상담자의 대답이다. 학교상담자는 마치 그들이 그 상황에 처해 있는 것처럼 질문에 대답했다.

Joy Rose의 대답

저의 첫 번째 생각은 대처 기술에 대한 문제를 다루기 위해 세 번의 학급적용 상담교육 수업을 진행하는 것입니다. 이 문제가 충분히 많은 학생에게서 나타나므로 개별 또는 소그룹보다는 학급적용 상담교육 수업이 적합하다고 판단했습니다. 이상적으로는 매주 한 번씩 3주 동안 진행하고, 4주째에는 시간표 중복으로 수업을 못할 경우를 대비한 보충수업으로 진행할 계획입니다. 첫 번째 수업은 대처가 무엇인지와 어떤 상황에서 좋은 대처 기술이 필요한지에 대해 기본적인 소개를 할 계획입니다. 제가 맡고 있는 학생들은 주로 라틴계(1세대 영어 학습자)와 아프리카계 미국인인데, 이들을 대상으로 할 경우 매우 명확하고 간결하며 기초적인 수준에서 시작하여 신뢰를 쌓고, 그 후 점차적으로 학습을 진행하는 것이 필요합니다. 창의적인 참여 활동은 학생이 집중할 수 있도록 하는 데 매우 중요합니다. 예를 들어, '짝과 공유하기(pair-and-share)' 활동을 할 수 있습니다. 이 활동은 학생이 주어진 질문에 대해 생각한 후, 짝과 자신의 생각을 나누는 방식입니다. 이를 통해 학생은 짝과 함께 자신만의 대처에 대한 정의를 브레인스토밍할 수 있습니다. 그 후 학급 전체와 토의하여 학급적용 상담교육 수업에서 사용할 공통된 정의를 설정할 것입니다.

또한 수업의 응집력을 높이고 학생들이 민감한 주제에 대해 더 편안하게 공유할 수 있는 안전한 공간을 만들기 위해 팀 빌딩 활동도 할 계획입니다. 예를 들어, 두 번째 차시에서 '모자 속 두려움 나누기(Fear in a Hat)'라는 활동을 시작할 수 있습니다. 이 활동은 학생이 자신의 두려움을 익명으로 적어 작은 모자나 상자에 넣는 방식입니다. 그 후 학생이 차례대로 한 개의 문장을 읽고, 해당 문장을 쓴 사람이 실제로 어떤 감정을 표현하려 했는지에 대해 자신이 생각하는 대로 설명합니다. 이 간단하지만 흥미로운 활동은 학생이 자신의 두려움을 공유할 수 있는 기회를 제공하지만, 익명으로 이루어지기 때문에 학생이 보다 편안하게 반응을 주고받을 수 있습니다. 이 활동의 목표는 학생들이 혼자만 이 감정을 겪고 있지 않다는 것을 알게 되면서 자연스럽게 그들의 감정을 정당화하고, 적어도 그 감정이 들었고 이해되었다는 것을 깨닫게 되는 것입니다. 다시 말해, 학생은 이전에는 몰랐던 또래와의 공통점을 인식하게 될 것입니다. 세 번째 차시에서는 삶의 스트레스 요인 및 대처와 관련된 또래의 영향력에 대해 다룰 것입니다. 이 수업의 목표는 학생이 미래에 적용할 수 있는 긍정적인 대처 기술을 인식하도록 돕는 것입니다. 학급적용 상담교육 수업은 자체 제작한 사전 및 사후 평가 도구(5~6개의 간단한 질문으로 구성)를 사용하여 평가할 것입니다. 평가 예시 질문은 다음과 같습니다. "대처 기술을 정의할 수 있나요?" "현재 사용 중인 대처 기술의 예를 제시하세요." "긍정적인 대처 기술의 예를 세 가지 적어 보세요." "도움이 필요할 때 찾아갈 수 있는 세 명의 사람을 적어 보세요." 이 자료를 통해 학급적용 상담교육 교육과정을 개선할 수 있는 제안을 할 것입니다. 마지막으로 사전 및 사후 평가 자료와 학급적용 상담교육 수업 중의 관찰을 바탕으로, 대처, 자해 등의 문제에 대해 추가적인 개입이 필요한 학생이 있는지 여부를 판단할 것입니다. 저는 학급적용 상담교육 프로그램의 예방적 성격을 보완하기 위해 개인상담 차시와 집단상담 개입이 계속 이루어져야 한다는 점을 강조하고 싶습니다.

Kristin Avina의 대답

먼저 이 학생을 지원하기 위한 몇 가지 프로그램을 구현해야 한다는 필요성이 떠오릅니다. 예를 들어, 연중 신입생 오리엔테이션(새 학생이 연중 언제든지 전학 올 가능성이 있기 때문에), 군인 가족 전환 그룹(특히 이 나이대의 학생에게는 새로운 학교로 전학하고 친구를 사귀는 것이 어려울 수 있음), 그리고 새로운 나라에 온 학생을 위한 그룹(미국의 학교 시스템에 대해 익히고 학생들이 질문할 수 있는 안전한 공간을 제공하는 프로그램) 등이 필요할 것입니다. 제 생각에는, 자해를 시작한 학생이 누구인지를 파악하고, 왜 자해를 대처 방법으로 선택했는지를 살펴보는 것이 중요할 것입니다. 다른 학생이 자해를 시작하지 않았을 수도 있는데, 또래의 격려가 있었을 가능성도 있습니다. 목표를 달성하기 위해서는 다음과 같은 주제를 중심으로 수업을 구성해야 합니다. 건강한 대처 방법, 정신건강의 중요성, 분노와 스트레스를 다루기 위한 긍정적인 방법 찾기 등입니다. 그런 다음 학생들이 수업 동안 참여할 수 있도록 다양한 이완 기법을 만들 것입니다. 수업에서 사용할 수 있는 과정 질문은 다음과 같습니다. "극도로 스트레스를 받거나 슬플 때 당신은 무엇을 할 것인가요?" "극도로 스트레스를 받거나 슬플 때 누구에게 도움을 청할 것인가요?" "이 사람이 당신을 끌리게 하는 특징은 무엇인가요?" "만약 이 사람이 그 자리에 없다면 그때는 무엇을 할 것인가요?" 학급적용 상담교육 수업을 시작하기 전에 앞서 언급된 주제나 기타 심각한 주제에 대해 강한 반응을 보일 것 같은 학생을 미리 파악하여 수업 내용을 사전에 알려 주는 것이 중요합니다. 큰 그룹에서 수업을 듣지 않은 학생은 소그룹 또는 개별적으로 정보를 제공받게 될 것입니다. 또한 같이 근무하는 교사들에게 대처 방법을 교육하는 것도 중요합니다. 이 경우, 자해는 부정적인 대처 방법으로 사용되고 있다는 점을 알려야 합니다. 교사는 자해 자체가 문제가 아니라, 자해는 학생이 다른 문제를 다루는 방식이라는 것을 이해해야 합니다. 자해의 경고 신호(치료되지 않은 상처나 긁힌 자국, 팔을 숨기는 행동 등)와 학생이 자해를 하고 있다는 의심이 들 때 대처하는 방법에 대해서도 다룰 것입니다.

수업을 시작하기 전에, 학생이 대처 방법에 대해 어느 정도 알고 있는지, 위기 상황에서 도움을 줄 수 있는 어른이 있는지, 다른 학생이 자해를 하고 있다는 것을 알게 되었을 때 어떻게 대처하는지를 묻는 사전 설문조사를 진행할 것입니다. 개입 후에는 사후 설문 결과를 수집하고, 그 결과를 비교하여 분석할 것입니다. 또한 학생이 이번 수업에서 유용하다고 느꼈던 점과 덜 효과적이었다고 느낀 점을 파악하기 위해 개방형 설문 문항에 포함할 것입니다.

핵심 정리

이 장에서는 청소년 발달에 대한 개요, 중학교 환경의 독특한 특성, 학교상담자가 중학교 환경에서 학급적용 상담교육 수업을 구현하는 데 사용할 수 있는 전략에 대해 제시했다.

- 학생은 사춘기 이전 시기에 접어들면서 신체적·인지적·사회적 발달의 급격하고 도전적인 변화를 겪게 되므로 학교상담자는 이러한 발달적 측면과 성장을 방해하거나 영향을 미칠 수 있는 요소를 염두에 두어야 한다.
- 중학교 시기에는 학생이 독립성과 자율적 사고를 추구함에 따라 또래 집단이 훨씬 더 중요한 의미를 가지게 된다. 학생은 종종 부모와의 거리감을 두고 다른 신뢰할 수 있는 성인과의 관계를 더욱 중요하게 생각하기 시작한다.
- 학생의 고유한 요구를 충족시키기 위해서 학급적용 상담교육 프로그램은 발달 단계에 적합하고, 흥미를 유발하며, 정교하게 설계되어야 한다. 이 장에서는 학교상담자가 학급적용 상담교육 프로그램과 관련하여 수행하는 역할과 기능에 대해 특별히 강조했다.
- 학교상담자는 중학생이 경험하고 있는 발달상 변화를 인식하고 이를 잘 알고 있는 것이 중요하며, 동시에 적절하고 의미 있는 방식으로 프로그램을 조정할 수 있는 유연한 상담 자세를 유지하는 것이 중요하다.
- 학생들의 요구와 학교 전체의 목표 및 목적과 연계된 효과적인 학급적용 상담교육 프로그램을 계획하기 위해서는 사정 평가 자료를 활용해야 한다.
- 학급적용 상담교육은 또래 집단이 중요한 가치를 지니는 시기에 긍정적인 또래 상호작용을 촉진하고 귀중한 생활 기술을 가르칠 수 있는 기회를 제공한다.

추가 자료

출판 자료

Jenson, W., Rhode, G., Ashcraft, P., & Bowen, J. (2008). *The tough kid bully lockers book*. Eugene, OR: Pacific Northwest.

Jenson, W., & Sprick, R. (2013). *Absenteeism & truancy: Interventions & universal procedures*. Eugene, OR: Pacific Northwest Publishing.

Muro, J. J., & Kottman, T. (1995). *Guidance and counseling in the elementary and middle schools: A practical approach*. Madison, WI: Brown & Benchmark.

Rhode, G., & Jenson, W. (2010). *The tough kid book* (2nd ed.). Eugene, OR: Pacific Northwest.

Scales, P. C. (2005). Developmental assets and the middle school counselor. *Professional School Counseling, 9*(2), 104-111.

Sink, C. A. (2005). Fostering academic development and learning: Implications and recommendations for middle school counselors. *Professional School Counseling, 9*(2), 128-135.

Tucker, C., Smith-Adcock, S., & Trepal, H. C. (2011). Relational-cultural theory for middle school counselors. *Professional School Counseling, 14*(5), 310-316.

온라인 자료

American School Counselor Association (ASCA): http://schoolcounselor.org

Association for Middle Level Education (AMLE): http://amle.org

National Office for School Counselor Advocacy (NOSCA): http://nosca.collegeboard.org

Region of Peel, Bullying Prevention Lesson Plans: http://peelregion.ca/health/bullying/

참 / 고 / 문 / 헌

Akos, P. (2005). The unique nature of middle school counseling. *Professional School Counseling, 9*(2), 95-103.

American School Counselor Association (ASCA). (2012). *The ASCA national model: A framework for school counseling programs* (3rd ed.). Alexandria, VA: Author.

American School Counselor Association (ASCA). (2014). *Why middle school counselors*. Retrieved March 31, 2015, from https://www.schoolcounselor.org/school-counselors-members/careersroles/why-middle-school-counselors

Brown, D., & Trusty, J. (2005). School counselors, comprehensive school counseling programs, and academic achievement: Are school counselors promising more than they can deliver?. *Professional School Counseling, 9*, 1-8.

Bryan, C. J. (2005). Advances in the assessment of suicide risk. *Journal of Clinical Psychology, 62*(2), 185-200.

Bryan, J., Steen, S., & Day-Vines, N. (2010). Psychoeducational groups in schools. In B. Erford (Ed.), *Group work in the schools* (pp. 207-224). New York, NY: Merrill/Prentice Hall.

Cohen, E. R., Reinherz, H., & Frost, A. K. (1994). Self-perceptions of unpopularity: Its relationship to emotional and behavioral problems. *Child and Adolescent Social Work Journal, 11*(1), 37-52.

Corey, M. S., & Corey, G. (1982). *Groups: Process and practice*. Independence, KY: Thomas Brooks/Cole Publishing.

Council for Accreditation of Counseling & Related Educational Programs (CACREP). (2009). *2009 standards for accreditation*. Alexandria, VA: Author.

Davis, T. E. (2005). *Exploring school counseling: Professional practices and perspectives*. Boston, MA: Houghton Mifflin.

Delucia-Waack, J. (2006). *Leading psychoeducational groups for children and adolescents*. Thousand Oaks, CA: SAGE.

Eccles, J. S., Midgley, C., Wigfield, A., Buchanan, C. M., Reuman, D., Flanagan, C., & Mac Iver, D. (1993). Development during adolescence: The impact of stage-environment fit on young adolescents' experiences in schools and in families. *American Psychologist, 48*(2), 90-101.

Erikson, E. (Ed). (1965). *The challenge of youth*. New York, NY: Doubleday Anchor Books.

Northeast Foundation for Children. (2005). *Eighth graders: Common developmental characteristics of 12, 13, and 14 year olds*. Retrieved March 31, 2015, from http://www.responsiveclass room.org/sites/default/files/pdf_files/pamphlets/rc_pamphlet_cc8.pdf

Prevatt, F. F, & Kelly, F. D. (2003). Dropping out of school: A review of intervention programs. *Journal of School Psychology, 41*, 377-395.

Shechtman, Z., Bar-El, O., & Hadar, E. (1997). Therapeutic factors and psycho educational groups for adolescents: A comparison. *The Journal for Specialists in Group Work, 22*, 203-214.

Steen, S., & Noguera, P. (2010). A broader and bolder approach to school reform: Expanded partnership roles for school counselors. *Professional School Counseling, 14*(1), 42-52.

White, S., & Kelly, F. (2010). The school counselor's role in school dropout prevention. *Journal of Counseling & Development, 88*, 227-230.

Wigfield, A., Lutz, S. L., & Wagner, A. L. (2005). Early adolescents' development across the middle school years: Implications for school counselors. *Professional School Counseling,*

9, 112-119.

Wood, C. (2005). *Yardsticks: Children in the classroom ages 4-14* (3rd ed.). Turner Falls, MA: Northeast Foundation for Children.

Ziomek-Daigle, J., & Andrews, P. G. (2009). Utilizing identification and intervention strategies to prevent middle school dropout. *Middle School Journal, 40*(5), 54-60.

CHAPTER 05

고등학교

Melinda M. Gibbons · Amber N. Hughes

중등학교 학교상담자는 학습 과정을 강화하고 학업성취를 촉진한다. 학교상담 프로그램은 학생이 최적의 개인적 성장을 달성하고, 긍정적인 사회적 기술과 가치를 습득하고, 적절한 진로 목표를 설정하고, 학문적 잠재력을 최대한 발휘하여 세계 공동체의 생산적이고 기여하는 일원이 될 수 있도록 하는 데 필요하다(ASCA, 2014).

이 장에서는 이러한 환경에서 학급적용 상담교육 프로그램과 관련된 고등학생의 고유한 특성에 대해 설명한다. 먼저 고등학교 학급적용 상담교육 프로그램에 대한 일반적인 개요를 제시한다. 그다음으로 고등학생과 함께 활동할 때 유의해야 할 다양한 발달 및 맥락적 측면에 대해 안내한다. 그리고 고등학교 학급적용 상담교육 프로그램의 강점과 도전 과제가 제시된다. 여기에는 청소년과 관련된 다양한 문화적 문제에 대한 설명도 포함된다. 이 장이 끝나면 고등학교 학급적용 상담교육에 대해 전반적으로 더 잘 이해하게 될 것이고, 특히 고등학생의 독특한 특성에 대해 더 잘 이해하게 될 것이다. 이 장에서 다루는 주제를 설명하는 데 도움을 주기 위해 여러 차례 학교상담자 Jillian의 사례가 제시된다. 제5장의 학습 내용은 다음과 같다.

- 고등학생과 관련된 발달 및 상황적 문제를 이해할 수 있다.
- 고등학생에게 학급적용 상담교육 프로그램을 제공할 때의 일반적인 장점과 도전 과제를 파악할 수 있다.
- 고등학생에게 영향을 미치는 문화적 및 체계적 요인을 다루는 방법을 인식할 수 있다.

- 교사의 주도하에 이루어지는 학습 활동(guided exercises)을 통하여 고등학교 학급적용 상담교육 활동을 비판적으로 검토할 수 있다.

고등학교 학급적용 상담교육 프로그램의 목표는 초등학교와 중학교 수준의 목표와 유사하지만, 전달 방법과 내용의 초점은 다를 수 있다. 상담 및 관련 교육 프로그램 인증 협의회(CACREP, 2009)에서는 발달적인 관점에서 상담의 틀을 설정하고 학교의 목적 달성을 저해하는 문제를 다룬다. 따라서 고등학교 학교상담자는 학생, 가족, 그리고 그들이 속한 마을교육공동체를 이해하는 것이 매우 중요하다.

고등학생은 학교상담 서비스에 대해 다양한 관점을 가지고 있다. Gallant와 Zhao (2011)는 도시에 거주하는 고등학생을 조사한 결과, 대부분이 학교상담 서비스에 대해 알고 있었으며, 대학 준비 및 학업 서비스가 가장 자주 언급된 상담 지원 서비스라고 밝혔다. 그러나 참여자의 절반만이 학교상담자가 제공하는 진로 서비스에 대해 알고 있었고, 60%만이 사회/정서적 서비스가 제공된다는 사실을 알고 있었다. 또 다른 대규모 국가 연구에서는 대부분의 12학년 학생이 학교상담자를 일부 방문했으며, 그 이유는 주로 대학 정보와 관련이 있다고 보고했다(Bryan, Holcomb-McCoy, Moore-Thomas, & Day-Vines, 2009). 아프리카계 미국인과 여학생이 학교상담자를 더 자주 찾았으며, 대학 진학을 기대하는 학생도 더 자주 상담을 받았다. 그러나 라틴계 학생을 대상으로 한 소규모 연구에서는 학교상담자와 관련된 부적절한 조언, 부족한 상담 시간, 낮은 기대와 같은 주제가 나타났다(Vela-Gude et al., 2009). 일부 고등학생이 학교상담 서비스를 이용하는 것은 분명하지만, 인구통계학적 요인과 상담자에 대한 인식 차이가 참여 수준에 영향을 미친다는 것을 알 수 있다. 학생과 상담자 사이에 연결이 부족하다는 연구 결과를 바탕으로 고등학교 학교상담자는 학교상담 서비스에 대한 다양한 학생의 관점을 이해할 필요가 있다.

고등학교 수준에서 학급적용 상담교육 프로그램을 제공하는 데 주요한 도전 과제 중 하나는 일정과 관련이 있다. 고등학교는 종종 블록 수업 또는 격일제로 시간표가 편성되기 때문에 특정 학년의 모든 학생을 만나는 것은 쉽지 않다. 블록 수업을 사용하는 학교는 일반적으로 한 학기 동안 네 과목의 수업을 한다. 한편, 격일제를 실시하는 학교는 한 학기 동안 여덟 과목의 수업을 하는데, 하루에 네 과목씩 매일 번갈아가며 수업이 진행되어 1년(2학기) 동안 여덟 과목의 수업을 하게 된다. 또한 고등학교 수업은 기말고사와 연결되어 있어서 교과 교사가 상담교육 활동을 위해 수업 시간을 내주는 것에 대한 부담을 느낄 수 있다. 또한 고등학교 학교상담자는 학생의 중등학교 졸업 이후의 계획과 학업 모니터링 업무를 처리하느라 바쁠 수 있다. 마지막으로 학급적용 상담교육 프로그램이 고학년 학생에게는 그다지 필요하지 않다는 인식이 있을 수 있다. 진로 및 고등교육 계획에 초점을 맞추기 때문에 관리자, 교과 교사 또는 학부모는 학급적용 상담교육을 통해 모든 학생의 학업, 진로 및 사회/정서적 요구를 지속적으로 충족시키는 것의 중요성을 이해하지 못할 수 있다.

학급적용 상담교육의 보급

고등학교 학교상담자는 학급적용 상담교육을 어떻게 제공할지 고민할 때 창의적이어야 한다. 첫 번째 단계는 학교장의 지원을 받는 것이다. 관리자는 자료와 사실에 잘 반응하고 대응한다. 구조화되고 순차적인 학급적용 상담교육 계획이 어떻게 학생의 삶을 풍요롭게 하고 진로 및 대학 준비도를 높일 수 있는지에 대한 관련 정보를 제공하라. 고등학생은 모둠학습을 할 준비가 되어 있으며 다른 사람의 관점을 받아들이거나 의사결정 및 비판적 사고 활동에 참여할 수 있는 인지적 준비가 되어 있다고 설명하라. 교실 수업에서 너무 많은 시간을 빼앗지 않고 학급적용 상담교육을 제공할 수 있는 방법에 대한 아이디어를 제공하라. 예를 들어, 체육 또는 건강 수업의 일부로 학급적용 상담교육 수업을 진행하거나 교사와 협력하여 기존 수업 주제에 상담교육 수업을 통합할 수 있다(협력 수업). 교사와 학교장이 학급적용 상담교육을 더 잘 이해하면 이러한 유형의 개입에 더 개방적일 수 있다.

이해도 확인

- ☑ 모든 고등학생이 학교상담 서비스를 이용하는 것은 아니다. 따라서 고등학교 학교상담자와 학생이 만날 수 있는 기회가 많지 않다.
- ☑ 고등학교 학사 일정 및 시험 요구 사항으로 인해 학급적용 상담교육 수업이 어려울 수 있다.
- ☑ 자료를 사용하여 관리자와 교사로부터 상담 서비스 확대에 대한 지원을 받을 수 있다.

사・례・연・구

Jillian의 사례 ①

Jillian은 미국 남서부의 중간 규모 교외 고등학교에서 학교상담자로 근무하고 있다. 이 학교의 학생 구성은 다양한데, 약 30%가 아프리카계 미국인 학생, 30%가 라틴계 학생으로 이루어져 있으며, 전체 학생의 55%가 무상 급식 혹은 할인된 가격의 급식을 받고 있다. 이 학교에는 총 1,500명의 학생이 있고, 네 명의 학교상담자가 알파벳 순으로 학생을 나누어 담당하고 있다. Jillian이 담당하는 학생 수는 약 375명이다. 현재 교내 상담 부서에서는 미국학교상담자협회(ASCA)의 2012년 국가 모델을 소속 학교 프로그램에 통합하려 노력 중이며, 이에 따라 기존 상담 프로그램과 함께 전반적인 조직 구조를 재구성하고 있다. 학교 및 마을교육공동체의 요구사정 결과, 학생이 대학 및 진로 준비에 대한 정보를 더 원하고 있다는 것이 확인되었으며, 이에 따라 학교상담자는 대학 및 진로 준비 프로그램을 확대하기로 결정했다. Jillian은 이 프로젝트를 주도하고 있다.

현재 학생의 약 35%는 4년제 대학교에 진학하고, 또 다른 35%는 고등학교 졸업 후 전문대학 또는 기술 전문학교에 진학한다. 나머지 30%는 졸업 후 노동 시장에 진입하거나 군에 입대한다. Jillian이 근무하는 학군은 미국 전역의 많은 학교과 마찬가지로 최소 90% 이상의 학생이 고등학교 졸업 후 진학하도록 장려하고 있다. 또한 요구사정 결과, 학부모와 학생 모두가 고등학교 초반부터 대학 및 진로 관련 정보를 더 많이 제공받기를 원한다는 것이 확인되었다.

관리자와 동료 학교상담자의 지원을 받아 Jillian은 4년 동안 진행되는 대학 및 진로 준비 프로그램을 계획하고 있다. 이 프로그램은 학급적용 상담교육 활동을 중심으로 하되, 필요에 따라 개인상담을 병행하는 방식으로 운영된다. Jillian은 학급적용 상담교육이 학교 전체 학생에게 효과적으로 다가갈 수 있는 최선의 방법이며, 4년이라는 기간동안 모든 학생이 자신의 진로 목표를 달성하도록 지도할 수 있을 것이라고 믿는다.

Jillian이 준비하는 학급적용 상담교육 수업의 주요 주제는 '전이 가능 기술(transferable skills)'[1] 또는 '소프트 스킬(soft skills)'[2] 이 될 것이다. 국가 조사에 따르면, 고용주는 직장에서 성공하기 위해 가장 중요한 기술로 전문성, 구두 및 서면 의사소통 능력, 팀워크, 문제 해결 능력을 꼽았다(Casner-Lotto & Barrington, 2006). 이 외에도 자기주도성, 리더십, 창의성, 다양성 존중, 기술 활용, 윤리적 행동 등의 역량이 중요하다고 평가되었다. 일반적으로 고등학생과 대학생은 이러한 기술이 부족하며, 이에 따라 Jillian은 매년 한두 가지의 소프트

1 특정한 직업이나 상황에 구애받지 않고 다양한 상황에 적용할 수 있는 기술로 의사소통 능력, 문제 해결 능력, 팀워크 등이 있다.

2 사람 간의 관계나 정서적 상호작용에 관한 능력으로 리더십, 회복탄력성, 자기통제, 감정 정리 등을 말한다.

스킬을 집중적으로 다루고, 동시에 진로 관련 정보를 함께 제공할 계획이다. Jillian은 소프트 스킬과 구체적인 진로 정보를 함께 다루는 것이 학생의 학업, 진로 및 사회/정서적 성장에 긍정적인 영향을 줄 것이라고 믿고 있으며, 이는 ASCA 국가 모델(2012) 및 CACREP(2009)의 권장 사항과도 일치한다.

하지만 총 수업 시수는 정해져 있기 때문에 학교 교육과정을 구성할 때 교과 교사는 학교상담자가 수업 시간을 활용하는 것에 대해 소극적인 태도를 보이는 경우가 많다. 따라서 Jillian은 상담교육 수업이 창의적이면서도 간결하고 효과적으로 진행되어야 한다고 생각한다. 그녀는 고등학생의 신체적 · 인지적 · 사회/정서적 발달 수준과 청소년과 함께 활동할 때의 장점과 도전 과제, 그리고 이 연령대의 전형적인 요구 사항을 고려해야 한다는 점을 잘 알고 있다.

토론 질문

1. 고등학교 학급적용 상담교육 프로그램에서 다룰 수 있는 또 다른 중요한 주제에는 무엇이 있는가?
2. 지금까지 Jillian이 잘해 온 점은 무엇인가? 그리고 이 상황에서 그녀가 더 해야 할 일은 무엇이라고 생각하는가?

발달과 맥락에 대한 고려 사항

신체적 발달

청소년은 고등학교를 다닐 시기에 많은 신체적 변화를 겪는다. 중기 청소년기(mid-adolescence)는 사춘기 시기로, 뇌 발달의 변화도 함께 일어난다(Blakemore, Burnett, & Dahl, 2010). 뇌에서 일어나는 신경내분비 시스템의 변화(neuroendocrine changes)는 시상하부-뇌하수체-생식선 축(HPG)의 신경이 다시 활성화되는 것으로 시작되며, 이와 함께 에스트로겐과 테스토스테론 분비 증가, 생식기관의 발달이 일어난다(Dorn & Biro, 2011). 호르몬 변화가 뇌에 어떻게 영향을 미치는지는 아직 완전히 밝혀지지 않았지만, 두 가지가 서로 연결되어 있다는 것은 알려져 있다(Blakemore et al., 2010). 이러한 호르몬 변화와 함께 성적 발달도 이루어진다.

성적 발달은 행동, 정체성, 사회적 측면을 포함하는 정상적인 발달 과정으로 보아야 한다. 성적 행동은 성적 활동을 하지 않기로 선택하는 것부터 성관계까지 다양한 범위를 포함한다(Tolman & McClelland, 2011). 청소년기가 끝날 무렵, 대부분의 십대는 성관계를 경험하며, 남학생, 유색 인종 청소년, 도심 지역 청소년이 또래보다 성적으로 더 적극적이라는 보고가 있다(Santrock, 2004). 또한 이 시기에 성정체성(sexual identity)과 성적 지향(sexual orientation)이 발달하며, 이에 대한 자세한 내용은 이후 장에서 다루었다.

청소년은 이 밖에도 여러 신체적 변화를 경험한다. 청소년기 동안 발생할 수 있는 건강 문제로는 약물 및 알코올 사용, 청소년 임신, 성병, 섭식장애, 자살 등이 있다(Santrock, 2004). 이러한 문제 중 다수는 십대들이 자신의 신체적 안녕과 관련하여 위험한 선택을 함으로써 발생한다(Papalia, Olds, & Feldman, 2006). 또한 많은 청소년은 규칙적인 신체 활동을 하지 않거나, 충분한 수면을 취하지 않으며, 신체 이미지에 대한 고민이 증가하기도 한다(Papalia et al., 2006). 특히 여학생이 남학생보다 자신의 신체 이미지에 대해 더 부정적인 인식을 가지는 경우가 많으며, 이로 인해 여학생의 섭식장애 비율이 더 높다(Perry & Pauletti, 2011). 청소년은 결국 이러한 신체적 변화를 성공적으로 극복하지만, 이들을 지도하는 성인은 이 발달 단계에서 발생하는 다양한 신체적 변화를 인식하고 있어야 한다.

인지적 발달

앞서 언급된 호르몬 변화와 직접적으로 관련된 것이 청소년기의 뇌 성숙이다. 십대의 뇌는 회백질(gray matter)의 급격한 감소와 백질(white matter)의 증가를 보이며, 이는 인지 기능 향상과 관련이 있다(Yurgelun-Todd, 2007). 이러한 뇌 변화는 신경가소성(neuroplasticity)이라고 불리며, 사회적 및 인지적 기술 발달과 연결된다. 여기에는 실행 기능, 사회적 인지, 그리고 타인 조망의 증가가 포함된다(Choudhury, Blakemore, & Charman, 2006). 실행 기능은 전두엽(prefrontal cortex)의 발달과 관련이 있으며, 처리 속도, 기억력, 의사결정, 그리고 위험 분석 등의 기능을 포함한다. 약 3분의 1의 청소년은 가설-연역적 추론을 나타내기 시작하는데, 이는 문제를 해결하기 위해 단순한 시행착오 대신 가설을 개발할 수 있는 능력을 의미한다(Santrock, 2004). 또한 고등학생은 의사결정 능력이 증가하고 비판적 사고 및 추상적 사고에 더 많이 참여하게 된다(Steinberg, 2006).

이러한 뇌 발달과 함께 변연계(limbic system)[3]에서도 변화가 일어나며, 이는 청소년이 의사결정을 내릴 때 위험과 보상을 고려하여 결정하는 능력에 영향을 미친다. 일반적으로 청소년은 가상의 상황보다 실제 상황에서 더 많은 위험을 감수하려는 경향이 있다(Albert & Steinberg, 2011). 이는 고등학생이 특정 행동에 대해 질문을 받았을 때는 적절한 답변을 할 수 있지만, 실제 상황에서는 더 위험한 행동을 하는 경향이 있다는 것을 시사한다. 연구자들은 감정적 처리와 인지발달 간의 연결이 이러한 위험한 의사결정 행동의 원인이 될 수 있다고 제안한다(Yurgelun-Todd, 2007). 실제로 Bradshaw, Goldweber, Fishbein과 Greenberg(2012)는 "청소년이 친구와 함께 위험한 결정을 내릴 때 보상 관련 뇌 영역이 더 강하게 활성화된다."(p. 543)라고 언급했다.

십대들의 판단력과 의사결정은 사회적 맥락에 의해서도 영향을 받을 수 있다. 위험 감수(risk-taking)는 인지적 추론, 사회적 맥락, 그리고 감정의 조합에 의해 좌우되며, 직접 경험은 의사결정능력을 변화시킬 수 있다(Albert & Steinberg, 2011). 청소년은 사회적 상호작용을 통해 개인적인 정체성을 형성한다. 따라서 또래, 교사, 학교, 그리고 마을교육공동체와 같은 요소들을 고려하여 의사결정 과정을 분석할 필요가 있다(Eccles & Roeser, 2011). Blakemore(2012)는 청소년기의 의사결정 방식이 신경학적으로 어린 시절과 다르며, 십대들은 의사결정을 할 때 어린 시절과는 다른 뇌 부위를 사용한다는 것을 밝혔다. 따라서 고등학교 학교상담자는 청소년기의 복잡한 뇌 발달을 이해하고, 그에 맞는 발달을 고려한 적절한 활동을 설계하고 실행할 필요가 있다.

다음은 인지발달과 관련된 한 가지 예시이다. Jasmine은 고등학교 학교상담자로, 12학년 학생을 위한 진로 개발 프로그램을 계획하고 있다. 그녀는 청소년기의 인지발달이 의사결정 능력에 영향을 미친다는 것을 알고 있기 때문에, 수업에서 의사결정 전략을 포함하려 한다. Jasmine은 학생에게 다양한 의사결정 스타일(decision-making styles)[4]과 단계별 의사결정 접근법(step-by-step decision-making approach)을 소개하고자 한다. 그녀는 또래 친구와 감정이 청소년의 의사결정에 영향을 미친다는 것을 알기 때문에 학생이 단계별 접근법을 사용하여 개별적으로 의사결정을 내리는 연습을 할 수 있도록 할 것이다. 이후 학생에게 예제를 사용하여 의사결정 방법을 적용하게 한 뒤, 모둠에서 자신

3 변연계(limbic system)는 대뇌피질과 뇌량, 그리고 시상하부 사이의 경계에 위치한 부위로, 편도체, 해마, 대상회, 후각구 등으로 이루어져 있다. 동기부여, 감정, 학습과 기억, 행동, 후각 등의 여러 가지 기능을 담당한다.

4 의사결정 스타일(decision-making styles)의 대표적인 학자는 Susenne G. Scott과 Reginald A. Bruce이다. 사람들의 의사결정 스타일을 합리적 · 직관적 · 의존적 · 회피적 · 즉흥적 스타일의 다섯 가지 주요 유형으로 분류했다. 1995년에 의사결정 스타일 척도(The Decision-Making Style Inventory)를 개발했다.

의 결정을 공유하도록 할 것이다. 이를 통해 학생은 혼자서 의사결정을 연습하고, 이후 또래들과 공유하는 경험을 쌓게 된다.

고등학교 시기에는 여러 가지 추가적인 인지적 변화가 나타난다. 이 시기에 청소년 자기중심성 또는 사회적 사고가 발달하는데, 사회적 사고는 두 가지 요소로 구성된다. 첫째, 청소년은 타인이 자신에게 관심이 많다고 느끼는 경향이 있다. 즉, 다른 사람이 자신을 계속해서 주목하고 있다고 믿는다. 둘째, 청소년은 자신이 특별하고 독특하며, 위험에 대해 무적이라고 믿는 경향이 있다(Santrock, 2004). 십대들의 타인 조망 수용 능력(ability in perspective taking)은 이 시기에 발달하는 거울 뉴런(mirror neurons)과 관련이 있다. 그러나 자기중심적 편향이 이러한 능력에 영향을 미쳐서 청소년은 초기에는 자기 관점에 치우치는 경향을 보이지만, 청소년기 후반으로 갈수록 자신의 관점과 타인의 관점을 보다 정확하게 이해하는 능력이 발달하게 된다(Choudhury et al., 2006). 이러한 모든 변화는 고등학교 시기 동안 청소년의 의사결정, 문제 해결, 그리고 비판적 사고에 영향을 미친다.

이해도 확인

- ☑ 고등학생은 청소년기와 관련된 많은 신체적 변화를 경험한다.
- ☑ 인지기능의 향상은 고등학생 발달의 주요 특징이다.
- ☑ 고등학생은 또래 관계에 신경을 쓰느라 의사결정을 내리는 데 어려움을 겪을 수 있다.

토론 질문

1. 고등학생의 인지적 및 신체적 변화에 대한 이해를 바탕으로 학생의 집행 기능을 촉진하는 학급적용 상담교육 수업을 어떻게 구안할 수 있는가?
2. 우리는 십대들의 의사결정이 문제에 대한 사회적 · 정서적 · 인지적 반응의 복잡한 상호작용을 포함한다는 것을 알고 있다. 이것이 학급적용 상담교육 수업에서 의사결정을 가르치는 방식에 어떤 영향을 미칠 수 있는가?
3. CACREP(2009)에서는 학교상담자가 "학교상담 실제를 알리기 위해 관련 연구 결과를 적용하도록 제안한다"(p. 42). 인지적 및 신체적 발달에 대한 이해가 학급적용 상담교육 계획에 어떻게 영향을 미치는가?

사회적 발달

고등학교 생활에서 청소년의 사회적 발달상 고려해야 할 사항이 있다. 이 나이의 청소년은 자신의 정체성을 발달시키고, 또래와의 관계를 형성하고, 부모 및 가족 구성원과의 관계에서 변화를 탐색한다.

정체성 발달

정체성은 개인의 자아 감각(sense of self)이다. 정체성은 개인적인 개념이지만 우리가 누구인지의 많은 부분이 다른 사람과의 상호작용에 의존한다는 점에서 사회적 개념이기도 하다. Erikson(1980)은 정체성 대 역할 혼란의 심리사회적 위기를 청소년의 주요 과제로 파악했다. Erikson에 따르면, 십대들은 이 시점에 개인적인 가치와 신념에 대한 결정을 내린다. 그들은 고등학교 시기에 스포츠, 음악, 연극, 기타 활동 또는 학업에 대한 관심을 증대시키거나 강화한다. 고등학생은 특정 문제에 대해 자신의 의견을 확립하기 시작하면서 부모의 신념에 동의하지 않을 수 있다. 부모-자녀 간 가벼운 갈등은 청소년이 가족 내에서 독립적인 지위를 재조정하는 과정에서 발생하는 정상적인 부분이며, 이는 청소년 정체성 발달의 일환이다(Steinberg, 2001). Erikson(1980)에 따르면, 개인은 자신의 신념과 일치하는 자아의식을 확립할 때 이 단계를 성공적으로 마친다. 이 단계에서 문제를 겪는 개인은 역할 혼란을 겪게 된다. 역할 혼란은 십대 청소년이 또래의 압력에 눌려서 자신의 신념과 가치관에 어긋나는 방식으로 행동할 때 발생할 수 있다.

Yoder(2000)는 정체성 발달이 사회적 상호작용과 문화적 신념에 의해 영향을 받으며, 이 과정이 "사회적 현실을 반영한 성격"(p. 103)을 만들어 낸다고 밝혔다. Marcia(1966)는 Erikson의 정체성 개념을 정교하게 설명했다. Marcia(1966)는 개인이 삶 전체에 걸쳐 다양한 신념에 전념하고 탐색하는 정도에 따라 네 가지 정체성 지위를 제안했다. 정체감 유실, 정체감 혼미, 정체감 유예 및 정체감 성취가 그것이다. 정체감 유실은 탐색 없이 전념할 때 발생한다. 정체감 혼미는 청소년이 아무런 탐색을 하지 않고 어떤 것도 전념하지 않을 때 일어난다. 정체감 유예는 청소년이 문제를 탐색하지만 전념하지 않는 것이다. 마지막으로 정체감 성취는 개인이 문제를 탐색하고 그 주제에 대한 특정 신념에 전념하는 것이다. Meeus(2011)는 Marcia의 정체성 지위에 대한 종단 연구를 했다. Meeus는 건강한 정체성 발달이 개인의 긍정적인 인생관 및 가정 환경을 받아들이는 것과 관련이 있음을 발견했다. 예를 들어, 다양한 스타일의 옷과 화장을 탐색하고자 하는 욕구를 지지해 주는 부모를 둔 십대 소녀는 자신만의 스타일을 발전시킬 가능성이 높다. 또 다른 예로, 4년제 대학에 진학하기로 결정하기 전에 다양한 진로와 대학 선택을 탐색하는 십대 소년은 인생에 대해 더 긍정적인 견해를 가질 수 있다. 청소년은 이러한 심리사회적 발달 단계를 탐색하면서 사회에서 자신을 보는 방식을 조정하고 재조정할 기회를 갖게 된다.

또래 관계

고등학교에서 십대들은 부모와 자신을 구별하면서 또래들과 더 가까운 관계를 맺기 시작한다. 십대들은 더 이상 부모에 대한 확신이나 신뢰를 갖지 않을 수 있으며, 동시에 또래에 대한 신뢰는 증가한다. 이제 공통된 관심에 기초하여 친구를 사귀게 되지만, 사회적 지위와 평판도 중요한 요소로 작용한다. 청소년기에 집단은 더 안정적으로 형성되며 단순히 친밀감이나 부모의 친분이 아니라 스포츠, 종교적 신념, 취미와 같은 공통 관심사를 기반으로 만들어진다. 십대들은 더 이상 부모를 완전히 신뢰하지 못할 수 있지만, 여전히 부모로부터의 실질적인 지원(즉, 음식과 돈)을 필요로 한다(del Valle, Bravo, & Lopez, 2010). 자율성 측면에서 십대들은 자신이 개인적인 문제라고 여기는 사항에 대해 독립적인 결정을 내리고자 한다. 청소년기 초기에는 헤어스타일과 아르바이트가 몇 가지 예가 될 수 있으며, 십대는 이러한 문제에 대해 여전히 부모와 상담할 가능성이 크다. 십대들이 나이가 들고 부모와 달라지기 시작하면서 개인적인 영역은 도덕과 가치관(Daddis, 2011)뿐만 아니라 누구를 친구로 선택할지와 같은 문제로 확장된다.

또래 압력

십대들은 고등학교를 졸업하면서 또래 친구와 더 많은 시간을 보내고 부모와 보내는 시간은 더 적어진다. 십대들은 개인적인 문제를 논의할 때 친구에게 더 많이 의지하고 이러한 문제를 부모와 공유하지 않는다(del Valle et al., 2010). 따라서 십대 청소년은 때때로 사춘기 청소년이 직면하는 어려운 문제를 헤쳐 나가면서 또래로부터 조언과 위로를 구한다. 예를 들어, 15세 소녀 Sarah는 이웃에 사는 17세 친구가 있다. 이 친구는 Sarah에게 술과 마약이 있을 수 있는 파티에 오라고 압력을 가하고 있다. Sarah는 파티에 참석하는 것이 신경이 쓰인다. 하지만 Sarah는 부모님께 조언을 구하는 대신 수학 수업 시간에 친구에게 조언을 구한다. 그 친구는 고학년 학생을 위한 파티에 참석할 생각에 들떠 있었기 때문에 Sarah에게 파티에 가라고 권유했다. 또래로부터 감정적 지원을 구하는 것 외에도, 또래들은 무엇인가를 하도록 압력을 가할 수 있다. 또래 압력이 높을수록 십대의 자존감에 부정적인 영향을 미칠 수 있다(Kiran-Esen, 2012; Uslu, 2013). 또래 압력은 또한 학교폭력, 약물 사용 및 섭식장애로 이어질 수 있다. 학교폭력과 마찬가지로 또래 압력은 사이버 환경에서도 발생할 수 있다. 컬럼비아 대학교(Columbia University)의 국립 중독 및 약물남용 센터(National Center on Addiction and Substance Abuse, 2012)는 설문조사에 참여한 십대의 75%가 소셜미디어 사이트에서 시도해 보는 또래의 사진을 본 후 마약이나 알코올을 시도하도록 영향을 받았다는 것을 발견했다. 학교상담자는 청소년기에 또래 관계의 중요성과 영향 때문에 고등학생이 우정을 형성하는 이러한 측면에 민감하게 대응해야 한다.

사이버 학교폭력

사이버 학교폭력은 테크놀로지나 소셜미디어를 사용하여 다른 사람을 괴롭히는 것이다. 사이버 학교폭력에는 잔인하거나 무신경한 문자 또는 이메일을 보내거나, 문자 또는 소셜미디어를 통해 소문을 퍼뜨리거나, 소셜미디어 또는 문자를 통해 부끄러운 사진을 공유하는 것 등이 있다. 기술 가용성과 소셜미디어 사용이 증가함에 따라 사이버 학교폭력은 고등학생에게 많은 영향을 미친다. 이러한 유형의 학교폭력은 학생에게 익명성을 제공하고(Kowalski & Limber, 2007), 책임감과 의무감을 감소시킨다(Juvonen & Gross, 2008; Mishna, Saini, & Solomon, 2009). 사이버 학교폭력은 종종 학교 건물 밖에서 발생하지만 학생의 일상생활에 직접적인 영향을 미친다. 따라서 사이버 학교폭력은 학교상담자가 예상하는 것보다 더 많은 학생에게 영향을 미칠 수 있으며, 특별한 주의를 기울일 필요가 있다.

다음은 사이버 학교폭력에 접근하는 방법의 예이다. 고등학교 학교상담자인 Joseph은 몇몇 9학년 학생으로부터 사이버 학교폭력이 발생하고 있는 것에 대해 들었다. 그 학생은 특정 학생의 신체인 것처럼 편집된 선정적이고 노출적인 사진을 게시하고 있다. Joseph은 이 문제를 해결하기 위해 9학년 건강 교과 수업에서 학급적용 상담교육 수업을 진행하기로 결정했다. 그는 학생이 사용하는 다양한 컴퓨터 프로그램과 앱에 대해 배우는 데 시간을 투자하여 자신의 수업에서 그것을 예시로 활용했다. 수업 중에 Joseph은 학생에게 가해자나 피해자의 이름을 언급하지 않고 사이버 학교폭력에 대해 토론하도록 지도하고 토론 중에 다른 사람을 존중하도록 했다. 그는 또한 비하, 따돌림, 괴롭힘과 같은 다양한 유형의 사이버 학교폭력을 소개했다. 그는 학생이 사이버 학교폭력 예방에 관한 포스터를 만들어 학교 전체에 걸 수 있는 모둠 활동으로 수업을 마무리했다. 간단한 학생 설문조사에 따르면 학생은 자신의 의견이 경청되고 있다고 느꼈으며, 사이버 학교폭력과 사이버 학교폭력이 다른 사람들에게 미치는 영향을 더 잘 이해하고 있다고 믿었다.

로맨틱한 관계(이성 교제)

청소년기는 또래 친구 및 사회 집단과의 관계가 중요한 시기이다. 개인은 청소년기에 로맨틱한 관계(romantic relationship)를 형성하고 발전시킬 수 있다. 로맨틱한 관계는 서로에게 매력을 느끼며, 지속적으로 상호작용하는 관계이다(Furman, Brown, & Feiring, 1999). 청소년기의 로맨틱한 관계는 일시적이고 중요하지 않은 것으로 생각될 수 있다. 그러나 최근 연구에 따르면 그렇지 않을 수 있다. Collins(2003)는 청소년기의 로맨틱한 관계와 관련된 여러 연구를 검토한 결과, 이러한 관계가 청소년기의 기능에 중요하다는 것을 발견했다. 연구는 제한적이지만 Collins는 로맨틱한 관계가 정체성 발달 및 청소년기에서 성인기로의 다른 전환에 영향을 미칠 수 있다고 제안했다. 예를 들어, Rochelle과 Juan은 8학년 때 데이트를 시작했다. 그들은 고등학교 시절 내내 돈독한 관계를 유지해 왔다. Rochelle과 Juan은 또래 집단의 친구들이 있지만 대부분의 자유 시간을 둘이서 함께 보냈다. 두 청소년 모두 대학에 지원하여 같은 4년제 대학에 다닐 계획이다. 이민 1세대 대학생인 Juan은 Rochelle의 영향과 부모님의 도움과 지도가 없었다면 대학에 진학할 생각을 하지 못했을 것이다. 이러한 관계는 같은 성별, 다른 성별 또는 젠더퀴어에서 일어날 수 있다.

성

청소년기는 개인이 성(sexuality)에 대해 탐색하기 시작하는 시기이다. 또래, 미디어, 가족의 역할은 청소년이 성적 행동과 신념에 대한 지식을 형성하는 사회적 맥락을 만들어 준다(Tolman & McClelland, 2011). 이 시기에 고등학생은 동성에게 끌림을 느끼거나 자신의 성에 대해 고민할 수도 있다. 사회적 낙인 때문에 청소년은 자신이 느끼는 끌림을 다른 사람과 공유하기보다 혼자만 간직할 수도 있다. 이로 인해 고립되고, 가족과 동료의 도움을 받지 못할 수도 있다. 부모는 때때로 자녀가 동성에 대한 매력을 드러낼 때 부정, 죄책감 또는 두려움으로 반응한다(Harrison, 2003). 또한 레즈비언, 게이, 양성애자, 트랜스젠더 또는 성소수자(LGBTQ)로 인식하는 학생은 사회적으로 고립되고 자존감이 낮으며, 정체성 발달의 다른 영역에서 지연을 경험할 수 있다. 성적 지향(sexual orientation)의 발달은 완전히 형성되기까지 시간이 걸릴 수 있으며, 특히 여성의 경우 청년기까지 지속될 수 있다(Saewyc, 2011). 일부 십대의 경우, 성정체성(sexual identity) 발달이 높은 비율로 정신건강 문제와 연관될 수 있으며, 이는 종종 사회적 낙인, 편견 또는 기타 사회적 문제로 인해 발생한다.

Robinson과 Espelage(2013)는 청소년을 대상으로 설문조사를 실시하여 자신을 성소수자라고 밝힌 청소년과 이성애자라고 밝힌 청소년의 응답을 비교했다. 그 결과, 성소수자 청소년이 이성애자 청소년보다 위험한 성적 행동에 가담할 가능성이 더 높다는 사실을 발견했다. 이러한 차이점 중 하나는 또래로부터의 피해 경험(victimization)이다. 연구자들이 피해 경험에 대해 이야기하지만, LGBTQ 청소년은 여전히 위험한 성적 행동에 가담할 위험이 더 큰 것으로 나타났다(Robinson & Espelage, 2013). 또 다른 연구에서는 LGBTQ 학생과 이성애자 학생 간의 약물 사용 차이를 조사했다(Newcomb, Birkett, Corliss, & Mustanski, 2014). 이를 통해 LGBTQ 학생이 이성애자 학생보다 더 많은 약물 사용을 한다는 것이 보고되었다.

성정체성 발달이 일어나는 시기에 고등학생은 여러 발달적이고 상황적인 문제를 경험한다. 유능한 고등학교 학교상담자는 종합적인 학교상담 프로그램 활동을 계획할 때 이러한 문제에 주의를 기울인다. 학생의 신체적 · 인지적 · 사회적 발달을 고려하면 학급 적용 상담교육 프로그램을 보다 관련성과 목적성 있게 만들 수 있다.

이해도 확인

- ☑ 정체성에 대한 탐색은 청소년 발달의 핵심 요소이다.
- ☑ 고등학생은 우정과 로맨틱한 관계에 많은 시간과 관심을 집중하고 계속해서 부모와 자신을 차별화한다.
- ☑ 고등학생에게 인간관계는 또래 압력과 성적 문제를 포함한 복잡한 상황을 초래할 수 있다.

토론 질문

1. Marcia와 Erikson의 정체성 발달 단계에 기초하여 학생이 정체성 탐색 과정을 잘 거칠 수 있도록 어떻게 도울 수 있는가?
2. 고등학생 때를 떠올려 보라. 학교상담자가 당신과 친구에게 어떤 주제를 이야기했으면 좋았을 것이라고 생각하는가? 어떤 프로그램이 있었으면 도움이 되었을 것이라고 생각하는가?

3. 또래 관계 및 로맨틱한 관계를 발전시키는 것은 청소년기의 중요한 요소이다. 고등학교 학교상담자로서 학급적용 상담교육 프로그램을 활용하여 학생이 이러한 관계에서 겪는 어려움을 효과적으로 해결할 수 있도록 돕는 방법은 무엇인가? 또한 고등학생에게 다루기 불편한 주제가 있다면 어떤 것인가?

사·례·연·구

Jillian의 사례 ②

Jillian은 적절한 학급적용 상담교육 프로그램을 만들기 위해 학생의 발달 수준을 고려해야 한다는 것을 깨달았다. 그녀는 9학년과 10학년 학생 중 많은 수가 여전히 비판적 사고 능력을 충분히 갖추지 못했을 수도 있으며, 모든 학생이 의사결정 능력으로 인한 어려움을 겪을 수 있다는 것을 알고 있다. 또한 Jillian은 학생들이 또래의 영향을 가장 많이 받는다는 것을 알고 있기 때문에 긍정적인 또래 문화를 조성하는 것이 중요한 구성 요소라고 생각한다. 아울러 많은 학생이 그들만의 문화적 배경 및 학습 스타일을 가지고 있어서 모든 학생에게 맞는 단 하나의 프로그램을 만들 수 없다는 것도 알고 있다.

따라서 Jillian은 9학년 학생이 평생 학습 능력을 함양하도록 지원하는 방향으로 4년 과정의 프로그램을 시작하기로 결정했다. 그녀는 원하는 목적을 달성한 학생이 되는 방법과 고등학교 이후 목표 설정을 탐색하는 것이 발달적으로 적합한 학급적용 상담교육의 핵심 요소라고 믿었다. 9학년 학생을 위한 네 차례의 상담교육 수업을 통해 그녀는 학생의 문화적 차이를 다루고, 전체 학년이 대학에 진학하는 문화를 형성하는 데 동참하도록 할 것이다. 연구자들은 이것이 학생이 고등교육을 자신의 인생 목표와 연결하도록 돕는 데 필수적이라고 설명한다(Usher, Kober, Jennings, & Rentner, 2012). 그녀는 비판적 사고와 문제 해결 능력이 아직 충분히 발달하지 않았다고 생각하여 10학년까지는 가르치지 않고, 11학년이 되면 학생들이 발달적으로 이를 더 잘 학습할 준비가 된 시기라고 판단하고 기다릴 것이다.

토론 질문

1. Jillian이 계획을 세울 때 고려해야 할 다른 발달적 문제들은 무엇인가?
2. 대부분의 고등학교 학교상담자가 발달적 및 문화적 고려 사항을 얼마나 잘 다루고 있다고 생각하며, 그 이유는 무엇인가?

고등학생과 함께 활동할 때의 강점과 과제

앞에서 검토한 문헌에서 알 수 있듯이, 고등학생은 여러 면에서 독특한 특징을 가지고 있는데, 특히 이 시기에는 독립성의 증가와 정체성 발달이 두드러진다. 고등학생을 대상으로 하는 활동은 도전과 기회를 동시에 제공하며, 그들의 요구를 최적으로 충족시키려면 이러한 특성을 인식하는 것이 매우 중요하다.

강점

- 추상적 사고의 증가: 청소년의 뇌는 빠르게 발달하기 때문에 고등학생은 일반적으로 비판적이고 추상적인 추론 능력이 증가한다. 이 특성은 학급적용 상담교육에 도움이 된다. 왜냐하면 오늘날 십대가 직면한 어려운 주제에 대해 그룹 토론에 적극적으로 참여할 가능성이 높기 때문이다.
- 모둠 활동의 즐거움: 고등학생은 또래 친구로부터 깊은 영향을 받으며 종종 다른 사람보다 친구와 어울리는 것을 선호한다. 학급적용 상담교육 프로그램은 학생이 활동, 토론 및 집단 과정을 통해 또래와 교류할 수 있는 기회를 제공한다.
- 고등교육 계획에 대한 관심 증가: 고등학생은 중등교육이 거의 끝나가고 있으므로 자연스럽게 자신의 미래에 대해 생각하기 시작한다. 미래를 고려하는 이러한 자연스러운 성향이 있기 때문에 학급적용 상담교육 프로그램에서 특별한 교육 기회를 제공할 수 있다.
- 정체성 발달: 청소년의 주요 심리사회적 과제는 정체성 발달과 관련이 있다. 십대들은 이미 자신이 누구인지, 인생에서 무엇을 원하는지에 대해 알아 가는 데 관심이 있다. 고등학교 학급적용 상담교육은 이러한 타고난 욕구를 충족시킬수 있도록 연결되어 있다.
- 아르바이트 경험: 많은 십대 청소년이 고등학교 시절에 파트타임 아르바이트를 한다. 그들은 실제로 일을 경험하면서 점점 직업 세계에 관심을 갖게 된다. 이러한 초기 근무 경험은 학급적용 상담교육 중에 활용할 수 있는 풍부한 예가 될 수 있다.
- 또래 영향: 청소년은 또래의 영향을 강하게 받는다. 학교상담자는 이러한 영향을 이용하여 긍정적이면서도 대학 진학을 지향하는 학교 문화를 조성할 수 있다.

도전 과제

- 또래 영향: 이 또한 도전 과제가 될 수 있는데, 고등학생은 또래에게 수용받기 위해 어려움을 겪기 때문이다. 대인관계 문제는 이 학생들의 많은 시간을 차지하며, 학교폭력과 사이버 학교폭력은 십대의 발달에 부정적인 영향을 미칠 수 있다.
- 성적 탐색: 청소년기에 자연스럽고 긍정적인 과정이지만, 성(性)은 십대들에게 많은 어려움을 동반할 수도 있다. 성적 선택에 대한 개인적인 결정은 고등학생에게 장기적인 영향을 미칠 수 있으며, 학교상담자는 종종 학생이 이러한 문제를 해결하도록 돕는 데 시간을 할애한다.
- 약물 및 알코올 사용 증가: 위험 감수 행동과 또래의 영향으로 많은 고등학생이 약물과 알코올을 시도한다. 십대 청소년의 물질 사용은 미래의 계획과 의사결정에 부정적인 영향을 미칠 수 있다.
- 자기 자신에 대한 집착: 십대들은 본능적으로 자기 자신에게 집중하는 경향이 있으며, 그로 인해 모든 청소년에게 보편적으로 적용되는 개념을 받아들이기 어려울 수도 있다. 이러한 자기중심적인 사고는 종종 그들을 또래로부터 고립되거나 다르게 느끼게 만든다.
- 경계 시험하기와 감정 기복: 고등학생은 자신의 정체성을 탐색하면서 한계를 시험한다. 종종 이러한 경계 시험하기(boundary testing) 행동이 가족과의 거리감을 멀게 하고, 결과적으로 청소년 문제를 초래할 수 있다. 또한 청소년기에 발생하는 호르몬과 뇌의 변화로 감정 기복과 함께 일관되지 않은 태도를 나타낼 수 있다.
- 학업중단: 학생은 졸업 전에 고등학교를 떠날 수 있다. 현재 미국의 전국 고등학교 학업중단율은 26%이지만 인종, 가구 소득 수준, 능력(학습 능력 수준) 및 지리적 위치에 따라 비율이 조금씩 다르다(U.S. Department of Education, 2013b). 인종별로는 라틴계 학생(14%)이 가장 높았고, 아프리카계 미국인 학생(7%), 백인 학생(5%)이 그 뒤를 이었다. 가구 소득 수준에 따른 차이도 존재하는데, 가장 낮은 소득 분위의 학생이 13%로 가장 높은 학업중단율을 보였고, 그다음으로 낮은 소득 분위수의 학생이 9%로 그 뒤를 이었다(U.S. Department of Education, 2013b).

확인해 보기

- ☑ 이러한 도전 과제를 어떻게 해결하고 강점을 활용하여 학급적용 상담교육 교육과정을 개발하겠는가?
- ☑ 당신이 극복하기 가장 어려운 도전 과제는 무엇이라고 생각하며, 그 이유는 무엇인가?

문화적 고려 사항

고등학생은 청소년기에 접어들면서 신체적 · 인지적 · 사회적 발달 변화를 겪는다. 이에 더하여 문화적 영역, 민족적 영역 또는 성적 정체성과 관련된 영역에서의 발달도 경험할 수 있다. 미국상담협회(ACA)의 윤리강령(Code of Ethics, 2014)에 따르면, 모든 전문 분야의 상담자는 다문화적 역량을 갖추어야 한다. 따라서 학교상담자는 모든 영역에서의 정체성 발달에 대해 인식하고 있어야 한다. 유색인종 학생은 민족적 정체성을 형성하는 과정을 겪는다. 개인의 문화에 기초한 이러한 발달은 다른 전형적인 청소년 성장과 함께 일어난다. LGBTQ로 인식하는 학생은 자신의 성적 지향과 관련된 정체성 발달을 경험할 수 있다.

유색인종 학생은 민족적 정체성 발달을 경험한다. Phinney와 Ong(2007)은 민족적 정체성 모형에 관한 연구를 검토하고, 다집단 민족적 정체성 측정 도구(Multigroup Ethnic Identity Measure)를 사용하여 민족 정체성을 분석했다(Phinney, 1992). 이 연구를 바탕으로 그들은 민족적 정체성이 탐색과 헌신이라는 두 가지 요소로 구성된다고 제안했다. 이 두 변수는 서로 관련되어 있지만 서로 다른 역할을 한다. 개인이 탐색을 시작하려면 어느 정도의 헌신이 있어야 한다. 또한 이러한 탐색은 더 큰 헌신으로 이어질 수 있다. 십대들이 고등학교에 입학하면 초등학교나 중학교보다 더 큰 학급 규모를 접하면서 더 많은 다양성을 경험할 수 있다. 따라서 고등학생은 단순히 부모의 견해를 받아들이는 것이 아니라 자신의 민족적 정체성을 탐구하기 시작한다(French, Seidman, Allen, & Aber, 2006). 민족적 정체성 발달에 주의를 기울이는 것은 고등학생이 이 과정을 헤쳐 나가는 데 도움이 될 수 있다.

LGBTQ로 인식하는 학생은 자신의 성적 지향에 따라 특정한 정체성 발달을 경험할 수 있다. 민족적 정체성 발달과 마찬가지로, 이것은 이 연령에서 볼 수 있는 다른 전형적인 발달과 함께 발생하거나 지연될 수 있다. Degges-White와 Myers(2005)는 Marcia(1966)의 정체성 발달 이론과 Cass(1979)의 동성애 발달 모형에 기초한 레즈비언 정체성 발달 모델을 제안했다. 그들의 모형에 의하면, 정체성에 혼란을 느끼거나 고유한 정체성을 찾지 못한 여성 청소년은 또래와 다르다고 느끼고, 다른 여성에게 매력을 느끼며 혼란스러워할 수 있다. 정체감 유실 상태에서 동성에게 매력을 느낄 수 있지만, 이성애자로 보일 수도 있다. 정체감 유예 상태에 있는 청소년은 자신의 LGBTQ 정체성을 인정할 수 있지만, 그 정체성을 고수하지는 않는다. 이러한 개인은 더 무성애적인 정체성을 가질 수 있다. 마지막으로 LGBTQ 정체성을 확립한 개인은 자신의 감정 그리고 미래에 대한 태도나 관점에 긍정적으로 반응한다(Degges-White & Myers, 2005). 청소년 LGBTQ의 정체성 발달에 관한 또 다른 연구에서 Rosario, Schrimshaw와 Hunter(2011)는 정체성 형성이 심리적 고통과 유의미한 관련이 없다는 것을 발견했다. 그들은 또한 지지적 관계가 더 나은 적응과 관련이 있는 반면, 부정적인 관계는 낮은 적응과 관련이 있다고 언급했다.

문화는 청소년을 포함한 모든 사람에게 직접적인 영향을 미친다. 고등학교 학교상담자는 획일적인 사고방식을 지양하고 만나는 학생마다 그가 대표하는 문화 집단을 고려해야 한다. 민족적 및 성적 정체성 발달은 일반적으로 청소년기에 시작되므로 일부 고등학생은 이미 복잡한 정체성 발달 과정 전반에 더하여 추가적으로 이러한 발달 문제까지 직면하게 된다. 학급적용 상담교육 활동이 모든 학생과 관련이 있으려면 이러한 발달 과정을 고려해야 한다.

진로 발달 고려 사항

청소년기에 일어나는 또 다른 발달 과정은 미래의 진로 선택과 관련이 있다. 고등학교에서의 1차적 진로 과제는 졸업 후 다음 단계에 대한 잠정적인 의사결정이다. 학생은 2년제 및 4년제 대학, 기술 학교, 군대 및 직장을 포함하여 다양한 선택을 할 수 있다. 이러한 선택은 학생에게 압도적으로 느낄 수 있지만, 일부 학생은 진로 경로를 선택하는 것 이상으로 더 많은 어려움을 겪는다.

학급적용 상담교육을 통해 진로 발달을 다루는 한 가지의 예시는 고등학교 학교상담자인 Mark의 업무에서 찾을 수 있다. Mark는 주로 고등학교에서 11학년 학생과 함께 활동한다. 과거에 그는 대학을 선택하는 방법에 대한 정보를 제공했으며, 여러 대학의 초청 연사를 초대하여 학생 및 학부모에게 강연을 하도록 한 적도 있다. 그러나 그는 대부분의 학생이 지원하기 전에 실제로 대학을 방문하지 않기 때문에 대학 캠퍼스가 어떤 것인지 실제로 이해하지 못한다고 지적했다. 그래서 Mark는 대학 캠퍼스에서의 생활이 어떤지에 대한 학급적용 상담교육 수업을 만들기로 했다. 그는 온라인 검색을 통해 내부분의 대학이 캠퍼스를 가상으로 둘러볼 수 있다는 것을 알게 되었다. 학급적용 상담교육 수업에서 Mark는 BigFuture 웹사이트를 사용하여 학생에게 대학에서 원하는 것이 무엇인지에 대해 퀴즈를 냈다. 그런 다음 그는 다양한 유형의 고등교육 기관에 대한 몇 가지 가상 투어를 보여 주었다. 그리고 학생은 두 명씩 조를 이루어 대학에서 원하는 것이 무엇인지에 대해 정리하고 이해를 심화하는 활동을 했다. 학생은 어떤 유형의 대학에 진학하기를 희망하는지에 대한 한 단락의 글을 작성하라는 숙제를 받았고, 영어 교과와 연계하여 영어 교사가 학생이 쓴 글을 글쓰기 과제의 일부로 채점했다.

많은 고등학교에서 학생이 고등교육 옵션을 계획할 때 도움이 되는 온라인 직업 프로그램에 접속할 수 있다. 이러한 프로그램은 학군이나 주 교육부에서 비용을 지불하므로 무료로 접속할 수 있다. 그 내용은 다음과 같다.

- http://www.ACT.org: ACT는 완전한 진로 및 대학 준비 프로그램을 제공한다. 2014년 6월까지 이 프로그램은 Explore 및 Plan이라는 이름으로 제공되었으나, 현재는 ACT Aspire로 변경되었다. 이 컴퓨터 기반 프로그램은 초등학교, 중학교, 고등학교 학생을 위한 평가를 제공하며, 대학 진학을 위한 준비 및 성장 욕구에 대한 정보를 제공한다. Explore 및 Plan은 국가 인구 통계를 반영한 고품질 자료로 입증되었다(Foster, 2013).
- http://www.official-asvab.com: ASVAB(Aptitude Battery)는 군에서 개발한 적성검사이며, 진로 탐색 옵션과 함께 제공되어 고등학생이 잠재적인 진로 기회를 이해하는 데 도움을 줄 수 있다.
- http://www.kuder.com: Kuder 진로 계획 시스템은 평가, e-포트폴리오, 그리고 학생이 미래를 계획하는 데 도움을 줄 수 있는 진로 및 대학 정보를 제공한다. 최근 Kuder 시스템에 대한 연구에서는 일관된 기준과 체계를 갖춘 표준화 평가를 지원하고 사용이 쉽고 접근성이 높다는 점이 강조되었다(Gibbons, 2013).

- http://www.edits.net: COPSsystem 진로 관리 패키지는 다양한 평가 및 정보를 포함하며, 학생에게 진로 관련 지침을 제공한다. 최근 평가에 따르면, 신뢰도와 타당도가 충분히 입증되었으며, 중등교육 환경에서 사용을 권장하는 프로그램이다 (Bullock-Yowell & Osborne, 2013).

다음은 진로 및 대학 준비를 위한 계획 수립에 유용한 추가 웹사이트 목록이다.

- http://nces.ed.gov/collegenavigator: 미국교육통계센터(NCES)가 후원하는 이 웹사이트는 사용자 친화적인 대학 검색 엔진을 제공하며, 직업 전망 안내서(Occupational Outlook Handbook) 및 연방 학자금 지원 신청(FAFSA) 웹사이트로의 링크도 포함하고 있다.
- http://www.collegeboard.org: SAT 및 AP 시험의 공식 사이트로, 대학 검색 및 진로 정보도 제공한다. 또한 BigFuture라는 대학 탐색 사이트도 포함되어 있다.
- http://www.knowhow2go.org: 대학 진학률을 높이기 위한 국가 캠페인을 기반으로 만들어진 웹사이트로, 고등학교 저학년 학생을 위해 설계된 다양한 고등교육 계획 정보를 제공한다.
- http://studentaid.ed.gov: 미국 교육부가 후원하는 이 웹사이트는 대학 학자금 지원 및 고등교육을 위한 연방 지원 정보에 초점을 맞추고 있다.
- http://www.whitehouse.gov/issues/education/higher-education/college-score-card: 미국 교육부의 대학 비용 부담 완화 및 투명성 센터(College Affordability and Transparency Center)가 후원하는 이 사이트는 대학 검색 엔진을 제공하며, 대학 선택 과정에서 비용 부담을 고려할 수 있도록 돕는다.
- http://www.collegeresults.org: 교육신탁(The Education Trust)에서 만든 College Results Online(CRO)에서는 고등교육 기관에 대한 자료를 종합적으로 제공한다. 이 사이트의 독특한 기능 중 하나는 대학의 졸업률과 취업률 및 대학의 가치를 기준으로 대학을 비교하고 분석할 수 있는 기능이다.
- 이 웹사이트들은 대학 탐색, 입학 준비, 학자금 지원, 대학 비교 등과 관련된 유용한 정보를 제공하므로 고등교육을 계획하는 학생들에게 매우 유용하다.

부모가 대학에 다니지 않은 학생

고등학생은 자신의 진로 옵션을 탐색하기 시작한다. 이러한 진로 탐색은 부모, 특히 부모의 교육 수준에 의해 영향을 받는다. 부모가 대학에 다니지 않은 사람들은 특정한 직업적 욕구를 가지고 있다. 예를 들어, 부모가 대학에 다니지 않은 대학생은 수학, 과학, 작문에 대한 학업 능력이 부족하다고 보고되며(Reid & Moore, 2008), 유색인종 학생이거나 저소득층 출신일 가능성이 더 높다(Terenzini, Springer, Yaeger, Pascarella, & Nora, 1996). 개입이 없다면 부모가 대학에 다니지 않은 학생은 대학을 다니거나 졸업할 가능성이 낮은데, 이는 지원이 부족하다고 느끼거나(Wang & Castaneda-Sound, 2008) 대학 진학에 대한 자기효능감이 낮기 때문이다(Gibbons & Borders, 2010). 대학 진학에 대한 구체적인 정보 제공, 고등교육 계획에 학부모 참여, 학생의 고급 과정 등록 장려, 고등교육 성공의 장벽을 해결하기 위한 상담 서비스 제공 등이 도움이 되는 개입이다(Gibbons, 2007). 이러한 활동 중 많은 부분은 학급적용 상담교육을 통해 완성할 수 있다.

부모가 대학에 다니지 않은 학생이 대학 진학을 준비하는 경우 그 학생의 고유한 요구를 다루기 위해 Lisa의 이야기를 살펴보자. Lisa는 다양한 배경을 가진 저소득층 학생이 많이 다니는 고등학교에서 근무한 지 2년 차인 학교상담자이다. 그 학교의 많은 학생은 대학 교육 경험이 없는 가정에서 자랐기 때문에 Lisa는 10학년 학생에게 대학 진학 옵션에 대한 학급적용 상담교육을 제공하고자 한다. 이러한 학생은 대학 교육을 받은 롤모델이 부족한 경우가 많기 때문에 Lisa는 이전 졸업생들에게 학교를 방문하여 자신의 이야기를 나누어 달라고 요청했다. 그녀는 지역 대학에 다니고 있는 졸업생들에게 연락하여 다양한 학급에서 강연할 수 있도록 주선한다. 이 졸업생들은 자신이 대학에 진학하게 된 과정과 경험을 공유하면서 성공과 도전 과정을 강조했다. 초청 연사들의 강연이 끝난 후, Lisa는 학생들에게 대학 진학 옵션뿐만 아니라 재정 지원 및 장학금 정보도 구체적으로 제공했다. 마지막으로 Lisa는 학생들이 자신의 미래 계획을 더 깊이 논의하도록 하기 위해 상담실을 방문하도록 격려하며 이야기를 마무리했다.

높은 성취도의 학생

학업 능력이 뛰어난 학생은 종종 영재(gifted) 또는 우등생(advanced)이라고 불리며, 학교 지원 서비스 대상에서 제외되는 경우가 많다. 그러나 이러한 학생은 부모, 또래, 그리고 환경으로부터 높은 기대치를 충족해야 한다는 압박을 받을 수 있다. 이러한 압박은 스트레스 증가와 정신건강 악화로 이어질 수 있다(Suldo, Shaunessy, & Hardesty, 2008). 게다가 부모와 학교상담자는 이러한 선천적으로 지능이 높은 학생에게 학업 이외의 청소년 발달 영역보다 학업에 더 많은 초점을 맞출 수 있다. 우수한 성취를 보이는 대학 신입생의 자기통제력과 학업 능력에 대한 연구에서 Honken과 Ralston(2013)은 고등학교 때 자기통제력이 부족했던 학생이 대학에서 더 낮은 성적을 받는 경향이 있음을 발견했다. 연구자들은 학업성취도가 높은 학생이 학업적으로 좋은 성과를 내기 때문에 숙제를 끝마치거나 자기통제를 요구하는 행동을 강요받지 않는 경우가 많다고 결론지었다. 이는 학생이 대학에 진학한 후 전반적인 자기통제력 부족으로 이어질 가능성이 있다.

장애 학생

고등학생 중 상당수가 장애를 가지고 있기 때문에 진로 발달상 특별히 고려해야 할 사항이 있다. 2010~2011학년도에 3~21세 학생의 13%가 장애를 가지고 있는 것으로 보고되었다(U.S. Department of Education, 2013a). 장애 학생 중 일부는 대학에 진학하는데, 고등교육 기관(대학 및 전문대학)에 재학 중인 학생의 약 11%가 장애를 가진 것으로 확인되었다(National Center for Educational Statistics, 2008). 고등교육 기관에 진학하는 학생은 주의력결핍과잉행동장애(ADHD), 특정 학습장애, 정신건강장애, 운동장애 또는 만성질환과 같은 장애를 가질 가능성이 높다(Raue & Lewis, 2011). 그 외의 장애 학생은 대학이 아닌 노동 시장으로 진입하기도 한다. 하지만 2012년 기준 장애인의 고용률은 단 17.8%에 불과했다(Bureau of Labor Statistics, 2013). 개별화 교육 계획(Individual Education Plan: IEP)을 가진 모든 학생은 전환 계획(transition planning)을 반드시 수립해야 하며, 장애 학생은 자신의 장애와 관련된 구체적이면서 다양한 진로 요구를 가지고 있다. 따라서 학교상담자는 특수교사와 협력하여 이 학생이 고등학교 이후에도 적절한 진로를 설계할 수 있도록 돕는 역할을 수행할 수 있다.

이해도 확인

- 인종 및 성정체성 발달과 같은 문화적 문제는 이미 어려운 정체성 형성 과정을 더 복잡하게 만들 수 있다.
- 고등학생에게 직업 관련 및 고등교육 계획에 대한 고민이 중요한 문제로 대두되며, 진로 결정은 학생에게 중요한 요구 사항이 될 수 있다.
- 부모의 교육 수준과 학생의 능력 수준은 진로 결정 과정을 복잡하게 만들 수 있다.

토론 질문

1. 성정체성과 문화적 정체성 발달을 다룰 때 발생할 수 있는 잠재적인 윤리적 문제는 무엇이며, 고등학교 학교상담자는 발생 가능한 윤리적 문제를 어떻게 줄일 수 있는가?
2. 학급적용 상담교육 활동에 가족을 어떻게 참여시킬 수 있는가? 문화적 차이가 가족과의 협업에 어떤 영향을 미치겠는가?

사·례·연·구

Jillian의 사례 ③

Jillian은 4개년의 학급적용 상담교육 계획을 통해 학업, 진로 및 사회/정서적 요구를 다룰 계획이며, 이는 'ASCA 학생의 목적 달성을 위한 마음가짐 및 행동'(2014)에 명시된 내용과 일치한다. 그녀가 다룰 기준은 [그림 5-1]에 나와 있으며, 〈표 5-1〉은 4년간의 학급적용 상담교육 프로그램 계획에 대한 개요를 제공한다. 수업 구성 요소는 교사가 주도하는 교실 내 활동, 연례 학부모 회의, 그리고 필요에 따른 개별 계획 회의로 보완된다. 또한 Jillian은 ASCA 국가 모델(2012)에서 제공하는 수업 계획 템플릿을 사용할 계획이며, 예제 수업 계획은 [그림 5-2]에 포함되어 있다.

비판적 사고

2.A.1 정보에 입각한 의사결정을 하기 위한 비판적 사고 기술을 발휘하기
2.A.2 창의성 발휘하기
2.A.8 도전적인 과제에 적극적으로 참여하기
2.A.9 증거를 수집하고 정보에 입각한 결정을 위하여 다양한 관점 고려하기
2.B.1 책임감 발휘하기
2.C.5 윤리적 의사결정 및 사회적 책임 발휘하기

팀워크/협업

2.C.2 다른 학생과 긍정적이고 지지적인 관계 형성하기
2.C.3 목적 달성을 지원하는 어른들과 관계 형성하기
2.C.4 공감하기
2.C.6 효과적인 협업 및 협동 기술 사용하기
2.C.7 다양한 팀에서 효과적으로 일하기 위해 리더십과 팀워크 기술을 사용하기
2.C.8 필요한 경우 옹호 기술과 자기주장 능력 발휘하기

전문성과 직업 윤리

2.A.3 시간 관리, 조직화 및 공부 기술 사용하기
2.A.5 미디어와 테크놀로지 기술 적용하기
2.A.6 높은 질적 기준 설정하기
2.A.10 풍부한 경험을 제공하는 활동과 교외 활동에 참여하기
2.B.3 독립적으로 일할 수 있는 능력 발휘하기

평생학습/자기주도

2.A.4 학습에 대한 자기 동기부여 및 자기지시 적용하기
2.A.7 장단기적 학업, 진로 및 사회/정서적 목적 인식하기
2.B.4 장기적 보상을 위해 즉각적인 만족을 지연시킬 수 있는 능력 발휘하기
2.B.5 장단기 목적을 달성하기 위한 인내력 발휘하기
2.B.6 학습을 위한 장애물을 극복하는 능력 발휘하기

[그림 5-1] 전이 가능한 기술과 연관된 'ASCA 학생의 목적 달성을 위한 마음가짐 및 행동'

참고: 'ASCA 학생의 목적 달성을 위한 마음가짐 및 행동(2014)'에서 발췌한 표준
행동 규준: A = 학습 전략, B = 자기관리 기술, C = 사회적 기술

〈표 5-1〉 4년간의 학급적용 상담교육 프로그램 계획

학년 수준	학급적용 상담교육 차시 수	주제	해당 행동 규준
9학년: 핵심과제-평생학습			
9	1	성공적인 학생 및 직원이 되는 것	2.A.4 2.B.6
9	1	고등학교 졸업 후 목적 설정	2.A.7
9	2	목적 달성	2.B.4 2.B.5

10학년: 핵심과제-팀워크와 직업 윤리			
10	2	효과적인 커뮤니케이션	2.C.4 2.C.7 2.C.8
10	2	팀워크	2.C.2 2.C.3 2.C.6
11학년: 핵심과제-비판적 사고/문제 해결			
11	1	의사결정을 내리는 방법	2.A.1 2.A.2
11	1	결정의 결과	2.A.9 2.B.1
11	1	의사결정을 중등교육 이후 계획에 적용하기	2.A.8 2.C.5
12학년: 핵심과제-중등교육 이후의 목적 달성			
12	2	다음 단계를 위한 계획	2.A.5 2.A.6 2.A.10

참고: 각 행동에 대한 설명은 [그림 5-1] 참조

학교상담자: Jillian Smith

활동: 구체적이고, 측정 가능하고, 달성 가능하고, 현실적이고, 시기적절한(SMART) 목표

학년: 9

4개년 학급적용 상담교육 계획: 1학년, 3단원

ASCA 행동 표준:

2.A.7 장단기적 학업, 진로 및 사회/정서적 목적 인식하기

2.C.6 효과적인 협업 및 협동 기술 사용하기

학습목표

이 학급적용 상담교육 수업이 끝나면 학생은 다음을 수행할 수 있다.

1. SMART 목표 설정 과정을 이해한다.
2. SMART 목표를 활용하여 고등학교 졸업(중등교육) 이후의 계획을 수립한다.
3. 소규모 집단에서 효과적으로 협력하여 계획을 수립한다.

자료: SMART 목표 워크시트(〈부록 5-1〉 참조)

절차

1. 목표 설정 및 SMART 목표(구체적, 측정 가능, 달성 가능, 현실적, 시기적절)에 대한 사전 평가를 실시한다. 〈부록 5-2〉를 참조한다.
2. 목표 설정의 개념을 소개한다. 학생에게 목표의 중요성과 과거에 목표를 어떻게 달성했는지 물어본다.
3. 취업, 군입대, 2년제 대학, 4년제 대학 진학을 포함한 학생을 위한 다양한 유형의 중등 교육 이후의 선택지에 대해 논의한다. 각 선택지에 대한 구체적인 정보를 제공하는 데 중점을 둔다.
4. SMART 목표를 소개하고, 목표가 어떻게 단기 또는 장기가 될 수 있는지에 대해 논의한다.
5. 소그룹으로 나누어 학생에게 자신만의 SMART 목표를 세우게 한다. 각 그룹은 9학년, 10학년, 11학년, 12학년을 위한 목표를 수립한다. 목표는 졸업 후 계획과 관련되어야 한다([그림 5-2b] 참조).
6. SMART 목표를 활용하여 고등학교 이후의 계획을 세우고, 장기적인 계획에서의 강점과 도전 과제를 식별하는 방법을 논의한다. 또한 고등학교에서 시행된 진로 평가(예: ASVAB, Kuder, ACT ASPIRE)를 어떻게 활용하여 SMART 목표를 달성할 수 있는지 이야기한다.
7. 목표 설정 및 SMART 목표에 대한 사후 평가를 한다.

평가 계획

1. 과정 자료: 9학년 학급의 학생 수, 교실 내 지도 활동 횟수
2. 인식 자료: 목표 설정에 대한 사전 · 사후 평가, 학급 토론
3. 성과 자료: 9학년 학생이 10학년이 되었을 때 SMART 목표 언어(표현 방식) 사용 평가(예: 학생들이 대학 진학 계획을 논의할 때 SMART 목표를 사용하고 있는가? 부모는 SMART 목표에 대해 알고 있는가?), 학생 졸업률 및 대학 교육 출석률

[그림 5-2a] 예시 수업 계획

Jillian은 Ricky, John, Lucas를 한 팀으로 묶어 대학 진학 계획과 관련된 SMART 목표를 설정하도록 했다. Ricky는 항상 대학에 가기를 원했으며, 그의 가족 대부분이 대학 학위를 가진 집안에서 자랐다. 반면에 John과 Lucas는 대학 진학에 대해 확신이 없으

며, 대학 경험이 있는 친척도 거의 없다. 그들은 SMART 목표에 대해 논의하기 시작했고, Ricky는 성공적인 대학 생활을 위해 필요한 요소에 대해 생각해 보자고 제안했다. 그는 학업성취만으로는 충분하지 않으며, 동아리 활동과 리더십 경험도 중요하다고 공유했다. 이에 Lucas는 이미 지역 식당에서 파트타임 아르바이트를 하고 있다고 말했고, John은 교회에서 자원봉사 활동을 하고 있다고 설명했다. 세 사람은 함께 9학년을 위한 SMART 목표를 다음과 같이 설정했다.

S: 현재 스케줄에 학교에서 주관하는 동아리 활동을 최소 한 개 추가한다. 이 활동을 통해 더 다양한 경험을 쌓을 수 있도록 한다.

M: 목표 달성을 측정하기 위한 지표로 새로 가입한 그룹에서 주최하는 회의, 행사 등에 적어도 한 번 참석하는 것으로 한다.

A: 이 목적을 달성하기 위해, 교내 동아리와 단체를 탐색해야 한다. 학교 웹사이트를 활용하고 친구들과 대화하여 가입할 수 있는 활동을 찾아볼 수 있다.

R: 이것은 실현 가능하다. 각자 자신의 스케줄에 맞는 활동을 찾을 수 있다. 이러한 활동은 대학 입학에 도움이 될 것이다. 새로운 기술을 배울 필요는 없으며, 기존의 기술을 활용하면 된다.

T: 학년이 끝나기 전까지 반드시 동아리나 단체에 가입해야 한다.

동일한 목표 수립 활동지를 사용하여 학생들은 10학년, 11학년, 12학년을 위한 SMART 목표를 세웠다. 그들은 대학 진학과 목적 달성에 초점을 맞춘 다양한 선택지를 고민했으며, 최종적으로 우등반 수강, 대학 진학 계획 웹사이트 탐색, 학교상담자와의 상담이라는 목표를 세웠다. 또한 Jillian은 학급적용 상담교육 프로그램의 효과를 평가하는 방법을 추가할 계획이다. 그녀는 향후 몇 년 동안 학생이 선택한 대학 진학 관련 내용을 추적하고, 학생이 선택하는 과목을 분석하여 대학 준비 과정에 참여하고 있는지 확인할 것이다. 또한 학생, 교사, 학부모를 대상으로 인식 설문조사를 실시하여 학급적용 상담교육 활동에 대한 피드백을 수집할 계획이다.

Jillian은 프로그램의 성공 여부를 판단하려면 시간이 걸릴 것이며, 프로그램 자료를 살펴봐야 한다는 것을 알고 있다. 그러나 그녀는 청소년의 전반적인 발달 및 환경적 요인을 고려하고, 학생들의 개별적인 필요를 충족하는 데 집중하는 것이 프로그램을 효과적으로 운영하는 데 도움이 될 것이라고 믿고 있다.

[그림 5-2b] 예시 SMART 목표

핵심 정리

- 고등학생은 4년 동안 다양한 발달 변화를 경험하며, 이러한 변화는 학급적용 상담교육 프로그램에 대한 반응에 직접적인 영향을 미친다.
- 고등학교에서의 학급적용 상담교육 프로그램은 어려울 수 있지만, 동시에 또래 관계와 고등학교 졸업 이후의 교육 계획에 대한 청소년의 자연스러운 관심을 발전시킬 수 있는 시기이기도 하다.
- 고등학교에서의 학급적용 상담교육 프로그램은 학생의 문화적 요소와 정체성 발달을 민감하게 고려해야 하며, 이는 청소년의 삶에서 중요한 핵심 요소이다.
- 학교상담자는 고등학교 수준에서 학급적용 상담교육 프로그램을 제공할 수 있어야 하고, 제공해야 한다. 이는 이러한 프로그램이 학생에게 주는 이점이 어려움보다 더 크기 때문이다.

참 / 고 / 문 / 헌

Albert, D., & Steinberg, L. (2011). Judgment and decision making in adolescence. *Journal of Research on Adolescence, 21*, 211-224.

American Counseling Association. (2014). *ACA code of ethics*. Alexandria, VA: Author.

American School Counselor Association (ASCA). (2012). *ASCA national model: A framework for school counseling programs* (3rd ed.). Alexandria, VA: Author.

American School Counselor Association (ASCA). (2014). *ASCA mindsets & behaviors for student success: K-12 college- and career-readiness standards for every student*. Alexandria, VA: Author.

Blakemore, S. J. (2012). Imaging brain development: The adolescent brain. *NeuroImage, 61*, 397-406.

Blakemore, S. J., Burnett, S., & Dahl, R. E. (2010). The role of puberty in the developing adolescent brain. *Human Brain Mapping, 31*, 926-933.

Bradshaw, C. P., Goldweber, A., Fishbein, D., & Greenberg, M. T. (2012). Infusing developmental neuroscience into school-based preventative interventions: Implications and future directions. *Journal of Adolescent Health, 51*, S41-S47.

Bryan, J., Holcomb-McCoy, C., Moore-Thomas, C., & Day-Vines, N. L. (2009). Who sees the school counselor for college information? A national study. *Professional School*

Counseling, 12, 280-291.

Bullock-Yowell, E. E., & Osborne, L. K. (2013). COPsystem career guidance program. In C. Wood & D. G. Hays (Eds.), *A counselor's guide to career assessment instruments* (6th ed.). Broken Arrow, OK: National Career Development Association.

Bureau of Labor Statistics. (2013). *Persons with a disability: Labor force characteristics summary*. Retrieved March 29, 2015, from http://www.bls.gov/news.release/pdf/disabl.pdf

Casner-Lotto, J., & Barrington, L. (2006). *Are they ready to work? Employers' perspectives on the basic knowledge and applied skills of new entrants to the 21st century US workforce (Final Report)*. Washington, DC: The Conference Board, Corporate Voices for Working Families.

Cass, V. C. (1979). Homosexuality identity formation: A theoretical model. *Journal of Homosexuality, 4*(3), 219-235.

Choudhury, S., Blakemore, S. J., & Charman, T. (2006). Social cognitive development during adolescence. *SCAN, 1*, 165-174.

Collins, W. A. (2003). More than myth: The developmental significance of romantic relationships during adolescence. *Journal of Research on Adolescence, 13*(1), 1-24.

Council for Accreditation of Counseling and Related Educational Programs (CACREP). (2009). *2009 standards for accreditation*. Alexandria, VA: Author.

Daddis, C. (2011). Desire for increased autonomy and adolescents' perceptions of peer autonomy: "Everyone else can-why can't I?". *Child Development, 82*(4), 1310-1326.

Degges-White, S. E., & Myers, J. E. (2005). The adolescent lesbian identity formation model: Implications for counseling. *Journal of Humanistic Counseling, 44*, 185-197.

del Valle, J. F., Bravo, A., & Lopez, M. (2010). Parents and peers as providers of support in adolescents' social network: A developmental perspective. *Journal of Community Psychology, 38*(1), 16-27.

Dorn, L. D., & Biro, F. M. (2011). Puberty and its measurement: A decade in review. *Journal of Research on Adolescence, 21*, 180-195.

Eccles, J. S., & Roeser, R. W. (2011). Schools as developmental contexts during adolescence. *Journal of Research on Adolescence, 21*, 225-241.

Erikson, E. H. (1980). *Identity and the life cycle* (Vol. 1). New York, NY: W. W. Norton & Company.

Foster, L. H. (2013). EXPLORE and PLAN. In C. Wood & D. G. Hays (Eds.), *A counselor's guide to career assessment instruments* (6th ed.). Broken Arrow, OK: National Career Development Association.

French, S. E., Seidman, E., Allen, L., & Aber, J. L. (2006). The development of ethnic identity during adolescence. *Developmental Psychology, 42*(1), 1.

Furman, W., Brown, B. B., & Feiring, C. (Eds.). (1999). *The development of romantic relationships in adolescence*. Chicago, IL: Cambridge University Press.

Gallant, D. J., & Zhao, J. (2011). High school students' perceptions of school counseling services: Awareness, use, and satisfaction. *Counseling Outcome Research and Evaluation, 2*, 87-100.

Gibbons, M. M. (2007). College preparation programming for prospective first-generation college students. *Tennessee Counseling Association Journal, 1*, 22-29.

Gibbons, M. M. (2013). Kuder Career Planning System. In C. Wood & D. G. Hays (Eds.), *A counselor's guide to career assessment instruments* (6th ed.). Broken Arrow, OK: National Career Development Association.

Gibbons, M. M., & Borders, L. D. (2010). Prospective first-generation college students: A socialcognitive perspective. *Career Development Quarterly, 58*, 194-208.

Harrison, T. W. (2003). Adolescent homosexuality and concerns regarding disclosure. *Journal of School Health, 73*(3), 107-112.

Honken, N. B., & Ralston, P. A. (2013). High-achieving high school students and not so high achieving college students: A look at lack of self-control, academic ability, and performance in college. *Journal of Advanced Academics, 24*(2), 108-124.

Juvonen, J., & Gross, E. F. (2008). Extending the school grounds?: Bullying experiences in cyberspace. *Journal of School Health, 78*(9), 496-505.

Kiran-Esen, B. (2012). Analyzing peer pressure and self-efficacy expectations among adolescents. *Social Behavior & Personality: An International Journal, 40*(8), 1301-1309.

Kowalski, R. M., & Limber, S. P. (2007). Electronic bullying among middle school students. *Journal of Adolescent Health, 41*(6), 22-30.

Marcia, J. E. (1966). Development and validation of ego-identity status. *Journal of Personality and Social Psychology, 3*(5), 551.

Meeus, W. (2011). The study of adolescent identity formation 2000-2010: A review of longitudinal research. *Journal of Research on Adolescence, 21*(1), 75-94.

Mishna, F., Saini, M., & Solomon, S. (2009). Ongoing and online: Children and youth's perceptions of cyber bullying. *Children and Youth Services Review, 31*(12), 1222-1228.

National Center for Educational Statistics. (2008). *Table 231: Number and percentage of students enrolled in postsecondary institutions, by level, disability status, and selected student characteristics: 2003-2004*. Washington, DC: National Center for Education Statistics.

National Center on Addiction and Substance Abuse at Columbia University (2012, August). *National survey of American attitudes on substance abuse XVII: Teens*. Retrieved March 29, 2015, from http://www.casacolumbia.org/addiction-research/reports/national-survey-americanattitudes-substance-abuse-teens-2012

Newcomb, M. E., Birkett, M., Corliss, H. L., & Mustanski, B. (2014). Sexual orientation, gender, and racial differences in illicit drug use in a sample of US high school students. *American Journal of Public Health, 104*(2), 304-310.

Papalia, D. E., Olds, S. W., & Feldman, R. D. (2006). *A child's world: Infancy through adolescence* (10th ed.). Boston, MA: McGraw-Hill.

Perry, D. G., & Pauletti, R. E. (2011). Gender and adolescent development. *Journal of Research on Adolescence, 21*, 61-74.

Phinney, J. S. (1992). The multigroup ethnic identity measure: A new scale for use with diverse groups. *Journal of Adolescent Research, 7*(2), 156-176.

Phinney, J. S., & Ong, A. D. (2007). Conceptualization and measurement of ethnic identity: Current status and future directions. *Journal of Counseling Psychology, 54*(3), 271.

Raue, K., & Lewis, L. (2011). *Students with disabilities at degree-granting postsecondary institutions* (NCES 2011-018). Retrieved March 29, 2015, from http://nces.ed.gov/pubs2011/2011018.pdf

Reid, M. J., & Moore Ⅲ, J. L. (2008). College readiness and academic preparation for postsecondary education: Oral histories of first-generation urban college students. *Urban Education, 43*(2), 240-261.

Robinson, J. P., & Espelage, D. L. (2013). Peer victimization and sexual risk differences between lesbian, gay, bisexual, transgender, or questioning and nontransgender heterosexual youths in grades 7-12. *American Journal of Public Health, 103*(10), 1810-1819.

Rosario, M., Schrimshaw, E. W., & Hunter, J. (2011). Different patterns of sexual identity development over time: Implications for the psychological adjustment of lesbian, gay, and bisexual youth. *Journal of Sex Research, 48*, 3-15.

Saewyc, E. M. (2011). Research on adolescent sexual orientation: Development, health disparities, stigma, and resilience. *Journal of Research on Adolescence, 21*, 256-272.

Santrock, J. W. (2004). *Life-span development* (9th ed.). Boston, MA: McGraw-Hill.

Steinberg, L. (2001). We know some things: Parent-adolescent relationships in retrospect and prospect. *Journal of Research on Adolescence, 11*, 1-19.

Steinberg, L. (2006). Cognitive and affective development in adolescence. *TRENDS in Cognitive Sciences, 9*, 69-74.

Suldo, S. M., Shaunessy, E., & Hardesty, R. (2008). Relationships among stress, coping, and mental health in high-achieving high school students. *Psychology in the Schools, 45*(4), 273-290.

Terenzini, P. T., Springer, L., Yaeger, P. M., Pascarella, E. T., & Nora, A. (1996). First generation college students: Characteristics, experiences, and cognitive development. *Research in Higher Education, 37*(1), 1-22.

Tolman, D. L., & McClelland, S. I. (2011). Normative sexuality development in adolescence: A decade in review, 2000-2009. *Journal of Research on Adolescence, 21*, 242-245.

U.S. Department of Education. (2013a). *The condition of education 2013* (NCES 2013-037). Retrieved March 29, 2015, from http://nces.ed.gov/pubs2013/2013037.pdf

U.S. Department of Education. (2013b). *Digest of education statistics, 2012* (NCES 2014-015), Chapter 2. Retrieved March 29, 2015, from http://nces.ed.gov/pubs2014/2014015.pdf

Usher, A., Kober, N, Jennings, J., & Rentner, D. S. (2012). *What is the motivation and why does it matter?*. Washington, DC: Center on Education Policy, George Washington University.

Uslu, M. (2013). Relationship between degrees of self-esteem and peer pressure in high school adolescents. *International Journal of Academic Research, 5*(3), 119-124.

Vela-Gude, L., Cavazos, J., Johnson, M. B., Cavazos, A. G., Campos, L., & Rodriguez, I. (2009). "My counselors were never there": Perceptions from Latino college students. *Professional School Counseling, 12*, 272-279.

Wang, C. C., & Castaneda-Sound, C. (2008). The role of generational status, self-esteem, academic self-efficacy, and perceived social support in college students' psychological wellbeing. *Journal of College Counseling, 11*, 101-118.

Yoder, A. E. (2000). Barriers to ego identity status formation: A contextual qualification of Marcia's identity status paradigm. *Journal of Adolescence, 23*, 95-106.

Yurgelun-Todd, D. (2007). Emotional and cognitive changes during adolescence. *Current Opinion in Neurobiology, 17*, 251-257.

부록 5-1 Smart 목표 워크시트

SMART 목표

구체적(Specific), 측정 가능(Measurable), 달성 가능(Attainable), 현실적(Realistic), 시기적절(Timely)

1. 당신의 구체적인 목표는 무엇인가요?
   ① 목표와 관련된 사람은 누구인가요?
   ② 당신이 원하는 것은 무엇인가요?
   ③ 이 목표를 달성하면 어떤 이점이 있나요?

2. 어떻게 그것을 측정할 수 있나요?
   ① 목표가 달성되었다는 것을 어떻게 알 수 있나요?
   ② 그 효과를 어떻게 측정할 것인가요?

3. 어떻게 그것을 달성할 수 있나요?
   ① 목표를 달성하기 위해 어떤 행동을 취해야 하나요?
   ② 목표를 달성하기 위해 어떤 기술이 필요하나요?

4. 얼마나 그것이 현실적인가요?
   ① 목표 그 자체가 적절한가요?
   ② 목표를 달성하는 데 필요한 기술이 있나요?
   – 만약 그렇지 않다면, 이러한 기술을 배울 수 있나요?

5. 목표를 달성하는 데 걸리는 시간은 어떻게 되나요?
   ① 목표에 도달하는 데 구체적으로 얼마나 걸리나요?

부록 5-2 사전 · 사후 평가

SMART 목표 학급적용 상담교육

1. SMART 약어의 각 글자는 무엇을 의미하나요?

① S

② M

③ A

④ R

⑤ T

2. SMART 목표가 도움이 되는 이유는 무엇인가요?

3. SMART 목표는 당신의 미래 계획과 어떻게 연결되어 있나요?

PART **03**

학급적용 상담교육의 계획, 실행 및 평가

CHAPTER 06

요구사정과 단원 · 수업 설계

Clare Merlin · Andrew J. Knoblich

요구사정은 근무하는 학교 공동체의 구성원을 통해 학교상담자가 학생의 요구를 이해하는 데 도움을 준다. 요구사정은 성취 격차나 자원에 대한 차별적 접근을 경험하는 학생 등 지원이 부족한 집단의 요구를 평가하는 데 특히 도움이 된다(Erford, 2007).

계획 과정은 자료에 기반한 종합적인 학교상담 프로그램을 수립하는 데 필수적인 구성 요소이다. 제6장에서는 학교상담자가 학교상담 서비스를 잘 전달하고 그 성과를 이끌어 내기 위해 학교상담 핵심 교육과정을 어떻게 설계해야 하는지에 대해 살펴볼 것이다. 먼저 학교상담 핵심 교육과정의 양상에 대해 설명할 것이다. 다음으로 핵심 교육과정 개발의 주요 계획 구성 요소를 살펴볼 것이다. 이러한 구성 요소에는 요구사정 실시, 요구사정 자료 분석, 교육과정 단원 작성, 학습목표 작성, 발달을 고려한 학급적용 상담교육 수업 계획 작성 등이 포함된다. 이 장에서는 이러한 과정에 대한 이해를 돕기 위해 여러 사례를 제시했다. 또한 실제 상황과 유사한 시나리오를 읽고 현직 또는 예비 학교상담자로서 어떻게 해결할 것인지에 대해 생각해 볼 수 있는 실습 문제를 제공한다. 학교상담 핵심 교육과정 설계는 종합적인 학교상담 프로그램의 중요한 부분이기 때문에 특정 학생 집단의 요구를 반영하기 위해 이 장에서 강조된 주제를 계속 탐색할 것을 권한다. 이 장의 참고 문헌은 이 장에서 논의된 주제를 추가로 알아보는 데 도움이 될 것이다. 제6장의 학습 내용은 다음과 같다.

- 종합적인 학교상담 프로그램에서 학교상담 핵심 교육과정이 가지는 중요성을 확인할 수 있다.
- 요구사정을 작성하고 실행할 수 있다.
- 요구사정 자료를 사용하여 핵심 교육과정에 대한 기준을 마련할 수 있다.
- 교육과정 기준을 단원으로 구성하여 수업을 위한 학습목표 초안을 작성할 수 있다.
- 학급적용 상담교육 수업지도안 개발에 있어 백워드 설계 모형의 가치를 이해할 수 있다.
- 학급적용 상담교육 프로그램 수업을 설계할 때 고려해야 할 발달 및 다문화 관련 사항을 이해할 수 있다.

학교상담 핵심 교육과정

미국학교상담자협회(ASCA) 국가 모델의 구성요소인 전달(delivery component)에서는 학교상담자가 학생 대상의 직간접 서비스를 모두 활용하여 학생의 학업, 진로 및 사회/정서적 발달에 영향을 미치는 방식이 다뤄진다(ASCA, 2012). 학생 대상의 간접 서비스에는 자문, 의뢰 및 협업 등이 있고, 학생 대상의 직접 서비스에는 개별 학생 계획, 반응적 서비스 및 학교상담 핵심 교육과정 등이 있다. 학교상담 핵심 교육과정은 학교상담자의 학급적용 상담교육 수업 계획의 기반이 된다. ASCA 국가 모델은 이 교육과정을 'ASCA 학생의 목적 달성을 위한 마음가짐 및 행동'에서 제시하는 역량 함양을 위해 "학생을 돕고자 설계된 발달을 고려한 구조화된 수업"으로 구성되며, "초중등 수준에서 교실 및 모둠 활동을 통해 체계적으로 제시되는"(ASCA, 2012, p. 141) 것으로 정의하고 있다. 'ASCA 학생의 목적 달성을 위한 마음가짐 및 행동'은 학생이 학업, 진로 및 사회/정서적 영역에서 해당되는 목적을 달성하는 데 필요함과 동시에 종합적인 학교상담 프로그램의 결과로 볼 수 있는 구체적인 기술, 태도 및 지식을 명확히 한다(ASCA, 2014). 이러한 규준은 학생이 가진 최고의 잠재력을 이끌어 내는 데 도움이 되는 학교상담 핵심 교육과정을 만들 때 지침 역할을 할 수 있다(ASCA, 2012). 'ASCA 학생의 목적 달성을 위한 마음가짐 및 행동'의 예시는 〈표 6-1〉을 참조하라.

〈표 6-1〉 'ASCA 학생의 목적 달성을 위한 마음가짐 및 행동'의 예시(ASCA, 2014)

마음가짐 (mindset)	1.1 정신적, 사회/정서적, 신체적 안녕의 건강한 균형을 포함한 온전한 자기(whole self)의 발달에 대한 신념
	1.3 학교 환경에서의 소속감
학습 전략 (learning strategies)	2.4 학습에 대한 자기 동기부여 및 자기지시 적용하기
	2.8 도전적인 과제에 직극적으로 참여하기
자기관리 기술 (self-management skills)	2.3 독립적으로 일할 수 있는 능력 발휘하기
	2.9 지기보호 기술 발휘하기
사회적 기술 (social skills)	2.3 목적 달성을 지원하는 어른들과 관계 형성하기
	2.8 필요한 경우 옹호 기술과 자기주장 능력 발휘하기

핵심 교육과정의 특징

학교상담 핵심 교육과정은 다음과 같은 다섯 가지 구성 요소를 포함하는 것이 이상적이다(ASCA, 2012).

- 계획적: 새 학년이 시작되기 전에 학교상담 핵심 교육과정을 설계하는 것이 학교상담자에게 유익하다. 사전 계획을 통해 프로그램 자문위원회, 관리자, 관계자 및 다른 학교상담자에게 의견을 구할 수 있다.
- 예방적: 학교상담 핵심 교육과정을 사전에 계획함으로써 학교상담자는 사후반응적(reactive)이기보다 미리 대응한다는(proactive) 것에 초점을 두고 교육과정을 설계할 수 있게 된다. 학교상담자는 한 해 동안 위기와 장애물이 발생하는 것을 방지하기 위해 학생의 요구를 가장 잘 다루는 방법을 개략적으로 설명할 수 있다.
- 문서화된: 학교상담 핵심 교육과정의 효과성을 극대화하려면 해당 교육과정을 문서화하고 쉽게 볼 수 있게 하는 것이 가장 좋다. 학교상담 핵심 교육과정을 문서화함으로써 학교상담자는 계획을 공고히 할 수 있게 되고, 교육과정을 관리자, 교사, 학부모, 기타 학생 지원 서비스 전문가 등 학교 관계자들과 공유할 수 있게 된다.
- 종합적: 학교상담 핵심 교육과정은 학생의 요구를 종합적으로 다룰 때 가장 유용하다. 학생의 요구는 학업, 진로 및 사회/정서라는 세 가지 영역으로 구분된다.

- 발달을 고려한: 종합적인 학교상담 프로그램을 설계할 때는 학생의 발달을 반드시 고려해야 하며, 이는 핵심 교육과정에서도 역시 마찬가지이다. 수업 주제와 교수학습 방법 선정 모두 학생의 발달 단계를 적절히 고려해야 한다. 발달 수준에 대한 고려는 학교급(초등학교, 중학교, 고등학교)뿐만 아니라 학년(예를 들어, 1학년 대 5학년, 9학년 대 12학년) 간 차이를 포함한다.

이상의 다섯 가지 특징을 가지고 있는 학교상담 핵심 교육과정이라면, 학교상담자는 모든 학생을 대상으로 체계적으로 수업과 관련 활동을 할 수 있다. 수업과 관련 활동은 학교상담 프로그램의 목표, 미션과 비전, 학생 성취 기준과 관련된 성과 지표와 일치되도록 구성 및 운영되어야 한다. 학교상담자는 학업성취, 진로 발달, 사회/정서적 성장에 대한 지침을 제공함으로써 학생의 기술, 태도, 지식 증진을 위해 학교상담 핵심 교육과정을 활용한다(ASCA, 2012).

핵심 교육과정의 실행

학교상담자는 수업과 집단 활동을 통해 학교상담 핵심 교육과정을 실행에 옮긴다. 학교상담자는 단독으로 수업을 진행하거나 다른 교사와 팀을 이루어 가르치기도 하고, 다른 교사의 수업을 지원하기도 한다. 교수(instruction)에는 핵심 교육과정을 가르치는 것, 학습 활동을 주도하는 것, 또는 필요에 따라 소규모 상담 집단이나 개별 학생에게 후속 수업을 제공하는 것이 포함될 수 있다. 모둠 활동은 리더십 워크숍, 팀 빌딩 프로젝트, 대학 방문, 마을교육공동체 현장 견학 또는 대학 박람회(ASCA, 2012) 등 학생의 발달을 촉진하는 교실 밖에서 이루어지는 계획된 행사를 포함한다.

핵심 교육과정을 위한 실행 계획

ASCA 국가 모델에서는 학교상담 핵심 교육과정 전달을 위해 실행 계획 양식(action plan template)의 사용을 권고한다(ASCA, 2012). 실행 계획 양식은 학교상담자가 학교상담 핵심 교육과정을 설계, 문서화, 실행하는 데 사용할 수 있는 도구이다. 이 양식을 사용하면 학생이 학업, 진로 및 사회/정서적 영역에서 발달 수준에 적합한 기술, 지식, 태도를 발전시키는 데 도움이 되는 효과적인 계획을 만들 수 있다(ASCA, 2012). ASCA 국가 모델의 관리(management) 부분에서 제공되는 핵심 교육과정 실행 계획 양식은 학교상담자가 수업이나 활동의 세부 내용을 설계하고 문서화할 수 있는 차트로 구성되어 있다(ASCA, 2012, p. 69). 핵심 교육과정 실행 계획 양식을 구성하는 요소에 대한 상세한 목록은 〈표 6-2〉에 정리되어 있으며, 실행 계획의 예시는 [그림 6-1]에 제시되어 있다.

〈표 6-2〉 ASCA 국가 모델 핵심 교육과정 실행 계획 양식(ASCA, 2012)

- 학년
- 수업 주제
- 대상
- ASCA 영역, 규준(마음가짐 또는 행동), 역량
- 교육과정 및 필요한 수업 자료
- 시작 및 종료 시간
- 대상 학생 수
- 수집된 인식 자료의 유형
- 수집된 성과 자료의 유형
- 업무 담당자

학교상담 핵심 교육과정 개발

상담 및 관련 교육 프로그램 인증 협의회(CACREP)에서는 학교상담 수련 프로그램을 통해 예비 학교상담자가 "교육과정 설계, 수업지도안 개발, 학급 경영 전략, 상담 및 상담교육 관련 자료의 교수를 위한 차별화된 수업 전략을 이해"(2009, 학교상담 프로그램 표준 K.3)해야 한다고 강조한다. 차별화된 수업 전략과 학급 경영은 제7장과 제8장에서 살펴보고, 제6장의 나머지 부분에서는 핵심 교육과정 설계 방법과 수업지도안 개발 방법에 대해 논의한다.

학교상담 핵심 교육과정을 개발할 때, 학교상담자는 학교장, 학교 행정팀 및 교사와 긴밀히 협력하여 학교와 학생에게 가장 적합한 교육과정을 설계해야 한다. 일부 주에서는 학교상담 핵심 교육과정이 이미 주 차원에서 설계되어 모든 학교의 상담 프로그램이 이를 따르도록 의무화되어 있다. 다른 학교에서는 학구 수준의 학생 지원 서비스 위원회가 해당 지역의 모든 학교상담자가 사용할 수 있는 교육과정을 설계한다. 주 또는 학구

존 스미스 고등학교

학교상담 핵심 교육과정 실행 계획

학년도: 2015~2016

목표: 학생의 미래를 긍정적으로 변화시킬 수 있는 지식을 갖추게 하여 충분히 알고 결정함으로써 학생의 정서적 · 사회적 · 신체적 안녕을 증진시킨다.

목표와 관련된 수업 및 활동

학년	수업 주제	수업 대상 학급/과목	ASCA 영역, 규준, 역량	교육과정 및 수업 자료	예상되는 시작/종료일	과정 자료 (예상되는 수업 대상 학생 수)	인식 자료 (사용 예정 설문/사정의 유형)	성과 자료 (성적 향상도, 출석률, 및/또는 행동 자료 수집)	업무 담당자
11~12	진로 계획 및 개발	진로 연계	진로 계획 및 탐색	인터넷 접속이 가능한 컴퓨터실 (선택 사항) '교육/훈련 워크시트' 중학생용 워크시트 '진로 필요 조건' 워크시트	9월/10월	355	사전 및 사후 검사	제시된 직무에 대한 설명을 듣고, 요구되는 기술과 수련이 무엇인지 파악할 수 있다.	Smith 선생님

[그림 6-1] 실행 계획 예시

수준의 의무화된 교육과정이 없는 경우, 학교상담자는 학부모, 보호자, 학교장, 행정팀, 마을교육공동체 구성원, 교사 등 다양한 관계자로 위원회를 구성하여 지역의 상황에 맞는 교육과정을 개발해야 한다. 학교상담자는 학교상담 핵심 교육과정 설계에 도움을 받기 위해 자문위원회를 활용하는 것도 고려해야 한다.

주, 학구, 또는 단위 학교의 학교상담 교육과정 설계는 다섯 단계로 진행된다. 첫째, 학업, 진로 및 사회/정서적 영역 발달에서의 학생의 요구를 평가하여 학교상담자의 지원 내용을 결정한다. 둘째, 규준/기준을 선택하여 그에 부합되는 핵심 교육과정을 구성한다. 학업, 진로 및 사회/정서적 영역의 발달뿐만 아니라 이전 단계에서 확인된 학생의 요구를 바탕으로 규준/기준이 선택되어야 한다. 학교상담자는 희망하는 경우에 스스로 기준을 구성할 수도 있고, 'ASCA 학생의 목적 달성을 위한 마음가짐 및 행동'(ASCA, 2014)의 규준, 또는 활용 가능하다면 주 차원에서 제공되는 기준을 사용할 수 있다. 셋째, 규준/기준은 유사한 주제를 중심으로 대단원으로 구조화된다. 넷째, 단원을 기술하고, 각 수업에 대한 목표를 설정한다. 목표에는 학생에게 기대되는 행동과 이 행동을 측정하는 방법이 명확하게 기술되어야 한다. 다섯째, 각 수업은 학생의 발달 단계를 고려한 적절한 학습 활동을 포함하도록 설계되어야 한다. 가장 중요한 요구사정 과정을 시작으로 각 단계에 대해 자세히 설명하고자 한다.

요구사정

학교상담 핵심 교육과정을 작성하기 전에 학생의 요구를 파악해야 한다. 요구사정(needs assessments)은 학교상담자가 이러한 요구를 파악하기 위해 사용할 수 있는 중요한 도구이다(Erford, 2007). ASCA 국가 모델에 포함된 책무성으로는 학교상담 프로그램 사정 및 목표 분석(ASCA, 2012)이 있는데, 이는 학교상담 프로그램이 어떻게 구성되어 있는지를 평가하는 것이다. 이와 달리 요구사정은 학생의 요구가 반영된 목적 및 목표와 비교하여 학교상담 프로그램의 현 상태가 어떠한지에 대해 평가하는 것이다(Wiles & Bondi, 1984). 요구사정은 다음의 두 가지 주요 목적을 위해 수행된다.

- 요구사정은 학교상담자가 교육공동체의 이해관계자들이 생각하는 학생의 요구를 이해하는 데 도움이 된다. 이해관계자에는 학생, 보호자, 교직원, 마을교육공동체 구성원 등이 있다. 요구사정은 성취 격차를 경험하거나 자원에 대한 차별적 접근을 경험하는 학생과 같이 서비스가 부족한 집단의 요구를 사정하는 데 특히 도움이 된다(Erford, 2007).
- 요구사정은 학교상담자가 종합적인 학교상담 프로그램을 운영하기 위한 우선순위를 선정하고 개선점을 보완하는 데 도움이 된다.

이러한 두 가지 목적은 학교상담 핵심 교육과정을 설계할 때 요구사정의 가치를 드러낸다. CACREP 핵심 교육과정 기준과 학교상담 프로그램 기준에 따르면, 학교상담자가 요구사정을 작성하고 그 결과 자료를 평가하는 데 익숙해야 한다. 예를 들어, 핵심 교육과정 기준 G.8.C.에서는 예비 학교상담자가 "연구 수행 및 프로그램 평가 시 사용되는 통계적 방법"을 이해할 것을 요구한다. 또한 G.8.D.에서는 "요구사정, 프로그램 평가 및 프로그램 수정에 영향을 미치는 결과 자료의 활용과 관련된 원칙, 모형 및 적용"(CACREP, 2009, p. 13)에 대한 지식을 갖출 것을 요구한다. CACREP 학교상담 프로그램 기준도 요구사정과 프로그램 평가의 중요성을 구체적으로 인정하고 있다. 기준 C.2.는 예비 학교상담자가 "학생의 학업, 진로 및 개인/사회적 발달을 증진시키기 위한 프로그램을 평가"(CACPER, 2009, p. 38)하는 방법을 알아야 한다고 명시하고 있다. 또한 G.3.는 "학업, 진로 및 개인/사회적 발달을 위한 다양한 형태의 요구사정"(CACREP, 2009, p. 42)을 식별할 수 있어야 한다고 요구한다. 〈연습문제 6-1〉에서는 학교상담부가 학교상담 핵심 교육과정이나 최근 실시된 요구사정 자료를 가지고 있지 않은 상황에 대해 생각해 본다.

연습문제 6-1

학교상담부에 핵심 교육과정이나 최근 실시된 요구사정이 없는 상황을 상상해 보기

당신은 현재 중학교에 근무하는 1년차 학교상담자이고, 같은 학교에서 각각 10년 이상 근무한 두 명의 베테랑 학교상담자와 함께 일하고 있다. 학교에서 근무한 지 몇 달 지나자, 당신은 상담 프로그램에 대한 요구사정이 거의 15년 동안 이루어지지 않았고, 학교상담 프로그램에 대한 핵심 교육과정이 없다는 사실을 알게 되었다. 동료 상담자에게 교육과정을 수립하고 요구사정을 실시하자는 이야기를 하자 그들은 당신의 의견을 무시했다.

토론 질문

1. 동료 상담자에게 정기적인 요구사정 실시의 중요성을 납득시키기 위해 당신은 어떻게 말하고 행동할 것인가?
2. 학교상담 핵심 교육과정의 필요성을 동료 상담자에게 납득시키기 위해 당신은 어떻게 말하고 행동할 것인가?
3. 동료 상담자가 요구사정이 정당하다는 것에 동의한다면, 학교상담 핵심 교육과정을 만들기 위해 당신은 첫 단계로 무엇을 할 것인가?

널리 사용되는 요구사정에는 자료 중심 요구사정(data-driven needs assessment)과 인식 기반 요구사정(perception-based needs assessment)의 두 가지 유형이 있다(Erford, 2007). 두 유형 모두 학교상담 핵심 교육과정을 알리는 데 활용될 수 있다.

자료 중심 요구사정

자료 중심 요구사정은 주관적 요구보다 객관적 요구를 평가하는 데 초점이 맞춰져 있다(Erford, 2007). 자료 중심 요구사정을 통해 알 수 있는 정보 유형은 ASCA에서 학교 자료 프로파일(school data profile)이라고 부르는 자료 목록에 포함되어 있어야 한다. 이 프로파일은 일정 기간 동안의 학교 기록을 요약한 것으로, 출석, 행동, 안전, 성취도에 관한 자료 등이 있다(ASCA, 2012). 학교상담자는 이 프로파일을 검토하여 학교의 요구를 파악하는 것으로 자료 중심 요구사정을 시작할 수 있다. ASCA 국가 모델은 자료를 분석할 때 다루어야 할 여덟 가지 질문을 제시한다.

- 자료에서 시사되는 강점은 무엇인가?
- 자료가 가리키는 우려점은 무엇인가?
- 어떤 성취도 격차가 있는가?
- 출석률에 변화의 패턴이 있는가?
- 안전 관련 자료는 무엇을 알려 주는가?
- 학교상담 프로그램은 자료에서 드러난 격차를 어떻게 해결하고 있는가?
- 학교상담 프로그램이 격차를 좁히거나 자료를 통해 알 수 있는 다른 문제를 해결하는 데 어떻게 도움이 될 수 있는가?
- 학교의 요구를 충분히 파악하기 위해 추가로 필요한 자료는 무엇인가? (ASCA, 2012)

학교 자료를 조사함으로써 학교상담자는 "학생의 요구와 이슈의 현재 상황을 제시하고, 더 높은 수준의 목적 달성을 이끌어 낼 수 있는 실천 방법을 검토"(Dahir & Stone, 2003, Para. 18)할 수 있다. 학교상담자는 학생 개개인의 결과를 통합하여 학교 전체 또는 학년 전체의 결과를 보여 주는 집계 자료와 집단 간 및 집단 내 성과의 차이를 분석하기 위해 자료를 하위 집단으로 나누는 세분화 자료를 모두 살펴야 한다. 학교상담자는 집계 자료를 사용하여 특정 학급, 학년 또는 학교에서 평균적인 학생의 수행 수준을 사정할 수 있다. 세분화 자료는 학생의 수행 수준 차이에 대한 증거를 확인하고 그러한 차이를 줄이는 데 필요한 개입의 방향을 제공하는 데 사용될 수 있다(Dahir & Stone, 2003; Erford, 2007).

자료를 탐색할 때 적어도 학교상담자는 중심 경향성과 빈도에 대한 측정치를 검토해야 한다(Oberman, 2010). 예를 들면, 정기 고사 점수를 살펴볼 때 학교상담자는 학년과 하위 모집단에 걸쳐 자료의 평균(mean), 중앙치(median), 최빈치(mode)를 고려해야 한다. 출석 자료를 살펴볼 때는 특정 개인이나 집단이 학교에 출석하지 않은 빈도를 조사해야 한다. 학교상담자는 학생 자료 간의 관계와 차이점을 더 깊이 이해하기 위해 빈도와 중심 경향성을 넘어 상관관계, 평균 비교 검정, 회귀분석 등 보다 정교한 분석을 수행할 수도 있다(Oberman, 2010).

자료 중심 요구사정을 수행하려는 학교상담자에게 유용한 자료는 성취도 자료, 행동 자료, 학교상담 자료이다.

성취도 자료

성취도 자료는 학생의 학업 수행에 관한 정보로 구성된다. 이 자료에는 학생의 성적, 학력평가 점수, 학년말 시험 점수, 진급 · 진학 및 유지율, 졸업률 등이 해당된다. 이러한 측정치는 교육 시스템을 통한 학습과 진전이 성공적으로 이루어질 수 있도록 교실에서의 학생 수행 수준을 측정하도록 설계되었다. 학교상담자는 성취도 자료 검토를 통해 학생의 발달 관련 영역 중 학업 영역에서 어떤 요구를 충족시켜야 하는지를 사정하는 데 도움을 얻게 된다. 성취도 자료는 학급 간, 학생의 하위 집단 간, 시험 점수 간의 차이를 보여 줄 수 있다. 학교상담자가 학교상담 핵심 교육과정을 설계할 때 다루려고 하는 다양한 요구가 이러한 차이를 통해 시사될 수 있다.

행동 자료

전통적으로 행동 자료를 구성하는 것은 교칙 위반, 정학, 퇴학이다. 이 자료를 통해 학교상담자는 어떤 유형의 행동 문제가 가장 흔하게 나타나는지 뿐만 아니라 어떤 학생이 행동 위반을 가장 많이 하는지 이해하는 데 도움을 얻을 수 있다. 학교상담자는 학생 발달 관련 영역 중 사회/정서적 영역에서의 요구 패턴을 알아보기 위해 행동 자료를 검토할 수 있다. 행동 자료를 통해 얼마나 많은 교직원 또는 학교장, 행정팀이 교칙 위반 관련 서류 작업에 관여하는지 그 패턴도 밝혀낼 수 있다. 이러한 패턴은 학교상담자가 종합적인 학교상담 프로그램과 학교상담 핵심 교육과정을 통해 해결해야 할 요구로 볼 수도 있다. 예를 들어, 행동 자료로부터 나올 수 있는 잠재적인 요구로 사회적 기술, 자기통제, 성희롱 및 분노 관리에 대한 훈련이 있다.

학교상담 자료

학교상담 자료 또한 자료 중심 요구사정에 참고가 되는 유용한 정보를 제공할 수 있다. 이 자료에는 학급적용 상담교육 수업에서 실시한 사전 · 사후 검사 자료가 포함될 수 있다. 학생이 특별한 요구를 가지고 있는지, 이전 수업에서 이러한 요구를 적절하게 다루었는지, 이후 수업에서 다룰 필요는 없는지에 대해 자료를 통해 알 수 있다. 학교상담자가 상담실에 방문한 학생에 대해 남긴 기록 또는 상담 의뢰에 대해 기록한 모든 자료도 자료 중심 요구사정에서 검토 대상이 될 수 있다. 이러한 정보를 통해 학생의 요구가 드러나는 현재 문제의 패턴을 밝힐 수 있다.

윤리적 고려 사항

학교 자료를 검토하는 것이 윤리적인 의무인가?

자료 중심 요구사정을 실시하는 것은 모범적인 사례일 뿐만 아니라 윤리적 의무이기도 하다. ASCA 윤리 기준 A.3.b는 "모든 학생에게 학업, 진로, 고등교육 기회, 개인/사회적 기회를 공평하게 보장"하기 위해 학교상담자가 "성취 격차와 기회 제공의 격차를 줄이는 데 도움이 되는 자료"(ASCA, 2010, p. 2)를 사용하도록 요구하고 있다. 이는 학생 간 성취 격차를 드러내는 학교 자료를 무시하는 것이 윤리적 위반임을 시사한다.

인식 기반 요구사정

인식 기반 요구사정(perception-based needs assessment)은 일차적인 학생의 요구에 관한 학교 관계자(즉, 학부모, 학교장, 행정팀, 교사, 마을교육공동체 구성원)의 인식에 초점이 맞춰 있다. 학교상담자는 어느 집단이 학교의 문제나 요구를 가장 잘 아는지, 요구사정을 실시하기 용이한지, 답변을 잘 제출할지를 기준으로 가장 좋은 조사 대상을 선택해야 한다. 단, 어느 집단이 선택되든 가능하다면 요구에 대한 삼각측정법(triangulation)을 사용해야 한다(Erford, 2007). 여러 집단의 시각을 살펴봄으로써 학교상담자는 다수가 제시하는 욕구가 최우선 순위에 있다는 결론을 내릴 수 있을 것이다.

요구사정의 내용

인식 기반 요구사정 자료를 얻기 위해서는 학교상담자가 요구사정의 내용과 형식을 신중하게 결정하고 의도에 맞게 설계해야 한다. 학교상담자가 사정의 내용을 정할 때 다음을 고려하면 도움이 될 것이다.

- 요구사정을 통해 어떤 정보를 얻는 것이 가장 도움이 되는가?
- 이해관계자에게 묻고 싶은 특정한 질문이 있는가? 아니면 요구사정을 통해 더욱 포괄적인 피드백을 원하는가?
- 요구사정을 통해 얻게 될 자료 중 어떤 것이 학교상담 핵심 교육과정과 향후 학급적용 상담교육 수업을 계획하는 데 가장 유용할 것인가?
- 이해관계자가 인식하는 요구의 빈도나 우선순위 중 어디에 더 관심이 있는가?

• 학생의 요구를 사정할 때, 연관된 복수의 질문을 통해 파악하는 방식과 어떤 요구가 가장 중요하다고 생각하는지 직접적으로 질문하는 방식 중 어느 쪽이 더 유익한가?

요구사정의 내용을 결정하기 위해 이상의 질문을 활용하는 것에 더하여 학교상담자는 주제별로 정리된 내용을 사용해야 한다(Erford, 2007). 예를 들어, 물질 사용, 학교폭력, 사회적 기술, 졸업 요구 조건 등에 대한 학생 대상의 요구사정이 집단상담, 학급적용 상담교육 또는 자문 기법을 평가하는 것보다 더 의미 있을 수 있다. 이러한 내용은 학교상담 프로그램의 비전, 사명, 목표와 관련이 있어야 하며, 이를 통해 사정으로 얻은 자료가 학급적용 상담교육의 기준과 목표로 쉽게 변환될 수 있다(Erford, 2007).

학교상담자는 요구사정을 익명으로 진행할지 여부를 사전에 결정해야 한다. 요구사정에서 익명으로 응답하게 하면, 응답자가 이름이나 신원을 확인할 수 있는 다른 정보를 공개하지 않고 보다 솔직하고 가치 있는 정보를 제공할 수 있다. 한편 응답자에게 이름을 묻는다면, 특히 학생을 대상으로 요구사정을 시행하는 경우라면 특정 학생이 가진 요구에 대해 편리하게 파악할 수 있다. 예를 들면, 만약 어떤 학생이 자살 충동을 느끼고 있거나 자살 충동이 있는 친구를 알고 있다면 요구사정을 통해 파악할 수 있다. 만약 특정 학급이나 집단에 어떤 문제가 발생한 경우, 누가 문제와 관련이 있는지를 파악하면 문제해결에 유익할 것이다. 이해관계자의 익명 신고로 관련 학생을 알게 될 수도 있지만, 일반적으로 이런 정보는 응답자의 신원이 드러날 때 더욱 신뢰할 수 있다.

요구사정의 형식

인식 기반 요구사정에 들어갈 내용을 결정한 후, 학교상담자는 사정을 통해 알고자 하는 내용에 가장 적합한 형식을 결정해야 한다. 네 가지 형식의 예시는 다음과 같다.

• 질문지

질문지(questionnaires)는 공식 또는 비공식 설문조사로 구성되며, 인식 기반 요구사정에서 가장 일반적으로 사용되는 형식이다(Erford, 2007; Schmidt, 2003). 일반적으로 질문지에 사용되는 질문으로는 학생의 태도, 행동 또는 관심사에 대한 질문이 있다. 설문 문항은 학교상담자가 학교상담 핵심 교육과정에서 고려하고 있는 기준을 기초로 한다. 예를 들면, 학교상담자가 핵심 교육과정에 진로 영역의 기준을 더 많이 반영하려고 한다면, 요구사정 질문은 학생의 진로상담과 관련된 지식, 기술, 태도를 다루어야 한다.

학생 요구사정: Likert 척도를 사용한 평가 샘플

문항별로 해당하는 숫자를 하나 골라 ○표 해 주세요.

1 = 전혀 동의하지 않음, 2 = 동의하지 않음, 3 = 어느 쪽도 아님, 4 = 동의함, 5 = 매우 동의함

1. 나는 진로 정보를 찾는 방법을 알고 있다.
   1 2 3 4 5
2. 나는 내가 희망하는 몇 가지 진로에 대한 생각이 있다.
   1 2 3 4 5
3. 나는 미래의 진로에 대해 더 알고 싶다.
   1 2 3 4 5

• 인벤토리

질문지와 달리 인벤토리(inventories)는 의견 자료 대신 빈도 자료를 수집한다. 인벤토리는 학생, 학부모 또는 교사의 보고를 통해 학생이 특정 행동을 하는 횟수를 알아보는 데 사용될 수 있다. 인벤토리는 이해관계자가 가지고 있는 학교에 대한 요구를 직접 묻기 위해 사용될 수 있다. 예를 들어, 인벤토리를 활용하면 학교폭력 예방, 졸업 요건, 대학 입학 요건, 학습 기술 개발 등 잠재적인 요구에 대한 목록을 제공받을 수 있다. 목록에 정리된 요구 중 어떤 것을 응답자가 가장 중요하게 인식하는지 나타낼 수도 있다. 인벤토리를 활용하면 학교상담부가 개입의 우선순위를 효과적으로 정할 수 있게 되어 이해관계자가 가장 필요하다고 인식하는 요구를 충족시킬 수 있다.

• 개방형 설문조사

개방형 설문조사(open-ended survey)는 보통 설계가 더 쉽고, 응답자로부터 더욱 광범위하고 다양한 자료를 얻을 수 있다. 그러나 일반적으로 자료의 범위가 광범위하여 해석하기가 어렵다. 개방형 설문조사의 응답 내용은 학교상담 핵심 교육과정을 포함한 학교상담 프로그램의 목적과 목표로 변환하기가 종종 어려울 수도 있다(Erford, 2007).

개방형 설문조사의 예시: 학부모/보호자 요구사정을 위한 질문

다음 질문에 응답하십시오.

1. 자녀가 중학교에 입학하면서 귀하가 고민하는 내용은 어떤 것입니까?
2. 본교의 학교상담부가 다음 학년도에 귀하와 귀하의 자녀에게 도움을 제공할 수 있는 가장 좋은 방법은 무엇입니까?

• 포커스 그룹과 인터뷰

질문지나 인벤토리를 배포하는 대신, 학교상담자는 학교와 학생의 요구에 대한 충분한 이해를 위해 포커스 그룹(focus groups)이나 이해관계자와의 인터뷰(interviews)를 실시할 수 있다. 포커스 그룹 방법을 사용하려면 집단 상황에서 여러 개인을 함께 인터뷰해야 한다. 포커스 그룹 참가자는 응답에 대해 서로 대화하면서 학교상담자가 제기한 질문에 대답하게 된다. 인터뷰는 이해관계자와 개별적으로 일대일로 만나 질문을 하는 것이다. 포커스 그룹과 인터뷰 방법이 요구사정에서 사용되면 학교상담자는 이해관계자 개인 또는 집단이 중요하게 다뤄야 한다고 생각하고 있는 요구를 깊이 있게 이해할 수 있다. 포커스 그룹이나 인터뷰가 여러 번 실시된다면, 공유된 답변을 기록하고 전사한 후 대화록을 검토하여 요구에 대한 공통된 주제를 확인할 수 있다.

자료 수집

질문지, 인벤토리, 개방형 설문조사를 이용하여 자료를 수집할 때, 학교상담자는 어떻게 응답자에게 문항을 전달할 것인지 결정해야 한다. 자료를 온라인으로 수집하든, 종이와 연필을 이용하든 각 방법은 장단점이 있다.

• 온라인 요구사정

온라인 요구사정(electronic needs assessments)을 만드는 것이 점점 더 쉬워지고 있다. 서베이 몽키(http://www.surveymonkey.com) 또는 퀄트릭스(http://www.qualtrics.com)와 같은 온라인 설문조사 소프트웨어를 사용하면 다양한 질문 유형을 가진 온라인 설문조사를 만들 수 있다. 웹 링크로 응답자에게 설문조사를 배포할 수 있고, 온라인에서 응답을 완료할 수 있다. 많은 학구에서 이러한 설문조사 소프트웨어를 이미 구입하여 사용하고 있다. 온라인 요구사정은 이러한 소프트웨어에 익숙한 학교 또는 학구의 정보 기술 담당자와 협력하여 설계할 수 있다.

온라인 요구사정의 가장 큰 이점은 결과 산출의 용이성이다. 자료 수집 후 조사 소프트웨어는 자동적으로 각 질문에 대한 자료를 분석하여 표로 정리해 준다. 온라인 조사는 웹페이지 주소를 학부모/보호자와 교직원에게 이메일로 전송 가능하다는 점에서 배포가 쉽다. 학생은 학교 컴퓨터로 접속하여 링크를 클릭하면 온라인 조사를 완료할 수 있다. 안타깝게도 온라인 조사를 활용한 접근은 일부 이해관계자로부터 자료를 수집하려고 할 때 단점이 될 수 있다. 모든 학부모/보호자가 인터넷에 접근하기 쉽거나 이메일 주소를 가지고 있는 것은 아니어서 이 방법을 사용하면 공유할 가치가 있는 정보를 가진 응답자의 목소리가 배제될 수 있다. 마찬가지로 학생에게 요구사정을 전자적으로 배포하는 것은 어려울 수 있다. 일부 학교의 경우, 모든 교실에서 모든 학생이 컴퓨터를 사용할 수 있도록 갖추어져 있는 것은 아니며, 오히려 종이와 연필을 사용하는 요구사정이 이러한 경우에는 더 편리한 것으로 증명되었다. 더욱 많은 수의 학교가 이러한 격차를 줄이기 위해 모든 학생에게 테크놀로지 장비를 제공하고자 노력하고 있다.

• 지필 요구사정

앞에서 설명한 단점으로 인해 온라인 조사 대신 지필 요구사정(paper-and-pencil needs assessments)을 선택할 수도 있다. 지필 요구사정은 워드프로세서로 쉽게 제작 및 인쇄하여 이해관계자에게 배포할 수 있다. 학교상담자는 종이 설문지를 학생과 교직원에게 손쉽게 배포하고 응답이 완료된 자료를 수합할 수 있다. 그러나 지필 요구사정은 보호자를 대상으로 실시할 때는 어려움이 있을 수 있다. '교사/보호자 회의와 정보 제공을 위한 학부모의 밤' 행사에 지필 요구사정을 배포하여 어느 정도 성공적으로 결과를 수합한 경우는 있었다. 지필 요구사정의 다른 단점은 인쇄하는 비용과 자료 입력 및 분석에 소요되는 시간이다. 온라인 요구사정과 달리 지필 요구사정의 자료는 직접 입력하고 표를 작성해야 한다.

어떤 방식을 사용하든 대략 한 쪽 분량으로 요구사정 설문지를 제작하는 것이 좋다. 요구사정 설문지가 길어지면 응답자가 끝까지 응답하는 것이 힘들어서 수집할 수 있는 가치 있는 자료의 양이 줄어들 수 있다(Erford, 2007).

요구사정의 실시 빈도

현재 초중등학교 정기 고사의 실시 빈도를 고려할 때, 학교상담자는 자료 중심 요구사정을 1년 단위로 실시하는 것이 유익할 수 있다. 이를 통해 학교상담자와 동료 교직원은 학생의 성취도 측면에서 우려할 만한 패턴이 고착화되기 전에 파악할 수 있을 것이다. 한편, 인식 기반 요구사정의 실시 빈도를 낮추는 것이 좋을 수 있다. 만약 요구사정의 설계 및 시행이 매년 이루어진다면, 학교상담자가 업무 시간을 모두 요구사정에만 사용하게 될 정도로 거대한 행정 업무가 될 수 있기 때문이다(Erford, 2007). 인식 기반 요구사정 자료는 지속적인 평가 주기에 따라 사용될 때 가장 가치가 높다. 사정이 너무 자주 실시되면 새로운 계획이 완전히 시행되기도 전에 요구를 사정해야 할 수도 있다. 인식 기반 요구사정을 매년 실시하는 대신 수년 간격으로 실시한다면 프로그램 개발 및 효과성 평가에 충분한 시간을 사용할 수 있다(Erford, 2007). 구체적으로 얼마나 자주 실시되어야 하는지에 대해 지정된 공식은 없지만, Gysbers와 Henderson(2000)은 3년마다 실시할 것을 권장하고 있으며, Erford(2007)는 대규모 점검이 필요한 프로그램의 경우 6년마다 실시할 것을 권장하고 있다.

자료를 바탕으로 한 학급적용 상담교육 프로그램 개발

자료 중심 및 인식 기반 요구사정을 통해 정보를 수집한 후, 학교상담자는 사정의 결과를 학교상담 핵심 교육과정으로 바꿔 나가는 작업을 시작할 수 있다. 요구사정이 올바르게 설계되고 'ASCA 학생의 목적 달성을 위한 마음가짐 및 행동'(ASCA, 2014; Erford, 2007)과 같은 표준에 기반하고 있다면 이 과정은 더 수월해진다. 요구사정 자료를 바탕으로 핵심 교육과정을 만들기 시작하려면 먼저 요구의 우선순위를 선정해야 한다. 인벤토리를 인식 기반 요구사정에 사용했다면, 응답자가 정한 우선순위를 그대로 받아들여 사용할 수 있다. 반면에 자료 중심 요구사정을 통해 얻은 정보를 인식 기반 요구사정의 우선순위 결정에 활용할 수도 있고, 두 종류의 사정을 통해 얻은 자료를 바탕으로 우선순위에 따른 새로운 요구 목록을 작성할 수도 있다. 우선순위를 매기지 않은 질문지가 자료 수집에 사용된다면, 학교상담자는 응답자가 중요하다고 생각하는 요구를 집계하여 그 빈도에 따라 우선순위를 매길 수 있다. 삼각측정법은 학생, 보호자, 교직원 등 다른 이해관계자 집단의 자료를 비교하는 데에도 사용되어야 한다(Erford, 2007). 〈연습문제

6-2〉에서는 여러 이해관계자 집단이 인식하는 서로 다른 요구의 우선순위를 어떻게 정할 수 있는가에 대해 생각해 보려 한다.

연습문제 6-2

여러 이해관계자 집단이 인식하는 서로 다른 요구에 대한 우선순위 선정하기

당신은 고등학교에서 일한 지 5년이 된 학교상담자이다. 학교 전체의 요구사정 내용을 정리한 후, 동료 상담자와 함께 요구사정에서 얻은 자료를 분석했다.

- 학생이 가장 중요하게 여기는 세 가지 요구에 대해 학생은 졸업 요건에 대해 더 많이 배우기, 더 많은 진로상담 받기, 학교폭력 줄이기라고 했다.
- 학생이 가장 중요하게 여기는 세 가지 요구에 대해 교사는 약물남용 해결, 다양성 인식 개선, 시험 보는 능력 향상이라고 했다.
- 학생이 가장 중요하게 여기는 세 가지 요구에 대해 학부모는 스트레스 관리, 분노 관리 기술 학습, 자존감 향상이라고 했다.

토론을 위한 질문

1. 이 상반된 결과를 어떻게 이해할 것인가?
2. 학생, 교사, 학부모 중 가장 우선시되어야 한다고 생각되는 이해관계자 집단이 있는가? 그 이유는 무엇인가?
3. 제안된 요구 사항 중 세 가지 주제를 선택하고, 주제별로 관련된 요구를 해결하는 데 도움이 될 만한 학급적용 상담교육 수업을 설계하라. 학급적용 상담교육 수업에서 선택한 주제를 어떻게 다룰 것인지, 수업지도안에서 'ASCA 학생의 목적 달성을 위한 마음가짐 및 행동'을 어떻게 다룰 것인지 설명하라.

기준 확인

학교상담 핵심 교육과정 구성의 두 번째 단계는 기준과 역량을 확인하는 것이다. 이 과정에서는 학생의 요구를 학교상담 프로그램의 미션 및 비전과 비교한 뒤 학생에게 적합한 성과를 결정하도록 한다. 'ASCA 학생의 목적 달성을 위한 마음가짐 및 행동'(ASCA,

2014) 또는 다른 학교나 학구의 상담 기준을 세부 기준으로 선택하거나, 학교의 요구를 충족하는 기준이 아직 없는 경우에는 새로 만들어도 된다. 그러나 새롭게 기준을 작성하게 되더라도 ASCA 국가 모델(ASCA, 2012)과 'ASCA 학생의 목적 달성을 위한 마음가짐 및 행동'(ASCA, 2014)은 고려해야 한다. 학교상담자나 교육과정위원회가 모든 종류의 학생 기준을 교육과정에 통합시킬 수는 없겠지만, 학업, 진로 및 사회/정서적 발달 영역에서 학생에게 가치 있고 합의된 역량의 틀을 제공한다는 점에서 해당 기준을 완전히 무시해서는 안 된다.

단원 개발

학교상담 핵심 교육과정에 대한 기준을 선택하고 난 뒤, 유사한 주제를 중심으로 기준을 논리적으로 형성된 단원으로 유목화할 수 있다. 예를 들어, 'ASCA 학생의 목적 달성을 위한 마음가짐 및 행동'은 학업, 진로 및 사회/정서적 발달의 세 영역별 기준으로 구성되어 있다(ASCA, 2014). 학교상담 핵심 교육과정에도 동일한 방식을 채택할 수 있지만, 학교상담자가 자신만의 단원을 개발할 수도 있다. 예를 들어, 사회/정서적 내용과 관련된 기준은 학생 간 대인관계에 대한 기준을 포함하는 단원, 자아존중감에 대한 기준을 포함하는 단원, 학교의 교직원 존중에 대한 기준을 포함하는 단원으로 더 세분화할 수 있다.

단원을 구성할 때는 수직적 연계성과 수평적 연계성을 모두 염두에 두어야 한다. 수직적 연계성(vertical articulation)은 학생의 기술과 역량을 함양하기 위해 학습 내용이 순차적으로 이어지는 교육과정을 구축하려는 노력이다. 즉, 특정 학년에서 가르치는 단원이 이전 학년에서 가르친 것을 기반으로 구축되고 다음 학년에서 배울 기준에 대비할 수 있도록 구성된다는 의미이다. 학생이 배우는 기준을 단원으로 유목화함으로써 모든 수업이 교육과정에서 동떨어진 내용을 다루거나 중복되는 내용이 없도록 한다. 수평적 연계성(horizontal articulation)은 상담교육 과정과 사회, 읽기, 수학, 과학과 같은 다른 교과 영역 내용 간의 연결성을 만들어 내는 것을 뜻한다. 다른 교과 영역의 주제를 학교상담 핵심 교육과정 내의 단원에 통합함으로써 학교상담자는 학생에게 더욱 향상된 학습 경험을 만들어 줄 수 있다.

목표 작성

학생 기준을 단원 안에 유목화한 후, 학교상담자는 기준과 단원의 내용을 다루는 학급적응 상담 수업에 대한 구성을 시작할 수 있다. 한 수업에서 모든 기준을 한 단원에 포함시켜 다루든, 각 기준을 별도의 수업을 통해 개별적으로 다루든 간에 학교상담 핵심 교육과정에서는 수업 전반을 통해 모든 기준을 다룰 수 있어야 한다. 그러나 학급적응 상담 수업의 초안을 작성하기 전에 수업 목표를 먼저 수립해야 한다. 학습 활동을 확인하기 전에 수업 목표를 정의하는 것의 중요성은 Wiggins와 McTighe(1998)의 백워드 설계 모형에 잘 나타나 있다. 이 모형은 구체적인 학습 과제를 결정하기에 앞서 바라는 결과를 먼저 명확히 할 때 효과적으로 수업 계획을 세울 수 있음을 보여 준다. 구체적인 학습 목표를 확인하고 목록화하는 것은 학교상담자가 학교상담 핵심 교육과정의 기준에 따른 의미 있는 수업을 설계하는 데 도움이 된다.

양질의 학습목표는 학교상담자가 학생이 각각의 수업 참여를 통해 성취하기를 바라는 성과에 기반한다(Goodnough, Pérusse, & Erford, 2007). 적합한 학습목표에는 의도된 대상, 기대되는 행동, 조건, 기대되는 수행이라는 네 가지 구성 요소가 포함된다(Erford & McKechnie, 2004).

- 의도된 대상: 학습목표는 대상으로 삼은 의도된 대상(intended audience)을 위해 구체적으로 작성되어야 한다. 대부분의 수업에서 의도된 대상은 수업에 참여하는 개별 학생이지만, 때로는 수업에 참여하는 학급 전체일 때도 있다.
- 기대되는 행동: 학교상담자가 학생이 학급적응 상담 수업에 참여한 결과로서 기대되는 행동(expected behavior)은 명확하고 구체적으로 목록화되어야 한다. 행동에는 수업을 통해 나타날 수 있는 인지적, 정서적, 또는 신체적 결과가 있다.
- 조건: 학습목표의 조건(conditions)은 기대되는 행동이 발생하거나 관찰되는 맥락을 뜻한다. 조건에는 학습목표를 어떻게 측정할 것인지도 포함된다.
- 기대되는 수행: 마지막으로 학습목표는 학생의 행동과 관련하여 이상적이거나 기대되는 수행(expected performance)을 포함해야 한다. 목표가 충족되었는지 알기 위해서 원하는 행동의 빈도나 기간을 추가할 수 있다.

앞선 구성 요소를 이용하여 학교상담자는 학생에게 기대되는 것과 이러한 행동이 어떻게 측정될 것인가를 명확하게 나타내는 목표를 설계할 수 있다. 예를 들어, 〈표 6-3〉에서는 예시를 통해 각각의 학교상담 영역(학업, 진로 및 사회/정서적 발달)에서 특정 기준에 대한 학습목표를 어떻게 작성할 수 있는지를 보여 준다. 각 학습목표는 네 가지 구성요소를 모두 반영하고 있다.

〈표 6-3〉 **학습목표 예시**

		학습목표 예시(학업 발달; 'ASCA 학생의 목적 달성을 위한 마음가짐 및 행동'의 학습 전략 #4)
구성요소	의도된 대상	Smith 선생님의 5교시 공부법에 대한 수업을 듣는 모든 학생이
	학습 조건	학교의 모든 과제와 활동을 플래너에 기록하여 Smith 선생님과 매일 기록한 내용을 공유하는 방식으로
	기대되는 수행	학기 중 일주일 단위로
	기대되는 행동	시간 관리 및 작업 관리 기술을 적용할 수 있다.
		학습목표 예시(진로 발달; 'ASCA 학생의 목적 달성을 위한 마음가짐 및 행동'의 학습 전략 #7)
구성요소	의도된 대상	Tucker 선생님의 11학년 화학 수업에 참여한 모든 학생이
	학습 조건	진로 워크북을 작성함으로써
	기대되는 수행	가을 학기 종료 시까지
	기대되는 행동	장기적 및 단기적 진로 목표를 확인할 수 있다.
		학습목표 예시(사회/정서적 발달; 'ASCA 학생의 목적 달성을 위한 마음가짐 및 행동'의 자기관리 기술 #5)
구성요소	의도된 대상	칼 프랜시스 고등학교 신입생 아카데미에 소속된 모든 9학년 학생이
	학습 조건	원하는 목표를 찾고, 그것을 향해 노력하고, 그 목표를 평가함으로써
	기대되는 수행	필요에 따라 이전 목표를 재검토하고, 조정하는 동안에 반년 단위로
	기대되는 행동	목표 달성을 위해 포기하지 않고 끝까지 할 수 있다.

학급적용 상담교육 수업 개발

학급적용 상담교육 수업의 목표는 참여적이고 발달상 적절한 방식으로 이루어져야 한다. 학습목표가 설정되면 그에 맞는 평가와 학습 활동을 제공하는 학급적용 상담교육 수업을 설계해야 한다. 수업 초안 작성 과정에서 학교상담자는 학생이 수업에서 다룬 기준과 목표를 달성했는지 평가하기 위해 사용할 평가 도구를 선택해야 한다. 이는 Wiggins와 McTighe(1998)의 3단계 백워드 설계 모형의 두 번째 단계에 해당한다. 이 단계에서 교육자는 학생이 수업의 명시된 목표와 학습 목적을 달성했는지 확인하기 위한 수락할 만한 증거를 결정하게 된다. 평가는 공식적인 측정 도구부터 비공식적인 측정 도구까지 다양할 수 있지만, 학생의 이해도를 측정하기 위해 다양한 형태의 도구를 사용하는 것이 중요하다.

평가 방식이 선택되면 학급적용 상담교육 수업 계획에서 남은 부분은 도입, 발달을 고려한 활동, 마무리의 세 부분으로 개념화될 수 있다. 수업이 잘 설계되면 학생의 참여와 흥미를 높일 가능성이 크고, 학생이 더 많이 노력하고 배울 수 있게 된다(Goodnough et al., 2007).

수업의 도입은 앞으로 배울 내용에 대한 분위기를 조성한다. 도입에서는 수업을 소개하고, 무엇을 배울 것인지에 대한 개요를 설명하는 것이 권장된다(Goodnough et al., 2007). 학생에게 수업의 목적과 수업이 가져다줄 이익을 강조하면 학생은 수업이 가치 있다고 믿게 되어 자신의 삶과 수업의 관련성을 인식하고 참여하게 될 가능성이 높아진다. 발달 단계를 고려한 학급적용 상담교육 수업은 학생의 선행지식과 발달 단계를 기반으로 한다. 스캐폴딩(비계설정)으로 알려진 이 과정은 학생이 암기된 지식을 넘어 내용에 대한 더 깊은 이해가 가능하도록 한다(Childre, Sands, & Pope, 2009). 나아가 학생이 수업과 관련된 내용을 이미 일부 알고 있음을 설명하는 것도 유용하다. 이는 학생의 흥미와 효능감을 형성하는 데 도움이 될 수도 있기 때문이다. Goodnough와 동료들(2007)이 설명한 바와 같이, "선행지식을 활성화하는 것은 학생이 수업에 집중하는 데 도움이 된다. 그렇게 함으로써 학생이 이미 몇몇 중요한 정보를 알고 있다는 것을 알려 주고, …… 학생의 노력에 동기를 부여하고 지속적인 근거를 제공한다"(p. 159). 도입 활동이 효과적이고 참여적인지 확인하기 위해 학교상담자는 필수 질문, 핵심 어휘, 해결해야 할 문제, 그리고 현재의 이슈로 수업을 열어야 한다. 이러한 활동은 수업을 시작할 때 학생의 참여를 유도할 뿐만 아니라, 학생이 학습을 더 의미 있게 여기도록 한다(Wiggins & McTighe, 1998). 다른 흥미 유발 활동

(stimulus activity)에는 수업 환경과 유형에 따라 신체 활동이나 학습 도구를 활용할 수 있다. 흥미 유발 활동의 유형과 상관없이 활동을 통해 학생의 선행지식과 새롭게 전달되는 정보 사이의 연결을 촉진하는 것은 학교상담자의 책임이다(Skowron, 2006).

다음은 수업에서 발달을 고려한 수업 활동 부분으로, 백워드 설계 모형의 3단계에 해당된다(Wiggins & McTighe, 1998). 이러한 활동은 학생이 수업의 학습목표를 숙달할 수 있도록 설계되어야 하며, 학생의 인지적 · 발달적 강점 및 약점에 비추어 적절하게 구성되어야 한다. 전통적으로 학교상담자에게 학생의 다양한 학습 스타일과 Gardner(1999)의 다중 지능을 자극할 수 있는 학습 활동을 설계하도록 권장되었다(Goodnough et al., 2007). 그러나 최근 연구에 따르면 학습 스타일이 학습 선호도에 불과할 수 있으며, 학생의 수행에 큰 영향을 주지 않음이 시사된다(Riener & Willingham, 2010). 이러한 연구자들 간의 논쟁의 결과와 관계없이 학교상담자는 다양한 활동을 수업에 적용함으로써 학생의 참여도를 유지하고 학생의 다양한 선호를 맞춰 줄 수 있다. 다양한 학습 활동의 예로는 프로젝트, 저널 쓰기, 역할극, 예술 창작을 하거나 둘이서 하는 작업 또는 모둠 작업을 들 수 있다(Goodnough et al., 2007). 학생에게 주요한 정보를 전달하기 위한 강의식 수업도 학급적용 상담교육 수업에서 학습 활동으로 유용할 수 있다. 그러나 항상 강의식 수업만을 사용해서는 안 되며, 사용할 때는 학생의 발달적 요구(주의 지속 시간 등)에 민감해야 한다.

마지막으로 학급적용 상담교육 수업의 마무리 단계에서는 결론을 제시하며 끝나야 한다. 마무리 단계는 수업에 대한 전반적인 학습목표의 요약과 더불어 학생이 꼭 알아야 할 몇 가지 중요한 사항을 다루어야 한다(Goodnough et al., 2007). 예를 들어, 어떤 학교상담자는 학생이 수업에서 기억해야 할 가장 중요한 요점으로 구성된 '오늘 수업의 핵심(Big Takeaway)'으로 모든 학급적용 상담교육 수업을 마무리한다. 만약 수업에서 다룬 세부 내용이나 정보는 잊어버리더라도, 많은 수의 학생이 이후로도 '오늘 수업의 핵심(Big Takeaway)'의 내용은 기억한다는 것을 알게 되면 위안이 될 것이다. 마무리로 제시되는 요약 또한 학생에게 자신이 참여한 학습 활동이 수업의 학습목표와 어떻게 관련이 있는지, 그리고 그 목표가 일상생활 속에서 어떻게 변화될수 있는지를 정리하는 데 도움이 된다. 수업을 마무리할 때 학교상담자는 사정(assessment)을 실시하고, 학생의 성과 측정과 수업 개선을 위한 평가지(evaluation)를 배포해야 한다. 학급적용 상담교육 사정(classroom guidance assessment)은 제7장에서 더 자세히 설명한다.

앞의 세 가지 구성 요소를 염두에 두고 학급적용 상담교육 수업을 설계함으로써 학교상담자는 수업이 학습목표에 적절하게 연결되어 있는지, 학생이 수업에 잘 참여하고 있는지, 학생의 학습 성과가 측정되는지 확인할 수 있다. 학급적용 상담교육 수업의 유형과 활동이 다양하지만, 여기서 자세히 설명한 세 가지 구성 요소는 대부분의 수업에 포함되어 있어야 한다. 〈연습문제 6-3〉에서는 백워드 설계 모형을 적용하여 학급적용 상담교육 수업의 예시를 만들어 본다.

연습문제 6-3

백워드 설계 모형을 적용하여 학급적용 상담교육 수업의 예시 만들기

당신은 경험이 풍부한 초등학교 학교상담자로, 학교장과 긍정적인 관계를 유지하고 있다. 어느 날, 학교장은 당신과 만난 자리에서 4학년과 5학년 학생 간의 학교폭력, 특히 소셜미디어를 통한 학교폭력에 대한 우려가 점점 커지고 있는 것에 대해 논의하고자 한다. 학교장은 이런 우려를 해결하기 위해 일련의 학급적용 상담교육 수업을 시행해 달라고 부탁한다.

1. 백워드 설계를 사용해서 어떻게 수업을 설계할 수 있을까?
2. 백워드 설계를 사용해서 어떻게 이 수업의 단원을 설계할 수 있을까?
3. 해당 단원을 위해 생각해 낼 수 있는 세 가지 목표는 무엇인가?
4. 해당 단원을 위한 수업의 한 차시를 선택하고 설계하라.
5. 발달적, 다문화적, 특수교육 대상을 고려하여 어떻게 수업을 설계할 것인가?

학급적용 상담교육 수업을 설계할 때 학교상담자는 이러한 구성 요소 외에도 학생의 발달과 관련된 고려 사항, 다문화적 고려 사항 및 특수교육 대상자의 특수한 요구를 반영해야 한다. CACREP 핵심 교육과정 기준(G.3.E., G.3.F.)과 학교상담 프로그램 기준(A.6., E.4., F.1., L.3.)에 따르면, 학교상담자는 학급적용 상담교육 수업을 설계할 때 전형적 또는 비전형적인 학생 발달에 대해 이해하고, 다문화 상담 이슈를 인식하며, 학생의 특성을 고려한 차별적 개입을 해야 한다. 이어서 수업 설계의 중요한 요소에 대해 알아보자.

발달을 고려한 상담교육

학교상담자는 근무하는 학교의 학생에게 효과적인 수업을 제공하기 위해 다양한 상담 이론과 그에 상응하는 상담기법을 활용해야 한다. 상담 이론은 학생과의 개별적인 상호 작용을 넘어 효과적인 학급적용 상담교육 수업 설계에서도 핵심적인 역할을 한다. 학급적용 상담교육에서는 발달 이론을 적용하는 것이 가장 적절한 것으로 보인다(Goodnough et al., 2007). 발달 이론의 대표적인 학자에는 Piaget, Erikson, Loevinger, Kohlberg, Gilligan, Selman 등이 있다(각각의 설명은 〈표 6-4〉 참조). 학생의 발달 단계는 학교상담 프로그램의 기초를 이루기 때문에 학급적용 상담교육을 설계하고 실행할 때 이러한 단계를 고려하는 것이 필수적이다(Goodnough et al., 2007).

언급된 모든 발달 이론의 공통점은 발달이 평생에 걸쳐 일어나고, 새로운 발달 단계로의 진입이 이전 단계의 완수를 전제로 이루어진다는 점이다. 학교상담자는 학급적용 상담교육 프로그램을 설계할 때 발달 이론을 활용하여 학생의 발달상 변화가 학교상담 핵심 교육과정에서 순차적인 방식으로 다뤄지도록 할 수 있다. 학급적용 상담교육의 틀을 잡는 데 발달 이론을 활용함으로써 학교상담자는 자신의 상담 서비스가 학생의 발달과 성장에 도움을 줄 수 있다. 이러한 전략은 관련성이 낮고 발달을 고려하지 않은 단원과 수업을 실행하는 것보다 효과적이다(Goodnough et al., 2007).

〈표 6-4〉 발달 이론의 내용

학자	내용
Jean Piaget	발달의 4단계: ① 감각운동기(출생~2세): 오감과 자기중심성을 통한 세계 지각 ② 전조작기(2~7세): 2개의 하위 단계. 상징적 기능과 직관적 사고, 자기중심성 지속 ③ 구체적 조작기(7~11세): 논리적 사고와 가역성에 대한 이해 ④ 형식적 조작기(11세 이상): 추상적 추론 발달
Erik Erikson	심리사회적 발달 8단계: ① (출생~18개월) 신뢰감 대 불신감 ② (2~3세) 자율성 대 수치심과 회의감 ③ (3~5세) 주도성 대 죄책감 ④ (6~11세) 근면성 대 열등감 ⑤ (12~18세) 정체성 대 역할 혼미 ⑥ (19~40세) 친밀감 대 고립감 ⑦ (40~65세) 생산성 대 침체성 ⑧ (65세 이상) 자아통합성 대 절망

Jane Loevinger	**자아 발달의 10단계:** Erikson의 심리사회적 모형과 Hary Stack Sullivan의 연구를 바탕으로 한다. 자아는 세계를 구성하고 해석하기 위해 사용하는 렌즈 또는 기준의 틀로 여긴다.
Lawrence Kohlberg	**도덕성 발달의 6단계:** Kohlberg의 이론은 윤리적 행동의 기반인 도덕적 추론이 6개의 식별 가능한 발달 단계로 이루어져 있으며, 각 단계는 이전 단계보다 도덕적 딜레마에 더 적절하게 대응할 수 있다고 가정한다.
Carol Gilligan	**도덕성 발달의 3단계:** Kohlberg(1973)의 도덕성 발달 이론을 전인습적 · 인습적 · 후인습적 단계로 조정한 것이다. 이론의 강조점은 여성의 도덕성 발달이다.
Robert Selman	**조망 수용의 5단계:** 조망 수용(role taking, 문제를 타인의 관점에서 인지하는 능력)의 발달에 초점을 둔다. 타인의 감정이나 생각, 동기를 이해하기 위해서는 조망 수용이 필수적이라고 주장한다(Siegler, DeLoache, & Eisenberg, 2011).

Bloom의 분류 체계(Bloom's taxonomy)는 인지적 복잡성(cognitive complexity)에 대한 분류 체계이다(Bloom, Engelhart, Furst, Hill, & Krathwohl, 1956). Bloom의 분류체계는 이전 단계에서 학습한 기술을 누적해 나가는 6단계로 되어 있으며, 인지적 복잡성이 낮은 수준에서부터 높은 수준으로 위계적으로 구성되어 있다. 각 단계는 지식, 이해, 적용, 분석, 종합, 평가이다(Bloom et al., 1956; Haag Granello, 2000). 학교상담자는 학급적용 상담교육 수업 계획을 수립할 때 Bloom의 분류체계를 지침으로 활용할 수 있다. 발달을 고려하여 학생의 학습 요구를 충족시키고, 상위 단계의 인지적 복잡성에 해당하는 기술을 장려함으로써 학생의 발달 수준에 비추어 도전적인 과제를 제공하는 데 Bloom의 분류체계를 사용할 수 있다.

발달 이론은 인간의 발달을 이해하기 위한 안내 패러다임의 역할을 하지만, 상담 장면에서 변화를 일으키는 상담 기술과 접근 방식에 초점을 맞춘 일반적인 상담 이론과는 다르다는 점에 주목해야 한다. 학교상담자는 개인 및 집단 상담을 이끌어 나가기 위해 일반적인 상담 이론을, 학생의 발달을 이해하기 위해 발달 이론을 사용할 수 있다. 〈연습문제 6-4〉를 통해 동일한 수업을 발달을 고려하여 다른 학년의 학생에게 적절하게 바꾸는 방법에 대해 생각해 보자.

연습문제 6-4

동일한 수업을 발달을 고려하여 다른 학년의 학생에게 적절하게 바꾸기

당신은 2년차 초등학교 학교상담자이고, 3학년 학생과 상담교육 수업의 한 단원을 막 마친 상태이다. 이 단원에서는 학생 자신의 고유한 문화, 반 친구의 문화, 연민과 공감 등의 특성을 탐구함으로써 학생의 다양성 인식(diversity awareness)을 향상시키는 것에 주안점을 두었다. 3학년 학생과 마지막 수업을 마치자, 유치원 선생님이 자신이 맡고 있는 반에서 해당 단원을 수업해 달라고 요청했다. 유치원 선생님은 당신이 한 수업에 대해 긍정적인 평을 들었다고 언급하며, 유치원생의 다양성 인식을 높였으면 한다고 이야기했다. 말을 걸어온 유치원 선생님이 맡고 있는 반은 협력학습학급(collaborative learning classroom)으로, 장애 학생과 비장애 학생, 영재교육 대상 학생과 정규교육을 받는 학생이 함께 배우는 곳이다.

토론을 위한 문제

1. 만약 당신이 이 유치원생에게 3학년 학생에게 했던 것과 같은 수업을 진행한다면 어떤 일이 일어날까? 긍정적인 결과일까, 부정적인 결과일까?
2. 유치원생의 발달적 요구에 맞게 학급적용 상담교육 단원과 수업을 어떻게 조정할 수 있을까?
3. 협력학습학급에 있는 모든 학생의 요구를 어떻게 반영할 수 있을까?

다문화 관련 고려 사항

발달 틀(development framework)이 학생의 발달을 개념화하는 데 유용한 도구임에도 불구하고, 모든 학생이 동일한 방식으로 발달하는 것은 아니다. 학생마다 큰 차이가 있을 수 있으며, 이러한 차이는 학생의 발달, 세상에 대한 지각, 학습 방식에 영향을 미친다. ASCA 국가 모델에서 기대하는 바대로(ASCA, 2012) 학교상담자가 모든 학생에게 도움을 주고 있는 것인지 확인하고자 한다면, 학급적용 상담교육 수업 계획을 세울 때 다문화로 인한 학생 간 차이를 간과해서는 안 된다. 학급적용 상담교육 수업을 설계할 때 학생 간 차이가 있음을 받아들이는 것은 학생의 문화적 영향을 가치 있게 여기고, 존중하며, 이에 부응해야 한다는 여러 요구도 수용하는 것이다(Grothaus, 2012). 이러한 요구는 ASCA 입장문(ASCA position statement), 학교상담자를 위한 ASCA 윤리 기준 및 전공 문헌에서 강조되고 있다.

다문화주의의 정의

다문화(multicultural)라는 용어가 인종이나 민족만을 지칭하던 시절은 지났다. 미국은 1980년대 이후 인종적 · 민족적 다양성이 증가하면서 문화적 · 종교적 · 언어적 다양성도 증가하여 다문화주의를 받아들이게 되었다. 성별, 성적 지향, 사회경제적 지위, 능력 수준과 같은 부가적인 특성도 미국에서는 개인의 문화와 다문화주의의 일부로 여기게 되었다(Sleter & Grant, 2009). 다문화주의에 대한 이러한 포괄적인 정의를 고려한다면 모든 상담이 다문화 상담임을 쉽게 인식할 수 있다(Pedersen, 1991). 학교상담자에게 다문화 상담은 상담실 안에 제한되는 것이 아니다. 학급적용 상담교육 수업 역시 다문화 역량을 활용하여 진행되어야 하며, 그 첫 단계는 다문화적 고려 사항을 염두에 두고 수업을 설계하는 것이다.

다문화적 역량을 갖춘 수업 설계

학급적용 상담교육 수업을 설계할 때, 수업 계획에 형평교수법(equity pedagogy)을 녹여 넣는 것이 도움이 될 수 있다. 형평교수법은 다양한 집단의 학생의 성취를 촉진하는 것으로 입증된 기법이다(Banks, 2004). 예를 들어, 협동학습(cooperative learning)은 학생이 과제를 성공적으로 완수하기 위해 협력할 것을 요구하는 기법이다. 협동학습에서 학생은 리더십 책임(leadership responsibilities)과 서로의 성취에 대한 책임을 공유해야 한다. 학생이 협동학습에 성공했다면, 학생은 협력과 더불어 친구와 학습을 공유한 것에 대해 보상을 받게 된다. 또한 협동학습은 학생이 갈등관리 기술, 경청 기술, 기타 집단 과정 관련 기술을 개발하는 것을 돕는다(Sleter & Grant, 2009). 이러한 이점 외에도 협동학습은 두 가지 추가적인 이유로 학생을 대상으로 사용하기에 유익하다. 첫째, 협동학습이 미국 문화에서 강조하는 경쟁적 마음가짐보다는 아프리카계 미국인, 멕시코계 미국인, 하와이 문화권에서 강조하는 협력적 마음가짐과 더 잘 어우러질 수 있다는 연구 결과가 있다(Banks, 1993; Hering & White, 1995). 협동학습은 개인적인 안녕보다는 집단의 이익을 강조하며, 친구들과 상호작용한다는 친숙함 덕분에 다양한 학생이 학습에 도움을 받을 수 있다. 둘째, 협동학습이 인종, 장애 또는 성별로 인한 고정관념과 사회적 거절을 줄이는 데 모든 학생에게 도움을 준다는 것이 연구를 통해 드러났다(Sleter & Grant, 2009).

협동학습 외에도 다양한 문화와 능력을 가진 학생의 흥미를 끌기 위해 학교상담자는 학급적용 상담교육 수업에 사용될 수 있는 예술 및 음악 활동을 설계할 수 있다. 미술 활동을 통해 학생은 자신의 표현에 대한 통제감을 느끼고 개인적으로 관련이 있는 대중매

체나 이미지를 미술에 활용할 수 있다(Bruneau & Protivnak, 2012). 음악 활동을 통해서도 학생은 자신의 문화적 배경을 의미 있는 방식으로 표현할 수 있다. 예를 들어, 랩 테라피(rap therapy)는 랩 음악을 통해 의미를 만들어 내는 5단계 과정으로 구성된다. 언어와 문화를 친숙한 방식으로 표현할 수 있도록 함으로써 청소년에게 유용한 활동으로 알려져 있다(Eligan, 2000). 미술 또는 음악 활동으로 수업을 설계할 때 핵심적으로 고려해야 할 한 가지 사항은 수업의 강조점을 학생이 만들어 내는 최종 산출물보다는 예술 작업 과정에 두어야 한다는 것이다(Bruneau & Protivnak, 2012). 종합하면 미술 및 음악 활동으로 학급적용 상담교육 수업을 설계함으로써 학교상담자는 자신의 문화적 관점을 강요하지 않으면서 학생이 자신의 고유한 문화적 배경을 표현할 수 있는 기회를 제공한다.

마지막으로 학교상담자는 학생의 삶과 관련된 내용을 직접적으로 통합시킴으로써 문화적으로 포괄적인 교실 수업을 설계할 수 있다(Grothaus, 2012). 이는 문화적 다양성을 지닌 인물이 등장하는 책, 영어 이외의 언어로 된 영화의 일부 장면, 또는 LGBTQ이거나 장애 학생을 대상으로 한 사례 연구 등의 형태를 취할 수 있다. 전통적으로는 다문화에 초점을 두지 않는 기준(예를 들어, 공부 기술, 진로 탐색)을 다루는 수업을 설계할 때에도 학교상담자는 다양한 문화를 다루는 내용과 사례를 통합함으로써 문화와 관련된 수업으로 만들 수 있다. 다문화주의(인종, 민족성, 언어, 사회경제적 지위, 성별, 성적 지향, 종교, 능력 수준을 포함)의 광의의 정의를 고려하여 각각의 특성을 다루는 다양한 내용을 수업에 정기적으로 통합할 때 특히 효과적일 수 있다.

특수교육 대상자를 위한 수업 실시

다문화주의를 언급할 때 종종 능력 수준이 포함되지만(Sleter & Grant, 2009), 특수교육 대상자를 위한 수업 설계에는 추가적으로 고려해야 할 사항이 있으므로 이들을 대상으로 하는 수업 설계를 위한 별도의 권고 사항을 개략적으로 설명한다. 공식적인 진단을 통해 개별화 교육 프로그램(IEP)을 제공받든, 비공식적으로 담임교사가 살피고 해결하든 간에 공립학교 교실에는 대개 이러한 장애를 가진 학생이 있다. ASCA 국가 모델(ASCA, 2012)이 포괄하는 모든 학생을 대상으로 하기 위해 학교상담자는 특수교육 대상자의 요구도 반영하여 모든 학생에게 유익한 학급적용 상담교육 수업을 설계해야 한다. 학급적용 상담교육 수업을 설계할 때 특수교육 대상자의 요구를 반영하기 위한 네 가지의 권장 단계를 개략적으로 설명한다.

• 1단계

특정 학급을 위한 학급적용 상담교육 수업을 설계할 때, 학교상담자는 현재의 IEP 대상자 목록에 접근할 수 있어야 한다. 이러한 학생의 목록은 SASI와 같은 학교 데이터베이스로부터 생성될 수 있다. 수업을 설계하기 전에 학생의 장애와 관련된 문서, 학생의 특성을 반영하여 조정된 수업 환경이 제공되고 있는지, 그리고 선생님과 보호자가 과거에 그 학생에게 어떤 전략을 사용했는지를 알기 위해 학생의 IEP를 검토하는 것이 중요하다. 이전에 사용된 전략을 살핌으로써 어떤 전략이 성공적이지 못했는지 뿐만 아니라 어떤 전략이 학생에게 잘 맞았는지를 파악할 수 있다. 학생의 IEP를 검토함으로써 학교상담자는 특정한 학생의 요구를 충족시키기 위해 어떻게 수업 계획을 설계해야 하는지 이해할 수 있다.

• 2단계

IEP의 내용을 검토해도 해당 학생에 대해 많은 정보를 얻을 수 있지만, 수업 계획을 세우고 있는 대상 학급의 담임교사와 상의하는 것도 도움이 된다. 예를 들어, IEP가 때로는 귀중한 자료를 제공하기도 하지만, 이러한 계획은 보통 1년에 한두 번만 업데이트된다. 그러나 교사를 통해서는 최근에 업데이트된 내용, 학생의 수업에서의 현재 수행 수준에 대한 정보, 명확히 드러난 요구와 이러한 요구를 해결하기에 잘 작동하는 전략에 대해 파악할 수 있다. 더욱이 교사와의 상담을 통해 학교상담자는 공식적으로 IEP에 의해 다루어지지 않을 수 있는 요구를 가진 학생에 대해 알 수 있다. 이러한 학생의 필요는 학급적용 상담교육을 위한 단원을 성공적으로 설계하기 위해서도 반드시 고려되어야만 한다.

윤리적 고려 사항

학생과 관련하여 교사와 이야기를 나눌 때 유의해야 할 윤리적 고려 사항은 무엇인가? 그러한 상담이 학생의 비밀 유지 위반에 해당하는가? 특수교육 대상자를 대상으로 할 때 해당 학생에게 맞는 성공적인 교육 전략을 파악하기 위해 교사와 대화하는 것은 매우 의미 있다. 상담 서비스 제공자로서 학교상담자는 학생을 위한 서비스 개선을 위해 다른 교육자와 의논할 수 있다. 상담 서비스 개선을 위해 필요한 최소한의 정보만이 논의된다면, 해당 논의는 비밀 유지 위반에 해당되지 않을 것이다. ASCA 윤리 기준 C.2.E.는 다음과 같이 강조한다.

학교상담자는 "개인적/사회적 발달 기술 수준이 높은 교사와 학교장 및 행정팀이 스트레스를 겪고 있는 학생을 지원하는 데 중요한 역할을 한다는 것을 인식하고, 학생에게 도움을 주기 위해 '알아야 할' 것만 신중하게 걸러내어 협력자에게 정보를 제공해야 한다. …… 기밀 정보를 공유할 때 주된 초점과 의무는 항상 학생을 향해 있다"(ASCA, 2010, p. 4).

• 3단계

학교상담자는 수업에서 특정 학생의 요구를 파악한 후, 그것을 충족하기 위해 새로운 혹은 기존의 수업을 어떻게 다시 설계할 수 있을지 검토할 수 있다. 이를 위해서 두 가지 접근법, 즉 차별화 교수(differentiated instruction) 혹은 보편적 학습 설계(universal design for learning)를 사용할 수 있다. Akos, Cockman과 Strickland는 차별화(differentiation)를 "교실의 모든 학생의 학습 요구를 공평하게 충족시키는 것을 목표로 하는 교수 철학"(2007, para. 1)으로 정의했다. 학습 활동을 약간 혹은 크게 수정함으로써 학교상담자는 모든 학생의 학습 요구를 수업에 반영할 수 있다. 학습 활동 설계가 학생별 능력 수준에 따라 어떻게 차별화될 수 있는지에 대한 예시는 〈표 6-5〉를 참조하라. 인터넷 자원을 활용한 진로 탐색에 대한 5학년 대상 학급적용 상담교육 수업 예시안이 다양한 요구를 가진 학생에게 어떻게 차별화될 수 있는지를 보여 준다. 이러한 제안은 단지 예시일 뿐이며, 단순한 진단 결과가 아닌 구체적인 요구에 기초하여 실제 학생을 위해 구체적으로 차별화되어야 한다는 점에 주목하라.

〈표 6-5〉 **차별화 교수 활동 설계**

학생의 요구 예시	차별화 교수를 위한 제안
읽기장애 (reading disability)	수업 중 헤드폰으로 녹음된 자료에 접근할 수 있도록 함
시각장애 (visual impairment)	친구와 함께 인터넷 자료를 검색할 수 있도록 스크린 리더 프로그램[1]을 사용할 수 있도록 함
주의력결핍 과잉행동장애 (ADHD)	수업지도안에 학생 도우미 업무를 포함시키고, 유인물 배포, 게시판에 글쓰기, 과제 모으기 등의 업무 중 일부를 해당 학생에게 맡김

보편적 학습 설계는 풍부한 테크놀로지를 활용할 수 있는 교육과정을 채택하여 학생이 자신의 학습 요구를 충족시킬 수 있는 다양한 선택권을 제공하는 접근법이다(Rose & Strangman, 2007). 보편적 학습 설계 교육과정은 발표 방법, 참여 방법, 표현 방법의 유연성을 강조함으로써 가능한 한 가장 광범위한 학습자가 성공적으로 학습할 수 있도록 설계된다(Wilson, 2012). 보편적 학습 설계 교육과정이 학습자에게 더욱 유연할 수 있는 한

1 스크린 리더 프로그램이란 컴퓨터나 모바일 화면의 텍스트를 TTS를 통해 읽어 주는 소프트웨어이다.

가지 이유는 텍스트보다는 디지털 미디어를 통합하는 경우가 많다는 점을 들 수 있다. 디지털 미디어는 텍스트 확대, 시각적 이미지 사용, 음성 녹음 등 학생이 접근할 수 있는 방식으로 콘텐츠를 맞춤화할 수 있게 한다. 또한 학생이 필요할 때 보조적 기술을 사용하고, 학생이 한 작업에 즉각적인 피드백을 제공하며, 콘텐츠 제시 후 학생의 지식을 점검할 수 있도록 설계할 수 있다(Rose & Strangman, 2007).

차별화 교수와 보편적 학습 설계는 교실에서 모든 학생이 성공적으로 학습할 수 있도록 교육과정을 조정해야 한다는 입장을 취하지만, 접근 방식에는 차이가 있다. 〈표 6-6〉은 두 접근 방식의 주요한 차이점을 보여 준다(Kristin, 2013; Wilson, 2012).

〈표 6-6〉 차별화 교수와 보편적 학습 설계 접근 간의 전반적인 차이

차별화 교수	보편적 학습 설계
학생이 경험하는 학습의 장애물을 형성평가로 파악한 뒤, 이에 대응하기 위해 교육과정을 수정	학생이 어려움에 직면할 것을 예상하여 처음부터 교육과정에 수정 사항을 포함
학생의 요구를 충족시키기 위해 테크놀로지를 다른 자원들과 동일한 빈도로 활용	학생의 요구를 충족시키기 위해 테크놀로지 활용을 자주 강조
학생에게 다양한 학습 기회를 제공할 것을 강조	학생이 학습에 적합한 선택을 하는 방법을 가르치는 유연한 학습 기회 제공을 강조

• 4단계

마지막으로 차별화 교수 또는 보편적 학습 설계를 사용하여 학급적용 상담교육 수업 계획을 설계한 후, 수업에 대한 중간 평가 및 마지막 평가를 하는 것이 유익하다. 특수교육 대상자가 어떻게 수업에 참여하는지 관찰하고, 이후 그 학생을 대상으로 수업할 때나 다른 학급에서 그 수업을 실행할 때 수정이 필요한 사항을 문서화해야 한다. 설계, 실행, 그리고 평가의 지속적인 순환 과정은 학급적용 상담교육 수업 전반과 특히 수업 내의 차별화를 개선하는 데 도움이 될 것이다.

수업 준비와 조직

학교상담자가 학교상담 핵심 교육과정에 기초하여 발달 및 다문화적으로 적절한 학급적용 상담교육 단원을 설계할 때, 학생의 학업, 진로 및 사회/정서적 발달을 향상시킬 수 있는 좋은 위치에 있다고 할 수 있다. 그러나 초심 학교상담자는 매우 잘 설계된 학급직용 상담교육 수업을 시행하는 것조차 불안하고 위협적으로 느낄 수 있다. 그러나 충분한 준비와 계획이 있다면 그러한 위협은 사라질 수 있다. 학급적용 상담교육 수업 준비는 수업이 최대한 부드럽게 진행될 수 있게 하여 학교상담자의 자신감을 북돋울 수 있다. 준비는, 첫째, 수업지도안 검토, 둘째, 교사들과의 소통, 셋째, 자료 준비로 정리할 수 있다.

잘 설계된 학급적용 상담교육 수업을 실행하기 위해서는 해당 수업에 대한 수업지도안이 있어야 한다. 사전 준비 없이 수업을 진행하고 싶은 유혹을 느낄 수도 있지만, 계획되지 않은 수업에서는 학교상담 핵심 교육과정의 기본적인 내용, 기준, 학습목표가 누락될 수 있다. 수업지도안 없이 학급적용 상담교육 수업을 진행하는 것은 학생에게 학교상담 프로그램의 여타 수업, 단원 및 목표와 동떨어진 비효과적인 학습 경험을 제공하게 된다. 학급적용 상담교육 수업을 준비하기 위해 학교상담자는 학교상담 핵심 교육과정에 기초한 유의미한 학습목표와 학생 성취도 기준과 관련된 성과를 포함하는 사려 깊은 수업 계획을 작성했는지 확인해야 한다. 수업 실시 일주일 전에 수업지도안을 다시 읽고 검토해야 한다. 만약 수업이 이전에 실행된 적이 있다면, 당시 잘된 것과 그렇지 않았던 것을 바탕으로 조정할 수도 있다. 만약 학교상담자가 준비하고 있는 수업의 대상 학년과 다른 학년의 학생에게 수업이 진행된 적이 있다면, 발달상 고려해야 할 점을 감안하여 그에 따라 수업을 조정해야 한다. 가장 익숙한 수업지도안을 사용할 때에도 예정된 수업일 최소 일주일 전, 하루 전, 한 시간 전에 학급적용 상담교육 수업지도안을 다시 읽는 것이 유용하다. 이러한 반복은 학교상담자가 수업 설계와 내용을 숙지할 수 있도록 도와주며, 수업을 조율하고(또는) 자료를 준비해야 하는 경우에 충분한 시간을 가질 수 있게 한다.

교사와의 소통도 학급적용 상담교육 수업을 준비할 때 무엇보다 중요하다. 수업이 예정된 요일, 수업의 시작 시간과 끝나는 시간, 수업 주제에 대해서 교사가 필수적으로 알고 있어야 한다. 학교상담자가 교사에게 수업의 학습목표를 알려 주면, 예정된 상담교육 수업 전후로 교사가 그와 관련된 주제를 자신의 수업과 연계하고 프로젝트에서 다룰 가능성이 높다. 수업 일정 조율 및 수업 주제에 대해 교사와 소통하는 것뿐 아니라, 수업에서 만날 학생에 대해 교사와 소통하는 것도 동일하게 중요하다. 학교상담자는 학급의 학생 집단에 대해 미리 알아야 하며, 각 학급의 담임교사는 누구보다도 이에 대해 잘 알고 있을 것이다. 앞서 언급했듯이, 학교상담자는 도움이 필요한 학생뿐만 아니라 특정 주제에 민감할 수 있는 학생을 위한 대비를 해야 한다. 예를 들어, 학교상담자가 자해에 대해 학급적용 상담교육 수업을 진행하고 있다면, 자해(self-harm) 또는 자해 행동(self-injurious behavior)에 대해 가족 내에서 또는 개인적인 경험을 한 학생이 있는지 아는 것이 중요할 것이다. 그러한 학생은 수업 주제에 대해 사전 공지를 받는 것만으로도 도움을 받을 수도 있고, 희망하면 수업에 참여하지 않을 수도 있다. 학교상담자와 교사가 소통을 해야 이러한 계획을 미리 세울 수 있다.

마지막으로 학급적용 상담교육 수업이 성공적으로 진행될 가능성을 높이기 위해서는 예정된 수업 전에 필요한 모든 자료를 잘 정리해야 한다. 유인물 인쇄, 프레젠테이션 설계, 또는 학습 활동을 위한 교구 정리가 포함될 수 있다. 자료를 준비하면서 시간 여유가 있다면, 추가적인 학습 활동 한두 개를 준비하는 것도 좋을 것이다. 일부 학교상담자는 학습 활동을 너무 조금 준비하는 것보다 한 수업에서 많은 학습 활동을 하는 것이 더 효과적이고 덜 불안하다고 믿는다. 수업 시간이 부족하다면 한두 가지 학습 활동을 제외한 뒤 마무리하기 전에 결론 부분으로 넘어갈 수 있다. 계획된 학습 활동과 추가적인 학습 활동을 위한 자료를 포함한 모든 자료는 학급적용 상담교육 수업일 이전까지 정리되어야 한다.

수업지도안 검토, 교사와의 소통, 자료 준비를 통해 학교상담자는 자신감을 갖고 학생과 함께 발달을 고려한 학급적용 상담교육 수업을 할 준비가 되어 있어야 한다. 요구사정 자료와 학교상담 핵심 교과과정에 기반한 학급적용 상담교육 수업을 이끌어 감으로써 학교상담자는 학생의 성공적인 학업, 진로 및 사회/정서적 발달을 위해 필요한 지식, 기술, 인식을 개발하는 것을 도울 수 있다.

결론

학교상담 핵심 교육과정의 설계는 쉬운 일이 아니다. 요구사정 실행, 요구사정 자료 평가, 단원 구성, 기준에 맞는 학습목표 조정, 발달 및 다문화적으로 적절한 수업 계획을 세우는 것이 필요하다. 그러나 잘 설계된 학교상담 핵심 교육과정의 이점은 이러한 수고를 훨씬 넘어선다. 주 정부, 학구 혹은 학교 내의 학교상담부가 종합적인 학교상담 핵심 교육과정을 만든다면, 시간의 흐름에 따라 학생 집단의 변화하는 요구에 대응하기 위해 교육과정을 조정할 수 있다. 그러한 교육과정의 기반을 구축하는 것은 신중하게 생각하고 실행해 볼 만한 가치가 있는 귀중한 도구이다.

요약

학교상담 핵심 교육과정은 학교상담자가 종합적인 상담교육 프로그램을 구축하기 위한 청사진 역할을 한다. 이상적으로 이 교육과정은 여러 학교 이해 관계자 집단의 의견을 탐색한 자료 및 인식 기반 요구사정에 기초한다. 학교상담 핵심 교육과정은 학급적용 상담교육 수업을 위한 조직화된 단원, 학습목표, 수업 계획 등으로 구성된다. 이러한 수업을 설계할 때 학교상담자는 학생의 발달적 · 다문화적 · 특수교육적 요구를 인지해야 한다. 학교상담 핵심 교육과정에 대한 지식을 종합하여 〈연습문제 6-5A〉와 〈연습문제 6-5B〉의 내용에 대해 생각해 보라.

연습문제 6-5A

학교상담 핵심 교육과정에 대한 지식 종합하기

1. 초등학교, 중학교, 고등학교에 근무하는 학교상담자를 대상으로 학교상담 핵심 교육과정에 대해 인터뷰하라. 이 교육과정은 어떠한지, 누가 설계했는지, 어떻게 사용하는지, 얼마나 자주 갱신되는지에 대한 질문을 하라.
2. 인터뷰 대상이 된 학교상담자에게 학급적용 상담교육 수업 계획을 보여 줄 수 있는지 물어보라. 각 수업 계획을 깊이 있게 살펴보라. 각 수업 계획에 어떠한 발달상 또는 다문화적인 고려가 이루어지는가? 수업 방식에 있어서 어떤 차이가 있는가?

3. 당신이 검토한 예시로부터 배운 바를 바탕으로 당신만의 학급적용 상담교육 수업지도안을 설계하라. 당신이 선택한 학년의 학급에 가르칠 주제 하나를 선택하라. 수업에 적절한 학습목표를 반드시 포함하고, 'ASCA 학생의 성공을 위한 마음가짐 및 행동'에서 수업 중 다룰 수 있는 몇 가지 항목을 제시하라.
4. 2~3명 정도 규모의 소집단을 구성하고 당신의 교실 수업을 다른 사람의 것과 비교해 보라. 당신이 제안한 여러 계획 간의 차이점을 기록하고, 당신의 수업 계획에 다른 사람이 포함한 요소를 추가하는 것을 고려해 보라.

연습문제 6-5B

학교상담 핵심 교육과정에 대한 지식 종합하기

당신은 중학교에서 일하는 학교상담자로, 7년간 같은 학교에서 일했다. 올해 새로운 학교장이 부임했는데, 그녀는 최근 당신의 상담 프로그램에 대한 변경 사항을 제안하기 시작했다. 가장 최근에는 당신을 회의로 불러 더 이상 정기적으로 학급적용 상담교육 수업을 하는 것을 원하지 않는다고 설명했다. 대신 대부분의 시간을 상담실에 있으면서 개인 또는 집단 상담을 하고, 위기 사안으로 필요한 경우에만 학급적용 상담교육 수업을 하기를 원했다.

1. 학교장의 피드백에 어떻게 반응할 것인가?
2. 당신은 학급적용 상담교육 수업 계획을 학교장에게 보여 주고 수업 실시의 가치를 어떻게 알릴 수 있는가? 학급적용 상담교육 프로그램 개발에 대한 관련 연구를 어디서 찾을 것이며, 학교장에게 학급적용 상담교육 프로그램 개발의 가치를 어떻게 제시할 것인가?
3. 'ASCA 학생의 목적 달성을 위한 마음가짐 및 행동'을 활용하여 학교장에게 학급적용 상담교육 수업의 가치를 어떻게 입증할 수 있을까?

핵심 정리

- 학교상담 핵심 교육과정은 학교상담자의 학급적용 상담교육 단원과 수업지도안의 토대이다. 학교상담 핵심 교육과정에는 학습목표에 기반하고 단원으로 구성된 발달을 고려한 수업지도안이 포함된다.
- 학교상담 핵심 교육과정은 자료 중심 및 인식 기반 요구사정을 통해 얻은 자료에 기반해야 한다. 인식 기반 요구사정은 설문지, 인벤토리, 개방형 설문지 등의 형태를 취할 수 있으며, 온라인 또는 지필로 진행할 수 있다. 이상적으로 인식 기반 요구사정은 학생의 요구에 대한 다양한 관점을 얻기 위해 여러 학교 이해관계자 집단을 대상으로 실시된다.
- 요구사정 평가 자료가 확보되면 학교상담자는 이러한 자료를 활용하여 교육과정에 대한 기준을 명확히 하고, 단원을 유목화하고, 학급적용 상담교육의 수업별 학습목표를 결정해야 한다.
- 백워드 설계 모형은 세 단계로 구성된 수업 계획 모형으로, 각 단계는 다음과 같다. ① 의도된 결과나 목표를 파악하기, ② 수업 목표와 관련하여 학생의 학습과 이해를 평가하는 방법을 결정하기, ③ 수업을 위해 명시된 목표를 중심으로 학생의 학습을 촉진할 수 있는 발달적으로 적절한 학습 활동을 기획하고 확인하기이다.
- 학급적용 상담교육 수업지도안에는 도입, 발달을 고려한 활동, 마무리가 포함되어야 한다.
- 학교상담자는 학급적용 상담교육 수업을 설계할 때 학생의 발달 수준, 다문화적 배경, 특수교육에 대한 요구 등을 고려해야 한다.
- 학교상담자는 수업지도안을 검토하고, 교사와 소통하며, 수업에 필요한 모든 자료를 미리 준비함으로써 학급적용 상담교육 수업을 가장 잘 준비할 수 있다.

참 / 고 / 문 / 헌

Akos, P., Cockman, C. R., & Strickland, C. A. (2007). Differentiating classroom guidance. *Professional School Counseling, 10*, 455-463.

American School Counselor Association (ASCA). (2010). *Ethical standards for school counselors*. Alexandria, VA: Author.

American School Counselor Association (ASCA). (2012). *The ASCA national model: A framework for school counseling programs* (3rd ed.). Alexandria, VA: Author.

American School Counselor Association (ASCA). (2014). *ASCA mindsets & behaviors for student success: K-12 college- and career-readiness standards for every student*. Alexandria, VA: Author.

Banks, J. A. (1993). Multicultural education: Development, dimensions, and challenges. *Phi Delta Kappan, 75*, 22-28.

Banks, J. A. (2004). Multicultural education: Historical development, dimensions, and practice. In J. A. Banks & C. M. Banks (Eds.), *Handbook of research on multicultural education* (pp. 3-29). San Francisco, CA: John Wiley & Sons.

Bloom, B. S., Engelhart, M. D., Furst, F. J., Hill, W. H., & Krathwohl, D. R. (1956). *Taxonomy of educational objectives: Cognitive domain*. New York, NY: McKay

Bruneau, L., & Protivnak, J. J. (2012). Adding to the toolbox: Using creative interventions with high school students. *Journal of School Counseling, 10*, 1-27.

Childre, A., Sands, J. R., & Pope, S. T. (2009). Backward design. *Teaching Exceptional Children, 41*(5), 6-14.

Council for Accreditation of Counseling & Related Educational Programs (CACREP). (2009). *2009 standards for accreditation*. Alexandria, VA: Author.

Dahir, C. A., & Stone, C. B. (2003). Accountability: A M.E.A.S.U.R.E. of the impact school counselors have on student achievement. *Professional School Counseling, 6*, 214-221.

Elligan, D. (2000). Rap therapy: A culturally sensitive approach to psychotherapy with young African American men. *Journal of African American Men, 5*, 27-36

Erford, B. T. (2007). Accountability. In B. T. Erford (Ed.), *Transforming the school counseling profession* (pp. 236-278). Upper Saddle River, NJ: Pearson Education.

Erford, B. T., & McKechnie, J. A. (2004). How to write learning objectives. In B. T. Erford (Ed.), *Professional school counseling: A handbook of theories, programs, and practices* (pp. 279-286). Austin, TX: PRO-ED.

Gardner, H. (1999). *The disciplined mind*. New York, NY: Simon & Schuster.

Goodnough, G. E., Pérusse, R., & Erford, B. T. (2007). Developmental classroom guidance. In B. T. Erford (Ed.), *Transforming the school counseling profession* (pp. 142-167). Upper Saddle River, NJ: Pearson Education.

Grothaus, T. (2012). Multiculturalism and the ASCA national model. In T. Grothaus (Ed.), *ASCA national model: A framework for school counseling programs* (3rd ed., pp. 37-39). Alexandria, VA: American School Counselor Association.

Gysbers, N. C., & Henderson, P. (2000). *Developing and managing your school counseling program* (3rd ed.). Alexandria, VA: American Counseling Association.

Haag Granello, D. (2000). Encouraging the cognitive development of supervisees: Using Bloom's taxonomy in supervision. *Counselor Education and Supervision, 40*, 31-47.

Herring, R. D., & White, L. M. (1995). School counselors, teachers, and the culturally compatible classroom: Partnerships in multicultural education. *Journal of Humanistic Education and Development, 34*, 52-64.

Kohlberg, L. (1973). The claim to moral adequacy of a highest stage of moral judgment. *Journal of Philosophy, 70*, 630-646.

Kristin. (2013, February 12). *Similarities and differences between universal design for learning and differentiated instruction* [web log post]. Retrieved March 30, 2015, from http://kristinspe322.wordpress.com/2013/02/12/similarities-and-differences-between-universal-design-for-learningand-differentiated-instruction/

Oberman, A. H. (2010). The accountability component and the school counselor-in-training. In J. Studer & J. Diambra (Eds.), *A guide to practicum and internship for school counselors-intraining* (pp. 133-145). New York, NY: Routledge.

Pedersen, P. B. (1991). Multiculturalism as a generic approach to counseling. *Journal of Counseling and Development, 70*, 6-12.

Riener, C., & Willingham, D. (2010). The myth of learning styles. *Change: The magazine of higher learning*. Retrieved March 31, 2015, from http://www.changemag.org/Archives/Back+Issues/September-October+2010/the-myth-of-learning-full.html

Rose, D. H., & Strangman, N. (2007). Universal design for learning: Meeting the challenge of individual learning differences through a neurocognitive perspective. *Universal Access in the Information Society, 5*, 381-391.

Schmidt, J. J. (2003). *Counseling in schools: Essential services and comprehensive programs* (4th ed.). Boston, MA: Allyn & Bacon.

Siegler, R. S., DeLoache, J. S., & Eisenberg, N. (2011). *How children develop* (3rd ed.). New York, NY: Worth.

Skowron, J. (2006). *Powerful lesson planning: Every teacher's guide to effective instruction* (2nd ed.). Thousand Oaks, CA: Corwin.

Sleeter, C. E., & Grant, C. A. (2009). *Making choices for multicultural education: Five approaches to race, class, and gender*. Hoboken, NJ: John Wiley & Sons.

Wiggins, G. P., & McTighe, J. (1998). *Understanding by design*. Alexandria, VA: Association for Supervision and Curriculum Development.

Wiles, J., & Bondi, J. C. (1984). *Curriculum development: A guide to practice* (2nd ed.). Columbus, OH: Merrill.

Wilson, L. (2012). *Universal design for learning FAQ*. Retrieved March 30, 2015, from http://www.montgomeryschoolsmd.org/departments/hiat/FAQs/udl_faq.shtm

CHAPTER 07

학급적용 상담교육의 전달, 평가, 분석 및 결과 보고

Amy W. Upton

Julie는 7학년 학생을 담당하는 중학교 상담자이다. 6학년과 8학년 학생을 담당하는 두 명의 상담자가 또 있다. 최근에 7학년 담당 교사 중 몇몇이 찾아와 7학년 학생이 심각한 갈등 때문에 주의가 산만해지는 것에 대해 Julie와 이야기를 나누었다. 학생은 상황에 대해 교사가 모르게 하려고 하고 있지만, 그 행동은 교사의 수업에 영향을 주고 있었다. 7학년을 담당하는 교사 중 몇 사람과 이야기를 나눈 후 Julie는 문제를 해결할 방법을 찾아야겠다는 결심을 하고, 교사를 대상으로 그들이 관찰한 행동에 관한 짧은 설문조사를 실시함으로써 비공식적인 요구사정을 진행하기로 했다. Julie는 수업 성적, 출석률, 연계 현황을 살펴보고 상대적으로 더 많은 문제가 있는 것으로 보이는 학급이 있는지 파악했다. 이러한 자료를 수집한 뒤 갈등 조정과 학교폭력에 관한 학급적용 상담교육을 위한 단원을 개발해야 한다는 결정을 내렸다. Julie는 3차시로 이루어진 단원을 설계하고, 7학년 담임교사와 일정을 조율했다. 첫 수업의 도입에서 학교폭력과 갈등 해결에 대한 학생의 선행 지식을 알 수 있는 사전 검사를 실시했다. 단원에 대한 수업을 모두 마친 후, 학생이 얻게 된 학교폭력과 갈등 해결에 대한 지식을 평가하는 사후 검사를 완료하도록 했다. Julie는 결과를 분석한 뒤 정말로 수업 후에 학생이 알게 된 지식이 늘었다는 것을 알게 되었다. 수업 몇 주 후, 변화가 있었는지 파악하기 위해 교사에게 관찰한 내용에 대해 묻고, 성적, 출석률 관련 자료, 연계 현황을 다시 살펴보았다. 교사의 수업 중 주의 산만함에 대한 보고가 줄어들고 성적이 약간 증가한 것을 통해 학급적용 상담교육이 잠정적으로 효과가 있음을 알게 되었다.

Julie는 학급적용 상담교육 단원과 수업의 방향을 이끌어 내기 위해 자료를 활용했다. 또한 자료를 활용하여 수업이 학생의 행동에 영향을 미치는지 파악하고, 학급적용 상담교육 프로그램 개발에 영향을 미칠 수 있는 다양한 수업 도구를 사용했다. 모든 자료를 수집하여 분석한 뒤, Julie는 학교장 및 행정팀과 학구 관리자(disctrict supervisor)를 위한 약식 보고서를 작성하고 연간 프로그램 평가에 포함시켰다. 또한 이 보고서의 요약본은 월간 상담 소식지로 교사와 학부모에게 전달되었다. 제7장의 학습 내용은 다음과 같다.

- 학급적용 상담교육 프로그램 개발의 시행을 위한 준비 단계를 목록화할 수 있다.
- 학급적용 상담교육 수업을 차별화하기 위한 개인과 집단의 요구를 파악할 수 있다.
- 학급적용 상담교육의 차별화 전략이 무엇인지 알 수 있다.
- 학급적용 상담교육 프로그램을 개발 및 실행할 때 자료 수집이 필수적인 이유를 설명할 수 있다.
- 학급적용 상담교육 프로그램의 개발과 관련하여 수집할 수 있는 여러 유형의 자료를 나열하고, 이러한 자료가 어떻게 사용될 수 있는지 설명할 수 있다.
- 자료 분석 결과를 이해관계자에게 보고하는 것의 이점을 파악할 수 있다.
- 종합적인 학교상담 프로그램과 학급적용 상담교육 프로그램 개발에 대한 자료 평가와 분석이 학교상담자의 수행평가에 어떤 영향을 미칠 수 있는지 설명할 수 있다.

학급적용 상담교육 프로그램 개발은 미국학교상담자협회(ASCA)의 국가 모델의 전달 방식 중 하나이며, 학교 내 모든 학생을 대상으로 서비스를 제공한다는 점에서 종합적인 학교상담 프로그램의 핵심 요소로 간주된다(ASCA, 2012). 관련 수업과 단원은 학생의 학업, 진로 및 사회/정서적 발달의 세 가지 영역으로 분류된다. 매년 학년별로 학생에게 제공되는 수업이 있지만, 다음 연도의 학급적용 상담교육 프로그램 개발과 관련된 요구를 알아내기 위해 학교상담자는 요구사정을 포함하는 연간 프로그램 평가를 수행해야 한다. 학급적용 상담교육 일정을 확정하기에 앞서 학생과 학교 공동체의 요구를 파악하는 것은 프로그램에 대한 책무성을 구축하는 중요한 첫 단계이다. 확인된 특정 요구를 해결하기 위해 적절한 단원과 수업을 선정하거나 재구성하는 것은 이러한 책무성을 더욱 강화할 것이다. 적절한 수업은 학구의 상담교육 과정(제공되는 경우), ASCA의 회원용 웹사이트, 출판된 논문 및 책과 같은 외부 자원, 동료와의 논의, 특정 요구에 맞는 학습이나 수업 계획을 직접 설계하는 것 등을 통해 이루어질 수 있다. 학급적용 상담교육 수업, 목표, 목적 및 성과 측정은 학생의 요구에 맞춰 조정되어야 한다. 학교상담자는 학급적용 상담교육 수업의 성과를 'ASCA 학생의 목적 달성을 위한 마음가짐 및 행동' 표준(ASCA, 2014a)에 나타난 지식, 기술 및 태도와 연결할 수 있다.

요구를 확인하고 나면 단원과 수업이 선정 또는 재구성되고, 전달을 위한 교실 수업 일정이 결정되면 다음 단계는 내용 전달이다. 학교상담자는 학생 개인 및 집단의 학습 요구를 확인하면서 특정 학년 수준에 맞게 내용을 전달하는 방법을 결정한다. 학교상담 프로그램을 설계할 때는 형평성(equity)의 원칙을 지켜야 한다. 즉, 학교상담자는 각 학생이 필요로 하는 상담교육 서비스를 제공한다.

학급적용 상담교육 프로그램의 진행

교실로 들어가기 전, 학교상담자는 수업 진행에 대해 여러 결정을 내려야 한다. 학급적용 상담교육 수업의 성공적인 전달을 위해서는 적절한 계획이 필수적이다. 학교, 환경, 학교 공동체의 요구, 가용한 자원, 학교상담자와 교사 및 주요 이해관계자 간의 관계에 기초하여 수업 계획과 관련된 결정을 내린다. 많은 학구가 지역 기반으로 관리되며, 학교상담자에 대한 환경은 학구에 따라 매우 달라 보일 수 있다. 학교상담자 대 학생의 비율은 매우 다양할 수 있으며, ASCA의 권장 비율 1:250에 가까운 학교도 있다. 이러한 배치 상황에서 학교상담자는 종종 학급적용 상담교육 수업을 전달하기 위해 여러 교실을 이동하게 된다. 학교상담자는 한 곳에서 다른 곳으로 이동해야 해서 수업에 필요한 도구 또는 자료를 카트에 넣어 끌고 다녀야 할 수도 있다. 다른 환경에서는 학급적용 상담교육 전용 교실이 배당될 수도 있다. 이러한 상황에서는 교사가 학교상담자가 있는 교실로 학생을 이동 지도할 것이다. 전용 교실로 학생이 오는 상황이라면, 교실을 상담교육 교육과정과 관련된 자료로 세팅할 수 있게 되어 학교상담자는 상담교육에 필요한 모든 자료를 가까이에 둘 수 있다. 학급적용 상담교육 수업을 위한 공간 설정은 자료의 접근성과 환경 설정의 안정성을 토대로 결정된다. 학교상담자가 제공받은 공간에 따라 매년, 분기별로, 또는 각 수업별로 학급적용 상담교육 수업용 교실의 공간 설정에 대한 결정을 내린다. 학급적용 상담교육을 실시하기 위한 교실 배정이 먼저 결정되기는 하지만, 각 수업을 위해 필요한 것에 대해서는 수업별로 추가적인 결정을 내려야 한다.

먼저 수업 관련자에 대한 판단을 내려야 한다. 학급적용 상담교육 수업 진행을 담당할 사람은 누구인가? 학생은 누구이며, 학생의 개별적인 학습 요구는 무엇인가? 학급적용 상담교육 수업 전달과 관련된 결정에 수업 대상이 자주 영향을 미친다. 학생의 요구,

학급의 요구, 학교 전체의 요구에 따라 학교상담자가 선택하는 전달 방식이 달라져야 한다. 둘째, 학교상담자는 수업 방식을 결정해야 한다. 수업은 어떻게 전달되어야 하는가? 모든 학생이 수업에 흥미를 갖고 기대하면서 학습할 수 있도록 교수와 활동을 어떻게 차별화해야 하는가? 수업의 특정 부분에 얼마나 많은 시간을 할애할 것인가? 마지막으로 수업이 성공적이었는지 어떻게 알 수 있는가?

종합적인 학교상담 프로그램은 학교 구성원 모두를 대상으로 삼는 학교 전체를 아우르는 범학교적 프로그램(schoolwide program)이어야 한다. 학급적용 상담교육 프로그램 개발은 종합적인 상담교육 과정 전달을 위한 수단을 제공한다. 학교상담자가 개별적으로 교육과정을 전달하거나 담임교사와 함께 공동 수업을 진행할 수도 있다. 누가 학급적용 상담교육 프로그램을 전달할 것인지 결정되면, 학교상담자는 개별 학생의 요구를 파악하여 학생의 학습 과정을 성공적으로 차별화하기 위한 방법을 설계할 필요가 있다.

수업 전달 방식에 대한 첫 결정은 교실에 들어가기 전에 내려야 한다. 학교상담자 주도의 강의식 수업, 전체 집단 토론, 모둠 활동, 토론과 피드백 중에서 어떤 방식으로 수업이 진행될지는 수업의 내용, 집단의 요구, 상담자 및/또는 공동 촉진자의 학습에 대한 선호나 철학에 따라 결정된다. 교실에 들어가기 전에 수업을 준비하고 필요한 모든 자료를 준비하는 것이 중요하다. 모둠 및 학급 토론이 주요 전달 방법인 경우에도 마찬가지이다. 학생 간 토론의 깊이가 부족할 것을 예상하여 부가적인 토론을 유도하기 위한 추가적인 활동을 준비해 두어야 한다. 그러나 각 방식에는 이점과 한계점이 있으며, 학생/학급/학교의 요구에 따라 혼합된 접근법을 활용하면 상담자는 담당하는 학생의 다양한 학습 스타일과 요구를 더 잘 충족하기 위해 교육 방식을 차별화할 수 있다.

차별화 학습 및 학습 양식

차별화 교수는 교실 내 모든 학생의 학습 양식, 능력 수준, 학습 준비도에 부합하는 다양한 수업 설계를 포함한다(Akos, Cockman, & Stricland, 2007). 학급적용 상담교육 프로그램 개발을 실행할 준비가 된 학교상담자는 학생의 학습 준비도를 판단하고, 학생의 개인차를 중시하며, 학생 개개인이 학습할 수 있도록 교수 설계를 해야 한다.

교실에 들어가기 전, 학교상담자는 개별화 교육 계획(IEP)이나 「재활법」 제504조를 통해 학생에게 제공되어야 할 편의 사항에 대해 알고 있어야 한다(504 계획). 교사가 특수교육 대상 학생에게 필요한 편의 사항을 제공해야 할 책임이 있듯이, 학교상담자도 마찬가지이다. IEP 또는 504 계획의 대상 학생의 특수교육 사례 관리자는 이러한 편의 사항을 제공해야 할 모든 교직원에게 사례 자료에 있는 각 사례 대상 학생의 편의 사항 정보를 제공해야 한다. 학교상담자는 학생의 요구가 간과되지 않도록 담임교사와 계속 소통해야 한다. 학교상담자는 학교 데이터베이스나 SASI와 같은 전자 포털을 통해 학생을 위한 편의 제공 계획(student's accommodations plans)을 찾을 수 있다.

능력에 관계없이 모든 학생은 다른 방식으로 학습한다(Akos et al., 2007). 어느 학생도 똑같지 않으며, 개인차에 주의를 기울일 필요가 있다. 또한 학생의 학습 스타일은 다양할 수 있다. 정보를 어떻게 얻는지에 따라 학습이 더 쉬워지기도 하고, 학생마다 학습에 대한 선호가 다를 수도 있다. 어떤 학생은 보기 또는 시각적 학습을 통한 학습을 선호한다. 이들은 읽거나 보는 정보를 이해하고 유지하는 것이 더 수월할 수 있다. 다른 학생은 제시된 정보를 듣고 학습하는 것에 대한 선호를 가질 수 있다. 이러한 청각 학습자(auditry learners)는 정보가 구두로 제시되는 것을 선호하며, 이러한 방식으로 정보를 이해하고 유지하는 것이 더 쉽다고 여길 수 있다. 마지막으로 정보와 신체적 또는 촉각적 상호작용(physical or tactile interaction)을 하는 것을 선호하는 학생이 있을 수도 있다. 이런 학생은 신체 활동을 하거나 신체 활동을 학습 과정과 연결하여 학습하는 것을 선호한다. 학생이 선호하는 학습 스타일은 이러한 여러 학습 스타일을 조합하여 구성되었다는 것을 기억하라. 학습 스타일의 존재 또는 중요성에 대해 문헌 내에서 약간의 의견 차이가 있지만(Reiner & Willingham, 2010; Threeon, Walter, & Evanowski, 2013), 교육 관련 문헌은 이를 뒷받침하는 것으로 보인다. 문헌에 따르면, 개인의 선호를 확인하기 위한 여러 학습 스타일 사정(learning style assessments)이 있다. 학생에게 학습 스타일 사정을 실시하면 학교상담자는 학생이 선호하는 학습 스타일에 대한 통찰을 얻을 수 있다. 학급적용 상담교육 수업의 차별화를 위해 학교상담자는 글쓰기나 말하기를 통한 수업을 제공하고, 개인 및 모둠 활동을 통해 수업 또는 활동 중에 학생이 신체적으로 움직일 수 있는 능동적 학습이 가능하도록 할 수 있다. 학교상담자는 학생이 선호하는 학습 스타일을 이해하고 선호되는 학습 스타일을 고려한 수업을 설계해야 한다. 학생의 학습 선호를 전자 또는 비전자 문서로 저장해 두면 모든 교직원이 이 자료에 접근하여 모든 학생의 요구가 수업을 통해 충족되는지 확인할 수 있다.

장애, 학습의 개인차, 선호하는 학습 스타일에 따라 다르게 나타나는 학습 요구(learning needs)는 교수 설계에 영향을 미친다. 학교상담자는 모든 학생에게 공평한 차별화 교수 설계를 위해 학생 문화와 더불어 문화가 학습 과정에 미칠 수 있는 영향도 고려하여야 한다. 학교상담자는 학생의 다문화 인식과 사회 정의 실천을 지속적으로 개발시키고, 학생의 학습과 앎의 방식에 영향을 미칠 수 있는 차이에 민감하게 반응하는 것도 필요하다.

효과적인 학급적용 상담교육 프로그램을 위해서는 적절한 계획과 실행이 필요하다. 학생과 학교 공동체의 요구가 무엇인지, 어떤 수업 또는 단원이 그 요구를 가장 잘 충족시켜 줄 것인지, 수업 또는 단원의 전달에 누가 참여할 것인지, 교수와 활동이 교실에서 학생의 준비도, 학습 요구, 학습 스타일 및 문화적 요구를 충족시키기 위해 어떻게 차별화될 것인지에 대한 결정이 이루어져야 한다. 이 모든 단계가 완료되면 학교상담자는 수업의 효과를 측정 및 평가하고 필요에 따라 조정하면서 학급적용 상담교육 프로그램을 전달하게 된다.

자료 수집

자료 수집은 종합적인 학교상담 프로그램과 학급적용 상담교육 실시 중에 지속적으로 이루어지는 과정이어야 한다. 학생의 요구와 성과에 관련된 자료를 프로그램의 근거로 삼으면 프로그램의 책무성을 입증하기 쉽다. 지금과 같은 교육적 책무성의 시대에 학교상담 서비스의 필요성과 적절성을 입증하고, 성과 자료와 결과로 교수를 뒷받침하며, 이해관계자에게 프로그램의 성공을 알리는 것은 학교상담자와 교사, 학교장 및 행정팀 모두에게 똑같이 필요한 일이다.

학급적용 상담교육 일정을 계획하기 전에 요구사정이 이루어져야 한다. 요구사정은 새학년 준비를 위해 학년 말, 학년 초, 또는 학년도 전체의 다양한 시점에 실시될 수 있다. 요구사정은 교사, 학생, 학교장, 행정팀 및 학부모를 대상으로 하는 개인 및 집단 인터뷰를 통해 질적 자료를 수집하는 방식으로 진행될 수 있다. 학교의 이해관계자가 인식하는 요구를 알아내기 위해 학교 커뮤니티에 공식적인 설문조사를 배포할 수도 있다. 때때로 교과 교사는 모든 수업 시간을 시험 대비에 할애하려는 경향이 있다. 그러나 출석 및 훈육에 대한 학교 전체의 자료 역시 학교상담자가 적절한 교육과정 및 수업을 선택하고, 학급적용 상담교육 시간에 대한 필요성을 정당화하는 데 도움을 줄 수 있다.

수업 또는 단원에 대한 평가

수업에 대한 초기 평가는 학교상담자가 수업의 목적과 목표를 학생의 요구와 사전 지식에 맞추려고 할 때 이루어진다. 목적과 목표가 확인되면 학생 수행 기준에 따른 성과도 유용한 정보가 되어야 한다. 학급적용 상담교육 수업을 시작하기 전, 학생의 수업 주제에 대한 친숙도를 사정할 수 있다. 특정 학생 집단의 요구를 확인하기 위한 한 가지 방법은 요구사정(학생, 교사, 학부모, 학교장 및/또는 행정팀으로부터 인식 자료를 수집하는 공식적인 과정)을 수행하는 것이다(Dimmitt, Carey, & Hatch, 2007). 상담자가 정보를 수집할 수 있는 상대적으로 덜 포괄적이거나 덜 공식적인 방법으로 단순히 주제에 대해 이미 알고 있는 것을 구두로 묻는 것, 주제의 다양한 요소에 대한 학생의 친숙도 수준을 알 수 있는 사전 검사를 제공하는 것 등이 있다. 주제에 대한 학생의 앎의 수준이 파악되면 수업에서 집중하여 다룰 정보의 양과 깊이를 결정할 수 있다. 수업이나 단원이 전달된 후 해당 수업이나 단원에 대한 평가를 통해 학교상담자는 학교상담 프로그램을 효과적인 방법으로 더욱 향상시킬 수 있다.

ASCA 국가 모델(2012)에서는 학교상담자가 각 수업에 대한 여러 자료를 수집하는 데 도움을 줄 수 있는 학교상담 핵심 교육과정 결과 보고서 양식(〈부록 7-1〉 참조)을 제공하고 있다. 과정 자료는 다음과 같은 질문을 통해 수집할 수 있다. 당신의 수업을 몇 명의 학생이 들었는가? 학생은 수업 전에 주제에 대해 무엇을 알고 있거나 알고 있었다고 생각하는가? 학생은 수업 후 주제에 대해 무엇을 알고 있거나 알고 있었다고 생각하는가? 어떤 주제에 대한 생각, 태도, 신념은 무엇인가? 이러한 자료를 통해 당신이 운영하는 학교상담 프로그램을 지지하는 기록을 얻을 수 있고, 모든 학생에게 상담교육 서비스를 제공하도록 설계되었음을 보여 줌과 동시에 이러한 수업의 영향을 입증할 수 있다. 학급적용 상담교육 수업을 위해 인식 자료를 모으기 위한 수단으로 사전 · 사후 검사 및 설문조사와 같은 추가적인 조치를 시행할 수도 있다. 마지막으로 출석률, 교칙 위반에 의한 의뢰, 평균 성적 및 졸업률과 같은 결과 자료는 SASI(ASCA, 2012)와 같은 자료 관리 시스템을 통해 추가적인 학교 전체 자료에 접근하여 검토할 수 있다.

사전 검사 및 사후 검사

사전 검사와 사후 검사는 어떤 주제나 역량에 대한 참가자 집단의 친숙도를 측정하기 위한 도구이다. 사전 검사(pretests)는 학급적용 상담교육 수업과 같은 개입 전에 실시되며, 사후 검사(posttests)는 개입의 결과로 이와 같은 주제나 역량에 대한 집단의 인식 또는 친숙도의 변화를 측정하기 위해 개입 후에 실시된다(Creswell, 2008). 사전 검사는 학생의 사전 지식을 확인하여 수업의 깊이와 폭을 결정하는 데 사용될 수 있지만, 수업 전후의 학생의 지식을 비교하기 위한 자료로 사용될 수도 있다. 수업이나 단원에서 사전 검사와 사후 검사를 모두 사용하면 목표 달성 여부를 확인할 수 있는 자료를 얻을 수 있다. 대부분의 경우 수업이나 단원이 시작될 때 실시되는 사전 검사는 학생이 어떤 주제나 주제의 요소에 대해 친숙한지 또는 친숙한 정도는 얼마나 되는지를 묻는 질문으로 되어 있다. 사전 검사와 사후 검사는 학생이 알고 있다고 인식하는 것이 무엇인지에 대한 개방형 질문일 수도, 빈칸 채우기식의 질문일 수도 있다. 수집한 사전 검사 결과를 사후 검사 결과와 비교하여 학습이나 인식의 변화 여부를 확인한다(ASCA, 2012). 사후 검사 문항은 분석의 단순화를 위해 사전 검사 문항과 동일한 경우가 많다. 사전 검사와 사후 검사는 참/거짓, 다지선다, 또는 예/아니요 문항으로 구성될 수 있다(사전 · 사후 검사의 예는 [그림 7-1] 참조). 종이와 같은 자원과 시간 절약 차원에서 사전 검사와 사후 검사를 전자 문서로 관리하는 경우가 늘고 있다. 사전 검사와 사후 검사 자료를 전자 문서로 관리하면 분석을 위해 자료를 데이터 소프트웨어에 입력하지 않아도 된다는 장점이 된다. 사전 검사와 사후 검사 자료를 분석하는 데 사용할 수 있는 소프트웨어의 한 예로 '이지 애널라이즈(EZ Analyze)'를 들 수 있다.

설문조사

설문조사는 다양한 주제에 대해 다양한 모집단으로부터 자료를 수집하는 방법의 하나이다. 설문조사에서 일련의 질문을 통해 얻은 응답은 평가 및 측정을 위한 양적 자료로 활용된다(Creswell, 2009; Dimmitt et al., 2007). 학교상담자는 새로 설문조사를 만들거나 기존의 설문조사를 사용하여 대상자의 태도, 의견, 지식 또는 인식을 측정할 수 있다. 설문조사는 학교상담자가 하는 학급적용 상담교육 수업을 통해 학생이 지식과 기술을 배우고 있는지 확인하기 위해 학생, 교사 및 학부모를 대상으로 실시될 수 있다. 추가적으로 설문조사를 통해 특정 주제 또는 역량에 대한 관계자의 지식 및 태도에 대한 양적 및 질적 자료를 얻을 수 있다. 또한 학교 내 이슈 또는 어려움을 파악하기 위한 인식 자료를 수집하는 데 사용될 수 있다. 학교상담자는 설문조사를 활용하여 교내 학교폭력 실태 조사 이후 상담 지원의 필요성을 파악하거나 중학생이 고등학교 진학과 관련된 학업적 선택을 내렸는지 확인할 수 있다. 또는 설문조사로 우울증 및 대처 기술에 관해 알아볼 수도 있다. 설문조사는 종합적인 학교상담 프로그램의 요소가 효과적이고 학교 공동체의 요구를 충족하고 있는지에 대해 이해하는 데 도움이 될 수 있다. Young, Hardy, Hamilton, Biernesser, Sun과 Neibergall(2009)은 중학교에서 3개년에 걸쳐 실시한 학교폭력 예방 프로그램의 설문조사 및 사전 · 사후 검사 자료를 분석하여 논문을 발표했다. Young 등은 모집단의 요구(학교폭력 피해를 보고한 학생 수 및 전략의 보유에 대한 보고)를 파악할 수 있었고, 개입에 대한 평가를 내려 그에 따른 조정을 할 수 있었다. 이 논문은 학생의 신념, 태도, 인식된 지식에 대한 지속적인 자료 수집을 연계 및 출석과 같은 성취 관련 자료와 결합하여 프로그램을 개발하고 개선할 수 있는 학교상담 프로그램의 가능성을 보여 준다.

각 문장을 읽고 예 또는 아니요로 답변해 주시기 바랍니다.

1. 학교폭력이 어떤 것인지 안다.

   □ 예 □ 아니요

2. 언어폭력, 정서적 폭력, 신체폭력, 사이버 학교폭력의 차이를 알고 있다.

   □ 예 □ 아니요

3. 누군가가 나에게 학교폭력을 가한다면 내가 할 수 있는 세 가지를 말할 수 있다.

   □ 예 □ 아니요

4. 방관자가 무엇인지 안다.

   □ 예 □ 아니요

5. 만약 여러 사람이 나를 싫어한다고 말한다면 그것은 학교폭력이다.

   □ 예 □ 아니요

6. 만약 누군가가 나에게 학교폭력을 가한다면 나는 그들을 무시해야 한다.
   ☐ 예 ☐ 아니요

7. 누군가가 나에게 학교폭력을 가한다면 선생님이나 어른에게 말해야 한다.
   ☐ 예 ☐ 아니요

8. 만약 누군가가 반복적으로 나에게 악의적인 문자를 보낸다면, 나를 직접 만나서 말한 것이 아니기 때문에 학교폭력이 아니다.
   ☐ 예 ☐ 아니요

9. 누군가 학교폭력을 당하는 동안 내가 다른 학생과 함께 웃으면 나도 가해자이다.
   ☐ 예 ☐ 아니요

10. 나는 갈등을 해결하는 세 가지 방법을 알고 있다.
   ☐ 예 ☐ 아니요

[그림 7-1] 학교폭력 예방교육 사전·사후 검사 예시

설문조사는 학교상담자에 의한 프로그램 평가의 일환으로 연중 실시될 수 있다. 이를 통해 학교상담 프로그램과 관련하여 이해관계자들이 인지하는 이익, 손해, 요구에 대한 가치 있는 피드백을 얻을 수 있다. 이러한 정보는 학급적용 상담교육 교육과정에 대한 평가를 더욱 강화할 수 있다. 설문조사 결과는 학교 공동체의 요구에 맞춘 효과적인 학교상담 프로그램의 설계와 실행에 도움을 주는 또 다른 자료가 된다.

설문조사를 통해 수집된 자료를 평가하는 데 도움을 줄 수 있는 다양한 소프트웨어와 프로그램이 있다. 마이크로소프트 엑셀(Microsoft Excel)은 설문조사 자료의 결과를 평가하는 데 활용할 수 있는 프로그램이다. 엑셀로 자료를 분석하기 전에 스프레드시트(Spreadsheet)에 정리해야 하므로 이를 수행할 수 있는 역량이 요구된다. 이 외에도 SPSS(IBM 개발)와 구글(Google) 등에서 자료의 분석을 도울 수 있는 프로그램을 제공한다. 이지 애널라이즈는 사전·사후 검사로 수집한 자료를 입력하여 분석할 수 있는 상당히 사용자 친화적인 프로그램이다. 학생용 설문조사와 교사용 설문조사의 예는 다음의 [그림 7-2] [그림 7-3] [그림 7-4]에서 확인할 수 있다.

학생용 설문조사

1. 나는 우리 학교 상담선생님을 알고 있다.

□ 전혀 그렇지 않다 □ 그렇지 않다 □ 그렇다 □ 매우 그렇다

2. 상담선생님은 정기적으로 우리 반에 오셔서 학급적용 상담교육 수업을 하신다.

□ 전혀 그렇지 않다 □ 그렇지 않다 □ 그렇다 □ 매우 그렇다

3. 문제가 있으면 얘기할 사람이 있는 것 같다.

□ 전혀 그렇지 않다 □ 그렇지 않다 □ 그렇다 □ 매우 그렇다

4. 우리 반이나 학년에서 일어나는 갈등을 학생들끼리 잘 대처한다.

□ 전혀 그렇지 않다 □ 그렇지 않다 □ 그렇다 □ 매우 그렇다

5. 상담선생님은 우리 반 학생과 나에게 직업에 대해 이야기하셨다.

□ 전혀 그렇지 않다 □ 그렇지 않다 □ 그렇다 □ 매우 그렇다

6. 나는 흥미와 진로 선택의 관련성을 이해하고 있다.

□ 전혀 그렇지 않다 □ 그렇지 않다 □ 그렇다 □ 매우 그렇다

7. 상담선생님은 우리 반 학생들과 나에게 대학에 대해 이야기하셨다.

□ 전혀 그렇지 않다 □ 그렇지 않다 □ 그렇다 □ 매우 그렇다

8. 나는 학업과 대학 입학의 관련성을 이해하고 있다.

□ 전혀 그렇지 않다 □ 그렇지 않다 □ 그렇다 □ 매우 그렇다

9. 상담선생님은 나의 요구에 신속하게 대응하신다.

□ 전혀 그렇지 않다 □ 그렇지 않다 □ 그렇다 □ 매우 그렇다

10. 상담선생님은 학생에게 도움을 주시는 분인 것 같다.

□ 전혀 그렇지 않다 □ 그렇지 않다 □ 그렇다 □ 매우 그렇다

[그림 7-2] 학생용 설문조사

교사용 설문조사

1. 우리 학교 학생은 상담선생님을 찾아가기 쉽다.
   □ 전혀 그렇지 않다 □ 그렇지 않다 □ 그렇다 □ 매우 그렇다

2. 우리 학교 교사는 상담선생님을 찾아가기 쉽다.
   □ 전혀 그렇지 않다 □ 그렇지 않다 □ 그렇다 □ 매우 그렇다

3. 우리 학교 상담선생님은 학생과 함께 정기적으로 예정된 학급적용 상담교육을 실시한다.
   □ 전혀 그렇지 않다 □ 그렇지 않다 □ 그렇다 □ 매우 그렇다

4. 우리 학교 상담선생님은 학생의 요구와 관련된 특정 주제에 대한 수업 요청을 잘 받아 준다.
   □ 전혀 그렇지 않다 □ 그렇지 않다 □ 그렇다 □ 매우 그렇다

5. 우리 학교 상담선생님은 나를 포함한 다른 교사들과 협력한다.
   □ 전혀 그렇지 않다 □ 그렇지 않다 □ 그렇다 □ 매우 그렇다

6. 학생을 상담선생님에게 의뢰할 수 있고, 상담선생님은 이에 응할 것이다.
   □ 전혀 그렇지 않다 □ 그렇지 않다 □ 그렇다 □ 매우 그렇다

7. 상담선생님은 학생의 요구에 맞는 수업을 제공한다.
   □ 전혀 그렇지 않다 □ 그렇지 않다 □ 그렇다 □ 매우 그렇다

8. 나는 상담선생님의 역할을 이해하고 있다.
   □ 전혀 그렇지 않다 □ 그렇지 않다 □ 그렇다 □ 매우 그렇다

[그림 7-3] 교사용 설문조사

학교폭력 인식 관련 학급적용 상담교육 사전 · 사후 검사

1. 반복적으로 어떤 학생에게 기분이 상할 수 있는 별명을 부르고, 다른 학생들에게 악의적인 말을 퍼트리는 것은 ___________이다.
   ① 사이버 학교폭력
   ② 신체폭력
   ③ 관계적 폭력
   ④ 언어폭력

2. 반복적이고 의도적으로 누군가를 집단의 일원에서 배제하는 것은 ___________이다.
   ① 사이버 학교폭력
   ② 신체폭력
   ③ 관계적 폭력
   ④ 언어폭력

3. 소셜미디어에서 반복적으로 상처를 주거나 잔인한 댓글을 다는 것은 ___________이다.
   ① 사이버 학교폭력
   ② 신체폭력
   ③ 관계적 폭력
   ④ 언어폭력

4. 남을 불편하게 하는 행동을 의도치 않게 하거나 한 번만 하더라도 학교폭력에 해당된다.
   ① 참
   ② 거짓

5. 누군가가 학교폭력을 당하는 것을 조용히 보기만 하는 것(혹은 방관자가 되는 것)은 학교폭력에 아무런 영향을 미치지 않는다.
   ① 참
   ② 거짓

[그림 7-4] 학생용 학급적용 상담교육 사전 · 사후 검사

형성 및 질적 평가

지속적인 사정은 학교상담자에게 교육과정의 내용과 전달 방식에 관한 귀중한 정보를 제공할 수 있다. 출입 티켓(entrance and exit tickets), 엄지척하기(thumbs-up), 질문하기, 그리고 3-2-1 등이 형성평가(formative assessments)의 예이다. 출입 티켓은 학생에게 수업이 끝나고 교실을 나서기 전 또는 다음 상담교육 수업이 시작될 때 몇 가지 질문에 답하거나 수업과 관련된 간단한 활동을 완료하도록 하는 것이다. 4개년 학업 계획에 대한 수업의 입실 티켓으로 학생에게 학군에서 제공되는 다양한 종류의 졸업장의 목록을 작성하게 할 수 있다. 또한 대학 지원 과정에 대한 학급적용 상담교육 수업에서는 퇴실 티켓으로 대학 지원에 대해 이전에 알지 못했으나 새로 배운 세 가지 내용을 작성하도록 요구할 수 있다. 엄지척하기와 질문하기는 학생이 질문에 구두로 응답하거나 알고 있거나 동의하는 것에 대해 위로 엄지척하기, 이해하지 못하거나 동의하지 않는 경우에는 아래로 엄지척하기, 어느 쪽도 아닌 경우에는 옆으로 엄지척하기를 하도록 하는 지속적인 사정 방법이다. 갈등 조정에 대한 수업 중 학교상담자는 학생이 해야 할 일을 이해하면 위로 엄지척하기, 단계를 이해하지 못하면 아래로 엄지척하기, 이해는 하지만 여전히 질문이 있는 경우에는 옆으로 엄지척하기를 통해 갈등 극복을 위한 단계를 이해하고 있음을 나타내도록 지도할 수 있다. 단순히 학생에게 직접 구두 질문을 함으로써 학교상담자는 간단하게 질문 세션을 시작할 수 있다. 학생은 특정 주제에 대한 자신의 인식 또는 동의를 개별 화이트보드 또는 패들에 적은 뒤 들어 올려서 보여 줄 수 있다. 행복한/슬픈 얼굴과 같은 상징물이나 "이해했어요." "설명해 주세요."와 같은 말을 화이트 보드에 표현하여 수업이 진행되는 동안 학생이 자신의 이해도를 나타내게 할 수 있다. 이러한 사정 방법은 학생이 수업을 따라오며 이해하고 있는지 파악하기 위해 수업 내내 사용된다. 이를 통해 학교상담자는 학생이 필요로 하는 것에 집중하고, 수업의 특정 부분에 너무 적은 또는 많은 시간을 할애하는 것을 방지할 수 있다. 마지막으로 3-2-1 평가([그림 7-5] 참조)는 학생이 학습한 내용 세 가지, 동의하지 않거나 불분명한 사항 두 가지, 그리고 더 알고 싶은 것 한 가지를 수업 후에 간략히 작성하도록 함으로써 학교상담자에게 학생의 요구, 추후 학급적용 상담교육을 재구성하기 위한 정보를 제공한다.

교사 대상 비형식적 인터뷰(informal interviewing of teachers)는 질적 평가의 또 다른 형태이다. 개별 교사 또는 교사 집단에게 학생의 요구가 무엇이라고 생각하는지, 당신의 수업이 효과가 있다고 인식하는지, 있다면 어떠한 방식으로 영향을 미친다고 인식하는지 물어본다. 학생이 특정 수업에서 수업을 방해하는 행동을 해서 학교상담자가 갈등 해결에 대한 수업이나 단원을 실시한 경우, 그 수업 후 교실에서 교사가 학생을 관찰한 결과는 수업이나 단원의 효과에 대한 귀중한 자료가 될 것이다. 이러한 과정은 대면 또는 이메일을 통해 이루어질 수 있다.

이름: ______________________	날짜: ______________________

3

오늘 수업에서 배운 것 중에 새롭게 알게 되었거나 내 생각에 영향을 줘서 흥미롭게 느낀 세 가지 내용을 써 보세요.

2

오늘 수업에서 배운 것 중에 여러분이 동의하지 않거나 불분명하다고 생각하는 두 가지 내용을 써 보세요.

1

오늘 수업에서 배운 것 중에 여러분이 더 알아보고 싶은 내용을 한 가지 써 보세요.

[그림 7-5] 3-2-1 형성평가의 예시

추가 자료 검토

학생과 교사로부터 자료를 수집하는 것은 종합적인 학교상담 프로그램을 강화하는 데 유익한 정보가 된다. 또한 학교상담 프로그램에 대한 방향을 제시하고 근거가 될 수 있는 전교생을 대상으로 하는 다양한 자료를 얻을 수 있다. 학교상담자가 요구에 기반한 상담교육 교육과정을 설계하는 데 도움을 줄 수 있는 전교생을 대상으로 하는 세 가지 유형의 자료에는 출석 자료, 상벌 관련 자료, 성취도 또는 성적 자료가 포함된다. 이러한 정보는 학년, 교사, 성별, 장애 여부 또는 개별 인구통계학적 변수에 따라 세분화될 수 있다. 이러한 자료를 조사함으로써 학교상담자는 학년, 팀 또는 담임교사에 따른 동향 또는 요구를 인구통계학적 또는 학업적 변수[성별, 인종, 제공되는 특수 서비스(예를 들어, 특수교육, 504 계획, 영재 프로그램)], 병역 관계와 같은 다른 변수, 또는 기타 원하는 정보에 따라 확인할 수 있다. 동향 또는 요구가 확인되면 학교상담자는 적절한 학급적용 상담교육 프로그램을 설계할 수 있다. 프로그램 효과 평가를 위해 학업 관련 자료를 활용하는 한 가지 예로 학교폭력을 해결하기 위한 수업 및 전교생 대상 프로그램을 개발하기 이전과 개발하는 도중, 개발한 이후의 학교폭력으로 인한 외부 연계율을 비교하는 것이다.

교사 보고와 사정

교사 보고와 사정은 학생의 요구에 대한 통찰을 제공하기도 한다. 교사는 학생과 매일 교실에 함께 있으며, 집단 내 또는 집단 간의 이슈를 빠르게 파악할 수 있다. 학교상담자는 학생의 요구에 대한 풍부한 정보를 제공받음으로써 프로그램 개발 및 교육과정 계획을 위한 방향성을 수립할 수 있다. 학교상담자는 교사와 대화하거나 설문조사, 이메일을 통해 교사의 인식 자료를 질적으로 수집할 수 있다. 이상적인 방식은 교사용 보고 양식을 개발하여 모든 학급적용 상담교육 수업 후에 교사에게 작성을 요청하는 것이다.

개별 수업 또는 전반적인 프로그램 전달에 대한 지속적인 평가를 위한 추가적인 방법이 있다. 고등학교에 근무하는 학교상담자는 학구 전체의 평가, 주 단위 평가, AP 시험 점수와 함께 과정 선택, 고급 과정에 대한 교사의 추천, PSAT, ACT PLAN, SAT, ACT 점수에 대한 자료를 얻을 수 있다. 칼리지 보드(The College Board)는 AP 포텐셜(AP potential)과 같은 도구를 제공하는데, 이를 통해 AP 수업에서 PSAT 수준을 수행한 학생의 명단을 학교에서 열람할 수 있다. 다른 학구 또는 학교의 자료 등 이 모든 정보를 검토하는 것은 학교상담자가 수업과 프로그램을 평가할 때 도움이 될 수 있다. 특히 다양한 마음가짐 및 행동에 대한 기준, 그리고 'ASCA 학생의 목적 달성을 위한 마음가짐 및 행동'(2014)에 포함된 역량을 다루고 있는지에 특별히 주의를 기울여야 한다. 또한 이러한 자료는 학생의 수업 배치와 선택을 확인하고 정당화할 수 있는 도구를 학교상담자에게 제공한다.

수업 일자: ______________________________

교사명: ______________ 학년/과목: ______________

담당 학급 수: ______________________________

학생 수: ______________________________

오늘의 학급적용 상담교육 수업 주제: ______________________________

담당하고 계신 학급이 해당 영역에서 문제를 겪었는가? ______________

사건 또는 문제의 빈도: ______________________________

학급적용 상담교육 수업 이후에 학생의 사고나 태도, 외부 연계의 필요성에 변화가 있었는가? 있었다면 어떤 변화가 있었으며, 정도는 어떠한가?

____

____

____

학급적용 상담교육 수업 이후 출석률에 변화가 있었는가? 있었다면 어떤 변화인가?

____

____

____

수업이 바라는 목적을 달성했다고 생각하는가? ______________

학교상담자가 이 영역에 대해 추가적인 수업을 제공하기 원하는가?

____

____

____

____

자료 수집은 종합적인 학교상담 프로그램의 중요한 구성 요소이며, 학생과 학교 공동체의 요구를 충족시키는 것을 목표로 한다. 자료는 프로그램 설계를 이끌고, 프로그램의 효과를 입증하는 방법을 제공한다. 학교상담자는 인식 자료를 정기적으로 수집한다. 인식 자료에는 서비스를 제공받은 학생, 교실 수업을 통해 학생이 얻었거나 얻었다고 생각하는 지식, 그리고 특정 주제에 대한 학생, 교사, 그리고 이해관계자의 태도와 신념과 가치관 등이 포함된다. 사전·사후 검사, 설문조사, 요구사정 및 프로그램 평가를 통한 인식 자료의 수집을 통해 인식된 요구, 프로그램의 장단점, 학생의 인식 또는 지식의 변화를 확인한다. 인식 자료는 학교상담 프로그램의 결과로 볼 수 있는 출석, 상벌, 또는 성적의 변화와 같은 성과 자료를 참고하여 해석해야 한다. 또한 학교 풍토 개선을 위한 학교상담 프로그램의 노력을 평가하기 위해 학교 안전, 공동체의식, 학생 및 교사 연결성에 대한 인식 자료를 활용할 수 있다. 자료 수집, 평가 및 분석을 통해 학교상담자는 프로그램의 결과를 이해관계자에게 보고할 수 있으며, 이를 통해 학교상담 프로그램이 학교의 사명과 학생 성취 기준과 관련된 성과에 어떻게 연결되는지를 보여 줄 수 있다(ASCA, 2012).

이해관계자에게 보고하기

자료 수집과 분석은 자료에 기반한 종합적인 학교상담 프로그램을 유지하는 데 필수적이다. 학급적용 상담교육 수업은 자료 수집과 분석을 통해 확인된 학생과 학교 공동체의 요구를 충족하도록 설계 및 제시될 수 있다. 수업의 효과성과 추가적인 요구는 개별 수업에 대한 지속적인 평가, 이해관계자 대상 설문조사, 학교 전체의 성과, 출석 및 상벌 관련 자료를 통해 확인될 수 있다. 학교상담자는 지속적인 평가 과정을 통해 프로그램을 개선한다. 이러한 노력은 학생을 위한 서비스를 개선하는 데에도 기여할 수 있다.

학생과 학교에 영향을 미치는 효과적인 학교상담 프로그램을 개발하고 운영하려면 학급적용 상담교육 프로그램 개발과 관련된 요소를 평가하고 분석할 필요가 있다. 학급적용 상담교육 자료에 대한 수집, 평가 및 분석의 또 다른 이점은 학교상담 프로그램의 결과를 다른 이해관계자와 공유할 수 있는 설명 가능한 자료를 제공한다는 점이다. 관리자와 외부의 이해관계자(마을교육공동체 구성원 및 학부모 등)에게 수업이 학생의 목적 달성에 어느 정도 영향을 미치는지를 보여 주는 자료를 제공하면, 학교상담자가 무엇을 하고 학교상담자가 담당하는 업무가 학교의 사명에 얼마나 필수적인지를 더 깊이 이해할 수 있다(Stone & Dahir, 2011).

학교상담 프로그램의 결과를 제시하는 방법에는 학급적용 상담교육 교육과정을 포함하여 다양한 방법이 있다. 학교상담자는 문서와 보고서를 학교상담 프로그램과 학교상담자를 옹호하는 효과적인 홍보 도구이자, 관리자와 외부의 이해관계자가 학교상담자의 성취와 종합적인 학교상담 프로그램을 평가할 때 활용하는 증거 기반 자료로 사용한다. 이해관계자에게 자료를 제시하기 위한 다양한 양식이 존재하므로, 학교상담자는 어떤 양식이 자신의 성과를 가장 잘 드러내는지 결정해야 한다. Gilchrist(2006)는 SOARING[1]이라는 모형을 개발했고, Stone과 Dahir(2011)는 MEASURE[2]라는 학교상담 프로그램 자료를 제시하는 가이드를 제공했다(두 모형의 개요는 각각, 〈부록 7-2〉와 〈부록 7-3〉에 제공되어 있다). 그러나 이 두 모형은 학교상담자가 프로그램의 성과를 공유하기 위한 수많은 자료 기반 책무성 모형 중 일부일 뿐이다(Dollahide & Saginak, 2012). 학교상담자가 자료의 추적 및 보고에 사용할 수 있는 다른 종류의 프로그램 성과 보고서도 있다. GRIP(목표, 결과, 영향에 대한 진술, 프로그램의 함의)[3]은 학교상담 프로그램의 구성 요소를 평가하는 데 활용되는 틀이다(Brott, 2008). 가장 최근 모형으로는 Kaffenberger와 Young(2013)이 소개한 프로그램 자료를 정리하여 보고한 도구인 DATA가 있는데, 설계(Design, 목적을 설정하라), 질문(Ask, 목적을 어떻게 달성할 것인가), 추적(Track, 자료를 어떻게 분석할 것인가), 발표(Announce, 결과를 어떻게 공유할 것인가)로 구성된다.

학교상담자는 자신이 하는 업무와 그 업무가 학생의 학습과 목적 달성에 어떤 영향을 미치는지 알리는 것에 대해 익숙해질 필요가 있다. 학교상담 프로그램의 목적, 활동, 결과에 대해 교사, 학부모, 마을교육공동체를 대상으로 연례 발표를 진행하는 것은 그들이 프로그램을 이해하고 지원할 수 있는 기회를 제공하며, 학교상담자가 추가적인 자원을 필요로 할 수 있음을 알릴 수 있다.

---

1 기준, 목표, 사정, 결과, 영향, 네트워크, 지침(Standards, Objectives, Assessment, Result, Impact, Network, Guide: SOARING)

2 사정, 요소, 분석, 이해관계자/연합, 결과의 재분석, 성찰 및 정교화 교육(Mission, Elements, Analyze, Stakeholders/Unite, Reanalyze, reflect on, and refine results, Educate: MEASURE)

3 목적, 결과, 영향에 대한 진술, 프로그램의 함의(Goals, Result, Impact statement, Program implications: GRIP)

학교상담자의 수행에 대한 평가

Jose는 센트럴 초등학교에서 학교상담자로서 3년을 보내고 총괄평가(summative evaluation)를 앞두고 있다. 학교장은 교장실로 Jose를 불러 평가 과정과 Jose가 준비해야 할 것을 논의했다. 한 해 동안 Jose는 학생을 만나고, 집단을 운영하고, 학급적용 상담교육을 실시하는 등 믿을 수 없을 정도로 바빴다. 발생한 학생 문제들을 다루느라 매우 바빴기 때문에 Jose는 작년 한 해 관리자로부터 거의 간섭을 받지 않고 일할 수 있었던 상황을 좋게 느꼈다. 자리에 앉자 학교장은 Jose에게 평가를 도와 달라고 요청했다. 학교장은 학구에서 사용되는 평가 도구가 Jose가 하는 일에 잘 맞지 않는 것 같다고 생각하지만, Jose가 매일 하는 업무를 정확히 이해하지 못하고 있기 때문에 Jose의 업무를 평가 도구의 각 항목으로 바꾸어 주기를 희망했다. Jose는 평가 도구에 자신의 업무 내용을 어떻게 잘 반영할지 고민하며 학교장에게 1년 동안 어떤 일을 했는지 전달하기 위해 노력했다. 그 결과, Jose의 평가 결과는 괜찮았지만 그의 업무나 학교상담 프로그램의 결과로 학생이 어떻게 변화했는지는 보여 주지 못했다.

자료에 기반한 종합적인 학교상담 프로그램은 학교장, 행정팀과 같은 관계자가 프로그램에 대해 보다 객관적으로 평가를 할 수 있게 한다. 학교상담자에 대한 평가는 일반적으로 학교장이나 관리감독자가 학교상담자가 수행하는 업무에 대해 이해하는 것을 포함한다. 학교상담자는 학구의 조직 계획 내에서 교사 또는 지원 인력으로 간주되기 때문에 교사 또는 지원 인력과 동일한 기준이나 루브릭을 사용하여 평가하게 되며, 학교상담자만을 위한 상담자 평가는 드물게 사용된다. 학구의 관리감독자가 학교상담자에 대한 성과평가를 시행하는 것이 더 적절해 보인다. 학교상담자의 직무는 일반 교사, 사서 또는 보건 교사와 매우 다를 것이므로 학교상담에 보다 적합한 평가 기준이나 루브릭을 사용하는 것이 더 적절할 것이다. 자료에 기반한 학교상담 프로그램은 평가를 위한 구체적이고 측정 가능한 기준을 제공한다. ASCA에서도 이해관계자와 공유하거나 학구의 평가 루브릭에 포함될 수 있는 학교상담자 수행평가 양식(School Counselor Performance Appraisal template)을 제공하고 있다(ASCA, 2014b).

성찰 질문

1. 학구에서 사용되는 평가 도구가 Jose의 총괄평가에 어떤 영향을 주었는가?
2. 학교장이 실시하는 평가를 위해 Jose가 할 수 있었던 일은 달리 무엇이 있는가?
3. Jose와 학교장의 입장에서 학교상담 프로그램의 계획, 실행, 평가에 자료를 활용하는 것은 평가 과정과 그 결과에 어떠한 영향을 미쳤는가?

ASCA의 학교상담자의 학급적용 상담교육 프로그램 개발에 관한 성과평가

ASCA의 학교상담자 수행평가(The ASCA School Counselor Performance Appraisal)는 종합적인 학교상담 프로그램의 개발, 전달, 실행, 평가와 관련된 항목으로 구성된다. ASCA의 학교상담자 수행평가에는 학교상담자의 종합적인 학교상담 프로그램을 제공하는 전반적인 능력을 평가하는 항목이 많고, 학급적용 상담교육도 항목에 포함된다. 1.3번 문항은 학교상담자가 교육과정 실행 계획 수립에 자료를 얼마나 잘 활용하는지를 평가하는 데 사용되며, 1.4번 문항은 학교상담자가 학급적용 상담교육을 포함한 직접 서비스의 전달에 적절한 시간을 할애하고 있는지를 평가하는 데 사용된다. 학급적용 상담교육과 관련하여 2.2번 문항은 학교상담자가 대규모 학급적용 상담교육을 통해 교육과정을 실제로 전달하고 있는지를 평가하는 데 사용된다. 마지막 절은 학교상담자가 학급적용 상담교육을 포함하여 실행 중인 프로그램과 제공 중인 서비스의 효과를 분석하기 위해 자료를 얼마나 잘 활용하고 있는지를 평가하는 데 사용된다. 3.7번 문항은 학교상담자가 이해관계자와 성과를 효과적으로 공유하고 있는지를 평가하는 데 사용된다(ASCA, 2012). 성과평가에 포함된 모든 항목은 ASCA 국가 모델의 원칙에 따라 학교상담자가 수행해야 하는 역할과 의무를 나타낸다.

성찰 질문

ASCA의 학교상담자 수행평가를 활용했다면 Jose가 경험한 평가가 어떻게 달라졌을까?

핵심 정리

- ASCA 국가 모델(2012)에 따르면, 학교상담 프로그램은 모든 학생에게 서비스를 제공하도록 설계되어 있다. 학급적용 상담교육 교육과정 및 전달 방식은 종합적인 학교상담 프로그램의 주요 구성 요소로, 학교상담자가 대상으로 하는 학생 중 다수를 만날 수 있는 방법이다.
- 학교상담자는 학교의 요구를 확실히 이해하기 위해 학급적용 상담교육 프로그램 개발을 위한 요구사정을 설계하고 실행한다. 과정, 인식 및 성과 자료의 수집, 평가 및 분석을 통해 학교상담자는 학교/마을교육공동체의 요구에 적합하고 관련성 있는 수업을 설계하고 제공한 수업의 효과성을 평가할 수 있다.
- 자료 분석 결과를 바탕으로 학교상담자는 프로그램을 개선하고, 프로그램과 학교 사명 간의 연결성 및 학생 성취 기준과 관련된 결과를 이해관계자에게 보고할 수 있다. 이해관계자를 대상으로 정보 제공 및 교육을 실시하면 학교상담 프로그램에 대한 지원 강화, 추가적인 자원 배정, 학교상담자가 수행하는 업무에 대한 구체적인 증거로 이어질 수 있으며, 이는 궁극적으로 학교상담자의 성과평가에 영향을 미칠 수 있다.

참 / 고 / 문 / 헌

Akos, P., Cockman, C., & Strickland, C. (2007). Differentiating classroom guidance. *Professional School Counseling, 10*(5), 445-463.

American School Counselor Association (ASCA). (2012). *The ASCA national model: A framework for school counseling* (3rd ed.). Alexandria, VA: Author.

American School Counselor Association (ASCA). (2014a). *ASCA mindsets & behaviors for student success: K-12 college- and career-readiness standards for every student*. Alexandria, VA: Author.

American School Counselor Association (ASCA). (2014b). *ASCA national model templates*. Retrieved April 8, 2015, from http://schoolcounselor.org/school-counselors-members/asca-national-model/asca-national-model-templates

Brott, P. E. (2008). Get a GRIP. *In Virginia School Counselor Association* (Ed.), *The Virginia professional school counseling manual* (pp. 86-93). Yorktown, VA: Virginia School Counselor Association.

Creswell, J. W. (2008). *Educational research: Planning, conducting, and evaluating quantitative and qualitative research* (3rd ed.). Upper Saddle, NJ: Pearson

Creswell, J. W. (2009). *Research design: Qualitative, quantitative, and mixed methods approaches* (3rd ed.). Thousand Oaks, CA: SAGE.

Dimmitt, C., Carey, J., & Hatch, T. (2007). *Evidence-based school counseling: Making a difference with data-driven practices*. Thousand Oaks, CA: Corwin.

Dollarhide, C. A., & Saginak, K. A. (2012). *Comprehensive school counseling programs: K-12 delivery systems in action*. Upper Saddle, NJ: Pearson.

Kaffenberger, C., & Young, A. (2013). *Making data work* (3rd ed.). Alexandria, VA: American School Counselor Association

Reiner, C., & Willingham, D. (2010). The myth of learning styles. *Change: The Magazine of Higher Learning, 42*(5), 32-35.

Stone, C. B., & Dahir, C. A. (2011). *School counselor accountability: A measure of student success* (3rd ed.). Boston, MA: Pearson.

Threeton, M. D., Walter, R. A., & Evanowski, D. C. (2013). Personality type and learning style: The tie that binds. *Career and Technical Education Research, 38*(1), 39-55.

Young, A., Hardy, V., Hamilton, C., Biernesser, K., Sun, L., & Neibergall, S. (2009). Empowering students: Using data to transform a bullying prevention and intervention program. *Professional School Counseling, 12*(6), 413-420.

부록 7-1 ASCA 국가 모델(2012) 학교상담자 교육과정 결과 보고

목적: ______________________________

목적과 관련된 수업과 활동:

학년	수업 주제	수업을 실시한 학급/과목	ASCA 영역, 표준, 역량	교육과정 및 자료	시작/끝	과정 자료 (대상 학생 수)	인식 자료 (사용된 설문 조사 또는 사정)	결과 자료 (성취도, 출석률 및/또는 행동 자료)	영향(결과)

부록 7-2 SOARING

S	Standards(기준)	특정 활동이나 개입이 다루는 기준은 무엇인가?
O	Objectives(목표)	활동 또는 개입의 목표는 무엇인가? 목표가 측정 가능한지, 활동 또는 개입과 일치하는지, 학교의 임무를 지원하는지 확인하라.
A	Assessment(사정)	목표 달성 성공 여부를 어떤 방식으로 측정할 것인지 결정하라. 어떤 자료를 수집해야 하는지 결정하라(이는 성취도 자료, 성취도와 관련된 자료, 설문조사 또는 사전 및 사후 검사 자료가 될 수 있음).
R	Results(결과)	활동이나 개입 완료 후 자료가 수집되면 결과를 평가하라. 자료를 그래프나 표로 제시하라. 명확하게 보이도록 백분율 및 변화(긍정적 및 부정적 내용 모두)에 대한 정보를 제공하라.
I	Impact(영향)	영향에 대해 진술하라. 당신이 실시한 활동이나 개입의 결과로 어떤 변화가 일어났는지 요약하라.
N	Network(네트워크)	당신이 실시한 프로그램의 활동과 개입 결과를 이해관계자에게 알리라. 활동과 개입의 결과로 학생이 어떻게 변했는지를 알리고 소통하라. 전단지, 보고서, 프레젠테이션, 브로슈어 등의 방법을 사용할 수 있다. 이 정보를 모든 이해관계자(학교장, 행정팀, 학부모, 교사, 마을교육공동체 구성원, 학교운영위원회 구성원)에게 공유하라.
G	Guide(지침)	활동과 개입의 결과를 검토하라. 여전히 해결해야 할 문제가 무엇인지 확인하라. 다음 단계를 위한 계획을 세우라.

SOARING는 학교상담자가 학교상담 활동, 학급적용 상담교육의 수업 또는 단원, 소집단 상담, 교사 및 학부모 자문 및 협업을 통해 다루기로 한 확인된 요구에 가장 적합하다. 요구가 어떻게 확인되었는지를 보여 주고, 요구를 해결하기 위한 목표를 설정하고, 활동과 개입이 어떠했는지를 평가하며, 학교상담 프로그램의 활동 결과를 요약하고 공표하기 위한 과정과 서식을 제공한다. 7학년 학생과 교사로부터 7학년 내에서 학교폭력이 발생하고 있는 것 같다고 여러 번 의뢰를 받은 상황을 예로 들어 보자. 학교상담자는 학교폭력에 관한 학급적용 상담교육 단원을 개발하기 전에 출석 및 상벌 관련 자료를 뽑아 보고 사전 검사를 실시할 수 있다. 이후 사후 검사를 실시하고 출석 및 상벌 관련 자료를 재검토할 수 있다. 자료를 그래프와 표로 정리하고, 영향에 대한 진술서를 작성하여 이 정보를 이해관계자에게 공유할 수 있다. 개입이 끝나고 자료를 분석한 후에 학교상담자는 요구가 지속되고 있는지 확인하고 필요에 따라 추가 활동이나 개입을 계획할 수 있다.

부록 7-3 MEASURE

M	Mission(사명)	학교의 사명과 목적에 프로그램을 연결하라. 당신의 프로그램은 학교의 사명을 어떻게 지원하는가? 학생의 성취에 어떤 영향을 미치는가?
E	Elements(요소)	학교 개선 계획의 핵심 요소는 무엇인가? 학교 자료를 살펴보자. 학교 공동체 내에서 성적, 출석 및 행동 패턴은 어떠한가?
A	Analyze(분석)	확인된 자료를 분석하라. 어떤 동향을 보이는가? 강점과 약점은 무엇인가? 이러한 요소 중 학교상담 프로그램에 적합한 요소는 무엇인가? 세분화된 자료를 포함하여 자료를 자세히 살피라. 요구를 가진 특정 집단 또는 하위 집단(학년, 성별, 인종, 사회경제적 계층, 이웃 등)이 있는가? 학교상담 프로그램에 의해 해결될 수 있는 요구를 파악하라.
S/U	Stakeholders (이해관계자)/ Unite(연합)	이해관계자를 참여시키라! 확인된 중요한 요소의 변화를 촉진하는 데 도움을 줄 수 있는 사람을 확인하라. 그들이 참여에 동의하도록 노력하라. 학교장, 행정팀, 교사, 부모 및 마을교육공동체 구성원이 대상이 될 수 있다. 중요 요소들을 다루기 위한 계획을 세우고 각 이해관계자가 무엇을 할 것인지 구체적으로 확인하라.
R	Reanalyze, reflect on, and refine results (결과의 재분석, 성찰 및 정교화)	개입이 실행되면 노력의 결과를 검토하라. 결과를 재검토 및 재분석하고, 성취한 것이 무엇인지, 보다 구체적인 개입이 필요한 것이 무엇인지, 당신의 팀이 지속적인 문제를 해결할 수 있는 방법이 무엇인지 확인하라.
E	Educate(교육)	여러분의 결과를 널리 알리라! 사명, 목적, 개입 및 결과를 반영하는 보고서 또는 전단지를 작성하라. 이를 학교장, 행정팀, 학교운영위원회, 학부모, 마을교육공동체 구성원 및 교사와 공유하라. 이것이 학교 공동체의 요구를 충족시키기 위해 당신이 한 일을 입증하는 방법이다.

MEASURE는 학교상담자에게 새 학년도를 위한 프로그램을 계획할 수 있는 기회를 제공한다. 먼저 학교상담 프로그램의 목적을 학교의 사명 및 학교 개선 계획과 연결지어야 한다. 학교 전체 자료와 학교 개선 계획의 목적을 확인하면 학교 공동체 내의 특정한 요구를 확인할 수 있다. 요구를 확인하기 위한 보다 구체적인 노력으로 인종, 성별, 학년, 우편번호 및 사회경제적 계층과 같은 변수별로 학교 자료를 세분화할 수 있다. 특정 요구가 확인되면 학교상담자는 변화를 촉진할 위치에 있는 이해관계자를 모집하여 요구를 해결하기 위한 전학교적인 노력에 참여시킨다. 상대적으로 쉬운 과목을 선택한 결과로 9학년 여학생이 남학생에 비해 수학과 과학에서 성취가 낮은 상황이 예가 될 수 있다. 학교상담자는 고등학교에 근무하는 수학 교사, 중학교에서 근무하는 수학 교사 및 학교상담자와 협력하여 성적과 정기 고사 점수를 기반으로 상대적으로 어려운 수학 과목에 도전할 만한 여학생을 선정한다. 튜터링 프로그램을 시작하고, 전략적인 과정 계획 및 학부모와의 의사소통을 수행하며, 여성이 진출할 수 있는 수학 관련 진로에 대한 학급적용 상담교육 수업을 제공한다. 복합적 개입의 효과를 평가하기 위해 여학생의 과정 선택 및 학년에 대한 종단적 자료를 수집할 수 있다. 이 과정에 들인 노력과 그 결과에 도움을 구하고 개입에 대한 지원을 얻기 위해 학교장, 교사 및 학부모와 같은 이해관계자와 공유할 수 있다. 시간의 흐름에 따라 자료를 분석 및 재분석하여 서비스 영역을 추가적으로 확인할 수 있다. 마지막으로 프로그램 및 프로그램 결과를 모든 이해관계자와 공유하고 프로그램의 성공을 학교 공동체 전체를 대상으로 교육할 수 있도록 공개해야 한다.

CHAPTER 08

촉진 기술과 학급 경영

Natoya Hill Haskins

"나는 상담자로서의 정체성에서 단절을 느낀다. 학급적용 상담교육을 정말 좋아하지만 수업 시간에 학생들과 상호작용할 때 좀 더 상담 기술을 통합할 수 있다면 좋겠다. 학급 경영과 테크놀로지 활용과 관련하여 준비가 부족한 것도 걱정스럽다."

앞의 경우처럼 학교상담자가 학급적용 상담교육 상황에서 교사의 역할에 많은 시간을 할애하면서 상담자로서의 정체성 유지에 어려움을 겪는 경우가 종종 발생한다. 앞의 발언을 한 학교상담자 역시 학급 경영과 테크놀로지 활용 및 실행에 대한 자신감과 효능감 부족을 경험하고 있다.

상담 전략, 학급 경영 및 테크놀로지 적용을 다루는 제8장을 읽고 나면 다음의 내용을 이해할 수 있을 것이다. 제8장의 학습 내용은 다음과 같다.

- 학급적용 상담교육 프로그램을 전달하면서 기본적인 상담 기술 및 집단상담 기술을 파악하고 적용할 수 있다.
- 이론적 지향을 학급적용 상담교육 프로그램 준비 및 실행에 통합할 수 있다.
- 교실에서 관찰되는 부적응 행동을 임상적으로 확인하고 해결할 수 있다.
- 내용 및 체험 활동을 강화하기 위해 학급적용 상담교육 프로그램에 테크놀로지를 통합시키는 방법을 파악할 수 있다.
- 교실에서의 전달 및 테크놀로지 분야에서 윤리적으로 고려해야 할 주요 사항을 확인할 수 있다.

수십 년간 학급적용 상담교육 프로그램은 학교상담자가 맡아 온 고유한 전달 체계였음에도 불구하고, 교실에서의 상담 및 행동 관리 기술은 연구문헌, 연구, 상담자 양성 프로그램에서 간과되고 있다. 상담 및 행동 관리 기술은 학교상담자가 학급적용 상담교육 과정을 개선하고 상담전문가로서의 정체성 확립을 촉진하는 데 도움이 될 수 있다. 상담 및 행동 관리 기술은 학교상담자가 학급적용 상담교육 교육과정을 보다 임상적 기반의 전달체계로 만들도록 한다. 더 나아가 이러한 기술은 학교상담자의 임상에 대한 전문지식, 치료 지향성 및 전문적 역할을 강화하는 데 도움을 줄 수 있고, 상담자와 내담자 간의 관계적 연결을 강화할 수도 있다. 일부 학자는 학교 환경에서 상담을 제공하는 상담자가 임상가이자 교육자라고 제안한다. 학급적용 상담교육 프로그램은 학교상담자가 수업을 가르치고 전달함으로써 더 많은 학생을 만날 수 있는 기회를 제공한다(Ziomek-Daigle, McMahon, & Paisley 2008).

학급적용 상담교육 프로그램에서의 집단상담 기술

대집단 상담교육이 전통적인 의미의 집단상담은 아니지만, 많은 기본적인 집단상담 기술은 학교상담자가 교실에서 적용할 수 있다. 이러한 학급적용 상담교육 수업은 심리교육 집단과 유사하게 초중고 학생들의 지식과 기술 습득에 초점을 맞추고 있다(Association for Specialists in Group Work, 2000). 연구자들은 학교상담자가 학급적용 상담교육을 수행할 때 사용을 고려해야 할 중요한 측면으로 집단 과정과 역동, 집단 발달 단계, 집단 촉진 절차 기술, 집단 리더십 스타일 등을 언급한다(Giltner, Cunningham, & Caldwell, 2011).

집단 과정과 역동

학급적용 상담교육 프로그램을 촉진하려는 학교상담자에게 중요한 점은 대집단 상담교육의 구성원들이 집단 과정에 참여한다는 것을 이해하는 것이다. 집단 과정은 집단 내 구성원들의 행동이 주로 개인과 환경의 상호작용에 의해 결정된다는 생각에 기반을 두고 있다(Lewin, 1951). 이는 대집단 상담교육에서 교실에 있는 학생 집단으로 구성된 교실 환경이 교실 안에 있는 전체 학생들의 행동에 영향을 미친다는 것을 의미한다. 결과적으로 교실에서의 집단 환경은 학생들의 태도, 행동, 가치관의 변화를 촉진할 수 있다(Adler, Kless, & Adler, 1992). 학교상담자는 집단의 역동성을 인지하고 집단 역동이 집단 과정에 도움이 되는지, 방해가 되는지를 파악해야 한다.

하위 집단(group coalitions) 역시 학교상담자가 학급적응 상담교육 수업 전과 수업 중에 관찰하고 포착해야 하는 중요한 현상이다. 학교상담자는 학생의 행동에 영향을 미치는 규칙이나 규범의 하위 집합을 관찰해야 한다. Kottler와 Englar-Carlson은 학교상담자가 고려해야 할 몇 가지 생각할 거리를 제시했다.

> 집단 안에서 여러 개인은 어떤 역할을 하고 있는가? 집단 내에서 누가 권력을 가지고 있는가? 어떤 하위 집단이 형성되었는가? 누가 서로 연합해 있는가? 서로 갈등을 겪고 있는 구성원은 누구인가? 집단 내 경계는 새로운 정보가 집단 내에 들어갈 수 있을 정도로 열려 있는가? 집단원들은 서로 어떻게 의사소통을 하고 있는가? 의사소통의 경계는 명확하고 직접적인가? 집단원들은 말할 때 어디에 주의를 기울이는가? 집단 상호작용은 체제를 안정적으로 유지하는 방향으로 움직이는 경향이 있는가? 집단 내에서 행동을 규제하는 어떤 규범들이 발달되었는가? 집단원 간의 정보는 어떻게 교환되는가? 사람들은 그들이 알고 있는 것을 서로 어떻게 공유하였는가? 누가 배제되거나 무시되었는가? 긍정적 피드백과 부정적 피드백의 사용을 통해 체제의 변화가 일어났는가(2010, pp. 63-64)?

이러한 질문에 주의를 기울인다면 학교상담자는 학급적응 상담교육 활동을 위해 학생들을 어떻게 짝을 짓거나 집단으로 묶을 것인지에 대해 효과적인 결정을 내릴 수 있다. 학교상담자가 학생들과 참여 수준을 결정할 수도 있다. 다음의 〈연습문제 8-1〉에 집단 역동을 적용해 보자.

연습문제 8-1

집단 역동 다루기

집단 역동에 대해 더 깊이 이해하고자 하는 학생들이 있는 교실을 찾으라. 앞에 제시된 정보를 사용하여 해당 학급 학생들의 의사소통 및 집단 구조를 탐색하라. 소시오그램(sociogram)을 사용하여 하위 체제(subsystems)를 표시하라. 이 그림은 현재 일어나고 있는 연합, 의사소통 패턴, 통제 및 권력의 문제, 경계를 포함해야 한다. 소시오그램을 다 그린 후, 다양한 학생이 수행하는 역할을 선별하기 위해 앞서 나열된 질문에 대해 대답해 보라. 누가 권력을 가지고 있는가? 이 집단의 규범은 무엇인가? 이 집단의 학생들에게 관찰된 강점과 성장 가능성에 대해 당신은 최종적으로 어떻게 평가하는가? 초중고등학교 교실에 가기 어렵다면, 현재 당신이 맡은 수업 또는 프로그램 내의 다른 수업을 예로 들라.

토론을 위한 질문

1. 이 정보를 학급적용 상담교육 수업에 어떻게 활용할 것인가?
2. 수업 계획이나 접근 방법을 수정하고, 그 수정된 계획에 학생들을 어떻게 효과적으로 참여시킬 것인가?
3. 상담교육 수업 중 어렵거나 기능하지 않는 하위 집단을 어떻게 다룰 것인가?

집단 발달 단계

모든 집단은 형성기, 격동기, 규범기, 수행기, 휴지기라는 5단계의 집단 발달 단계를 거친다. 집단 발달 단계 중 형성기, 수행기, 휴지기에서 일어나는 양상은 학교상담자가 학급적용 상담교육을 위한 교육과정과 수업을 구성하는 데 특히 유용하다(Tuckman, 1965). 학교상담자가 집단상담의 초기 단계에서 준비해야 할 요소는 다음과 같다(Gladding, 2008).

- 학생의 요구에 따라 학급적용 상담교육 교육과정을 작성하고 수업이 필요하다는 당위성을 설명한다.
- 학생의 발달 수준에 맞는 활동과 내용 유형이 무엇인지 파악한다.

- 규칙을 만든다(제8장의 뒷부분에서 설명).
- 수업의 구조를 결정하고 학생에게 이를 전달한다.

일반적으로 학급적용 상담교육 단원은 1차시에서 4차시 정도로 구성된다. 이를 염두에 두고 학교상담자는 교육과정의 마무리와 학생들의 성과를 고려하며 학급적용 상담교육을 시작해야 한다. 상담 및 심리교육 집단의 마무리 단계에서 얻은 방법이나 기술을 학교상담자가 학급적용 상담교육에 통합한다면 유용할 것이다. 학생이 수업 중에 무엇을 배웠는지와 새로운 기술을 어떻게 사용할지를 글이나 그림으로 표현하게 하라. 이는 함께한 수업 시간에 대한 마무리가 되며, 가시적인 무언가도 남기게 한다. 학교상담자는 학생이 배운 지식에 대해 더 잘 이해하기 위해 수업에 대한 평가(즉, 수업에서 다룬 기술을 배웠는가?)를 사용할 수 있다. 수업을 마무리할 때, 추후 어떤 학생을 계속 살펴야 하는지 기록해야 한다. 또한 마무리 활동의 일부로 수업 내용을 요약하고, 적절하게 숙제를 내주어야 한다.

집단 촉진 절차 기술

더 좋은 학급적용 상담교육을 경험할 수 있게 하는 집단 촉진 기술(group facilitative skills)에는 연결하기, 차단하기, 참여 유도, 처리 등이 있다. 연결하기(linking)는 유사성 확인을 통해 집단 구성원의 경험, 느낌, 생각을 서로 연결한다. 학교상담자가 학급적용 상담교육에서 이 기술을 활용하면 학생들을 서로 연결할 수 있을 뿐만 아니라 학생의 경험을 보편화하고 학생 간의 유대감을 형성하는 데에도 도움을 줄 수 있다. 예를 들어, "Craig와 Joy, 너희 둘 모두 역할극을 통해 갈등 해결 기술에 대해 긍정적인 경험을 했던 것 같구나."와 같은 진술을 할 수 있다.

학생들이 현재 수업과 관련이 없거나 상담실에서 개인정보보호하에 논의되어야 할 주제를 꺼낼 때 차단하기 또는 제지하기(blocking or cutting off)가 필요하다. 예를 들어, 학생이 "이 주제와 관련하여 어렸을 때 충격적인 일이 있었어요."라고 한 경우, 상담자는 "그 내용에 대해 더 자세히 이야기하고 싶은가 보네요. 하지만 지금은 수업에 집중해야 할 것 같아요. 나중에 같이 이야기할 시간을 잡을까요?"라고 말할 수 있다.

참여 유도(drawing out)는 모든 학생이 학급적용 상담교육 수업에 참여하도록 하기 위해 사용할 수 있는 중요한 기술이다. 참여 유도는 학생들이 수업에 더 몰입하고 연결감을 느낄 수 있도록 돕는다. "Allen, 우리는 너에 대한 이야기를 전혀 듣지 못했어요. 더하고 싶은 말이 있을까요?"라고 말해 볼 수 있다. 또한 침묵을 지키고 있는 학생을 참여시키기 위해 돌아가며 말하기(round)와 같이 덜 지시적인 의사소통을 사용할 수도 있다. 돌아가며 말하기에서는 학교상담자가 질문을 하고 각각 학생들이 자신의 대답을 나눌 수 있도록 한다.

이 장에서 논의할 마지막 기술은 처리(processing; 컨설팅 및 관련 교육 프로그램 인증 위원회 규준 II.G.6.a)이다. 처리 기술을 사용하면 학교상담자가 학급적용 상담교육 수업에 참여하는 학생의 정서, 생각, 행동을 탐색할 수 있다. 또한 수업 중 배운 기술을 수업이 끝난 후 학생이 자신의 일상생활에서 적용하도록 할 수 있다(Stockton, Morran, & Nitza, 2000). 처리 질문의 몇 가지 예는 다음과 같다. 기술을 어떻게 관계에 적용할 것인가? 개인적으로 세운 목표와 수업에서 배운 목표를 어떻게 계속 실천할 것인가? 갈등 해결 기술을 향상시키기 위해 학교에서 무엇을 할 수 있는가? 상황을 다르게 대처하는 방법을 알게 된 것에 대해 어떻게 느끼는가? 지금까지 소개한 촉진 기술을 사용하여 다음의 사례 연구를 다루어 보자.

사·례·연·구

학교상담자는 다양성과 차이점에 대한 학급적용 상담교육 수업을 시작한 지 15분 정도가 지나면 소수의 학생이 토론을 독점하고 있다는 것을 알아차리게 된다. 또한 학교상담자는 한 학생이 학급적용 상담교육 수업과 관련 없는 여러 주제를 꺼내는 것을 걱정한다. 학교상담자는 이와 같은 집단 내 문제 행동을 해결하고 싶지만, 학생이 자신만 지목된다고 생각하거나 불편함을 느끼거나 집단 참여를 중단하는 것에 대해 우려하고 있다.

1. 학교상담자는 어떤 집단 촉진 절차 기술을 사용할 수 있는가?
2. 학교상담자가 어떻게 이런 기술을 사용할 수 있는가?
3. 학교상담자가 해결할 수 있는 문제나 우려 사항은 무엇인가?
4. 학교상담자는 이러한 고민에 어떻게 대처해야 하는가?

집단 리더십 유형

집단 리더십(group leadership)의 세 가지 주요 유형은 권위주의 또는 독단형, 참여적 또는 민주형, 자유방임적 또는 방임형(Gladding, 2008)이다. 좋은 리더는 세 가지 유형을 모두 사용하지만(보통 그중 하나가 지배적으로 사용된다), 비효율적인 리더는 한 가지 유형만 고수하는 경향이 있다. 리더십 유형은 집단 내의 안전한 치료 환경을 유지하고 저항을 탐색하며 모범적인 행동을 하는 데 도움을 준다. 또한 어려운 상황과 학생의 잘못된 행동을 처리할 때 잠시 집단의 규범을 저지시키는 데에도 리더십 유형이 사용될 수 있다. 학교상담자의 리더십 유형은 수업 목표를 향해 나아가며 학생을 하나로 뭉치는 데 중요한 역할을 해야 한다. 또한 학생에게 동기를 부여하고 갈등을 완화하며 수업의 목적 달성을 보장하는 데에도 도움을 줄 수 있다. 학교상담자의 리더십 유형을 확인하면 학급적용 상담교육 프로그램을 실행하기 직전에 강점과 도전 과제를 파악하는 데 유용할 수 있다. 잠시 시간을 내어 Lewin과 동료들의 리더십 특성을 바탕으로 자신의 리더십 스타일을 평가해 보라(〈연습문제 8-2〉 참조).

연습문제 8-2

리더십 유형 퀴즈

다음 진술문을 평가하십시오(5 = 항상, 4 = 자주, 3 = 때로는, 2 = 드물게, 1 = 없음).

1. 모든 정책 및 절차는 학교상담자가 결정한다.
2. 학교상담자의 수업 목표는 수업과 함께 개발된다.
3. 학교상담자의 의견 없이도 집단이 수업의 모든 측면을 결정할 수 있는 완전한 자유가 있다.
4. 리더는 결정이나 절차에 참여하지 않는다.
5. 수업 방법 및 수업의 활동은 학교상담자가 설계한다.
6. 학교상담자는 학생이 선택할 수 있는 두세 가지 대안을 제시한다.
7. 학교상담자는 작업 과제를 할당해야 한다.
8. 학교상담자는 정보를 공유하되 토론에 참여하지 않아야 한다.
9. 모든 정책과 절차는 집단 토론 결과에 따른다.

10. 학생은 자신이 함께 활동하고 싶은 사람을 스스로 선택한다.
11. 학교상담자가 의견을 제시하는 일은 매우 드물다.
12. 학교상담자는 집단 작업을 위해 학생을 선발해야 한다.
13. 학교상담자는 각 집단 구성원을 칭찬하고 비평해야 한다.
14. 과제 할당은 전체 집단원(학교상담자와 학생)에 의해 이루어진다.
15. 학교상담자는 참여를 시도하지 않는다.
16. 학교상담자는 적극적인 집단 참여와는 거리를 두어야 한다.
17. 학교상담자는 각 구성원에 대한 칭찬이나 비판에 있어 객관성을 유지한다.
18. 학교상담자는 교실에서 일어나는 일에 간섭하지 않는다.

점수 계산:

1, 5, 7, 12, 13, 16 __ 독단형

2, 6, 9, 10, 14, 17 __ 민주형

3, 4, 8, 11, 15, 18 __ 방임형

가장 높은 점수는 평소에 선호하는 리더십 유형을 나타낸다. 그러나 학급적용 상담교육 수업 중 학생들과의 상호작용에 따라 각 유형의 요소를 사용할 수도 있다.

성찰하기: 학급적용 상담교육 수업을 할 때 언제 각 유형을 사용할 수 있는가?

앞의 내용은 다음 문헌에 기반하여 개발되었다. Lewin, K., Lippitt, R., & White, R. K. (1939). Patterns of aggressive behavior in experimentally created "social climates". *Journal of Social Psychology, 10*, 271–299.

학급적용 상담교육에서의 기본적인 상담 기술

학교상담자가 학급적용 상담교육 교육과정에서 활용할 수 있는 기본적인 상담 기술로는 비언어적 및 언어적 촉진 기술, 반영 기술, 평가 기술 등이 있다(Giltner et al., 2011). 〈표 8-1〉에서 이러한 기술에 대해 간략하게 논의한다.

〈표 8-1〉 기본 상담 기술

상담 기술		학급적용 상담교육 상의 목적
비언어적 촉진 기술	눈 맞춤	연결 증대, 경청의 표현
비언어적 촉진 기술	얼굴 표정	불일치 및 긍정적/부정적 반응 확인
비언어적 촉진 기술	제스처	언어적 의미 보강
비언어적 촉진 기술	물리적 공간	관계에 대한 시사, 관계에 대한 열망의 표현
비언어적 촉진 기술	접촉	연결감 증대
비언어적 촉진 기술	음성 단서	내용의 강조, 신뢰성(credibility) 개선
비언어적 촉진 기술	옷차림	신뢰도(trustworthiness) 증대, 접근 가능성 증대
언어적 촉진 기술	언어적 격려 표현	공감 전달, 경청의 표현
언어적 촉진 기술	폐쇄형 질문	간결한 자료 수집
언어적 촉진 기술	개방형 질문	경험에 대한 정보 수집
반영 기술	재진술	공감에 대한 소통, 내용 이해에 대한 표현
반영 기술	요약	수업에 대한 이해 확인, 향후 계획 확인
반영 기술	감정 반영	감정에 대한 이해 표현
평가 기술	목표 설정	각 학생에 대한 대집단 목표 및 개인 목표를 확인
평가 기술	피드백 기술	학습 내용에 대한 정보 제공

비언어적 촉진 기술

개인 간 의사소통의 2/3는 비언어적이다(Mehrabian, 1968; Vedantam, 2006). 비언어적 의사소통은 일반적으로 의도적으로 전달되는 행동을 의미한다(Burgoon, Buller, & Woodall, 1996). 연구자들은 학교상담자가 사용하거나 인식하는 데 유용한 비언어적 의사소통으로 눈 맞춤, 얼굴 표정, 제스처, 물리적 공간, 접촉, 음성 단서, 옷차림 등을 언급했다(Ekman, 1993; Pearson, Nelson, Titsworth, & Harter, 2011).

눈 맞춤

좋은 눈 맞춤(eye contact)은 학생이 이야기를 하고 있을 때 학교상담자가 듣고 있음을 전달한다(Ridley & Asbury, 1988). 학급적용 상담교육 프로그램을 실시하는 학교상담자는 교실에 있는 모든 학생과 눈 맞춤을 하기 위해 노력해야 한다. 학생들과 눈 맞춤을 거의 또는 전혀 하지 않으면 학생들에게 무관심한 것처럼 보일 수 있고, 학생들은 무시당하는 느낌을 받을 수 있다(Pearson et al., 2011). 문화적 의사소통 패턴도 염두에 두고 적절하게 눈 맞춤을 유지해야 한다.

얼굴 표정

5,000개 이상의 문화적으로 특징적인 표정이 존재하는데(Blum, 1998), 이 모든 표정을 학교상담자는 학급적용 상담교육 수업에서 경험할 수 있을 것이다. 학교상담자는 모든 학생의 얼굴 표정을 관찰하여 긍정적인(예를 들어, 즐거움, 참여) 또는 부정적인 감정(예를 들어, 지루함, 경멸, 두려움)을 나타내는지 구별할 수 있어야 한다. 또한 학교상담자는 자신의 얼굴 표정이 어떠한지, 그리고 자신의 얼굴 표정이 학생에게 어떤 메시지를 보내는지 알고 있어야 한다. 부정적인 해석은 학생의 참여에 영향을 미칠 수 있다.

제스처

제스처(gestures)는 상징(즉, 말을 대신하는 동작), 일러스트레이터(즉, 언어적 메시지를 강화), 감정 표현(즉, 감정을 나타내는 데 사용되는 얼굴과 몸의 움직임), 조절자(즉, 의사소통의 속도를 제어하는 것)로 분류된다(Ekman, 1993; Ekman & Friesen, 1969). 학교상담자는 집단 작업의 종료, 전환, 의미의 강조, 내용의 강화 시 이러한 제스처를 사용할 수 있다. 학교상담자가 문화에 따라 제스처가 다른 의미를 가질 수 있음을 이해하는 것은 매우 중요하다.

물리적 공간

50년 전, Hall(1966)은 네 가지 거리(distance)에 대해 정의를 내렸다. 최근 문헌에서는 그중 두 가지가 학생이나 내담자와의 상호작용에서 학교상담자에게 유용하다고 언급되고 있다(Corey, Corey, & Corey, 2010; Gladding, 2008). 학급적용 상담교육에서 학교상담자는 개인적 거리(personal distance)와 사회적 거리(social distance)를 사용해야 한다. 개인적 거리는 약 45cm에서 1.2m 정도이다. 대다수의 사람이 이 정도 거리에서 대화를 나눈다. 사회적 거리는 약 1.2~3.7m 정도이며, 직장과 공식적인 교수 상호작용에서 업무를 수행하기 위해 사용된다(Pearson et al., 2011). 개인적 거리와 사회적 거리는 상호작용의 친밀도를 나타낸다. 학교상담자는 교실에서 학생이 개인 또는 집단 활동을 할 때 이러한 거리를 활용할 수 있다. 학생과 학교상담자 간의 가까운 거리는 학생에게 확신을 심어주고 과제를 계속 수행하도록 만드는 역할을 한다.

접촉

전형적으로 접촉(touch)은 긍정적이고, 즐겁고, 지지적인 것으로 간주된다(Driscoll, Newman, & Seals, 1988). 학급적용 상담교육에서 접촉은 내용을 강조하거나 배려와 존중을 전달하기 위해 사용될 수 있다(Older, 1982). 예를 들어, 학교상담자는 교실에 들어오거나 나가는 학생과 악수를 할 수도 있고, 긍정적인 행동을 강화하기 위해 가끔 하이파이브를 할 수도 있으며, 격려와 참여를 표현하기 위해 학생의 어깨에 손을 댈 수도 있다. 접촉은 일부 학교 환경에서 허용되지 않을 수 있으므로 책임감 있게 이루어져야 한다.

음성 단서

어떤 소리들은 비언어적 커뮤니케이션의 일부로 포함된다. 이러한 소리에는 "음" "음흠"과 같은 비단어도 포함한다. 비단어 소리(nonword sounds)는 음높이(pitch), 음량(volume), 속도(rate), 질(quality), 조음(articulation) 및 침묵(silence)을 포괄한다. 학급적용 상담교육 장면에서 목소리는 설득력이라는 효과를 가질 수 있으며(Vaish & Striano, 2004), 거의 상호작용이 없는 학생과도 학교상담자가 신뢰를 확립하는 데 도움이 된다. 학교상담자는 음높이, 음량, 속도를 사용하여 강조하거나, 의미에 약간의 변화를 주거나, 학생에게 질문 또는 진술을 할 수 있다. 상담에서 침묵의 사용은 주요 촉진 기술로 사용되어 왔다. 학교상담자는 존중 또는 공감을 나타내거나 학생이 대답하기 위해 생각을 정리하는 데 침묵을 사용할 수 있다. 그러나 교실 수업 환경에서 학교상담자는 문화적 다양성을 고려하여 침묵이 어떻게 사용될 수 있는지 알고 있어야 한다. 성차별, 인종차별 또는 성적 지향으로 인해 소외감을 느끼는 학생은 학대, 당혹감 또는 수치심으로 인해 침묵할 수 있다. 학교상담자는 학생의 지속적인 침묵과 이탈을 주의 깊게 지켜보아야 한다(Olson, 1997).

옷차림

학교상담자가 교실에서 상호작용하는 동안 입는 복장은 성격, 접근성, 그리고 힘을 의미할 수 있다. 학교상담자의 옷은 학생에게 방해가 될 수도 있다. 결과적으로 학교상담자는 교실에 있는 동안 의도를 갖고 옷을 선택하여 착용해야 한다. 촉진 기술에 대한 당신의 지식을 활용하여 〈연습문제 8-3〉을 응답해 보라.

연습문제 8-3

비언어적 촉진 기술

- 당신은 학생 20명이 있는 교실에 있다. 수업 중 학생의 경험을 확인하면서 토론 활동에서 체험 활동으로 효과적으로 넘어가고자 한다. 이 상황에서 당신은 어떤 비언어적 촉진 기술을 사용할 수 있는가?

____

____

- 어떤 종류의 비언어적 기술을 사용해서는 안 되는가?

____

____

- 이 상호작용에서 고려해야 할 문화적 고려 사항은 무엇인가?

____

____

언어적 촉진 기술

교실에서 학교상담자의 역할은 내용을 가르치는 것뿐만 아니라 학생들을 격려하고 그들의 개인적 · 사회적 · 학업적 효능감을 높이는 것이다. 이와 관련하여 언어적 촉진 기술을 활용하면 학급적용 상담교육 프로그램 중 학생의 발언 및/또는 참여를 독려할 수 있다. 언어적 격려 표현, 폐쇄형 질문, 개방형 질문에 대해서는 다음에서 보다 구체적으로 논의하겠다.

언어적 격려 표현

연구자들은 학교상담자와 학생 간 교실에서의 상호작용과 관련하여 두 종류의 언어적 격려 표현, 즉 반언어적(semiverbal; 또는 최소한의) 표현과 짧은 구절[short phrases; 또는 대화를 여는 질문(door opener)]이 있음을 확인했다(Bolton, 1979; Hill, 2004). 반언어적 격려 표현은 비언어적 격려 표현을 동반할 수 있으며, "좋아요." "알겠어요." "응(Uh-huh)."(Young, 2009)과 같이 학생들에게 그들이 말하는 바를 이해하고 있음을 나타내는 단어를 포함한다. 반언어적 격려 표현에는 한 명 또는 여러 명의 학생이 사용한 중요한 단어나 문구를 반복하는 것도 해당될 수 있다. 예를 들어, 학교상담자는 "조금 더 말해 줄 수 있나요?" "그것에 대해 이야기해 봅시다." "무슨 생각을 하고 있나요?" 등의 말을 건넬 수 있다. 이러한 격려 표현은 학생이 현재 진행되는 논의를 확장시키고, 더 깊이 들어가며, 더 완전하게 참여할 수 있도록 돕는다.

폐쇄형 질문

폐쇄형 질문(closed questions)은 복잡한 생각이나 반응을 요구하지 않고 일반적으로 사실이나 구체적인 정보를 수집하기 위해 사용된다(Pate, 2011). 학급적용 상담교육에 이러한 폐쇄형 질문을 활용하는 것은 학생이 정보를 떠올릴 수 있는지를 파악하고, 학급적용 상담교육 수업 후 얻은 지식을 평가하기 위함이다.

개방형 질문

개방형 질문(open questions)은 학생의 생각과 경험을 구체적으로 탐색하고, 심층적인 대화를 유도하며, 학생 중심의 토론을 가능하게 한다(Grambo, 1997; Shaunessy, 2000). 개방형 질문을 통해 학교상담자는 수업에 대한 학생의 경험을 이해하는 데 도움을 얻을 수 있을 뿐만 아니라 학생의 지속적인 학습 요구에 대한 단서를 제공받을 수 있다. 개방형 질문은 다음과 같은 형태를 취할 수 있다. 오늘부터 새롭게 배운 지식 중 중요한 것을 한 가지 이야기해 보라. 수업에 대해 어떤 생각을 했는가? 수업에서 얻게 된 중요한 교훈은 무엇인가? ___주제를 넣으라___과/와 관련하여 우리가 수업에서 이야기했으면 하는 것들은 무엇인가? 〈연습문제 8-4〉에 이러한 기술을 적용해 보라.

연습문제 8-4

촉진 기술 적용하기

의사결정 기술에 대한 학급적용 상담교육 수업을 하고 있다. 정보를 수집하고, 수업에 대한 학생의 경험을 듣고자 한다. 수업에 포함시킬 수 있는 폐쇄형 질문과 개방형 질문을 정리해 보라.

반영 기술

반영 기술(reflecting skills)은 학생의 이야기나 학급적용 상담교육 수업과 관련하여 학생이 제공한 정보를 학교상담자가 이해하고 있음을 학생 스스로가 알 수 있게 한다. 반영 기술을 사용하면 학생이 추가적인 정보를 공개하고 경험에 더 완전히 참여하도록 격려할 수도 있다. 반영은 공감을 전달하는 방법이다. 예를 들어, 학생이 수업에서 공유하기를 걱정하는 것처럼 보일 때, 학교상담자는 "잘 모르겠다고 했는데, 지금 너는 불편한 마음인 것 같구나." 또는 "학교폭력에 대한 걱정을 몇몇 친구가 나누어 주었고, 다른 몇몇은 이 내용에 대해 이야기하는 것을 불편하게 느끼는 것 같아요. 맞나요?"처럼 반영 기술을 사용할 수 있다. 다음에서 재진술, 요약, 감정 반영이라는 반영 기술에 대해 논의하려고 한다.

재진술

학교상담자는 학급적용 상담교육 수업 중 의사소통을 용이하게 하기 위해 언어적 격려 표현과 개방형 질문을 사용한 후, 재진술(paraphrasing)을 할 수 있다. 재진술을 사용하면 학생은 자신이 이해를 받고 있고, 상대방이 자신의 이야기에 귀 기울이고 있다는 느낌을 받게 되어 내용이 보다 명확해지며 그 의미가 강조되거나 확고해진다. Brammer와 MacDonald(1999)는 재진술 사용 과정을 3단계로 설명했다. ① 표현된 기본적 내용을 듣기, ② 내용을 간략히 재진술하기, ③ 재진술의 정확성을 확인하기 위해 학생의 비언어적 · 언어적 반응에 주목하기가 그것이다. 학교상담자가 학급적용 상담교육 수업에 참여하는 동안에 재진술을 사용할 수 있는 방법의 예를 제시한다.

> 학교상담자: 갈등 해결 기술을 사용했던 예를 들어 줄 사람이 있을까요?
>
> 학생: (손을 들며) 저요.
>
> 학교상담자: 그 내용을 반 친구들과 나누어 줄래요?
>
> 학생: 물론이죠. 제 친구 두 명이 점심 때 어디에 앉을지 다투고 있었는데, 저는 걔들이 타협했으면 했어요. 그래서 그날엔 A구역에 앉고, 다음 날엔 B구역에 앉았어요. 모두가 행복해했죠.
>
> 학교상담자: (재진술) 그럼 두 친구 모두 원하는 자리에 앉을 수 있도록 모두에게 유리한 갈등 해결 기술을 사용한 거네요?
>
> 학생: 맞아요. 둘이 여전히 친구로 지내는지 확인했어요. 제가 없었으면 어떻게 됐을지 모르죠.
>
> 학교상담자: (재진술) 같이 있으면서 갈등 해결을 사용함으로써 두 친구의 우정과 지금 이야기를 나누어 준 학생의 우정에 변화가 생긴 거네요.

재진술로 인한 상호작용을 통해 학교상담자는 다른 학생을 대화 안으로 불러들여서 경험에 대해 이야기할 수 있는 발판을 마련할 수 있다. 또한 학생과 교사에게 교실에서 소통할 때 공감과 이해를 표현하는 방법에 대한 모델을 제시할 수 있다.

요약

효과적인 요약(summarizing)은 내용, 주요 느낌, 주제 및 향후 계획이라는 네 가지 측면을 포함해야 한다(Young, 2009). 학교상담자는 주로 활동이 끝날 때, 수업에서 중요한 부분을 다루고 전환할 때, 수업이 끝날 때 요약을 사용해야 한다. 또한 요약은 교실에서의 수업의 흐름에도 도움을 주며, 학생에게 현재의 경험과 향후 적용에 대한 방향을 제시할 수 있다. 학급적용 상담교육 수업이 끝날 때 학교상담자는 다음과 같이 말할 수 있다.

"오늘 우리는 미래의 목표, 진로 결정 기술, 그리고 개인적 자질과 교육 및 직업 세계의 연결과 같은 진로 탐색과 관련된 여러 전략을 다루었습니다. 여러분 중 다수는 신이 나서 진로와 대학 준비에 대한 추가적인 정보를 받는 것에 관심이 있다고 이야기했습니다. 다음 몇 주 동안, 학교상담자들이 여러분과 만나 진로와 대학 선택에 대해 논의할 것입니다. 그때까지 각자 학점 이수, 대학 혹은 고등학교 졸업 후의 일과 훈련, 그리고 진로 흥미를 꾸준히 파악한 후, 부모님이나 보호자와 이러한 관심사에 대해 논의하세요."

학교상담자는 학급적용 상담교육 수업 내에서 요약 과정을 용이하게 하기 위해 다양한 방법을 사용할 수 있다. 요약 과정을 강화하기 위한 몇 가지 추가적인 방법으로는 학생이 학급적용 상담교육 수업 중에 학습한 내용을 바탕으로 학급 계약서를 작성하거나 교실 규칙 목록을 새로 작성하는 것이 있다.

감정 반영

감정 반영(reflection of feeling)은 학생의 언어적 · 비언어적 반응을 관찰하는 것과 주요 감정을 파악하는 것을 포함한다. 지루해하거나 혼란스러운, 또는 화가 나거나 기분이 상한 학생을 대할 때 반영이 유용하다고 느낄 것이다. 학교상담자는 긍정적인 의사결정을 강화하거나 행복, 흥분, 그리고 만족감을 알아차렸을 때 자신이 한 일에 대해 학생이 자부심을 갖도록 격려할 수도 있다. 예시에서는 학교상담자가 혼란스러워하는 학생에게 감정 반영을 사용하는 방법을 설명한다. "여러분 중 몇몇은 방을 둘러보기 시작했고, 몇몇 다른 사람은 참여를 멈추었습니다. 저는 여러분이 그 내용에 대해 혼란스러워하는 것인지 궁금합니다. 맞나요?" 여기서 학교상담자는 계속해서 학생에게 이 감정에 대해 이야기할 수도 있고, 학생의 요구를 충족시키기 위해 다른 내용을 통합하는 것을 선택할 수 있다.

평가 기술

목표 설정

개인상담에서는 목표가 보다 유동적이고 내담자 중심적(client driven)일 수 있다. 학급적용 상담교육 프로그램에서 학교상담자는 학생을 위한 전반적인 목표(예를 들어, 비판적 사고력 향상, 문제 해결력 향상, 동기부여 향상)를 가지고 교실에 들어오는 경우가 많다. 그러나 학급적용 상담교육에서는 대집단 수준에서의 목표 설정과 개인 수준에서의 목표 설정이 학생과 함께 이루어져야 한다. 이를 통해 학생은 수업에 대한 주인의식을 갖게 되고, 의도적으로 학습한 내용을 생활에 적용하며, 목표를 설정하고 달성하는 습관을 가질 수 있다. 〈연습문제 8-5〉는 학생의 목표 설정을 돕기 위한 연습이다.

학교상담자는 처음에 전반적인 목표에 대해 논의할 수 있다. 학생에게 학급적용 상담교육 수업의 목표 설정을 도와달라고 요청할 수 있다. 학생에게 어떤 목표를 염두에 두고 있는지 묻고 싶을 수도 있다(학생의 생각은 학교상담자가 생각했던 본래의 목표와 다를 수도 있고 다르지 않을 수도 있음에 주의하라). 그런 다음 목표를 목록화하고, 즉각적으로 떠오르지 않았으나 수업과 관련된 몇 가지 목표를 제안해야 한다. 이제 학생이 어떤 목표를 선택할지 합의해야 한다. 수업의 목표가 확실해지면 학교상담자는 학생이 자신의 개인 목표를 확인하도록 격려할 수 있다. 다음의 개인별 학급적용 상담교육 목표 시트를 사용해도 좋다.

연습문제 8-5

목표 설정

분노 조절 전략에 관한 수업에서 학교상담자가 전체적인 수업 목표를 만드는 데 학생을 참여시키기 위해 사용할 수 있는 세 가지 전략을 찾아보라.

____

____

피드백 기술

학생들에게 학급적용 상담교육 프로그램을 실시할 때 항상 피드백(feedback)을 제공할 수 있는 기회를 마련해야 한다. 비공식적인 피드백은 학생에게 지원(즉, "모두 제시간에 아주 잘 끝내고 있네요!")과 도전("스크린의 질문에 집중했으면 좋겠습니다. 다시 해 봅시다.")의 형태로 학급적용 상담교육 과정 전반에 걸쳐 제공될 수 있다. 지원과 도전은 학생의 자신감과 독립성을 높일 뿐만 아니라 발달 수준을 촉진할 수 있는 적절하고 효과적인 방법이다(Hunt, 1969; Stoltenberg, 1981). 〈연습문제 8-6〉을 통해 이러한 기술을 연습하는 데 도움을 받을 수 있을 것이다.

개인별 학급적응 상담교육 목표 시트

학생 이름: ______________________________

학급적응 상담교육 수업 주제: ______________________________

수업 목표: ______________________________

1. (수업 주제 삽입)과 관련하여 어려움을 겪었던 시기를 떠올려 보세요.

____

____

____

2. 어떻게 다루었나요?

____

____

____

3. 오늘 배운 내용과 기술을 활용하여 앞으로 비슷한 상황을 어떻게 다루고 싶나요?

____

____

____

4. 앞의 상황 및 수업 주제와 관련된 개인적 목표 두 가지를 적어 보세요.

____

____

____

5. 목표를 달성했다는 것을 알 수 있는 두 가지 방법을 적어 보세요.

____

____

____

연습문제 8-6

지원적이고 도전적인 피드백

학생이 다섯 가지 갈등 해결 전략 중 세 가지를 이해했지만, 여전히 나머지 두 가지를 이해하고 실천하는 데 어려움을 겪고 있음을 알게 되었다.

지원적인 피드백을 위한 문장을 세 가지 적어 보시오.

____

____

____

도전적인 피드백을 위한 문장을 세 가지 적어 보시오.

____

____

____

존중, 진정성, 공감, 무조건적인 긍정적 관심

학교상담자가 학급적용 상담교육을 할 때 학생과의 상호작용에서 활용할 수 있는 네 가지 핵심 상담 기술이 있다. 학교상담자-학생 간의 관계의 질은 효과적인 교실 내 상호작용의 토대가 된다(Marzano, 2003). 학교상담자는 학생과의 관계에 긍정적인 영향을 미치는 기술, 즉 존중, 진정성, 공감, 무조건적인 긍정적 관심을 활용하면 학급적용 상담교육 수업 중 학교상담자–학생 간의 상호작용을 강화시킬 수 있다. 이러한 기본 기술은 학교상담자와 학생 간의 끈끈한 관계를 유지하고 촉진하는 데 도움을 준다. 학교상담자는 의도적으로 기본 상담 기술을 학급적용 상담교육 프로그램을 할 때 사용함으로써 의사소통을 용이하게 하고 이해를 증진시키며 공동체를 형성하는 교실 환경을 조성할 수 있다(Shapiro, 1968).

학급적용 상담교육 수업 시간에 학교상담자는 학생의 안녕, 관점, 다양한 신념 등을 중요하게 여김으로써 학생에 대한 존중을 표현한다. 개방적이고 진실한 태도를 취함으로써 진정성을 드러낼 수도 있다(Rogers, 1961). 만약 학교상담자가 학생의 눈으로 세상을 볼 수 있다면(즉, 공감할 수 있다면), 학급적용 상담교육 중 상호작용에 더 큰 도움이 될 수 있다(Rogers, 1957). 무조건적인 긍정적 관심은 학생이 학교상담자가 자신을 진정으로 아끼고 긍정적으로 생각한다고 믿을 때 명확히 드러난다(Farber & Dooolin, 2011). 존중, 진정성, 공감, 무조건적인 긍정적 관심은 모두 기본적인 상담과 대인관계 기술의 사용을 통해 전달될 수 있다. 〈연습문제 8–7〉에서 학교상담자가 진정성을 어떻게 적용할 수 있는지 탐구하는 기회를 갖게 될 것이다.

연습문제 8–7

핵심 상담 조건의 통합

학교상담자가 갈등 해결을 기반으로 한 학급적용 상담교육 수업에서 초등학생과 상호작용을 하고 있다. 이 수업지도안으로 수업을 한 것이 처음이어서인지 학교상담자는 다소 불편함을 느끼고 있다. 게다가 수업을 들어간 학급도 처음 교육을 하게 된 학급이다. 그래서인지 몇몇 학생이 학교상담자를 모른다고 말한다.

학교상담자는 어떤 방법으로 진정성을 수업에 녹일 수 있는가? 이것이 학교상담자와 학생의 상호작용에 어떤 영향을 미치는가?

____

____

____

학교상담자가 존중과 무조건적인 긍정적 관심을 녹여 내기 위해 할 수 있는 일이 무엇인지 적어 보라.

___

___

___

학생과 연결되기 위해서는 공감이 중요하다. 이를 보여 주기 위해 학교상담자는 무엇을 할 수 있는가?

___

___

___

이론적 지향 통합하기

학교상담자는 기본적인 개인상담 및 집단상담의 기술을 통합적으로 사용하기 때문에 이론적 지향 역시 통합할 필요가 있다. 학교상담자의 이론적 지향은 개인의 페르소나를 드러내는 동시에 학급적용 상담교육의 교육학(classroom guidance pedagogy)을 향상시킬 수 있다. 또한 학생에게 어떻게 반응하는지, 어떻게 질문을 인식하고 해결하는지, 어떠한 방식으로 집단 의사결정을 내리는지(예를 들어, 활동, 토론 주제)에 영향을 미칠 수 있다. 앞서 인간중심치료에 대해 다루었지만, 〈표 8-2〉에 정리한 것처럼 학교상담자가 학급적용 상담교육 수업을 개발하고 시행할 때 다른 상담 접근 방식도 고려되어야 한다.

〈표 8-2〉 이론적 지향에 따른 학급적용 상담교육

이론적 지향	철학 또는 초점	반영	질문	교실에서의 기술
아들러학파 치료	사회적 관심과 개인의 긍정적인 역량에 의해 동기부여됨, 초기 경험이 자아를 형성	"과거의 도전이 지금 당신에게 영향을 미치고 있는 것 같습니다." (초기 기억)	"과거의 어려움이 지금 어떤 영향을 미치고 있습니까?"	초기 기억, 개인적 우선순위 확인, 격려 제공
실존주의 치료	자각, 선택의 자유, 책임, 불안, 진정성, 삶과 죽음	"이 진로가 정말로 당신에게 삶의 목적을 줄 것 같다." (의미)	"이 진로나 직업이 여러분의 삶에 어떤 의미를 부여할까요?"	자유, 책임, 의미 및 발전하는 관계를 다루기 위한 기술을 차용
인간중심 치료	인간에 대한 긍정적인 시각, 자아실현, 인식의 증가, 자기에 대한 신뢰	"이 특성은 당신이 누구인지에 중요한 부분이다. 우리는 모두 당신을 자랑스럽게 생각한다." (인식)	"당신의 독특한 점은 무엇인가요?"	적극적인 경청을 통한 자기인식 발달에 중점, 세 가지 핵심 조건을 활용
행동치료	행동은 학습, 고전적/조작적 원리에 따라 형성	"타인과 함께 일할 때 숙제를 하는 것이 가장 쉬운 것 같다." (행동 체크인)	"혼자서 일을 할 때는 어떤 방식으로 동일한 기술을 사용할 것 같아요?"	강화, 모델링, 사회적 기술, 둔감화, 마음챙김, 리허설, 코칭
인지행동 치료	잘못된 사고는 정서적/행동적 문제로 이어짐	"당신의 부정적인 생각이 당신의 행동에 영향을 미칠 수도 있다." (직면)	"저 선생님들이 정말 당신을 싫어하나요?"	소크라테스식 대화, 숙제, 대처 기술, 역할 연기, 말바꾸기, 잘못된 믿음에 맞서기
현실치료	좋은 관계가 중요, 외부 통제에 저항함으로써 문제가 발생	"의사결정 방식을 바꾸고 싶어 하는 것처럼 들린다." (WDEP)	"무엇을 바꿀 의향이 있습니까?"	변화에 대한 의지, 실행 계획 수립, 실천, WDEP
해결중심 치료	효과적인 행동, 긍정적인 초점, 문제는 불변하지 않음, 미래 지향적	"이런 일이 일어나지 않은 경우를 찾을 수 있나요?" (예외)	"그 문제가 하루아침에 해결됐다면 어떻게 알 수 있나요?"	예외 · 기적 · 척도 질문
내러티브 치료	인생 이야기 재구성, 지배적인 이야기로부터 자기 분리, 영향력 알아보기	"또래들이 당신에게 영향을 준 것처럼 들립니다." (영향력 알아보기)	"이 문제가 당신에게 어떤 영향을 미쳤습니까?	표면화, 증거 기록하기

개인심리학을 활용하는 학교상담자(즉, 아들러의 이론을 따르는 상담자)는 학생이 어떻게 서로에게서 배우는지에 초점을 맞추고(Dreikurs, 1969), 학생의 개인적 목표가 대인관계의 목표와 관련되어 있음도 이해한다(Gladding, 2008). 실존주의적 성향이 강한 학교상담자는 학생의 자기인식을 높이고 개인적 책임감을 향상시키는 데 정성을 들이며(May & Yalom, 2000), 학생이 자신의 삶에서 의미를 찾을 수 있도록 돕는 데에도 초점을 맞춘다.

현실치료 기반의 학교상담자는 현재의 행동과 선택을 강조하며, 학생이 학급적용 상담교육 수업의 주제와 관련된 요구를 충족시킬 수 있는 계획을 세우도록 돕기도 한다. 또한 학생이 효과적인 선택을 할 수 있는 능력을 신장시키기 위해 Wubbolding(2000)이 개발한 WDEP 모델(바람, 행동, 평가, 계획)을 사용한다. 인지행동치료 지향의 학교상담자는 주로 학급적용 상담교육 시간 동안에 문제 해결 기술, 의사결정 기술, 행동 기술에 초점을 맞춘다. 수업 주제와 관련하여 학생이 가진 고민을 나누도록 한 뒤, 다른 학생에게 문제 해결을 위한 방안을 제시하도록 한다. 역할극을 통해 새로운 행동을 강화할 수도 있다. 해결중심치료를 사용하는 학교상담자는 해결책과 예외에 초점을 맞추고 문제 행동 자체에는 매우 적은 시간을 할애한다. 내러티브치료 지향의 학교상담자는 학생에게 학급적용 상담교육의 주제와 관련된 현재 문제를 확인하게 하고, 성공했던 시점을 확인하고 문제에 영향을 미치는 것이 무엇인지 탐구하도록 한다.

생각해 볼 문제

- ☑ 당신이 사용하는 이론적 접근은 무엇인가?
- ☑ 학급적용 상담교육 수업에서 해당 접근을 어떻게 사용하는가?
- ☑ 학급적용 상담교육 수업의 어떤 영역에 당신의 이론적 지향을 통합시킬 수 있는가?

기본적인 개인상담 및 집단상담 기술, 공감 및 이론적 지향은 학급적용 상담교육을 효과적으로 실시하는 데 핵심적이다. 이러한 기술을 사용함으로써 학교상담자는 자신의 상담자 정체성을 수용하는 동시에 수업을 가장 잘 실행할 수 있다. 이어서 학급적용 상담교육을 하는 학교상담자에게 도움이 될 교수 및 학급 경영을 위한 주요 전략을 살펴볼 것이다.

교수 및 경영의 기초

학교상담자는 학급적용 상담교육을 실시할 때 상담적인 요소를 녹여 넣음과 동시에 교수 및 학급 경영 전략을 효과적으로 사용해야 한다. 교수 및 경영 기술을 활용하면 내용을 조직화하고, 도전적인 상황을 다룰 수 있다. 여기서는 효과적인 교수 전략, 학급 경영 전략, 문제 행동 및 부적절한 지도를 위한 전략에 대해 다룰 것이다.

교수 전략

Cashin(1990)의 효과적인 교수를 위한 권고 사항은 학교상담자가 학급적용 상담교육 프로그램을 강화시키는 데 활용될 수 있다.

- 학생의 발달 수준에 맞게 수업을 설계하라.
- 주제에 집중하라. 한 강의에서 모든 것을 다룰 수 없음을 기억하라.
- 수업 시간에 다루고 싶은 주요 사항이 5~9개 정도 포함되도록 개요를 짜라.
- 내용의 명확성을 위해 요점을 정리하라.
- 적절한 예시, 삽화 및 활동을 선택하라.
- 필요하다면 중요한 부분을 반복하라(즉, 다르게 표현하고 요약하라).
- 학생들의 피드백(즉, 언어적, 비언어적)에 주의하라.
- 열정을 가지라. 학생은 교사가 그 주제에 대해 신이 나 있음을 알아야 한다.

이처럼 학교상담자는 교실로 들어가기 전 이러한 교수의 요소에 대해 고려해야 한다. 학급적용 상담교육 프로그램이 성공하려면 학교급, 학년, 개별 학생의 발달적 요구에 대한 이해가 필수적이다. 또한 학생이 준비된 수업 내용에 참여하지 못할 경우를 대비하여 대안적인 수업 활동도 미리 준비해야 한다. 이러한 정보는 평가 척도를 통해 드러날 것이다.

전미유아교육협회(The National Association for the Education of Young Children, 2009)에서는 학교상담자가 초중고등학생에게 학급적용 상담교육 프로그램을 실시할 때 사용할 수 있는 발달적으로 적절한 교수 전략을 구체화했다. 학교상담자는 수업 중 학생의 발언에 대해 언어적 또는 비언어적으로 인정해 줄 수 있다(예를 들어, 고개를 끄덕임, 미소). 과제 완수에 대한 칭찬 대신 끈기와 노력을 격려한다("공부하는 습관에 대해 많은 생각을 하고 있구나. 계속 그렇게 해 보자."). 이는 학교상담자가 학생의 학습 차이와 학습 스타일을 다루는 데 도움이 될 수도 있다. 일반적인 의견보다 명시적인 피드백을 제공한다("Kevin, 나눠 줘서 고마워. 네가 예시를 들어 주어서 우리 모두가 갈등 해결 기술을 이해하는 데 도움이 되었어.").

모범이 되는 행동, 태도, 좋은 결정을 내리는 방법에 대해 단순히 말로 전달하기보다는 실제로 보여 준다("Sandy가 아까 한 이야기에 우리가 해 보고자 하는 내용이 들어 있었어요. Sandy, 무슨 이야기였는지 다시 한번 말해 줄 수 있겠니?"). 학생에게 주어진 과제를 약간 넘어서도록 유도하라. 예를 들어, 학생이 학교폭력을 당하거나 당하는 친구가 있음을 알고 있는 경우 누구에게 알려야 하는지 확인하도록 한 뒤, 학교폭력 사안에 대해 그 사람과 대화해야 하는 기분이 어떤지 탐구하도록 할 수 있다. 학생이 더 깊고 비판적으로 생각할 수 있도록 하는 질문을 할 수도 있다("만약 네가 짝과 이야기를 나눌 수 없는데, 짝이 무엇을 해야 하는지 알려 주려면 어떻게 해야 할까?"). 학교상담자는 도움을 제공하는 것에도 열려 있어야 한다. 예를 들어, 학생이 아이디어를 떠올리는 데 어려움을 겪고 있다면, 도움이 될 만한 힌트나 의견을 제시할 수 있다.

학급 경영 전략

학급 경영(classroom management)에 대한 연구에서 드러난 중요한 결론 중 하나는 수업 초반 촉진(facilitation), 행동(behavior), 풍토(climate)에 주의를 기울이는 것이 성공적인 수업의 중요한 요소라는 점이다(Emer, Evertson, & Anderson, 1980; Sanford & Evertson, 1981). '교실장악력(withitness)'을 이해하고 사용하는 학교상담자가 훌륭한 학급 경영자이자 촉진자이다(Kounin, 1970).

교실장악력은 방해 행동 또는 잠재적인 방해 행동을 예리하게 인지하고 언어적인(즉, 방해 학생을 멈추기 위해) 방식 또는 무시함(즉, 관심을 원하는 학생의 경우)으로 해당 행동에 즉각적인 주의를 기울이는 것을 뜻하며, 다음과 같이 정리할 수 있다.

- 규칙과 절차: 먼저 교실 내에서 지켜야 할 구체적인 규칙과 절차를 명확히 하라. 규칙을 게시해야 하며, 담임교사가 정한 규칙과도 일관성이 있어야 한다. 규칙과 절차를 설계할 때 학생을 참여시키라(Evertson, Emmer, & Worsham, 2003; Marzano, 2003).

- 훈육 조치: Cotton(1990)은 전체 수업 시간의 절반 정도만 수업하는 데 사용되고, 나머지는 훈육과 관련된 문제가 차지한다고 추정한 바 있다. 혼내는 사람이 아닌 상담자로서 학교상담자가 훈육 관련 문제를 다루는 방법을 이해하고 있는 것은 매우 중요하다. 부적절한 지도와 문제 행동에 대해서는 다음 절에서 자세히 다루도록 한다.
- 교실에서의 학교상담자-학생 간 관계 설정: 학교상담자는 많은 학생과 수년간 친밀한 관계를 맺는 경우가 많기 때문에 교실에서의 학교상담자-학생 간 관계 설정은 조금 까다로울 수 있다. 그 결과 학교상담자가 학급적용 상담교육 수업을 진행하는 동안 학생이 개인적인 상담을 시도하거나 추가적인 도움을 얻으려고 할 수도 있다. 규칙과 절차에 대해 다시 한번 다룸으로써 이런 상황을 해결할 수 있을 것이다. 예를 들어, 교실 밖에서 다음 만남을 예약할 수 있음을 학생에게 알리는 방안이 있다.
- 교실에서의 마음가짐 갖기: 학교상담자는 주의를 유지 또는 강화하고, 신속하게 반응하는 방법을 익히며, 어려움에 대한 대비책을 갖춰야 한다. 교실에서의 경험이 더 많은 교사나 학교상담자를 관찰하며 배우라.
- 학생이 스스로를 다스리는 데 참여할 수 있도록 하라: 학교상담자는 학생이 책임감을 가지도록 학급 규칙과 절차를 활용해야 한다. 예를 들면, 교실에서 기대되는 행동에 대해 학생이 가진 믿음에 대한 글을 작성하게 할 수 있다(Netolicky, 1998).
- 협력 교수: 협력 교수(co-teaching)는 상담 기술을 통합할 뿐만 아니라 학생 성취 기준을 명시하는 학급적용 상담교육 수업을 개발하는 데 도움이 될 수 있다. 협력을 통해 학교상담자의 수업 전달을 강화하고 더욱 포괄적인 수업을 구성할 수 있다. 예를 들어, 국어나 외국어 교사와 협력하여 학생이 학업, 사회 또는 진로 관련 주제에 대해 글을 쓸 수 있도록 함과 동시에 글쓰기 성취 기준을 교육과정에 녹일 수 있다.
- 친근함과 융통성: 친근함과 수업에 대한 열정은 학교상담자가 수업 속도를 조절하고, 구조에 변화가 발생하더라도 유연성을 유지하는 데 도움이 된다(Tileson, 2000). 학급적용 상담교육 수업 중에 유머를 사용하여 교실에서의 행동을 다룰 수 있다(Huss, 2008). 예를 들어, 유머러스한 이야기를 들려주면 긴장을 풀거나 상황을 완화시키는 데 도움이 된다. 유머를 섞는 것은 학급적용 상담교육 수업을 더 재미있고 학생의 발달상 적절한 방식으로 동기를 부여하는 데 도움을 줄 수 있다(Geltner & Clark, 2005).

이상의 교수 전략은 학교상담자가 학급적용 상담교육 수업을 구성하고 운영하는 데 도움이 될 것이다. 그러나 문제 행동을 보이는 학생을 다루기 위해서는 추가적인 전략을 사용하는 것이 필요하다. 이어서 학교상담자가 학급적용 상담교육 수업 중 문제 행동을 다루는 방법에 대해 논의하려고 한다.

문제 행동과 부적절한 지도를 위한 전략

학교상담자가 학급적용 상담교육 수업에서 직면하는 주된 어려움 중 하나는 관심, 힘, 복수를 위해 또는 부적절함을 드러내기 위한 행동을 하는 학생을 다루는 것이다(Adler, 1958; Albert, 1996; Nelsen, 1987). Colvin(2010)에 따르면, 초중등학교 학생이 전형적으로 보이는 다섯 가지 문제 행동 유형은 수업과 무관한 행동, 규칙 위반, 무례한 행동, 불안정, 지시 불이행이며, 모두 학급적용 상담교육 수업 실행에 방해가 될 수 있다. 다음에서는 다섯 가지 유형의 문제 행동을 설명하고자 한다(〈표 8-3〉 참조).

〈표 8-3〉 문제 행동의 종류

문제 행동	식별자	상담자의 대응
수업과 무관한 행동	수업 활동에 미참여	재지시, 토큰경제, 도우미
규칙 위반	수업 진행에 반하는 행동	규칙 명확히 하기, 토큰경제
무례한 행동	타인의 권리에 대한 침해	차분하게 이야기하기, 토큰경제
불안정	집중을 방해하는 감정을 드러냄	신호 확인하기, 안정화 전략 사용, 도우미
지시 불이행	반항, 협력 거부	개별적으로 반복 설명, 선택에 집중, 토큰경제

수업과 무관한 행동(off-task behavior)은 학교상담자의 지시를 따르지 않거나 주어진 과제와 무관한 활동을 하는 모든 행동을 의미한다. 규칙 위반(rule infractions)은 학생이 교실 수업의 규칙과 절차에 반대되는 방식으로 행동할 때 발생한다. 무례한 행동(disrespectful behavior)은 학생이 학교폭력, 괴롭힘, 무례함, 또는 위협을 포함하는 타인의 권리를 침해하는 행동을 하는 것을 말한다. 불안정(agitation)은 철수, 불안, 분노, 좌절 및 걱정과 같은 정서적 반응이다. 수업에서 지시 불이행(noncompicance)이 가장 다루기 어려울 수 있는데, 학생이 종종 지시를 따르기를 거부하고 권위에 대한 반항을 드러내기 때문이다.

문제 행동에 대해 상담자가 사용하는 일반적인 대응 전략

문제 행동을 다루기 위한 여러 효과적인 전략으로 자아 내려놓기, 공감, 부정적인 태도와 행동 인정하기, 과제에 집중하는 행동 칭찬하기, 안정화 전략, 후속 조치, 긍정적 행동 중재 및 지원 등을 제시했다(Colvin, 2010; Rogers & Renard, 1999).

• 자아 내려놓기

학교상담자는 분노, 짜증, 불쾌감과 같은 감정에 휩싸이지 않도록 경계해야 한다. 만약 그러한 감정에 휘둘린다면 판단력과 상담자로서의 역할이 손상될 수 있다. 지금 설명하는 이 기술은 제8장에서 설명하는 모든 기술의 필수 조건이다(Beaty-O'Ferall, Green, & Hanna, 2010). 학급 운영은 25명 이상으로 구성된 소규모 집단을 운영하는 것과 비슷하다는 것을 알면 많은 도움이 된다. 학생은 수업 내용과 학급의 다른 학생들에 대해 반응을 보일 것이고, 어느 정도 스트레스를 받은 채로 수업에 오거나 갈 것이다. 수업은 중요하지만, 어떤 날에 따라 어떤 학생은 잘 집중하며 참여할 것이고 다른 학생은 그렇지 않을 수 있음을 명심해야 한다.

• 공감

학교상담자가 보이는 공감(empathy)은 학생이 이해 받았다고 느끼도록 한다(Hanna, Hanna, & Keys, 1999). 공감적인 관계는 교실에서 행동적 어려움을 경험하는 학생에게 상당히 중요하다(Beaty-O'Ferall et al., 2010; Mordock, 1991). 만약 학생이 불안정과 분노를 느끼고 있다면, "지금 화가 날 만하겠구나. 나라도 그랬을 거야."라고 말함으로써 공감을 전달하여 학생이 상담자와 연결됨을 느끼고 잠재적으로 행동을 바꾸는 데 도움이 될 수 있다.

• 부정적인 태도와 행동 인정하기

학생의 부정적인 행동은 여러 해 동안 그 학생이 연습하고 다듬어 온 기술이다(Beaty-O'Ferall et al., 2010; Seligman, 1999). 예를 들어, 어떤 남자 청소년에게는 화를 내는 것이 가족 안에서 관심을 받고 싶은 욕구를 충족시키는 유일한 또는 최고의 방법이었을 수 있다. 결과적으로 그 학생은 학교에서도 관계적인 상호작용에 동일한 대처 기술을 사용할 것으로 예상할 수 있다. 화를 내는 것이 미치는 영향에 대해 이야기를 나누고 학생의 화를 변화시키는 것에 집중하는 대신, 화를 내는 것이 학생에게 도움이 되었음을 인정한 뒤 화의 방향을 바꾸는 것에 집중하고, 학생이 사용하던 기술을 재구성해야 할 것이다. 학교상담자는 "나는 네가 여러 감정을 갖고 있음을 보았고, 그것을 표현하는 것은 좋다고 생각해. 감정을 표현할 수 있는 다른 방법이 있을까?"라고 말할 수 있다. 인정(admiration)과 재정향(redirection)은 학생이 그동안 사용하던 기술을 창의적으로 사용할 수 있는 방법을 찾도록 학교상담자가 촉진하는 것이다.

- 과제에 집중하는 행동 칭찬하기

과제에 집중하는 행동 및/또는 적절한 행동을 보이는 학생을 격려하는 것은 긍정적인 분위기를 형성하기 때문에 매우 유용하다(Quarto, 2007). 또한 학급을 운영하고 모든 학생이 과제에 집중하는 행동을 촉진하는 데 도움이 된다. 과제에 집중하지 못하는 학생을 잘 살펴보다가 학생이 과제에 집중하는 모습을 보일 때 주목하거나 학생을 도우미로 활용할 수 있다. 예를 들어, 수업 내내 고개를 숙이고 있던 Jenny가 수업에 참여하기로 했을 때 "Jenny, 네가 나눈 아이디어가 너희 조에 도움이 되고 있어. 계속 잘해 보자."라고 말할 수 있다.

- 안정화 전략

안정화 전략(calming strategies)은 학생에게 초점 맞추기, 생각할 공간 제공, 선택지 제시, 자신감 북돋기(providing assurances) 및 추가 시간 주기(additional time), 선호하는 활동 및 신체 활동 허용 등을 포함하며, 학생의 문제 행동 완화에 유용하다(Ehrenreich & Fisak, 2005; Sprick & Garrison, 2008). 학교상담자는 학생의 집중을 돕고, 수업 자료의 정리를 도와 학생이 당면한 과제에 집중하게 함으로써 도움을 줄 수 있다(Quarto, 2007). 생각할 공간을 주는 것은 불안정하거나 문제 행동을 보이는 학생이 점차 안정을 찾고 다시 집중하는 데 도움이 된다. 또한 수업과 무관한 행동을 하는 학생에게 선택지를 줌으로써 다시 집중할 기회를 주고, 그 학생의 힘을 빼며 진정시킬 수 있다. 어떤 과제가 주어졌을 때 문제 행동이 나타날 수 있는 학생을 돕기 위해 사용할 수 있는 또 다른 전략은 자신감을 북돋거나 추가 시간을 주는 것이다. 예를 들어, "Kelly, 아직 시간이 더 있어. 계속 해 보렴."이라고 말할 수 있다. 또한 어려움을 겪는 학생에게 개인적으로 선호하는 활동을 허용할 수 있는데, 예를 들면 모둠 활동에 어려움을 겪는 4학년 Chris가 모둠으로 하는 작업에 참여할 준비가 되었다고 느낄 때까지 혼자서 작업할 수 있도록 둘 수도 있다. 문제 행동을 줄이고 새로운 에너지와 다시 집중할 시간을 제공할 수 있는 신체 활동도 활용할 수 있다(Colvin, 2010).

• 후속 조치

수업이 끝난 후 잘못된 행동을 한 학생에 대한 후속 조치(follow-up)를 하는 것은 매우 중요하다. 후속 조치를 통해 앞으로의 잘못된 행동을 줄이고 학교상담자와 무조건적으로 언제든지 만날 수 있음을 학생에게 안내한다. 후속 조치를 할 때는 학생-상담자 관계에 초점을 맞추고, 행동이 미칠 영향을 파악하며, 학생이 향후 행동에 긍정적인 영향을 줄 수 있는 필요 사항도 결정해야 한다.

• 긍정적 행동 중재 및 지원

문제 행동을 다루기 위해 학생 개별적으로 접근할 수도 있지만, 긍정적 행동 중재 및 지원(Positive Behavior Intervention & Supports: PBIS)과 같은 별도의 학교 행동 지원팀(school behavior support teams)과 협력할 수도 있다. PBIS는 예방을 위한 다단계적 접근으로, 학생의 행동 기대치(behavioral expectations)를 향상시키고 집단적으로 문제 행동을 줄이는 데 중점을 둔다. 학교상담자는 3~5명 정도의 학교 관계자(예를 들어, 학교장, 행정팀, 교사, 학부모 및 지원 직원)와 함께 설정된 행동 기대치를 다루며, 학교 환경 개선을 위해 학교 전체적이고 개별화된 개입을 한다(OSEP Technical Assistance Center on Positive Behavior Interventions & Supports, 2009).

1단계에서는 행동적 문제(즉, 학교 전체/보편적 요구)를 해결하기 위한 학교 전체의 행동 계획에 초점을 맞춘다. 2단계에서는 행동적 요구를 가진 학생을 대상으로 하도록 설계되어 PBIS팀은 대상 학생과 협력하여 확인된 행동적 관심사(즉, 목표된/선택적 요구)를 해결한다. 2단계 접근으로 변화가 생기지 않으면 PBIS팀은 대상 학생과 함께 3단계를 진행한다. 학생은 기능적 행동 평가에 참여하게 되는데, 이를 통해 구성원이 개입의 초점을 결정하고 개별화된 지원 구조(즉, 개인적/지정된)를 구축할 수 있다. 보다 자세한 내용은 〈표 8-4〉를 참조하라.

〈표 8-4〉 긍정적 행동 중재 및 지원 체계의 단계

단계	초점	자료	결과
1	긍정적인 환경 조성	학교 기준점	학생들의 적절한 행동 향상
	사회적 기술 교육 포함	사건 보고서/연계	실행 정확성, 학생 행동
	인식 체제 도입	학업 자료	위기 감소
	모니터링 시스템 적용	학교 전체 평가 도구 (Sugai, Lewis-Palmer, Todd, & Horner, 2005)	개입 및 징계 체계 구현
2	일부 학생을 위한 개별화된 목표 포함	사건 보고서	목표 행동을 보이는 학생
	사회적 기술 교육을 더욱 빈번하게 제공	대상 학생에 대한 학업 자료	대상 학생 감소
	지정된 학생을 위한 등하교시 점검 및 피드백 시스템	개별 평가 도구 (Anderson et al., 2011)	징계로 인한 연계 감소
	학생을 단계별 지원 체계에 따라 이동시키기	고급 단계 모니터링 도구 (Horner, Sampson, Anderson, Todd, & Eliason, 2012)	목표 행동에 따라 지원 강화 또는 축소
3	전체 행동 평가를 바탕으로 개별 행동 지원 계획 수립	전체 행동 평가 자료	행동 목표를 향해 진전이 있는 학생
	긍정적 · 선제적 중재 사용	학생 계획	학생의 문제 행동 감소
	대체 행동 교육	개별 평가 도구 (Anderson et al., 2011)	통합 서비스의 피드백 (예를 들어, 사회복지사, 심리학자)
	결과 전략 사용	학업 자료	강화를 바탕으로 한 목표 행동 증가

출처: Simonsen, B. & Sugai, G. (2013). PBIS in alternative education settings: Positive support for youth with high-risk behavior. *Education and Treatment of Children, 36*, 4-14.

사·례·연·구

학교상담자는 학급적용 상담교육 수업에서 학생에게 다음 활동을 위한 지시를 하고 세심한 주의를 당부했다. 고개를 숙이고 있던 Billy가 큰 소리로 "우리가 어떻게 했으면 하는데요?"라고 하자, 학교상담자가 미처 대답하기도 전에 Julie가 Billy에게 몸을 돌려 "너 정말 멍청하구나. 다시 7학년을 다니는 것도 알 만하지."라고 했다. 학교상담자는 금방 자신이 무언가 말해야 할 필요가 있음을 알아차렸다.

이 사례에서 나타난 문제 행동을 확인하라.

___

문제 행동을 해결하기 위해 학교상담자가 우선해야 할 것은 무엇인가?

___

학교상담자는 Billy, Julie, 그리고 학급 전체에 대해 어떻게 반응할 것인가?

___

앞에서 살펴본 교수 및 경영 기술을 통해 어려움을 겪는 학생은 도움을 받을 수 있으며, 학교상담자는 교실에서 어려움을 겪는 학생의 요구를 충족시킬 수 있을 것이다. 기술적 과정을 통해 학급 경영을 강화하고 주의력 문제로 어려움을 겪는 학생을 참여시킬 수 있다. 이어서는 학교상담자가 학급적용 상담교육 교육과정을 풍부하게 하기 위해 사용할 수 있는 테크놀로지 전략과 역량에 대해 다루고자 한다.

교실에서의 테크놀로지

연구에 따르면, 테크놀로지의 활용은 학교상담자의 효과성을 높이고(Hayden, Poynton, & Sabella, 2008), 학생의 학업성취도(Bain & Ross, 1999)와 창의적 · 비판적 사고(CEO Forum on Education and Technology, 2001), 자신감과 학업 동기를 향상시킬 수 있는 것으로 나타났다(Sivin-Kachala & Bialo, 2000). 여기에서는 테크놀로지와 관련된 상담 역량(technological counseling competencies)과 테크놀로지를 활용한 교실 기반의 주요 실천 사례에 대해 다루고자 한다.

테크놀로지 역량

현직 학교상담자를 대상으로 하는 최초의 테크놀로지 역량은 25년 전에 개발되었다(Hartman, 1999; Hines, 2002; Sabella, 2000). 상담 및 관련 교육 프로그램 인증 협의회(Council for Accreditation of Counseling & Related Educational Programs, 2009), 미국상담협회(American Counseling Association, 2014), 미국학교상담자협회(American School Counselor Association, 2012)와 같은 관련 조직과 기관 모두 학교상담자가 테크놀로지 역량을 갖춰야 한다고 말하고 있으며, 학교상담자가 갖춰야 할 테크놀로지 영역에 대한 지식은 다음과 같다.

- PowerSchool, SASI, Skyward, SIMS 등 웹 기반 및 컴퓨터 기반 진로 정보 시스템
- 컴퓨터 보조(computer-assisted) 진로 지도 및 정보 시스템과 웹사이트[The Career Key(http://www.careerkey.org), O*Net Online(http://www.onetonline.org), My Next Move(http://www.mynextmove.org) 등]를 포함하는 테크놀로지 기반 진로 개발 어플리케이션 및 전략
- 주 단위의 컴퓨터 기반 평가, 학구 단위의 온라인 평가, PSAT, SAT 및 ASVAB와 같은 컴퓨터로 관리되는 학생 평가 방법 및 컴퓨터 보조 학생 평가 방법
- SPSS, 마이크로소프트 엑셀, 이지 애널라이즈 등 연구 및 프로그램 평가에 사용되는 테크놀로지 및 통계 방법
- 학생, 가족 및 교육자가 정보에 근거하여 학업, 진로 및 사회/정서적 선택을 촉진하는 자원을 활용하도록 돕는 교육 및 학교상담 분야에서 현재 사용되거나 새롭게 등장하는 테크놀로지(학부모 포털, 블로그, 위키 등)
- Hallways 학교상담 소프트웨어, noteCounselor 소프트웨어 등 종합적인 학교상담 프로그램의 설계, 실행, 모니터링 및 평가에서 테크놀로지 활용

학교상담자가 학급적용 상담교육 프로그램 개발 과정에서 학생의 학습 지원을 위해

사용할 수 있는 구체적인 테크놀로지 기법으로는 학습관리시스템(LMS), 웹 2.0 테크놀로지, 동기식 교수 테크놀로지(synchronous instruction technology), 생산성 테크놀로지 등이 있다(〈표 8-5〉 참조).

〈표 8-5〉 교육에서 사용할 수 있는 테크놀로지

테크놀로지 종류	예
학습관리시스템	모듈형 객체 지향 동적 학습 환경(MOODLE), 캔버스(Canvas), 드루팔(Drupal)
웹 2.0 테크놀로지	블로그(blog), 위키(wiki), 소셜 북마킹 도구(social bookmarking tools), 팟캐스트(podcast), 교육용 게임
동기식 교수 테크놀로지	블랙보드 콜라보레이트(Blackboard Collaborate), 스카이프(Skype), 파놉토(Panopto)
소셜 네트워킹 테크놀로지	페이스북(Facebook), 링크드인(LinkedIn), 핀터레스트(Pinterest), 플리커(Flickr), X(이전의 Twitter)
생산성 테크놀로지	프레지(Prezi), 구글 독스(Google Docs), 마인드맵(Mindmap), IHMC 컨셉맵(IHMC Cmap), 보이스스레드(VoiceThread)
기타	드롭박스(Dropbox)

출처: Czerkawski, B. C. (2013). Strategies for integrating emerging technologies: Case study of an educational technology master's program. *Contemporary Educational Technology, 4*, 309-321.

학습관리시스템

학습관리시스템(Learning Management System: LMS)은 일관성 있는 교육용 전자 시스템을 관리하기 위해 설계된 소프트웨어 플랫폼이다. 모듈형 객체 지향 동적 학습 환경(Modular Object-Oriented Dynamic Learning Environment: MOODLE)은 유용한 정보를 공유하고 학급적용 상담교육 교육과정의 내용을 관리하기 위해 설계된 학습관리시스템으로, 초중고등학교에서 유용하게 사용될 수 있다(Psycharis, Chalatzoglidis, & Kalogiannakis, 2013). 또한 학급적용 상담교육 수업의 질을 높이고 학생, 교사, 학부모에게 수업 주제와 관련된 추가적인 내용을 제공하는 데 도움이 될 수 있다(Perkins & Pfaffman, 2006). 학급적용 상담교육 시간에 결석한 학생이 빠진 수업 내용을 찾아보는 데에도 도움이 될 수 있다(http://www.moodle.org 참조). 그 외의 학습관리시스템 플랫폼으로는 블랙보드(Blackboard), 캔버스(Canvas), 드루팔(Drupal) 등이 있다.

웹 2.0 테크놀로지

웹 2.0(Web 2.0)[1]은 개인이 서로 협력하여 콘텐츠 저작에 기여하고, 웹사이트를 사용자 정의하여 사용하며 자신의 생각을 빠르게 게시할 수 있게 한다(Heafner & Friedman, 2008). 학교상담자가 학급적용 상담교육 교육과정을 개선하기 위해 사용할 수 있는 웹 2.0 테크놀로지의 예로는 블로그(blog), 위키(wikis), 팟캐스트(podcast) 등이 있다. 블로그는 학생이 자신의 생각이 발달해 나가는 모습을 보거나 학교상담자가 학급적용 상담교육 과정에 대한 자신의 생각을 공유하는 데 사용될 수 있다(Elison & Wu, 2008). 예를 들어, 학교상담자는 수업을 통해 전달하고자 하는 중요한 메시지나 핵심 내용을 학부모와 학생을 위해 블로그에 게시하거나, 학생이 대학 지원 과정에 대한 자신의 경험을 게시하는 블로그를 모니터링할 수 있다.

학급적용 상담교육 수업 중에 위키백과(Wikipedia)나 위키를 사용할 수 있다. 학생은 위키로 학급적용 상담교육에서 다루는 주제와 관련하여 아이디어를 교환하거나 여러 관점을 공유하고, 이해를 명확히 할 수 있다(Coutinho & Bottenuit Junior, 2007). 예를 들어, 학생은 학급적용 상담교육 수업 중에 배운 정보(예를 들어, 학교폭력 방지 실천, 분노 관리 전략, 진로 탐색 도구)와 관련된 위키를 제작할 수 있다.

팟캐스트는 학생을 위한 대안적인 학습 형태로, 학급적용 상담교육 수업에 통합시키거나 후속 학습을 위한 도구로 생각해 볼 수 있다(Crane, 2012). 팟캐스트를 활용하면 학생이 선택한 팟캐스트에 대해 서로 협력하게 하여 사회적 기술을 향상시킬 수 있다. 또한 학교상담자는 자신이 개발한 팟캐스트를 사용함으로써 학급적용 상담교육 수업을 발전시키고, 다시 실시하고, 학생의 성취 기준을 충족시키기 위해 교사와 협력하여 수업을 놓친 학생에 대한 후속 조치를 취할 수 있다.

동기식 교수 테크놀로지

가상 협업(virtual collaboration)은 대면 상호작용 없이 두 명 이상이 함께 과제를 수행

1 웹 2.0(Web 2.0)은 사용자가 직접 콘텐츠를 만들고 공유하는 참여형 웹으로, SNS, 블로그, 유튜브 등이 대표적이다. 하지만 데이터와 수익이 플랫폼 기업에 집중되고, 개인정보 유출의 위험이 있다.
웹 3.0(Web 3.0)은 블록체인과 AI를 기반으로 한 탈중앙화 웹으로, 데이터 소유권이 개인에게 돌아가고, 보안성과 프라이버시가 강화된다. NFT, 메타버스, 탈중앙화 금융(DeFi) 등 새로운 경제 모델이 등장하고 있다.

하는 것을 말한다(Czerkawski, 2013). 스카이프(Skype)는 학교상담자가 학급적용 상담교육을 개선하는 데 사용할 수 있는 테크놀로지 중 하나이다. 스카이프는 개인이 온라인으로 전화, 인스턴트 메시지, 화상회의 등을 할 수 있는 무료 커뮤니케이션 소프트웨어이다. 학교상담자는 게스트를 초청하여 학급적용 상담교육 수업의 요소에 대해 온라인으로 논의할 수 있다. 진로 및 대학 관련 콘텐츠를 다루는 학급적용 상담교육 수업을 발전시킬 때 특히 유용하다. 다른 동기식 교수 테크놀로지(synchronous instruction technologies)로 블랙보드 콜라보레이트(Blackboard Collaborate)와 파놉토(Panopto)가 있다.

소셜 네트워킹 테크놀로지

소셜 네트워킹 테크놀로지(social networking technologies)는 정치적 관점, 경제적 배경, 지역을 초월하여 새로운 친구를 사귈 수 있을 뿐만 아니라 사람들이 한 장소에 모여 아이디어, 관심사, 활동에 대해 소통할 수 있도록 하는 인터넷 웹사이트이다(Crane, 2012). 소셜네트워크에는 X(이전의 Twitter), 페이스북(Facebook), 에드모도(Edmodo), 마이스페이스(My Space), 스쿨튜브(SchoolTube) 등이 포함된다. 학교상담자는 이러한 테크놀로지를 이용하여 학생 및 학부모와 중요한 날짜 및 정보에 대해 소통할 수 있다. 예를 들어, 졸업, 장학금, 대학 지원 예정일 등에 대한 정보를 게시하는 페이스북 또는 스쿨튜브 그룹을 만들 수 있다. 이러한 유형의 소셜 네트워킹 테크놀로지를 통해 학생은 학교상담자에게 의견을 말하거나 질문을 할 수 있을 뿐만 아니라 그룹의 다른 학생들과 소통할 수 있다.

생산성 테크놀로지

학급적용 상담교육 수업을 강화하는 데 활용할 수 있는 생산성 테크놀로지(productivity technologies)로는 프레지(Prezi), 구글 독스(Google Docs), 마인드맵(Mindmap) 등이 있다. 프레지(Prezi)는 온라인 어도비 플래시 기반의 비선형 프레젠테이션 프로그램이다(Settle, Abrams, & Baker, 2011). 학교상담자는 프레지를 활용하여 학급적용 상담교육의 내용을 프레젠테이션으로 만들 수 있다. 학생의 사회화 및 의사결정능력 향상에도 프레지를 활용할 수 있는데, 예를 들어 학생은 소그룹으로 학급적용 상담교육 수업과 관련된 짧은 프레젠테이션을 협력 작업할 수 있다. 또한 학교상담자는 온라인 링크를 활용하여 어디서든, 수업 중이든 후든 학생, 학부모, 다른 교사가 내용을 볼 수 있도록 할 수 있다. 프레지를 활용하여 학생 성취 기준과 관련된 내용을 공동 교수할 수도 있다(Settle et al., 2011). 학교상담자는 마인드맵을 활용하여 학생들의 노트 필기 능력, 회상 능력, 창의성, 문제 해결력을 향상시킬 수도 있는데, 이는 학급적용 상담교육 수업 중에 다룰 수 있는 기술이다. 마인드맵 테크놀로지 애플리케이션은 학생이 새로운 아이디어를 브레인스토밍하고, 조직화 기술을 향상시키는 데 도움이 된다. 구글 독스 역시 협업을 촉진하는 데 사용할 수 있는 생산성 테크놀로지이다. 예를 들어, 학급적용 상담교육 교육과정에서 다루는 주제에 대해 구글 독스를 활용한 브레인스토밍 차시를 만들어 학생의 팀워크와 창의성 향상에 도움을 줄 수 있다.

드롭박스

드롭박스(Dropbox)는 어디에 있든지 정보를 저장하고 정리할 수 있도록 도와주는 도구이다. 이 테크놀로지 어플리케이션을 통해 학생은 수정 내역을 보고 다른 사람들과 파일을 공유할 뿐만 아니라 사용하고 있는 모든 기기에서 정보를 동기화시킬 수 있다. 예를 들어, 조직화에 대한 학급적용 상담교육 수업을 진행할 때 드롭박스를 활용할 수 있다. 또한 학년 및 학급적용 상담교육 교육과정별로 공유 폴더를 생성하여 학생과 보호자가 정보(예를 들어, 파워포인트, 유인물, 읽기 과제)를 열람할 수 있도록 할 수도 있다.

21세기에 테크놀로지는 교육에서 중심적인 요소이며, 학급적용 상담교육 교육과정에서 활용할 수 있는 중요한 도구이다. LMS, 웹 2.0 테크놀로지, 동기식 교수 테크놀로지 및 생산성 테크놀로지라는 도구를 추가하면, 학교상담자는 수업을 발전시킬 수 있음과 동시에 학생이 이해하고 사용해야 할 테크놀로지 구조를 수업에 통합할 수 있다. 이러한 도구가 유용하기는 하나 테크놀로지와 학급적용 상담교육 교수와 관련하여 발생할 수 있는 윤리적인 문제를 고려해야 한다. 다음 사례 연구에서 교실에서의 테크놀로지 활용 사례를 살펴보라.

사·례·연·구

평소 학급적용 상담교육 수업에서 파워포인트와 스마트보드 테크놀로지를 활용했던 학교상담자 Allen은 프레지, 팟캐스트, 스카이프 등을 추가해 수업을 발전시키고자 한다. 그는 현재 '대학과 진로 기회 탐색' 수업을 위해 프레지를 활용한 프레젠테이션을 만들고 있다.

프레지 수업을 발전시키기 위해서 Allen은 언제, 어떻게 팟캐스트를 통합할 수 있을까?

___

프레지 수업을 발전시키기 위해서 Allen은 어떤 방식으로 스카이프를 사용할 수 있을까?

___

학급적용 상담교육에서의 윤리

학급적용 상담교육을 실시할 때 윤리적인 부분을 간과할 수 있는데, 주로 개인 및 집단 상담 시 윤리 문제가 논의되는 경우가 많기 때문일 것이다. 그러나 학급적용 상담교육을 포함한 모든 학교상담 활동에 윤리적 고려가 이루어져야 한다. 여기서는 교실 및 테크놀로지에 대한 윤리적 고려 사항에 대해 논의하고, 학교상담자가 윤리적으로 학급적용 상담교육을 실시하는 데 도움이 되는 전략을 제공하고자 한다.

교실에서 고려해야 할 사항

학교상담자가 학급적용 상담교육을 할 때 고려해야 할 사항은 비밀 유지, 사전 동의, 문화감수성(cultural sensitivity), 전달 방법의 임상적 한계, 학급적용 상담교육의 효과성 등이다. 학교상담자는 발달 단계를 고려하여 비밀 유지의 한계를 공개해야 한다. 학급적용 상담교육에서도 다른 소규모 상담 기반 집단과 마찬가지로 비밀이 보장되지 않으므로 학교상담자는 학급적용 상담교육에서 다룰 주제를 신중하게 선택해야 한다.

참가 동의서(conscent to participate)는 새 학년도가 시작될 때 보내야 한다. 하지만 학교상담자는 수업 전 보호자와 교사에게 언제 수업이 진행될지와 수업 주제에 대한 정보도 제공해야 하며, 보호자가 언제든지 학급적용 상담교육 교육과정을 포함한 상담교육 서비스를 받지 않겠다고 할 수 있다는 점에 유의해야 한다. 수업에 참여할 수 없는 학생을 위한 계획도 세워야 하는데, 예를 들어 다른 교실에 가 있거나, 교무실에서 도우미 역할을 하거나, 교실 밖에서 교사와 함께 다른 활동을 할 수 있다(예: 게시판 만들기).

문화적 역량과 문화감수성 또한 학교상담자가 주목해야 할 윤리적 고려 사항이다. 교육과정을 개발할 때 특권과 억압의 역할을 탐색하고, 교육과정이 소외된 집단을 어떻게 주변화하고 다른 집단에게는 이점을 제공할 수 있는지 파악해야 한다. 또한 학급적용 상담교육 수업을 할 때 학교상담자 개인의 신념과 가치가 학생에게 강요되지 않도록 스스로의 신념체계를 점검해야 한다.

학교상담자는 이러한 수업 전달 방법에 임상적 한계가 있음을 인정해야 한다. 수업을 시작하기 전에 사적이거나 보다 비밀이 보장되는 환경에서 다루고 싶은 감정과 생각이 들 수 있음을 알려 주며, 학생과 수업 전달 방법에 대해 의견을 나누어야 한다. 또한 후속 조치에 대해 이야기하여 수업 후 언제든 학생들이 학교상담자와 대화할 수 있음을 이해시켜야 한다.

효과적인 교육과정의 사용도 윤리적 고려 사항이다. 학교상담자는 학업, 진로 및 사회/정서적 역량 신장에 효과가 있다고 선행 연구를 통해 뒷받침되는 학급적용 상담교육 교육과정을 활용해야 한다. 이에 더하여 학생의 향상을 확인할 수 있는 사정 방법을 활용해야 하며, 이러한 정보는 학교의 이해관계자에게 일관되게 공유되어야 한다.

테크놀로지의 사용

테크놀로지는 방대하고 학교에서 수업을 강화하기 위해 지속적으로 사용되고 있지만, 이와 관련된 윤리적인 문제가 매우 많다. ASCA와 ACA의 윤리 강령은 학생(또는 내담자)과 협력할 때 테크놀로지를 사용하는 것에 대한 윤리적 제약을 설명한다. 학교상담자가 알아야 할 주요 이슈는 테크놀로지 적용의 한계, 모든 학생에 대한 동등한 접근, 사이버 학교폭력 등이다.

학교상담자는 학급적용 상담교육 수업을 통해 모든 학생의 발달, 학업, 진로 및 사회/정서적 요구를 해결해야 한다. 그리고 학생이 애플리케이션을 사용하는 방법을 알고 있는지 확인할 필요가 있다. 학생이 테크놀로지를 사용하고 있는지 확인하고, 필요시 질문에 대답할 수 있도록 후속 차시를 진행하는 것도 중요하다. 또 다른 윤리적 고려 사항은 테크놀로지에 대해 모든 학생이 동등하게 사용할 수 있는가와 관련이 있다. 학교상담자가 학생에게 O*Net Online과 같은 애플리케이션에서 작업하도록 할 때, 집에서 컴퓨터로 접속을 못하는 학생에게 선택권을 제공해야 한다. 예를 들어, 저녁에 학부모와 학생을 위해 도서관 시간을 예약해 주거나 학교 수업 시간 동안(즉, 자습 시간 또는 점심 시간 중)에 컴퓨터를 사용할 수 있는 시간을 만들어 줄 수 있다. 마지막으로 살펴볼 테크놀로지에 대한 윤리적 문제는 사이버 학교폭력이다. 사이버 학교폭력은 학교에서 중요한 이슈가 되었고, 학급적용 상담교육 도중 학교상담자가 테크놀로지를 사용하거나 학생에게 사용하도록 할 때 학교상담자는 사이버 학교폭력을 방지하기 위해 노력해야 한다. 학교상담자가 학생에게 테크놀로지를 사용하게 할 때, 사이버 학교폭력에 대한 토론을 진행해야 한다. 예를 들어, 사이버 학교폭력이 무엇인지, 사이버 학교폭력의 영향, 그리고 사이버 학교폭력에 관한 법률에 대해 이야기를 나눔으로써 학생은 테크놀로지를 왜 그러한 방식으로 사용하지 않는 것이 중요한지를 이해할 수 있다.

이러한 교실 및 테크놀로지에 대한 윤리적 고려 사항은 학급적용 상담교육 실행에 매우 중요한 요소이다. 학교상담자는 윤리적 고려 사항과 관련하여 지속적으로 점검하고, 필요할 때마다 지원을 구하고 슈퍼비전을 받으려는 노력이 필요하다.

요약

이 장에서는 학교상담자가 학급적용 상담교육 프로그램에서 상담과 교육의 측면을 통합하면서 고려해야 할 몇 가지 기본 역량을 살펴보았다. 기본적인 상담 기술과 이론적 지향의 통합을 통해 학교상담자는 학급적용 상담교육 적용을 강화하고 학급의 학업, 진로 및 사회/정서적 발달을 이끎으로써 상담자로서의 정체성을 명확히 하는 데 도움을 얻을 수 있다. 이 장에서는 수업 및 학급 경영 전략에 주목하는 것이 중요하다는 전에 대해서도 조명했다. 제시된 전략은 학교상담자가 학급적용 상담교육 수업의 구조를 개선하고 수업 중 어려움이 있는 학생을 지원하는 데 도움이 될 것이다. 이 장에서는 학교상담자가 교육과정을 개선하고 학교의 여러 이해관계자와 관계를 맺을 때 활용할 수 있는 주요한 테크놀로지를 소개했다. 마지막으로 학교상담자가 교실 환경에서 고려해야 할 학급 및 테크놀로지와 관련된 윤리적 사항에 대해 탐색했다.

핵심 정리

- 학교상담자는 상담 및 행동 관리 기술을 활용하여 학급적용 상담교육 과정을 임상에 기반한 전달 체계로 만들 수 있다.
- 집단 과정과 역동, 집단 발달 단계, 집단 촉진 절차 기술, 개인의 리더십 스타일은 학급적용 상담교육을 실시할 때 집단과 관련하여 고려해야 할 중요한 사항이다(Giltner et al., 2011).
- 학교상담자가 학급적용 상담교육 과정에서 활용할 수 있는 기본적인 상담 기술에는 비언어적 및 언어적 촉진 기술, 반영 기술, 평가 기술 등이 있다(Giltner et al., 2011).
- 학교상담자의 이론적 지향은 학생의 반응, 질문에 대한 이해와 반응, 집단 의사결정 방식에 영향을 줄 수 있다.
- 학교상담자는 문제 행동을 해결하기 위해 효과적인 여러 전략을 사용할 수 있다. 예를 들면, 자아 내려놓기, 공감, 부정적인 태도와 행동 인정하기, 과제에 집중하는 행동 칭찬하기, 안정화 전략 및 후속 조치 등이다(Colvin, 2010; Rogers & Renard, 1999).
- 학교상담자가 학급적용 상담교육 프로그램 개발 중 학생의 학습을 지원하기 위해 사용할 수 있는 구체적인 테크놀로지로는 학습관리시스템, 웹 2.0 테크놀로지, 동기식 교수 테크놀로지, 소셜 네트워킹 테크놀로지, 생산성 테크놀로지 등이 있다.

참 / 고 / 문 / 헌

Adler, A. (1958). *What life should mean to you*. New York, NY: Capricorn.

Adler, P. A., Kless, S. J., & Adler, P. (1992). Socialization to gender roles: Popularity among elementary school boys and girls. *Sociology of Education, 65*, 169-187.

Albert, L. (1996). *Cooperative discipline*. Circle Pines, MN: American Guidance Service.

American Counseling Association. (2014). *ACA code of ethics*. Alexandria, VA: Author.

American School Counselor Association. (2012). *The ASCA national model: A framework for school counseling programs* (3rd ed.). Alexandria, VA: Author.

Anderson, C. M., Lewis-Palmer, T., Todd, A. W., Horner, R. H., Sugai, G., & Sampson, N. K. (2011). *Individual student systems evaluation tool, version 2.8*. Eugene: University of Oregon.

Association for Specialists in Group Work. (2000). *ASGW professional standards for group counseling*. Alexandria, VA: Author.

Bain, A., & Ross, K. (1999). School reengineering and SAT-1 performance: A case study. *International Journal of Education Reform, 9*(2), 148-153.

Beaty-O'Ferrall, M., Green, A., & Hanna, F. (2010). Classroom management strategies for difficult students: Promoting change through relationships. *Middle School Journal, 41*, 4-11.

Blum, D. (1998). Face it!. *Psychology Today, 31*(5), 32-39.

Bolton, R. (1979). *People skills: How to assert yourself, listen to others, and resolve conflicts*. Upper Saddle River, NJ: Prentice Hall.

Brammer, L. M., & MacDonald, G. (1999). *The helping relationship: Process and skills* (4th ed.). Needham Heights, MA: Allyn & Bacon.

Burgoon, J. K., Buller, D. B., & Woodall, W. G. (1996). *Nonverbal communication: The unspoken dialogue* (2nd ed.). New York, NY: McGraw-Hill.

Cashin, W. E. (1990). Students do rate different academic fields differently. In M. Theall & J. Franklin (Eds.), *Student ratings of instruction: Issues for improving practice* (No. 43, pp. 113-121). San Francisco, CA: Jossey-Bass.

CEO Forum on Education and Technology. (2001). *Education technology must be included in comprehensive education legislation*. Washington, DC: CEO Forum on Education and Technology.

Colvin, G. (2010). *Defusing disruptive behavior in the classroom*. Thousand Oaks, CA: Corwin.

Corey, M. S., Corey, G., & Corey, C. (2010). *Groups: Process and practice* (8th ed.). Pacific Grove, CA: Brooks/Cole.

Cotton, K. (1990). Schoolwide and classroom discipline. *School improvement research series, close-up #9*. Portland, OR: Northwest Regional Educational Laboratory.

Council for Accreditation of Counseling & Related Educational Programs (CACREP). (2009). *CACREP accreditation and procedures manual*. Alexandria, VA: Author.

Coutinho, C. P., & Bottentuit Junior, J. B. (2007). Collaborative learning using wiki: A pilot student with master students in educational technology in Portugal. *Proceedings of World Conference on Educational Multimedia*, 1786-1791.

Crane, B. E. (2012). *Using Web 2.0 and social networking tools in the K-12 classroom*. Chicago, IL: Neal-Schuman Publishers.

Czerkawski, B. C. (2013). Strategies for integrating emerging technologies: Case study of an online educational technology master's program. *Contemporary Educational Technology, 4*, 309-321.

Dreikurs, R. (1969). Social interest: The basis of normality. *Counseling Psychologist, 1*(2), 45-48.

Driscoll, M. S., Newman, D. L., & Seals, J. M. (1988). The effect of touch on perception of counselors. *Counselor Education and Supervision, 27*, 344-354.

Ehrenreich, J., & Fisak, B. (2005). Anxiety management. In M. Hersen, J. Rosqvist, A. Gross, R. Drabman, G. Sugai, & R. Horner (Eds.), *Encyclopedia of behavior modification and cognitive behavior therapy* (Vol. 2, pp. 663-667). Thousand Oaks, CA: SAGE.

Ekman, P. (1993). Facial expression and emotion. *American Psychologist, 48*, 384-392.

Ekman, P., & Friesen, W. V. (1969). The repertoire or nonverbal behavior: Categories, origins, usage, and coding. *Semiotica, 1*, 49-98.

Ellison, N., & Wu, Y. (2008). Blogging in the classroom: A preliminary exploration of student attitudes and impact on comprehension. *Journal of Educational Multimedia and Hypermedia, 17*(1), 99-122.

Emmer, E. T., Evertson, C. M., & Anderson, L. M. (1980). Effective classroom management at the beginning of the school year. *The Elementary School Journal, 80*(5), 219-231.

Evertson, C. M., Emmer, E. T., & Worsham, M. E. (2003). *Classroom management for elementary teachers* (6th ed.). Boston, MA: Allyn and Bacon.

Farber, B. A., & Doolin, E. M. (2011). Positive regard. *Psychotherapy, 48*, 58-64.

Geltner, J. A., & Clark, M. A. (2005). Engaging students in classroom guidance: Management strategies for middle school counselors. *Professional School Counseling, 9*(2), 164-166.

Giltner, J. A., Cunningham, T. J., & Caldwell, C. D. (2011). Identifying curriculum components for classroom management training for school counselors: A Delphi study. *Journal of Counselor Preparation & Supervision, 3*(2). Retrieved April 4, 2015, from http://repository.wcsu.edu/jcps/vol3/iss2/2

Gladding, S. T. (2008). *Groups: A counseling specialty* (5th ed.). Upper Saddle River, NJ: Pearson Education.

Grambo, G. (1997). *Questions in your classroom. Gifted Child Today, 20*(3), 42-43.

Hall, E. (1966). *The hidden dimension: Man's use of space in public and private*. London, England: The Bodley Head Ltd.

Hanna, F. J., Hanna, C. A., & Keys, S. G. (1999). Fifty shades for counseling defiant, aggressive adolescents: Reaching, accepting, and relating. *Journal of Counseling &*

Development, 77(4), 395-404.

Hartman, K. E. (1999). Technology and the school counselor. *Education Week. Retrieved December 20*, 2002, from http://edweek.com/ew/1998/09hart.h18.

Hayden, L., Poynton, T. A., & Sabella, R. A. (2008). School counselor's use of technology within the ASCA national model's delivery system. *Journal of Technology in Counseling, 5*(1).

Heafner, T., & Friedman, A. (2008). Wikis and constructivism in secondary social studies: Fostering a deeper understanding. *Computers in the Schools, 25*(3/4), 288-302.

Hill, C. E. (2004). *Helping skills: Facilitating exploration, insight, and action* (2nd ed.). Washington, DC: American Psychological Association.

Hines, P. L. (2002). Student technology competencies for school counseling programs. *Journal of Technology in Counseling, 2*(2).

Horner, R. H., Sampson, N. K., Anderson, C. M., Todd, A. W., & Eliason, B. M. (2012). *Monitoring advanced tiers tool, beta version*. Eugene, OR: University of Oregon, Education and Community Supports.

Hunt, J. M. (1969). The epigenesis of intrinsic motivation and the fostering of early cognitive development. In J. M. Hunt (Ed.), *The challenge of incompetence and poverty* (pp. 94-111). Urbana: University of Illinois Press.

Huss, J. A. (2008). Getting serious about humor: Attitudes of secondary teachers toward the use of humor as a teaching strategy. *Journal of Ethnographic & Qualitative Research, 3*, 28-36.

Kottler, J. A., & Englar-Carlson, M. (2010). *Learning group leadership: An experiential approach*. Thousand Oaks, CA: SAGE.

Kounin, J. S. (1970). *Discipline and group management in classrooms*. New York, NY: Holt, Rinehart & Winston.

Lewin, K. (1951). *Field theory in social science*. New York, NY: Harper.

Marzano, R. J. (2003). *What works in schools*. Alexandria, VA: ASCD.

May, R., & Yalom, I. (2000). Existential psychotherapy. In R. J. Corsini & D. Wedding (Eds.), *Current psychotherapies* (6th ed., pp. 273-302). Itasca, IL: Peacock.

Mehrabian, A. (1968). Inference of attitudes from the posture, orientation, and distance of a communicator. *Journal of Consulting and Clinical Psychology, 32*, 296-308.

Mordock, J. B. (1991). *Counseling the defiant child*. New York, NY: Crossroad Publishing.

National Association for the Education of Young Children. (2009). *10 effective DAP teaching strategies*. Washington, DC: Author.

Nelsen, J. (1987). *Positive discipline*. New York, NY: Ballantine Books.

Netolicky, C. (1998). *Strike four: An educational paradigm servicing troublesome behavior students*. Perth, Australia: Edith Cowan University.

Older, J. (1982). *Touching is healing*. New York, NY: Stein & Day.

Olson, L. C. (1997). On the margins of rhetoric: Audre Lorde transforming silence into language and action. *The Quarterly Journal of Speech, 83*, 49-70.

OSEP Technical Assistance Center on Positive Behavioral Interventions & Supports. (2009). *School-wide PBS: SWPBIS for Beginners*. Retrieved April 10, 2015, from https://www.pbis.org/school/swpbis-for-beginners

Pate, R. S. (2011). Open versus closed questions: What constitutes a good question?. *CEDER Yearbook*, 28-39.

Pearson, J. C., Nelson, P. E., Titsworth, S., & Harter, L. (2011). *Human communication* (4th ed.). New York, NY: McGraw Hill.

Perkins, M., & Pfaffman, J. (2006). Using a course management system to improve classroom communication. *The Science Teacher, 73*(7), 33-37.

Psycharis, S., Chalatzoglidis, G., & Kalogiannakis, M. (2013). Moodle as a learning environment in promoting conceptual understanding for secondary school students. *Eurasia Journal of Mathematics, Science & Technology Education, 9*(1), 11-21.

Quarto, C. J. (2007). Managing student behavior during large group guidance: What works best?. *Journal of School Counseling, 5*(7). Retrieved April 5, 2015, from http://files.eric.ed.gov/fulltext/EJ901168.pdf

Ridley, N., & Asbury, F. (1988, March). Does counselor body posture make a difference?. *The School Counselor, 35*(4), 253-258.

Rogers, C. R. (1957). The necessary and sufficient conditions of therapeutic personality change. *Journal of Consulting Psychology, 22*, 95-103.

Rogers, C. R. (1961). *On becoming a person*. Boston, MA: Houghton Mifflin.

Rogers, S., & Renard, L. (1999). Relationship-drive teaching. *Educational Leadership, 57*, 34-37.

Sabella, R. (2000). School counseling and technology. *Managing your school counseling program: K-12 strategies*, 337-357. Minneapolis, MN: Educational Media Corporation.

Sanford, J. P., & Evertson, C. M. (1981). Classroom management in a low SES junior high: Three case studies. *Journal of Teacher Education, 32*(1), 34-38.

Seligman, M. E. (1999). The president's address. *American Psychologist, 54*, 559-562.

Settle, Q., Abrams, K. M., & Baker, L. M. (2011). Using Prezi in the classroom. *NACTA Journal, 55*, 105-106.

Shapiro, J. (1968). Relationships between visual and auditory cues of therapeutic effectiveness. *Journal of Clinical Psychology, 24*, 236-239.

Shaunessy, E. (2000). Questioning techniques in the gifted classroom. *Gifted Child Today, 23*(5), 14-21.

Sivin-Kachala, J., & Bialo, E. (2000). *2000 research report on the effectiveness of technology in schools* (7th ed.). Washington, DC: Software and Information Industry Association.

Sprick, R. S., & Garrison, M. (2008). *Interventions: Evidence-based behavior strategies for individual students* (2nd ed.). Eugene, OR: Pacific Northwest.

Stockton, R., Morran, D. K., & Nitza, A. G. (2000). Processing group events: A conceptual map for leaders. *Journal for Specialists in Group Work, 25*, 343-355.

Stoltenberg, C. D. (1981). Approaching supervision from a developmental perspective: The counselor complexity model. *Journal of Counseling Psychology, 28*(1), 59-65.

Sugai, G., Lewis-Palmer, T., Todd, A. W., & Horner, R. H. (2005). *School-wide evaluation tool, version 2.1*. Eugene, OR: University of Oregon.

Tileson, D. W. (2000). *Ten best teaching practices*. Thousand Oaks, CA: Corwin.

Tuckman, B. (1965). Developmental sequence in small groups. *Psychological Bulletin, 63*, 384-399.

Vaish, A., & Striano, T. (2004). Is visual reference necessary? Contributions of facial versus vocal cues in 12-month-olds' social referencing behavior. *Developmental Science, 7*, 261-269.

Vedantam, S. (2006, October 2-8). A mirror on reality: Research shows that neurons in the brain help us understand social cues. *The Washington Post National Weekly Edition, 23*(50), 35.

Wubbolding, R. E. (2000). *Reality therapy for the 21st century*. Philadelphia, PA: Brunner-Routledge.

Young, M. E. (2009). *Learning the art of helping: Building blocks and techniques* (4th ed.). Upper Saddler River, NJ: Pearson.

Ziomek-Daigle, J., McMahon, G. H., & Paisley, P. O. (2008). Adlerian-based interventions for professional school counselors-Serving as both counselors and educational leaders. *Journal of Individual Psychology, 64*(4), 450-467.

PART **04**

학급적용 상담교육 관련 기타 고려 사항

CHAPTER 09

적극적인 협력자로서의 학교상담자

Christopher Janson · Sophie Maxis

학교상담자는 학교 교직원, 학생 및 마을교육공동체 구성원과 적극적으로 협력하면서 영향력 있는 학급적용 상담교육 교육과정을 개발, 구현 및 촉진할 수 있도록 리더로서 노력해야 한다. 제9장의 학습 내용은 다음과 같다.

- 학교 및 마을교육공동체에서 학생의 맥락을 파악하고, 효과적인 학급적용 상담교육 프로그램을 개발하고 제공하기 위해 학교상담자가 다른 사람과 협력해야 하는 필요성을 확인할 수 있다.
- 효과적인 학급적용 상담교육 프로그램을 통해 학생의 요구를 가장 잘 충족시키기 위해 학교상담자가 학교장 및 행정팀, 교사, 학부모 및 마을교육공동체 구성원을 자문할 수 있는 다양한 방법을 설명할 수 있다.
- 학교상담자는 학급적용 상담교육 교육과정의 고전적인 자료뿐만 아니라 마을교육공동체 및 교육적 지혜가 담긴 여러 다른 자료를 종합할 수 있는 방법을 파악할 수 있다.
- 학급적용 상담교육이 학교 전체 교육과정과 공통 핵심 교육과정에 통합될 수 있는 방법을 인식할 수 있다.
- 학교상담에서의 학급적용 상담교육과 관련된 시나리오를 비판적으로 검토하고, 사고를 자극하는 질문을 탐색할 수 있다.

학교상담자는 수련, 철학, 그리고 학교와 마을교육공동체에서 차지하는 위치로 인해 협력자(collaborators)로서의 역할을 수행한다. 학교상담자는 학생의 교육 성과를 개선하고 마을교육공동체를 강화하는 데 필요한 협업의 노력을 주도할 수 있는 좋은 위치에 있다(Bryan & Holcomb-McCoy, 2007; Clark & Breman, 2009). 학급적용 상담교육 프로그램은 학교상담자에게 학교와 마을교육공동체 내에서 협업하고 그 과정에서 영향력을 확대할 수 있는 강력한 기회를 제공한다(ASCA, 2005; Myrick, 2003). 교사, 학교장, 행정팀, 가정, 마을교육공동체 구성원 및 학생과 협력함으로써 학교상담자는 학급적용 상담교육 프로그램을 재구성하고 새롭게 구상할 수 있다. 이를 통해 프로그램이 교육의 학문적 목표와 목적에 보다 더 밀접하게 연계될 뿐만 아니라, 학생과 마을교육공동체의 발전을 더욱 효과적으로 지원하는 역할을 할 수도 있다. 〈연습문제 9-1〉은 당신이 마을교육공동체의 학교상담자를 만나 구체적인 질문을 할 수 있는 기회를 제공한다.

연습문제 9-1

학교상담자의 협업 경험담을 수집하고 검토하기

지식의 구축은 개인 내적이면서(intrapersonal) 사회적인 과정이다. 최고의 학습은 경험, 지식 및 통찰력을 공유하고 교환하는 관계에 기반을 두고 있다. 우리는 이러한 대화에서 가장 큰 의미를 만들며, 목적을 가지고 대화에 참여할 때 학습은 훨씬 더 깊어진다. 당신이 현직 학교상담자와의 관계를 통해 배울 수 있는 기회를 가지기를 바란다. 마을교육공동체의 학교상담자를 찾아 전화나 직접 만나 대화를 나눌 시간을 계획해 보라. 이 과정을 원활하게 돕기 위해 우리는 대화에 다음과 같은 질문 및 주제를 포함할 것을 제안한다.

1. 학교상담자가 학급적용 상담교육을 유용하고 발전적인 관계를 구축하기 위한 수단으로 사용하는 방법에 대해 토론하고 탐구하도록 초대하라. 이러한 관계가 어떻게 내용을 알리고 학급적용 상담교육 프로그램의 질을 향상시킬 수 있는지, 그리고 협업 파트너가 학급적용 상담교육에 대한 파트너십을 통해 어떻게 성장할 수 있는지에 대해 이야기하도록 부탁하라.
2. 학교상담자는 협력할 수 있는 잠재적으로 효과적인 협업 파트너를 어떻게 확인하는가? 학교상담자는 성향을 고려하는가? 학교상담자는 청소년과 교육에 대한 협업 파트너의 철학을 고려하는가? 학교 내에서의 협업 파트너의 위치를 고려하는가? 다른 고려 사항이 있는가?
3. 학교상담자가 학교의 다른 전문가들과 관계를 구축하고 육성하는 방법에 대한 그의 관점을 살펴보라. 그렇게 하기 위해 어떤 전략을 사용하는지 물어보라.
4. 학교상담자에게 자신의 업무와 실천에서 교육공동체 동맹 및 파트너와의 협력 중요성에 대한 이야기를 공유해 달라고 요청하라. 교육공동체 구성원과 협력할 때 그는 자신의 역할, 책임 그리고 기회를 어떻게 보는가?

5. 부모, 가족 구성원 및 보호자와의 관계를 고객–서비스 제공자의 관계에서 어떻게 협력적인 파트너 관계로 바꿀 수 있는가?
6. 학교상담자는 학생과의 협업이 아동 · 청소년의 목소리에 힘을 실어 주는 데 어떻게 사용될 수 있다고 믿는가? 그가 학교 문화를 구축하고 학교 실천과 과정을 개선하기 위한 협업 노력에 아동 · 청소년을 참여시키는 것이 중요하다고 믿는 이유는 무엇인가?

공교육의 환경과 그 안에서 학교상담자의 역할이 계속 발전해 온 것처럼, 학급적용 상담교육 프로그램의 학습 목표와 목적도 계속해서 변화하고 발전해야 한다. 학급적용 상담교육과 이를 지원하는 협업이 학교에서 청소년의 발달을 지원하는 데 최적으로 효과적이기 위해서는 다양한 교육과정에 뿌리를 둔 목표와 교육적 목적에 의해 구성되어야 한다. 학급적용 상담교육의 학습 목적 및 목표의 개발은 학교상담이 직업이나 역할로서가 아닌 프로그램으로 개념화되고 실행되는 의도를 반영해야 한다. 즉, 학교 전체가 학교상담을 교육과정의 일부로 조직적으로 운영해야 한다. 학교상담은 단순히 특정 학교상담자의 직무에 국한되지 않고, 모든 학생에게 효과적으로 다가가고 지원할 수 있도록 공교육의 민주적 요구를 충족하는 종합적인 프로그램으로 전환될 필요가 있다. 마찬가지로, 모든 학생과 그들이 배우고 생활하는 학교 및 마을교육공동체의 발달 요구를 충족시키기 위해 학급적용 상담교육 프로그램을 재구상해야 한다.

제6장에서 설명한 바와 같이, 목적과 목표 및 후속 상담교육 교육과정은 전통적으로 'ASCA 학생의 목적 달성을 위한 마음가짐 및 행동'(ASCA, 2014a)과 요구사정을 통해 드러난 개별 학교 및 마을교육공동체의 자료를 바탕으로 개발되었다. 그러나 책무성 운동(accountability movement)[1] 의 요구로 공교육의 긴장과 스트레스가 더 많아지게 되면서(Militello, Gajda, & Bowers, 2009) 성과를 요구하는 현재의 공립학교 환경의 격렬한 교육 속도를 따라잡기 위해 교사는 계속해서 강렬한 압박을 받고 있는 상황이다. 이에 상담교육 교육과정이 학생에게 전달될 기회가 거의 없는 것이 현실이다. 대부분의 장소에서, 그리고 대부분의 공립학교에서 학교상담자는 교직원과 협업하여 그들의 교육과정을 전체 학교 교육과정에 주입해야 한다([그림 9–1] 참조). 그렇지 않으면 학교의 중점 목표에

1 미국의 책무성 운동(accountability movement)은 학교가 학생의 학업성취도와 교육의 질에 대해 더 큰 책임을 지도록 요구하는 개혁 운동이다. 「아동 낙오 방지법(NCLB)」(2001)과 같은 법안이 강화하는 역할을 한 것으로 보인다.

서 상담교육 교육과정은 부수적인 것으로 인식되어 무용지물이 될 위험이 있다. 이러한 인식은 전통적으로 학교상담 실제와 전문가로서의 역할을 하는 데 지장을 주었다.

우리가 학교 교육의 사회적·문화적 복잡성을 계속해서 더 잘 이해해 나감에 따라 상담교육 교육과정이 다른 자원(sources)을 바탕으로 개발되는 것이 가장 적합할 수도 있음을 인정해야 한다. ASCA 국가 모델(ASCA, 2005)과 이에 수반되는 표준 및 역량(ASCA, 2014)은 학급적용 상담교육 프로그램 개발을 위한 강력한 양식이 될 수 있지만, 마을교육공동체 및 문화 수준으로 맞춤형 교육과정을 제공할 수는 없다. 이것은 사람들과 그들이 전하는 이야기, 그들이 살아가는 삶 속에서 발전되는 동적인 교육과정의 원천이다. 이 깊고 가치 있는 교육과정의 원천을 활용하기 위해 학교상담자는 다시 한번 새로운 역할을 받아들여야 한다. 만약 학교상담자가 학생과 마을교육공동체를 가장 잘 지원할 수 있는 학급적용 상담교육 프로그램을 개발하고 제공하려고 한다면 학교 안팎에서 자문가(consultant)가 되어야 한다. 또한 학급적용 상담교육 프로그램을 옹호하고 관리하는 리더가 되어야 하며, 교직원, 학생 및 마을교육공동체 구성원의 지혜와 풍부한 자원을 인식하고 활용하는 학교 학습공동체의 촉진자가 되어야 한다. 이 새로운 역할들은 기회와 도전을 가져오지만, 학교상담자의 위치, 수련, 그리고 하나의 강력한 실제인 협업을 통해 그 기회는 강화될 것이며, 그 도전은 해결될 것이다.

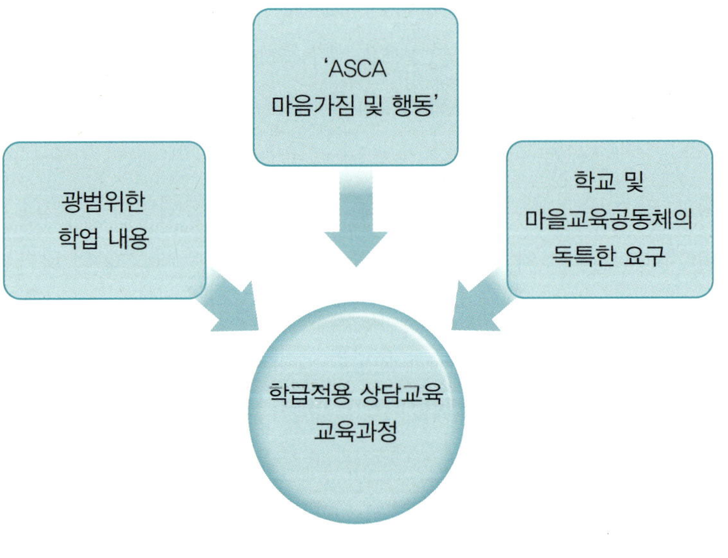

[그림 9-1] 학급적용 상담교육 교육과정의 원천

자문가로서의 상담자

학교상담자는 학생의 학업, 진로 및 사회/정서적 요구를 충족시키기 위해 개인상담, 소집단 개입, 대집단 상담교육, 학급적용 상담교육, 옹호, 전략적 평가, 협업, 상담 등을 포함한 반응적 서비스를 하도록 훈련을 받는다(ASCA, 2005; Myrick, 2003). 반응적 서비스(responsive service)가 학생을 대상으로 하는 상담 및 상담교육의 성과에 일정한 영향을 미칠 수는 있지만, 상담의 반응적 모델보다는 보다 종합적인 학급적용 상담교육 프로그램의 통합이 필요하다. 대부분의 학교상담자는 학교상담 프로그램을 운영하기 위한 수련을 받았기 때문에 학교 내에서 협업하면서 학생, 학부모, 교사, 학교장, 행정팀, 마을교육공동체와 함께 성공적으로 학교 환경과 문화를 조성하는 방법을 교육하는 자문가가 될 수 있다. 따라서 학교상담자의 자문가로서의 역할은 학생의 교육적 성과와 관련된 지지, 학교 분위기, 학교-마을교육공동체 관계의 발전에 중요한 요소이다(Bemak & Chung, 2005; Lapan, Gysbers, & Sun, 1997; Whiston & Quinby, 2009).

학교 기반 자문(school-based consultation)은 학교상담 교육과정 전달의 중요한 구성요소로 인식되고 있다. 여기서는 상담교육 교육과정의 성공적인 전달과 관련된 주요 파트너, 특히 학교장, 행정팀, 교사, 학부모 및 마을교육공동체와의 참여의 매개체로서 자문에 대해 논의하고자 한다. 학교상담자가 학교 시스템 내에서 수행하는 주요 역할 중 자문가로서의 상담자는 학교상담자가 학생의 교육적 목적 달성을 지원하기 위해 학교장, 행정팀, 교사, 학부모 및 마을교육공동체와 협력하는 방법을 탐색하고 노력할 수 있는 기회를 제공한다. 학교 공동체의 체계적 특성과 상호 관련된 차원을 고려할 때, 학교상담자는 학교 기반 자문가로서의 리더십을 발휘할 수 있는 위치에 있다. 학교상담자는 잠재적으로 학교교육공동체와 관련된 다양한 파트너를 만날 수 있을 뿐만 아니라 자문가로서의 역할을 통해 이러한 파트너 간의 관계를 발전시킬 수 있는 기회를 가진다.

자문이 상호 교환적인 과정으로 이루어질 때, 자문가와 자문을 받는 사람들은 잠재적으로 공동의 이익을 현실화할 수 있다. 전통적으로 학교상담자가 자문가로서 가지는 의미는 학교상담자의 전문 지식을 자문을 받는 사람에게 전달하는 것이다. 그러나 효과적인 학교상담 교육과정을 개발하기 위해 협업하는 과정에서 학교상담자는 학교장, 행정팀, 교사, 학부모, 마을교육공동체로부터 통찰력, 지혜, 자원을 제공받는다. 이러한 자문가로서의 학습적 태도를 가지는 것은 새로운 학교 공동체에 소속되거나, 의무와 책무성이 강조되는 환경에서 학교상담의 효과를 보여 주려고 할 때 특히 도움이 된다.

학교장 및 행정팀 대상 자문

학교상담자와 학교장 및 행정팀과의 관계의 질과 학교장 및 행정팀이 학교상담자에게 제공하는 지원 수준은 학교상담자가 모든 학생에게 학교상담 서비스를 얼마나 효과적으로 확대할 수 있는지와 관련이 있기 때문에 매우 중요하다(Rafoth & Foriska, 2006). 학교장 및 행정팀은 학교상담자가 상담 활동을 실행할 수 있도록 하는 지원의 원천이며, 그들의 독특한 시각이나 경험은 프로그램을 실행하는 데 중요한 역할을 한다. 학교 내에서 변화가 일어날 수 있는 정도는 학교장 및 행정팀이 제공하는 지원에 달려 있는 것으로 나타났다(Bryan & Griffin, 2010). 따라서 학교상담자는 학교 공동체 내에 존재하는 프로그램과 관련된 문제에 대해 학교장 및 행정팀과 돈독한 관계를 구축하고, 자문가로서 역할을 할 수 있는 방법을 고려하는 것이 유익하다. 학교장 및 행정팀에게 자문하는 과정에서 고려해야 할 점은 학교장 및 행정팀의 여러 역할과 업무가 학교상담자와 협업하는 데 제한적인 요소가 될 수 있다는 것이다. 그러나 학교상담자는 상담과 협업이 학교의 사명에 따른 전반적인 목표와 목적을 어떻게 발전시킬 수 있는지 효과적으로 소통하고 증명해야 한다.

교사 대상 자문

학교상담자는 여타 교사처럼 학생이 학업적 목적 달성을 이루도록 하는 것에 대한 책임이 있다(ASCA, 2005). 학교상담자는 교사와 협력하여 학생 성취도와 상관관계가 높은 학업 기대치, 학교 분위기 및 돌봄 관계를 촉진할 수 있다(ASCA, 2005; Bemak & Chung, 2005). 구조화된 학교상담 교육과정 내에서 제공되는 서비스의 일환으로 교사 대상 자문은 교육의 질에 영향을 미치고, 교실 환경 내에서 학생의 경험에 영향을 미칠 수 있을 뿐만 아니라 학교상담자의 학급적용 상담교육 전달 기술을 개발하는 데에도 도움이 될 수 있다. 또한 교사 대상 자문은 상담교육을 학업적 교육과정과 통합하는 데 중요한 역할을 한다.

부모와 가족 대상 자문

경제적 또는 문화적 차이에 상관없이 학생이 초등학교에서 중학교로 진학할 때 부모의 참여가 전반적으로 감소하는 경향이 있다. 그렇기 때문에 부모와 가족의 학교 참여를 증가시키려는 노력은 추가적인 도전 과제가 될 수 있다. 학생의 교육에 지속적으로 참여하는 부모와 보호자는 자녀의 학교 경험에 좋은 영향을 미칠 가능성이 높다(Amatea & West-Olatunji, 2007). 그러나 학교와 관련된 요인이 개인적인 특성보다도 가족의 학교 참여를 제한할 수 있다(Darling-Hammond & Friedlaender, 2008). 학교 분위기, 학교와 가정 간의 의사소통의 질, 가족이 학교에 기여하는 것에 대해 학교장이 어떤 가치를 부여하는가와 관련된 신념은 학부모의 학교 참여에 영향을 미친다. 이러한 학교 관련 요인은 학교상담자가 학부모와의 상담 및 협업을 통해서도 영향을 미칠 수 있다.

부모 교육 및 훈련은 부모와 상담할 때 일반적으로 사용되는 개입 방법이며, 부모-자녀 관계에서 필요한 기술을 더욱 발전시키는 긍정적인 결과를 가져올 수 있다. 부모와 협업하기 위한 생태학적 기반의 연합 행동 자문(Conjoint Behavioral Consultation: CBC) 접근법(Sheridan & Kratochwill, 2007)의 보편적인 사용은 직접적인 교육적 상호작용에서 보다 평등한 상담 관계로의 전환을 나타낸다. 이러한 개입이 학교상담 프로그램 내에서 중요한 역할을 할 수 있지만, 학교상담자는 부모, 보호자, 가족 구성원을 자문할 때 전통적인 모델을 보완하여 보다 문화적으로 반응성이 높고 집단주의적인 접근법을 활용하는 것이 권장된다.

연합 행동 자문: 자세히 살펴보기

생태학적 기반을 둔 연합 행동 자문(Sheridan, Kratochwill, & Bergan, 1996) 접근법의 보편적인 사용은 부모와 협력하는 방식을 보다 평등한 상담 관계로 전환하는 것을 뜻한다(Garbacz et al., 2008; Sheridan, Eagle, & Doll, 2006). CBC 접근법은 자문과 협업의 파트너십 모델을 활용하여 협의 과정에 참여하는 모든 사람의 발전을 돕기 위한 차별화된 목적을 가지고 있다. CBC의 목적은 "증거 기반 개입 절차를 통해 학생의 요구를 해결하고, 학부모의 참여와 학습 개입을 촉진하고, 가족과 학교 간의 관계 형성 및 협력적 파트너십을 구축하는 것"이다(Garbacz et al., 2008, p. 34). 특히 CBC는 4단계의 구조화된 인터뷰를 거치는데, 모든 당사자의 상호 요구 사항을 고려하여 협력적으로 진행된다.

1. 요구 사항 확인(needs identification)
2. 요구 분석(needs analysis)
3. 계획 수립(plan development)
4. 계획 평가(plan evaluation)

이러한 개입이 학교상담 프로그램 내에서 활용될 수 있는 여지가 있지만, 학교상담자는 부모, 보호자 및 가족 구성원과 상담할 때 전통적인 모델을 보다 문화적으로 반응적이고 집단주의적인 접근 방식으로 보완하는 것이 권장된다.

CBC에 관한 추천 읽기 자료

Sheridan, S. M., Eagle, J. W., & Doll, B. (2006). An examination of the efficacy of conjoint behavioral consultation with diverse clients. *School Psychology Quarterly, 21*, 396-417.

Sheridan, S. M., Kratochwill, T. R., & Bergan, J. R. (1996). *Conjoint behavioral consultation: A procedural manual*. New York, NY: Plenum Press.

Garbacz, S. A., Woods, K. E., Swanger-Gagne, M. S., Taylor, A. M., Black, K. A., & Sheridan, S. M. (2008). Conjoint behavioral consultation: The effectiveness of a partnership-centered approach. *School Psychology Quarterly, 23*, 313-327.

학부모와 보호자가 기술을 연마하고 협력 속에서 더 많은 책임을 맡도록 돕는 것 외에도 학부모와의 파트너십은 가족-학교 참여에서 부모를 적극적인 리더로 자리매김하는 수단이 될 수 있다. 학교 기반 자문가로서 학교상담자는 가정에서 이루어진 긍정적인 기여를 통합하고, 학부모가 협력하도록 장려하는 추가적인 방법을 제공한다. 또한 부모가 학교 교육 경험을 공유하며 서로 가르치고 배우도록 하고, 자녀 교육에 있어서 보다 주도적인 역할을 발휘할 기회를 가지게 한다.

부모 교육 및 훈련 모델을 활용하는 활동의 예로는 일반적으로 외부 전문가 주도 워크숍, 정보 제공 차시, 기술 훈련 차시 및 부모가 제안한 주제에 기반한 문제 중심 토론을 들 수 있다. 단순히 부모가 제안한 주제를 넘어 부모가 스스로 자녀의 학교 교육과 관련이 있다고 인식하고 주도적으로 참여함으로써 부모 상담이 보다 문화적으로 반응적이고 집단주의적인 접근 방식으로 전환할 수 있다. 이러한 부모 상담 모델에서는 자녀의 학교 교육과 관련된 부모-가족의 개인적인 경험담과 공유된 경험을 통해 동기를 부여하며, 학교에서 직면한 문제에 대한 변화를 모색하는 과정에 참여하게 된다.

전통적인 부모/보호자 교육 및 훈련 접근법과 보다 문화적으로 반응하는 가족 중심 모델 간의 차이점은 다음의 〈표 9-1〉 및 〈연습문제 9-2〉에 설명되어 있다.

〈표 9-1〉 전통적 접근 방식에서 가족 중심으로의 전환

전통적인 부모 교육 접근법		가족 중심의 교육 접근법	
전략	예시	전략	예시
외부 전문가 주도 워크숍	대학 입학 담당자의 재정 지원 워크숍 주도	부모가 주도하는 또래 학습	학부모가 주도하는 재정 지원 등록에 대한 차시
설명회	대학 등록금에 관한 학교상담부의 발표	참여의 학습 교환 모델	대학을 졸업했거나 재학 중인 학생, 학부모, 가족 및 고등학교 동문을 포함한 대학 등록금과 관련된 구조화된 학습 교류
전문가 주도 기술 교육	대학 입학 에세이 팁을 제공하는 지역 대학 작문 강사	전문가가 교육하는 차시, 그 후 기술 실습 차시	지역 대학의 글쓰기 지도 강사가 입학 에세이 작성 요령 지도, 이후 학생들의 에세이 작성 및 동료 간 피드백, 팀 단위 수정 활동 진행
문제 중심의 토론	학교장, 행정팀과 학교상담자의 출석에 대한 대화 진행	가족 주도의 해결 중심 대화	가족 간 대화를 통해 학생 출석을 지원하는 전략을 탐색

연습문제 9-2

성찰적 담론: 가족 중심 접근 방식으로의 전환

지식의 구축은 개인 내적이면서 사회적인 과정이다. 주제에 대해 의견을 공유하고 교환할 수 있는 기회가 있을 때 우리는 함께 더 많은 의미를 만들 수 있다. 두 명씩 짝을 지어 다음 질문을 살펴보라.

1. 학생의 부모, 보호자 또는 다른 가족 구성원과 협력하는 가족 중심 접근 방식은 그들과의 관계에 어떤 영향을 미칠 수 있는가? 학생과의 관계에 어떤 영향을 미칠 수 있는가?
2. (누군가를 대신해서) 개인이나 집단을 옹호하는 것에서 그들과 함께 옹호하는 것으로 전환할 때, 그 의미가 무엇인가?
3. 앞에서 언급한 특성들을 가진 가족 중심 접근법이 학교에서 자주 사용되지 않는 이유는 무엇인가?
4. 학교상담자가 전통적인 부모 교육 접근법에서 가족 중심 접근법으로 전환할 때 필요한 다양한 지식, 기술 및 태도를 설명하고 논의하라. 부모, 보호자 또는 가족과 작업할 때 요구되는 지식, 기술 및 태도는 무엇인가? 또한 설명하고 논의한 지식, 기술 또는 태도 중에서 가족 중심 접근법을 더 잘 활용하기 위해 어떤 것을 새롭게 습득해야 한다고 생각하는지에 대해서도 논의하라.

마을교육공동체 대상 자문

마을교육공동체 대상 자문 및 협업은 종합적인 학교상담 프로그램의 제공에 있어서 학교 외부 파트너들의 기여를 통합할 수 있는 기회를 제공한다. 따라서 마을교육공동체와 협력할 때 시스템에 대해 학교상담자가 가진 지식, 가족과 관련된 문화적으로 적절한 실천, 그리고 의사소통 기술이 더욱 중요하다.

광범위한 학업적 교육과정의 통합

교사를 대상으로 수업 시간 중 교사가 가르치는 시간을 최적화해야 한다는 요구가 그 어느 때보다 강해졌다(McDonnell, 2004). 교사는 연중 학생에 대한 책무성을 요구받으며, 학구, 주, 연방 등 여러 수준에서 마련된 구체적이고 표준화된 교육과정에 따른 수업을 완수해야 하는 임무를 맡고 있다(Ravitch, 2010). 비단 학생의 삶에만 영향을 미치는 것이 아니라는 점에서 시험의 영향은 중대하다. 교사, 학교장, 학교 및 전체 학군의 성과는 이제 학생의 시험 성과와 밀접하게 연결되어 있다. 이러한 연결은 현실 세계에 영향을 미친다. 교사의 성과급, 학교장이나 행정팀의 직업의 안정성, 인근 학교를 운영하거나 폐쇄하는 학구의 결정이 정기 고사에서 학생의 성적과 연결되어 있기 때문에 교직원은 당연히 학습을 위한 수업 시간을 철저히 지킨다.

그렇다면 학교상담자는 무엇을 해야 할까? ASCA 국가 모델로 대표되는 양식에 따르면, 학교상담자는 상담교육 교육과정을 제공하는 데 전체 시간의 15~45%를 할애해야 한다(ASCA, 2005). 전문 기관에서 제시하는 어떤 모델보다도 학교에서 중요한 것은 학생의 개인적 · 사회적 발달에 대한 요구이다. 학교상담자 대 담당 학생의 비율이 크다는 점을 감안할 때, 학급적용 상담교육 프로그램을 제공하는 것은 학교의 모든 학생에게 서비스를 제공하는 가장 효율적이고 효과적인 방법이다. 그리고 이러한 서비스는 매우 중요하다. 학급적용 상담교육 프로그램은 모든 학생에게 심리교육적이고 사회교육적인 교육과정을 제공할 수 있는 기회일 뿐만 아니라(문화적 차이를 인식하고 인정하는 것부터 또래 압력에 대처하기 위한 기술 구축과 같은 영역에서) 지식, 기술 및 태도나 가치관을 형성하여 학업적 성장과 성과를 지원할 수 있는 기회이기도 하다(ASCA, 2014a). 그렇다면 학교상담자와 학교는 어떻게 아동 · 청소년의 개인적 · 사회적 · 학업적 · 진로 발달을 존중하고 육성하는 전인적인 방식으로 학생 발달을 이끌어 낼 수 있는가?

한 가지 해결책은 학급적용 상담교육 프로그램을 단순히 핵심 교과 내용 사이의 짧은 시간 틈새에 억지로 끼워 넣어야 하는 무엇으로 간주하는 대신, 학교의 더 넓은 학업적 교육과정과 통합하여 계획하는 것이다. 학급적용 상담교육 프로그램을 이와 같이 접근하려면 교사나 학교가 학교상담자가 학급적용 상담교육에 사용할 수업 시간과 학교 일정을 마련하는 것 그 이상의 깊은 협력이 필요하다. 대신에 학교상담자, 교사, 학교장, 행정팀이 함께 협력하여 통합된 교육과정을 계획하고, 전달하고, 평가해야 한다. 이러한 집단적 접근 방식을 통해 학급적용 상담교육 프로그램에 대한 리더십은 학교상담자의 단독 책임이 아니라 학교 내 여러 리더에게 분배된다. 이러한 집단 리더십 접근 방식은 많은 학교상담자와 학교에게 패러다임의 전환으로 느끼겠지만, 학교상담자 입장에서 선례가 없는 것은 아니다. 오히려 이러한 접근 방식은 학교상담이 개인이 가진 위치보다는 이해관계자 간에 공유되는 프로그램으로 간주되는 것이 가장 좋다는 기본 철학과 매우 일치한다. 〈연습문제 9-3〉은 학교상담자가 이해관계자와 책임과 리더십을 공유하는 예를 제시한다.

연습문제 9-3

학급적용 상담교육을 광범위한 학업적 교육과정에 통합하기

2주 동안 노삼 고등학교에서 몇 건의 공식적 절차를 진행한 학교폭력 및 괴롭힘 사건이 있었다. 더욱 놀라운 것은 이러한 사건 중 일부가 인종적 · 문화적 비방과 관련이 있다는 것이다. 주목할 만한 점은 모든 사건이 9학년 학생들 사이에서 발생했다는 점이다. 행정팀은 학교 행동 강령의 관점에서 각 개별 사건을 효과적으로 처리했지만, 행정팀과 다른 교직원들은 이와 같은 패턴이 반복될 수 있음을 인지하고 최선의 대응 방법을 결정하기 위해 9학년 팀 회의를 소집했다.

노삼 고등학교의 문화에 따라 9학년 교과 교사(국어, 과학, 수학, 사회), 교감, 9학년 학교상담자가 회의에 참석했다. 교감과 학교상담자가 회의를 진행했고, 특정 사건과 관련된 학생들을 요약하고 논의한 후, 대화는 모든 9학년 학생을 참여시킬 수 있는 개입의 기회와 옵션에 초점을 맞췄다. 주제별로 강사를 초청하는 것부터 학교장이 각 교실에 들어가 학생들과 대화하는 것에 이르기까지 다양한 방법에 대해 논의가 이루어진 후, 점차 9학년 학생들이 서로 다른 사람들의 관점을 이해하는 능력을 키울 수 있게 수업을 진행할 수 있는 학급적용 상담교육 수업을 진행하는 것으로 의견이 모였다. 특히 다양한 이유로 공동체 내에서 취약한 위치에 있는 '타인'들에 대해 이해할 수 있는 기회를 제공하는 수업을 하는 것으로 합의되었다.

모든 교과 교사는 이러한 학급적용 상담교육 수업의 잠재적 가치를 인식했지만, 이러한 학급적용 상담교육 수업이 교과 수업 시간을 줄일 수 있는 것에 대한 우려를 표명했다. 학교상담자는 주의 깊게 경청하고, 의도적이고 목적이 있는 질문의 힘에 대해 생각한 다음 각 교사에게 현재 수업 중인 교과 단원에 대해 간략하게 공유해 달라고 요청했다. 수학 교사는 분수와 백분율에 대한 단원의 중간 정도까지 진도가 나갔음을 이야기했다. 과학 교사는 세포 분열에 대해 가르치고 있다고 전했다. 사회 교사는 빈곤의 지리학을 가르치고 있었다. 그리고 국어 교사는 Arthur Miller의 세일럼 마녀 재판을 다룬 연극 〈비판(The Crucible)〉에 관한 단원을 가르치고 있다고 공유했다.

주의 깊게 경청하던 학교상담자는 9학년 국어 교사가 민감하고 취약한 주제에 대해 학생들과 이야기하는 데 얼마나 능숙한지에 대해 생각했다. 학교상담자는 국어 교사에게 학생들이 〈비판〉의 주제와 요소를 더 깊이 이해하기 위해 어떤 종류의 프로젝트를 진행하는지 더 자세히 물어보았다. 학교상담자는 국어과에서 불관용과 권력의 역동성, 그리고 그것들이 관계와 공동체에서 어떤 역할을 하는지 탐구하도록 강조하고 있음을 알게 되었다. 대화가 이어지면서 학교상담자는 다른 사람들과의 시각 차이를 이해하는 것의 중요성에 대한 학급적용 상담교육을 교과 수업과 연계하여 통합할 수 있는 엄청난 기회가 있다는 것을 교사들과 함께 깨닫게 되었다. 특히 다수와의 차이로 인해 종종 조롱과 괴롭힘의 피해자가 되는 사람들의 시각을 이해하는 것의 중요성을 다룰 수 있음을 인식했다.

학교상담자와 국어 교사의 주도로 교감과 9학년 담당자로 구성된 팀은 〈비판〉을 위한 수업을 어떻게 학교상담 목표와 통합할 수 있을지 계획을 세우기 시작했다. 이 과정을 시작하기 위해 학교상담자는 ASCA 국가 표준을 배포하고, 팀은 노삼 고등학교에서 발생하는 복잡한 문제들을 가장 잘 다룰 수 있는 표준을 선별하기 시작했다. 이 팀은 '사회/정서적 발달' 영역의 표준에 초점을 맞추었다. 이 영역 내에서 학교폭력, 괴롭힘, 인종적·민족적 비방에 대한 강력한 학습 경험을 촉진하기 위해 〈비판〉의 9학년 국어 단원에 통합하기에 가장 적합하다고 생각되는 네 가지 표준을 선정했다.

- PS:A2.1 모든 사람에게 권리와 책임이 있음을 깨닫는다.
- PS:A2.4 민족적·문화적 다양성을 인식하고, 받아들이고, 인정한다.
- PS:B1.7 개인적·문화적 차이에 대한 존중과 감사를 보여 준다.
- PS:C1.5 또래 지원이 필요한 상황과 성인의 전문적인 도움이 필요한 상황을 구분한다.

다음 몇 주 동안, 학교상담자는 ASCA 국가 표준(ASCA, 2005)을 부분적으로 다루기 위해 고안된 집단적 교육 활동(collective instructional efforts)을 조직했다. 먼저 학생들에게 일어난 일의 중요성을 이해시키는 것이 중요하다는 인식에서 출발하여 팀의 모든 구성원은 학교 내 모든 학생과 교직원이 안전한 환경을 만드는 데 책임이 있다는 것에 대해 각 교실에서 학생들과 대화를 진행했다(PS:A2.1). 또한 학교나 마을교육공동체에서 성인의 개입을 필요로 하는 상황이나 사건에 대해서도 논의했다(PS:C1.5). 이러한 초기 대화가 끝난 후, 학습 활동이 ASCA 표준에 맞춰 구성되어야 하거나 보다 민감한 주제를 다룰 때 국어 교사와 학교상담자, 때로는 교감이 함께 공동으로 활동을 진행했다.

토의 질문

- 노삼 고등학교의 상황에서 대한 시나리오에서 팀에서 간과했다고 생각되는 다른 ASCA 국가 표준이 있는가?
- 노삼 고등학교의 상황에서 올바른 개입을 위해 시행해야 할 다른 학교상담 실천은 무엇인가?
- 이 시나리오에 등장한 팀은 〈비판〉에 대한 9학년 국어 단원과 ASCA 국가 표준(ASCA, 2005)의 두 가지 출처를 바탕으로 교육과정을 구성했다. 이러한 타교과와 통합된 학급적용 상담교육 과정을 강화하는 데 사용할 수 있는 다른 출처는 무엇인가?

이 과정의 중요한 부분은 학생이 네 가지 표준에 대한 이해를 바탕으로 성장한 정도를 평가하는 것이다. 학생 성장 평가에는 여러 가지 방법이 있는데, 간접적인 형태(예를 들어, 사전·사후 검사 설문을 통한 학생의 자기 보고)에서부터 더 직접적인 형태(예를 들어, 학생 과제, 서면 반성문)까지 다양하다. 다루고 있는 사회적 및 문화적 이슈의 복잡성, 그리고 이를 다루는 데 있어서 대인관계적 및 내적 도전 과제가 있기 때문에 팀은 직접적인 평가 방법을 선택했다. 이를 위해 팀은 기준에 맞춰 구성된 질문에 대한 학생들의 서면 반성문을 주기적으로 작성하도록 구조화했다. 단원이 진행되는 동안에 팀원들은 학생들의 반성문을 추적하여 실제로 표준 뒤에 있는 개념과 그 가치에 대해 많은 학생이 이해를 높였다는 것을 문서화할 수 있었다.

문제은행 문항 및 정답

객관식

1. 학교상담자가 참여하는 많은 실제 중 종합적 상담교육 교육과정의 목표와 목적을 달성하는 데 중요한 것으로 제안되는 것은 무엇입니까?

   ① 소집단 촉진

   ② 협업

   ③ 학술적 자문(academic advising)

   ④ 정기 고사 관리(coordinate standardized testing)

정답 ②

2. 학교상담자는 어떤 면에서 학교 기반 자문가로서 좋은 위치에 있습니까?
   ① 학교상담자는 학교교육공동체의 다양한 파트너에게 접근할 수 있다.
   ② 학교상담자는 프로그램과 관련된 문제에 대해 학교장 및 행정팀과의 관계를 조성하고 원활하게 할 수 있다.
   ③ 교사 대상 자문은 교육의 질에 영향을 미칠 수 있다.
   ④ 앞의 모든 것

정답 ④

3. 학교상담자가 자녀의 교육을 위해 학부모에게 자문하고 그들과 협력하는 데 사용할 수 있는 접근 방식이 아닌 것은 무엇입니까?
   ① 학부모 교육 및 훈련 운영
   ② CBC에 참여
   ③ 학교가 양육의 주요 전문가임을 주장
   ④ 가족 중심의 접근법 사용

정답 ③

4. 학급적용 상담교육 프로그램을 계획할 때 중요한 것은?
   ① 교사 및 리더와 협력하여 더 광범위한 학업 교육과정에 통합한다.
   ② 주요 교과 수업과 별개로 수업을 제공한다.
   ③ 프로그램은 혼자 계획하는 것이 가장 좋다는 것을 기억한다.
   ④ 심리교육 및 사회 교육적 주제를 전달해야 한다.

정답 ①

5. 다층지원체계(MTSS)는 학교상담자가 (　　)을(를) 할 수 있는 기회이다.
   ① 학생의 비학업적 발달에서만 파트너로서 역할 수행
   ② 학업적으로나 행동적으로 어려움을 겪는 학생을 대신하여 개입
   ③ 정기 고사 응시를 위한 학생 지도
   ④ ①과 ③ 모두

정답 ②

서술형

1. 학교 교육의 사회적 · 문화적 복잡성을 고려할 때, 왜 학교상담자가 학교 공동체 내에서 학교 기반 자문가의 역할을 수용하는 것이 중요한가?
2. 학급적용 상담교육을 광범위한 학업적 교육과정에 통합하는 것의 중요성에 대해 논의하라. 논의 중 이러한 통합의 예를 제시하라.

학교상담자와 다층지원체계

다층지원체계(Multi-Tiered Systems of Support: MTSS)를 통해 학교상담자는 모든 학생의 학업 성과 및 행동 발달에서 중요한 파트너로서의 역할을 보여 줄 수 있는 풍부한 기회를 누릴 수 있다. 특히 ASCA 국가 모델과 MTSS 프로세스는 학업 및 행동적으로 가장 큰 어려움을 겪는 학생을 위해 자료 기반 개입을 강조한다는 점에서 본질적으로 일치한다(ASCA, 2014b). MTSS의 해석과 적용이 주마다 다를 수 있기 때문에 여러 모델이 존재하는데, 그중 더 널리 알려진 모델은 중재반응(Response to Intervention: RTI)이다. 전반적으로 MTSS 접근법은 모든 학생(Tier 1), 어느 정도 위험이 있는 학생(Tier 2) 및 고위험 학생(Tier 3)을 대상으로 하는 세 가지 계층의 학업 개입이 포함된다(ASCA, 2014b). 학교 기반 MTSS 팀의 필수 구성원으로서 학교상담자가 MTSS 교육 개입을 통해 교과 교사를 지원하고 학교를 개선하려는 목표를 가진 학교장과 행정팀을 지원할 수 있는 방법은 얼마나 창의적으로 RTI 팀이 협업을 하는가에 달려 있다. 각 개입 단계 내에서 학교상담자가 기여할 수 있는 방법은 다음과 같다.

- 학교 수준에서 자료를 활용하여 학생 성과의 패턴과 격차를 평가하고, 학업 영역에서의 발달을 향상시키는 상담교육 교육과정을 설계하고 계획한다.
- MTSS 설계 및 구현을 위해 협업한다.
- 연구에 기초하고 문화적으로 반응적인 개입을 지지한다.
- 행동 개입에 대해 자문하고 평가한다.
- 표준에 기반한 상담교육 교육과정을 MTSS 개입 계획과 통합한다.
- 학교 자료를 기반으로 확인된 해결해야 할 문제에 대한 반응적 서비스(개인 및 소집단 대상)를 제공한다.

공통 핵심 교육과정

학교상담자가 학급적용 상담교육 프로그램을 학교의 광범위한 학업적 교육과정에 통합할 수 있는 방법에 대해서는 공통 핵심 주 기준(Common Core State Standards: CCSS)을 언급해야만 한다(National Governors Association Center for Best Practices & Council of Chief State School Officers, 2010). 공통 핵심 주 기준 CCSS은 모든 학생이 고등학교를 졸업할 수 있고, 이를 통해 대학과 진로 준비가 되어야 한다는 근본적인 신념에서 개발되었다(Porter, McMaken, Hwang, & Yang, 2011). 대학과 진로 준비에 대한 강조와 너무 많은 학생이 이러한 준비가 되어 있지 않다는 우려에서 CCSS는 전국적인 움직임으로 등장했다. 최근 CCSS는 정치적 및 교육학적으로 열띤 논란의 대상이 되었으며, 이 논란은 현재 여러 주에서 기준에 대한 정책 변경으로 이어졌다. 처음에 45개 주는 CCSS를 채택했지만, 이 글을 쓰는 시점에 여러 주에서는 그 채택 및/또는 실행을 철회하거나, 자금을 삭감하거나, 연기했다.

CCSS는 처음에 영어/언어 영역과 수학에서 높은 학업 기대를 설정하기 위해 개발되었다. 각 기준은 학생이 성공적인 대학 생활을 하고 진로 준비를 하기 위해 학교와 학생이 올바른 길을 유지하도록 돕는 목표로 개발되었다. 이 기준은 학생이 학년을 마쳤을 때 체득해야 하는 기술과 지식을 정의하고 설명한다. 책무성이 강조되는 시대적 분위기에 맞춰 CCSS에 참여하는 주의 학교는 2014년까지 해당 기준에 맞는 평가를 사용해야 한다.

CCSS는 두 가지 측면에서 이전의 주 기준과 구별된다. 첫째, 모든 학생을 위한 통합된 국가 교육과정을 채택했다는 점, 둘째, 고등학교를 졸업할 때까지 단순한 기술 숙련을 넘어 대학 진학과 진로 준비를 강조한다는 점이다. 대학 진학과 진로 준비에 대한 강조는 학생의 학업, 진로 및 사회/정서적 요구에 개입하라는 ASCA 국가 모델의 임무와 일치하여 학교상담자의 준비와 실천에 부합한다.

하지만 효과적으로 개입하기 위해서는 CCSS가 상담교육 서비스 제공에 어떻게 영향을 미칠지에 대한 학교상담자의 종합적인 이해가 필요하다. CCSS에 따라 모든 고등학교 졸업생이 대학 진학과 진로 준비를 하게 되어 학교상담자는 모든 학년에서 학교상담 프로그램을 광범위한 학업적 교육과정에 통합하기 위한 이상적인 협력자로서의 역할을 맡게 된다. 또한 종합적인 학교상담 프로그램은 학생 학습의 발달적 및 심리적 측면에 대한 학교상담자의 지식을 바탕으로 모든 학년에서 CCSS 구현을 보완하는 데 매우 적합하다.

리더십 역할의 상담자

학교상담자는 다른 교직원, 학생 및 마을교육공동체 구성원과 적극적으로 협력하여 영향력이 큰 학급적용 상담교육 교육과정을 개발, 구현 및 촉진할 수 있도록 리더로서의 역할을 해야 한다. 학교상담자가 리더십을 발휘해야 한다는 요구는 그들의 위치, 수련, 그리고 능력 덕분에 잘 수행될 수 있다(Borders & Shoffner, 2003; Dollarhide, 2003; Gysbers & Henderson, 2001). 중요한 점은 학교상담자의 리더십이 집단적이고 협력적인 성격을 가지고 있다는 것이다. 이는 일방적인 행동보다는 리더십을 발휘하여 업무를 분배하는 방식으로 더 잘 표현된다(Janson, Stone, & Clark, 2009).

학급적용 상담교육 프로그램의 개발, 구현 및 촉진은 다양한 교직원에게 리더십을 확장해야 하는 복잡한 교육활동이다. 집단적 리더십과 분산적 리더십의 개념은 오늘날 학교장 준비 프로그램에서 훨씬 더 널리 보급되어 있지만(Militello & Janson, 2007), 결코 보편적인 것은 아니다. 그렇기 때문에 많은 학교에서 학교상담자는 공유, 집단 또는 분산 모델을 기반으로 하는 리더십 접근 방식에 대해 학교장을 교육하는 책임을 져야 할 수도 있다.

학교상담자는 보다 효과적인 학급적용 상담교육 프로그램의 개발, 구현 및 촉진을 위해 의도적으로 학교장과의 관계를 형성해야 한다. 특히 학교장이 전통적이고 독립적인 리더십 접근 방식을 실천하는 상황에서는 더 그러하다. 학교장은 학교상담자의 기술, 준비, 실제(practice) 또는 종합적인 상담 프로그램에 대해 많이 알지 못할 수 있다. 그러나 학교상담자가 상담교육과 상담 실제라는 업무의 본질에 대해 학교장을 이해시키는 활동을 자신의 역할로 받아들일 때, 학교상담자와 학교장의 업무 관계는 더 강화되는 경향이 있다(Janson, Militello, & Kosine, 2008). 효과적인 학교상담자-학교장 관계의 여덟 가지 요소를 사용하여 학교장을 교육하는 것 외에도(Janson & Militello, 2009), 학교상담자와 학교장은 현재 관계에서 존재하는 강점을 바탕으로 더 강력하고 효과적인 관계를 구축하려는 의도를 가지고 협력할 수 있다.

예를 들어, 한 중학교에 새로 부임한 학교장이 STEM 관련 선택 과목(과학, 기술, 공학, 수학)에 여학생들이 등록하지 않은 문제를 해결하는 임무를 맡았다고 하자. 학교장은 학교상담자의 진로 개발 지식과 상담 기술을 높이 평가하면서(상호 존중, 서로의 역량에 대한 인식) 여학생들에게 STEM 분야에서 일하는 여성에 대한 인식을 높이기 위해 학교상담자들과 협력하도록 요청했다(목표 지향적이고 집중적인 협업). 학교장과 두 명의 학교상담자는 이 문제에 대해 함께 고민하며 개입할 방법과 전략에 대해 논의했다(개방적 의사소통과 성찰적 대화). 궁극적으로 그들은 '여학생 STEM 축제(Fem-STEM-Fest)'라는 원데이 행사 계획을 공동으로 수립하고 진행하기로 결정했다. 이 행사에서는 지역의 STEM 직종에서 일하는 여성들에게 자신이 받은 교육과 하고 있는 일에 대해 이야기하게 했다(집단적인 노력). 더 중요한 것은 참여하는 여학생들에게 과학자처럼 생각하는 것이 지금 그들의 삶과 어떻게 연결될 수 있는지 보여 주는 활동에 참여하게 했다. 여학생 STEM 축제를 준비하는 동안, 학교상담자들과 학교장은 STEM 직종에서 일하는 여성들을 모집했다. 학교장은 상품과 다과를 위한 기부를 받고, 학교상담자들은 자원봉사 여성 전문가들이 흥미롭고 효과적인 학습 활동을 설계할 수 있도록 도움을 주었다(리더십의 확장).

학교상담자-학교장의 효과적인 관계를 위한 여덟 가지 요소

1. **상호 존중**: 학교장과 학교상담자는 서로의 직무 책임, 업무, 학교 및 교육적 사명에 대한 기여를 소중히 한다.
2. **개방적이고 성찰적인 의사소통**: 학교장과 학교상담자는 학교의 교육적 사명과 관련된 문제뿐만 아니라 학교에서의 개인 또는 공유된 역할과 관련된 문제를 논의하기 위해 서로 교류하고 협력할 수 있다.
3. **상호 의존성에 대한 믿음 공유**: 학교장과 학교상담자는 각자의 역할의 많은 측면이 서로의 기여 없이는 성취될 수 없다고 믿는다.
4. **신뢰**: 학교장과 학교상담자는 학교의 공유된 교육적 사명에 대한 각자의 기여뿐만 아니라 각자의 실제를 지원하기 위해 서로를 신뢰한다.
5. **협력을 위한 노력**: 학교장과 학교상담자는 학교의 공통된 교육적 사명을 발전시키기 위해 노력한다.
6. **상대방의 역량에 대한 인식**: 학교장과 학교상담자는 서로의 교육 범위와 직업적 기대치 및 기준을 이해한다.
7. **목표 지향적이고 집중적인 협업**: 학교장과 학교상담자는 학교의 공통된 교육적 사명과 관련된 특정 목표 및 전략에 대해 의도적으로 협력한다.
8. **확장된 리더십**: 학교장과 학교상담자는 학교의 교육적 사명을 달성하는 것과 관련된 리더십 과제와 실천을 공유한다(Janson & Militello, 2009).

전문적 학습공동체

유능한 교사에게 배우는 것보다 학생의 학업성취도에 더 기여하는 것은 없다(Sanders & Rivers, 1996). 사실 유능한 교사가 학생을 가르치는 것이 학생의 학업성취도에 가장 긍정적인 영향을 미칠 뿐만 아니라 그 교육의 효과는 이후 몇 년 동안 지속된다. 반대로 비효율적인 교수법과 교사의 영향 또한 뚜렷하며, 이러한 학생들의 학업성취도에 대한 부정적인 영향은 향후 몇 년 동안 지속될 수 있다(Marzano, Pickering, & Pollock, 2001). 따라서 학교의 지도자가 학생의 학습과 성취도를 향상시킬 수 있는 가장 좋은 방법은 교사의 효율성을 향상시키는 것이다.

그렇다면 학교 지도자로서의 역할을 수행하는 학교상담자는 학교에서 교사의 효율성을 향상시키는 데 어떻게 기여할 수 있는가? 한 가지 방법은 전문적 학습공동체(Professional Learning Communities: PLC)의 발전을 지원하고 주도하는 것이다. 전문적 학습공동체의 목적은 교사 및 기타 교직원이 성찰에 참여하고, 영향을 검토하고, 학교의 실천, 특히 교육 실천을 개선하기 위한 협업 공간을 제공하는 것이다(McLaughlin & Talbert, 2006). 학교상담자는 전문적 학습공동체의 설립 및 촉진을 위한 공유 리더십을 발휘함으로써 학교상담자의 업무를 정의하는 중요한 요소인 체계적인 변화의 주체로서의 역할을 행동으로 옮긴다.

학교상담자가 체계적인 변화의 주체가 되어야 한다는 생각은 원래 학교상담을 보다 평등하고 공정한 학교로 변화시키는 수단으로 재구성하려는 운동에서 비롯되었다(House & Hayes, 2002; Paisley & McMahon, 2001). 특히 학교상담자가 체계적 변화의 주체가 되어야 한다고 새롭게 강조하는 것은 필연적으로 학교상담자를 학교의 리더로서의 역할을 수행하도록 한다(McMahon, Mason, & Paisley, 2009). 이후에 리더십과 체계적인 변화 간의 연결은 CACREP와 ASCA 학교상담자 역량에서 더욱 명확하게 반영되었다. CACREP의 기준에는 "학교상담자는 시스템 변화의 주체라는 중요한 역할을 이해한다."(기준 O.4.)라고 명시되어 있고, ASCA의 학교상담자 역량에는 "학교상담자의 리더십, 지지, 협력 및 체계적인 변화라는 주제를 적용하며, 이는 성공적인 학교상담 프로그램 운영에 필수적이다."(역량 I-B-1c.)라고 적혀 있다.

학교상담자는 전문적 학습공동체 내에서 매우 중요한 역할을 할 수 있다. 학교상담자는 촉진자로서의 이상적인 수련을 받았다. 따라서 반성적 사고, 자료 탐색, 그리고 교사가 효과성을 높이기 위해 자신의 실천을 변화시켜야 하는 과정에 참여할 수 있는 대화와 활동을 촉진할 수 있다. 이를 통해 학교상담자는 자신의 기본적인 상담 기술 및 집단 기술을 교직원 성장 및 학교 개선이라는 보다 광범위한 과정에 적용할 수 있는 중요한 기회를 얻게 된다(〈표 9-2〉 참조).

〈표 9-2〉 전문적 학습공동체의 주제, 실천 및 학교상담자의 역할 예시

전문적 학습공동체의 주제, 실천 및 학교상담자의 역할 예시			
학교급	주제	전문적 학습공동체의 실제	학교상담자의 역할
초등학교	학생을 영재 및 재능 프로그램에 배치할 때 발생하는 인종에 따른 불균형	분리된 배치 및 연계 자료 검토함	학교 자료를 숫자 및 그림으로 제시함
		소집단으로 진행하는 성찰적 '생각 말하기' 활동은 불균형이 있음을 설명하는 데 주안점을 둠	소집단 성찰 활동의 시범을 보이고 촉진함으로써 생각 말하기 과정을 주도함
중학교	중학교 구조에 적응하는 데 어려움을 겪는 학생	중학교 전환 과정에서의 학생의 경험과 그에 대한 지식을 활용하여 학교 교육과정과 구조를 조정함	학생의 중학교 전환과 관련된 관찰, 경험, 인식에 집중하여 교직원과 학생 간의 지식과 경험의 공유 및 상호 학습을 조직화하고 시범을 보임
고등학교	교사가 지식을 독점적으로 제공하는 대신에 지식 개발을 촉진하는 학생 주도 학습으로의 전환	적응적 변화 이론(Heifetz, Grashow, & Linsky, 2009)에 대해 배우고, 이를 바탕으로 교육 실제의 변화를 어떻게 가져올 수 있는지 이해함	학교상담자는 8~10명의 교사가 모여 학생의 주체성을 강조하는 교수법으로 바꾸는 것에 대한 교사의 감정, 태도 및 생각을 나누고 처리하는 학습/성찰 서클을 이끎

학교의 전문적 학습공동체 내에서의 리더십은 일부 사람에게는 새로운 것이거나 다른 방식처럼 보일 수 있지만, 이는 학교상담자의 지식과 기술에 완벽하게 부합하며, CACREP 학교상담자 준비 기준과 일치한다. 학교상담자가 전문적 학습공동체 내에서 리더십을 발휘하는 데 적용할 수 있는 CACREP 기준 목록은 〈표 9-3〉에서 확인할 수 있다.

〈표 9-3〉 CACREP 학교상담 기준 및 설명의 예시

CACREP 학교상담 기준	설명
C.2.	학생들의 학업, 진로 및 사회/정서적 발달을 향상시키기 위해 프로그램을 설계, 구현, 관리 및 평가하는 방법을 안다.
C.5.	상담, 심리교육, 과제, 또래 조력 집단을 포함한 집단 역동과 학생이 학습 장벽과 장애물을 극복할 수 있도록 팀을 촉진하는 방법을 이해한다.
F.2.	긍정적인 학교 분위기를 조성하고 다문화 학생 집단에게 공평하고 반응적인 학교 정책, 프로그램 및 서비스를 지지한다.

I.4.	의사결정 및 책무성을 알리기 위해 자료를 사용하는 최신 방법(예를 들어, 학교 개선 계획, 학교 평가 결과)을 안다.
K.1.	학교상담 프로그램과 학교의 학문적 사명과의 관계를 이해한다.
K.2.	성취도 격차를 줄이고, 학생의 학업성취를 촉진하며, 학생의 학업중단을 방지하기 위해 고안된 개념, 원칙, 전략, 프로그램 및 실제를 이해한다.
L.1.	학생의 학업적 발달을 향상시키기 위해 고안된 프로그램을 실시한다.
M.1.	가족-학교-마을교육공동체의 협업을 통해 학생의 발달, 안녕 및 학습이 향상되는 방법을 이해한다.
M.2.	학교와 더 큰 마을교육공동체 내에서 효과적인 팀워크를 촉진, 개발 및 강화하기 위한 전략을 안다.
M.3	학생의 학업, 진로 및 사회/정서적 발달을 촉진하기 위해 교직원, 학부모 및 마을교육공동체 구성원으로 구성된 효과적인 교육활동 팀을 구축하는 방법을 안다.
M.4.	학교 시스템 환경에서의 시스템 이론, 모델 및 상담 과정을 이해한다.
N.3.	교직원 및 마을교육공동체 기반 조직을 자문하여 학생의 학업, 진로 및 사회/정서적 발달을 촉진한다.
O.1.	효과적인 리더십의 자질, 원칙, 기술 및 스타일을 안다.
O.2.	학교의 학습 환경을 향상시키기 위해 고안된 리더십 전략을 안다.
O.4.	시스템 변화의 주체로서 학교상담자의 중요한 역할을 이해한다.
O.5.	학생 지원 프로그램, 학교 리더십, 교육과정 및 멘토링에 관한 회의에서 학교상담자의 역할을 이해한다.

학급 담임 멘토링 프로그램

학급 담임 멘토링 프로그램(homeroom advisory programs)은 학교상담자에게 다른 교직원과 협력할 수 있는 또 하나의 귀중한 기회를 제공한다. 이러한 협력에는 학급적용 상담교육 교육과정이 포함될 필요는 없지만, 각 학교 프로그램의 고유한 형태와 구조에 따라 포함될 수도 있다. 학급 담임 멘토링 프로그램은 특히 중학교에서 흔히 볼 수 있는 프로그램이다. 이 프로그램은 학생이 학교의 어른들과 연결될 수 있는 기회를 늘리기 위해 구축되고 운영된다(Shulkind & Foote, 2009). 학생이 적어도 한 명의 어른과 연결되어 있다고 느낄 때 학생은 학교에 더 자주 출석하고 학업적으로 더 잘 수행할 가능성이 높으며(Blum, 2005), 약물과 알코올 사용, 폭력에 가담, 그리고 어린 나이에 성행위를 시작할 가능성이 낮아진다(McNeely, Nonnemaker, & Blum, 2002).

학급 담임 멘토링 프로그램은 교직원과 소규모 학생 집단이 교실에서 일반적으로 발전하는 관계보다 더 깊은 관계를 형성하고 상호작용할 수 있는 기회를 제공하도록 설계되었다. 이러한 학급 담임 멘토링 프로그램은 학생과 교직원이 정기적으로 만나 학업 계획 및 지원을 위한 개별화되고 배려심이 넘치는 환경을 만든다. 또한 학교의 정책과 절차를 전달하며, 성공과 성과를 인정하고, 학교 문화를 형성하는 목적을 가지고 운영된다(Juvonen, Le, Kaganoff, Augustine, & Constant, 2004). 종종 학생과 교직원 간에 형성된 관계와 연결을 더 최적화하고 존중하기 위해 교사는 여러 학년에 걸쳐 같은 학생들을 계속 맡기도 한다. 학급 담임 멘토링 프로그램은 중학교에서 중요한 일부분이 되었다(Galassi, Gulledge, & Fox, 1997).

학급 담임 멘토링 프로그램은 다시 한 번 학교상담자의 수련과 실천에 잘 맞아떨어진다. 분명히 학교상담자는 학생이 배려심 있는 어른들과 연결될 수 있도록 도와주는 멘토링 프로그램에 큰 자산이 된다. 이러한 프로그램을 통해 학교는 아동 · 청소년에게 더 개별화된 환경을 제공할 수 있다(Klem & Connell, 2004). 학교상담자는 아동 · 청소년의 사회적 · 정서적 발달에 대한 지식을 바탕으로 홈룸(homeroom)[2]에서 교사들이 학생들과의 관계와 행동에 대해 기대하는 바를 형성하는 데 도움을 줄 수 있다. 또한 학교상담자보다 이러한 역할을 더 잘할 수 있는 사람이 교내에 있을까? 학교상담자는 담임교사에게 적절하고 건강한 관계의 경계뿐만 아니라 학교 내외에서 상담을 통해 특별한 개입이 필요한 행동이나 표현에 대해서도 알려 줄 수 있다.

교직원에서 마을교육공동체로 학습 및 리더십 확장

마지막으로 학교상담자는 학교 내에서의 협력을 통해 학교 인근 마을교육공동체의 지혜와 자원을 학교로 끌어들이는 것을 고려해야 한다. 모든 학교 인근의 마을교육공동체에는 가장 해결하기 어려운 문제까지도 해결할 수 있는 자원을 갖고 있다는 혁명적이고 강한 믿음을 갖고(McKnight & Block, 2010), 학교상담자는 마을교육공동체 구성원의 강점

2 홈룸(homeroom)은 초중등 학교에서 담임교사의 지도 아래 이루어지는 학급 내 학생 자치 활동이다.

과 자원, 지혜 및 경험을 학교와 학급적용 상담교육 교육과정에 통합하는 역할을 할 수 있다.

아동 · 청소년이 종종 학교와 단절감을 느끼는 것처럼, 마을교육공동체와의 연결이 부족하다고 느끼기도 한다(Fernandes-Alcantara & Thomas, 2009). 마찬가지로 학교는 마을교육공동체와 그 구성원을 존중하고 그들의 참여를 환영하는 장소로 자리매김하는 데 어려움을 겪었다(Epstein, 2001). 그러나 학교가 마을교육공동체 구성원의 목소리와 이야기를 의도적으로 끌어들여서 이를 학교 교육과정에 통합하려고 한다면 더 역동적으로 교육과정을 재구성할 기회를 만들 수 있다.

이 역동적인 교육과정은 학생이 자신의 마을교육공동체에 대해 배우는 기초를 마련할 수 있을 뿐만 아니라, "장소에 뿌리를 두고 지역적 맥락과 조건에 의해 영향을 받기" 때문에 "자기 자신, 역사 및 생태"(Guajardo, Guajardon, & Casaperalta, 2008, p. 5)에 대한 학습도 제공할 수 있다. 마을교육공동체로부터 듣고 배우는 또 다른 장점은 학생뿐만 아니라 교직원도 학습자가 될 수 있다는 점이다. 불행히도(하지만 이해할 수 있는 현실로) 많은 곳, 특히 도시 지역에서는 교직원이 더 이상 자신이 근무하는 지역에 살지 않는다는 사실이다. 이는 다른 형태의 단절이며, 그 관계적 단절은 필연적으로 교육과정에 영향을 미친다.

학교가 마을교육공동체와 지속적이고 협력적인 관계를 발전시키는 것을 지원함으로써 학교상담자는 자신이 속한 학교뿐만 아니라 학교가 위치한 마을교육공동체에서 리더로 자리 잡을 수 있다. 학교상담자는 여러 가지 방법으로 학교와 마을교육공동체 간의 협력적 관계 발전을 이끌고 지원할 수 있다. 그중 하나의 예로 학교상담자가 학생을 지역사회 자원 맵핑 활동에 참여시키는 것이다. 이 활동은 학급적용 상담교육 교육과정의 일환으로 혹은 학급 담임 멘토링 프로그램을 통해 진행할 수 있다. 마을교육공동체 자원 맵핑(Kretzmann & McKnight, 1993)은 학생과 성인 연구자들, 그리고 마을교육공동체 구성원들이 마을교육공동체를 한계와 결핍이 아닌 강점, 선물, 자원으로 볼 수 있도록 돕는 과정이다. 이 과정 자체는 매우 관계 지향적이며, 학생이 마을교육공동체의 사람들과 대화를 나누면서 자신이 살고 배우고 있는 지역의 풍성함을 배우는 형태로 이루어질 수 있다(Guajardo et al., 2008). 특히 마을교육공동체 자원 맵핑 과정은 학생이 학교를 떠나 마을교육공동체로 나가는 형태로 이루어지며, 전통적인 방식인 마을교육공동체 구성원들을 학교로 초대하는 방식과 차별화된다.

종합적인 학교상담 프로그램 홍보

협력하고자 하는 잠재적 파트너와 관계없이 학교상담자가 자신의 역할과 활동 방식을 효과적으로 홍보하는 것은 중요하다. 학교상담자가 종합적인 학교상담 프로그램 홍보를 자신의 역할에서 필수적인 부분으로 고려해야 할 여러 가지 이유가 있다(Thompson, 2013). 학급적용 상담교육 프로그램의 개발, 촉진 및 평가를 위해 협력해야 하는 맥락을 고려할 때 이러한 이유는 더욱 중요하다.

첫째로 가장 중요한 것은 종합적인 학교상담 프로그램을 홍보하는 것은 궁극적으로 학교상담자가 자신의 업무를 개선하고 학교 및 마을교육공동체 내에서 영향력을 확대하는 데 도움이 될 수 있다는 점이다. 학교상담자는 홍보 활동에 참여함으로써 다른 교육자들이 학교상담자의 역할, 실천, 그리고 그들이 수행하는 종합적인 프로그램에 대해 여전히 이해가 부족하다는 문제를 해결할 수 있다(Beesley, 2004). 학교상담자는 학교상담에 대한 이해를 명확히 함으로써 자신의 업무와 영향력을 개선할 수 있는 조건을 만들어 가고 있다. 학교에서 학교상담자가 하는 일을 충분히 이해하지 못하면 그 일은 훨씬 더 어려워지기 때문이다(Dotson, 2009). 일부 학교상담자가 교실에 들어가는 데 어려움을 겪는 상황을 고려할 때, 학교상담자의 역할과 학급적용 상담교육 활동의 잠재적 영향을 학교 내에 홍보하는 것은 더 많은 상담 서비스 제공을 가능하게 할 것이다.

둘째, 종합적인 학교상담 프로그램을 홍보하는 것은 마을교육공동체에게 프로그램을 알릴 수 있는 기회를 제공할 뿐만 아니라 마을교육공동체가 더 많이 참여하도록 초대하는 역할을 할 수 있다(Ritchie, 1989). 앞서 설명했듯이, 마을교육공동체와의 협력 확대는 더 문화적으로 알맞은 학급적용 상담교육 내용과 교수법을 개발하는 데 필수적이다. 학교상담자가 종합적인 학교상담 프로그램을 성공적으로 홍보하면 학급적용 상담교육을 더 잘 알릴 수 있는 마을교육공동체의 지혜, 지식, 경험을 활용할 수 있게 된다.

마지막으로, 종합적인 학교상담 프로그램을 홍보하는 것은 학교상담자가 설계하고 실행하는 프로그램의 중요한 목표와 개입에 대해 주요 이해관계자들에게 적극적으로 정보를 제공하여 더 큰 투명성을 창출하는 데 도움이 된다. 교직원, 마을교육공동체, 학생에게 종합적인 학교상담 프로그램과 관련된 업무에 대해 알림으로써 이해관계자를 대상으로 한 정보 제공과 더불어 업무를 향상시키고 개선할 수 있는 다양한 목소리에 귀를 기울일 수 있다. 예를 들어, 만약 가족과 마을교육공동체 구성원이 학교상담자가 금융 교육에 관한 학급적용 상담교육 수업을 진행한다는 사실을 알게 되면 그 분야에서 전문 지식을 가진 가족과 마을교육공동체 구성원들이 재능을 기부할 기회가 증가할 수 있다.

학교상담자가 사용할 수 있는 홍보 방식은 무수히 많고, 테크놀로지 발전에 따라 그 가능성은 기하급수적으로 증가하고 있다. 학교 밖에서 홍보할 수 있는 방법 중 일부는 학교상담자의 전문성을 학교 벽을 넘어 확장하는 것이다. 예를 들어, 마을교육공동체를 위한 연수를 진행하거나 다른 전문가들에게 교육을 제공하는 것이다(Thompson, 2013). 학교상담자는 또한 소셜미디어의 잠재적인 영향력과 힘을 잘 알아야 한다. 트위터, 블로그, 학교 웹사이트와 같은 소셜미디어를 통해 유용한 정보를 제공하는 것부터 시작할 수 있다.

학교 내에서 학교상담자는 다음을 통해 종합적인 학교상담 프로그램을 홍보할 수 있다.

- 학생, 가족 및 교직원에게 중요한 학교 날짜 및 행사에 대해 알리는 연간 일정을 작성하는 것
- 학교상담자가 주관하는 서비스, 프로그램 및 행사에 대해 알리기 위해 전단지, 브로슈어, 팜플릿 및 포스터를 사용하는 것
- 중요한 날짜와 정보를 알리기 위해 소셜미디어를 사용하는 것(학구의 소셜미디어 사용 정책에 따라)
- 학교장을 학급적용 상담교육 차시에 참석하도록 초대하는 것
- 교직원 및 학생을 위한 의사소통, 집단 과정, 문화적 인식 및 감상 등과 관련된 워크숍을 진행하는 것
- 종합적인 학교상담 프로그램이 제공하는 서비스 목록 또는 메뉴를 작성하여 각 학급에 게시하는 것(Thompson, 2013)

핵심 정리

- 학급적용 상담교육 교육과정은 'ASCA 학생의 목적 달성을 위한 마음가짐 및 행동', 광범위한 학업적 교육과정(핵심 교육과정 포함), 학교 및 마을교육공동체의 고유한 요구와 자산과 같은 여러 출처를 바탕으로 개발될 수 있다.
- 학교상담자는 학급적용 상담교육 교육과정을 통해 학생의 요구를 충족시키기 위해 다른 교직원, 학생, 학부모 및 가족, 마을교육공동체와 상담하고 리더십에 참여할 수 있는 좋은 위치에 있다.

- 학급적용 상담교육 교육과정과 관련된 집단 리더십에 대한 학교상담자의 참여는 전문적 학습공동체 및 학급 담임 멘토링 프로그램과 같은 강력한 프로그램을 통해 학생들의 교육 결과를 향상시킬 수 있는 기회를 제공한다.
- 학교상담자는 마을교육공동체의 지혜, 강점 및 자산이 학교로 흘러 들어가서 학습과 교육을 향상시키는 귀중한 통로 역할을 할 수 있는 잠재력을 가지고 있다.

온라인 자료

공통 핵심 주 기준

Common Core State Standards: http://www.CoreStandards.org

Common Core Works: http://www.CommonCoreWorks.org

National Governors Association's Center for Best Practices: http://www.nga.org/cms/center

마을교육공동체 강점

Abundant Communities: http://www.abundantcommunity.com/

Community Learning Exchange: www.communitylearningexchange.org/

Search Institute's 40 Developmental Assets: http://www.search-institute.org/content/40-developmental-assets-adolescents-ages-12-18

교육과정 설계

Understanding By Design: http://www.ascd.org/research-a-topic/understanding-by-design-resources.aspx

Dr. John Nash, "Design Thinking": https://www.youtube.com/watch?v=cT1vvewfAno

참 / 고 / 문 / 헌

Amatea, E., & West-Olatunji, C. (2007). Joining the conversation about educating our poorest children: Emerging leadership roles for school counselors in high poverty schools. *Professional School Counseling, 11*, 81-89.

American School Counselor Association (ASCA). (2005). *The ASCA national model: A framework for school counseling programs* (2nd ed.). Alexandria, VA: Author.

American School Counselor Association (ASCA). (2014a). *ASCA mindsets & behaviors for student success: K-12 college- and career-readiness standards for every student*. Alexandria, VA: Author.

American School Counselor Association (ASCA). (2014b). *The professional school counselor and Multi-Tiered Systems of Support*. Alexandria, VA: Author. Retrieved April 6, 2015, from https://www.schoolcounselor.org/asca/media/asca/PositionStatements/PS_MultitieredSupportSystems.pdf

Beesley, D. (2004). Teachers' perceptions of school counselor effectiveness: Collaborating for student success. *Education, 125*, 259-270.

Bemak, F., & Chung, R. C. (2005). Advocacy as a critical role for urban school counselors: Working toward equity and social justice. *Professional School Counseling, 8*(3), 196-202.

Blum, R. W. (2005). A case for school connectedness. *The Adolescent Learner, 62*(7), 16-20.

Borders, L. D., & Shoffner, M. F. (2003). School counselors: Leadership opportunities and challenges in the schools. In J. D. West, C. J. Osborn, & D. L. Bubenzer (Eds.), *Leaders and legacies: Contributionsto the profession of counseling* (pp. 51-64). New York, NY: Brunner-Routledge.

Bryan, J. A., & Griffin, D. (2010). A multidimensional study of school-family-community partnership involvement: School, school counselor, and training factors. *Professional School Counseling, 14*, 75-86.

Bryan, J., & Holcomb-McCoy, C. (2007). An examination of school counsellor involvement in school-family-community partnerships. *Professional School Counseling, 10*(5), 441-454.

Clark, M. A., & Breman, J. C. (2009). School counselor inclusion: A collaborative model to provide academic and social-emotional support in the classroom setting. *Journal of Counseling and Development, 87*(1), 6-11.

Darling-Hammond, L., & Friedlaender, D. (2008). Creating excellent and equitable schools. *Educational Leadership, 65*(8), 14-21.

Dollarhide, C. T. (2003). School counselors as program leaders: Applying leadership contexts to school counseling. *Professional School Counseling, 6*, 304-309.

Dotson, T. (2009). Advocacy and impact: A comparison of administrators' perceptions of the high school counselor role. *Professional School Counseling, 12*, 480-487.

Epstein, J. L. (2001). *School, family, and community partnerships: Preparing educators and improving schools.* Boulder, CO: Westview Press.

Fernandes-Alcantara, A. L., & Thomas G. (2009). *Disconnected youth: A look at 16- to 24-year olds who are not working or in school.* Washington, DC: Congressional Research Service.

Galassi, J. P., Gulledge, S. A., & Fox, N. D. (1997). Middle school advisories: Retrospect and prospect. *Review of Educational Research, 67*(3), 301-338.

Garbacz, S. A., Woods, K. E., Swanger-Gagné, M. S., Taylor, A. M., Black, K. A., & Sheridan, S. M. (2008). Conjoint behavioral consultation: The effectiveness of a partnership centered approach. *School Psychology Quarterly, 23*, 313-327.

Guajardo, M., Guajardon, F., & Casaperalta, E. (2008). Transformative education: Chronicling a pedagogy for social change. *Anthropology & Education Quarterly, 39*(1), 3-22.

Gysbers, N. C., & Henderson, R. (2001). Comprehensive guidance and counseling programs: A rich history and bright future. *Professional School Counseling, 4*, 246-254.

Heifetz, R. A., Grashow, A., & Linsky, M. (2009). The practice of adaptive leadership: *Tools and tactics for changing your organization and the world.* Cambridge, MA: Business Review Press.

House, R. M., & Hayes, R. L. (2002). School counselors becoming key players in school reform. *Professional School Counseling, 5*, 249-256.

Janson, C., & Militello, M. (2009). Beyond serendipity: Intentional principal and school counselor collaboration and inquiry. In F. Connolly & N. Protheroe (Eds.), *Principals and counselors partnering for student success* (pp. 75-106). Washington, DC: Educational Research Service and Naviance.

Janson, C., Militello, M., & Kosine, N. (2008). Four views of the professional school counsellor and principal relationship: A Q methodology study. *Professional School Counseling, 11*(6), 353-361.

Janson, C., Stone, C., & Clark, M. A. (2009). Stretching leadership: A distributed perspective to understanding and preparing school counselor leaders. *Professional School Counseling, 13*(2), 98-106.

Juvonen, J., Le, V. N., Kaganoff, T., Augustine, C., & Constant, L. (2004). *Focus on the wonder years: Challenges facing the American middle school*. Santa Monica, CA: RAND Corporation.

Klem, A., & Connell, J. (2004). *Relationships matter: Linking teacher support to student engagement and achievement*. Philadelphia, PA: Institute for Research and Reform in Education.

Kretzmann, J. P., & McKnight, J. L. (1993). *Building communities from the inside out: A path toward finding and mobilizing a community's assets*. Chicago, IL: ACTA.

Lapan, R. T., Gysbers, N. C., & Sun, Y. (1997). The impact of more fully implemented guidance programs on the school experiences of high school students: A statewide evaluation study. *Journal of Counseling and Development, 75*, 292-302.

Marzano, R. J., Pickering, D. J., & Pollock, J. E. (2001). *Classroom instruction that works: Research-based strategies for increasing student achievement*. Alexandria, VA: Association for Supervision and Curriculum Development.

McDonnell, L. (2004). *Politics, persuasion, and educational testing*. Cambridge, MA: Harvard University Press.

McKnight, J., & Block, P. (2010). *The abundant community: Awakening the power of families and neighborhoods*. Chicago, IL: American Planning Association.

McLaughlin, M. W., & Talbert, J. E. (2006). *Building school based teacher learning communities. Professional strategies to improve student achievement*. New York, NY: Teachers College Press.

McMahon, H. G., Mason, E. C. M., & Paisley, P. O. (2009). School counselor educators as educational leaders promoting systemic change. *Professional School Counseling, 13*(2), 116-124.

McNeely, C. A., Nonnemaker, J. M., & Blum, R. W. (2002). Promoting school connectedness: Evidence from the National Longitudinal Study of Adolescent Health. *Journal of School Health, 72*(4), 138-146.

Militello, M., Gajda, R., & Bowers, A. (2009). The role of accountability policies and alternative certification on principals' perceptions of leadership preparation. *Journal of Research on Leadership Education, 4*(2), 30-66.

Militello, M., & Janson, C. (2007). Socially focused, situationally driven practice: A study of distributed leadership among school principals and counselors. *Journal of School Leadership, 17*(4), 409-442.

Myrick, R. D. (2003). *Developmental guidance and counseling: A practical approach* (3rd ed.). Minneapolis, MN: Educational Media Corporation.

National Governors Association Center for Best Practices & Council of Chief State School Officers. (2010). *Common core state standards*. Washington, DC: Authors.

Paisley, P. O., & McMahon, H. G. (2001). School counseling for the 21st century: Challenges and opportunities. *Professional School Counseling, 5*, 106-115.

Porter, A., McMaken, J., Hwang, J., & Yang, R. (2011). Common core standards: The new U.S. intended curriculum. *Educational Researcher, 40*(3), 103-116.

Rafoth, M. A., & Foriska, T. (2006). Administrator participation in promoting effective problem solving teams. *Remedial and Special Education, 27*, 130-135.

Ravitch, D. (2010). *The death and life of the great American school system: How testing and choice are undermining education*. New York, NY: Basic Books.

Ritchie, M. H. (1989). Enhancing the public image of school counseling: A marketing approach. *The School Counselor, 37*, 54-61.

Sanders, W. L., & Rivers, J. C. (1996). *Cumulative and residual effects of teachers on future student academic achievement (research progress report)*. Knoxville: University of Tennessee Value-Added Research and Assessment Center.

Sheridan, S. M., Eagle, J. W., & Doll, B. (2006). An examination of the efficacy of conjoint behavioral consultation with diverse clients. *School Psychology Quarterly, 21*, 396-417.

Sheridan, S. M., & Kratochwill, T. R. (2007). *Conjoint behavior consultation: Promoting family school connections and interventions* (2nd ed.). New York, NY: Springer.

Sheridan, S. M., Kratochwill, T. R., & Bergan, J. R. (1996). *Conjoint behavioral consultation: A procedural manual*. New York, NY: Plenum Press.

Shulkind, S. B, & Foote, J. (2009, September). Creating a culture of connectedness through middle school advisory programs. *Middle School Journal, 41*(1), 20-27.

Thompson, R. A. (2013). *School counseling: Best practices for working in schools*. New York, NY: Routledge.

Whiston, S. C., & Quinby, R. F. (2009). Review of counseling outcome research. *Psychology in the Schools, 46*(3), 267-272.

CHAPTER 10

학급적용 상담교육의 성과 연구와 향후 방향

E. C. M. Mason · Stephanie Eberts · Lauren Stern Wynne

"협의회 결과, 교사들과 나는 학생들에게 소수와 백분율 간의 변환 개념을 강조하는 학급적용 상담교육 수업을 기획했다. 이 수업은 서로 다른 성적이 평균 점수에 어떤 영향을 미치는지와 평균 학점을 계산하는 방법을 가르치는 것을 목표로 했다. 이 수업은 주에서 실시하는 고부담 평가[1](high-stakes testing)에서 측정되는 수학 능력을 강화하기 위해 설계되었으며, 이는 학교의 적정 연간 성취도를 맞추기 위한 중요한 부분이었다. 또한 이 수업은 학교상담 목표 중 하나인 평균 학점의 중요성도 강조했다. 한 교사가 먼저 자신의 수업에서 상담교육을 하겠다고 자원했고, 하루 동안 연속된 다섯 시간의 수학 수업을 진행한 후, 우리는 수업의 강점과 약점을 논의하고 약간의 수정을 가했다. 얼마 지나지 않아 다른 수학 교사들도 이 소식을 들었고, 나는 다음 주에 그들의 수업에 참석할 예정이다"(Mason, 2010, p. 28).

Mason의 이야기는 수학 기준과 학교상담 프로그램의 목표를 연계한 사례로, 성과를 창출하기 위해 필수적인 교과 간의 연계 협력과 학급적용 상담교육의 미래를 보여 주는 중요한 창의적인 접근 방식이다.

이 장에서는 종합적인 학교상담 프로그램의 핵심 구성 요소로서 학급적용 상담교육의 중요성을 다룬다. 더 나아가 독자에게 앞으로 몇 년 동안 학급적용 상담교육 프로그램이 어떻게 변화할지 생각해 보도록 한다. 시간이 지나도 학급적용 상담교육 프로그램의 일부 측면은 유지될 수 있지만, 교육 전반의 변화는 학교상담자가 교실 환경에서 학생에게

1 미국의 각 주(state)에서 실시하는 고부담 평가는 학생이나 학교의 성과를 평가하는 시험이다. 이 평가 결과를 바탕으로 학생의 졸업 여부, 학교 평가, 교사 평가의 자료가 될 수 있다. 특히 이 평가에서 좋은 성과를 내지 못한 학교의 경우 재정 지원이 줄거나 개입이 이루어질 수도 있다.

다가가는 방식을 분명히 바꿀 것이다. 이 장은 독자가 학급적용 상담교육 프로그램의 미래에 대해 희망과 호기심을 갖도록 할 것이다.

이 장을 읽고 나면 학급적용 상담교육 프로그램의 성과 연구와 미래 방향에 대해 다음과 같은 내용을 이해할 수 있게 될 것이다. 제10장의 학습 내용은 다음과 같다.

- 성공적인 학급적용 상담교육 프로그램에 관한 연구와 성과를 이해할 수 있다.
- 학급적용 상담교육 프로그램의 예방 및 개입 측면의 중요성을 설명할 수 있다.
- 학급적용 상담교육 프로그램의 다양한 제공 형식과 틀을 설명할 수 있다.
- 학급적용 상담교육 프로그램에서 학교상담자와 교사 간의 관계를 설명할 수 있다.
- 학급적용 상담교육 프로그램을 대학 진학 및 진로 준비에 초점을 맞춰 재구성할 수 있다.
- 현재와 미래의 학급적용 상담교육 프로그램에서 테크놀로지의 활용을 고려할 수 있다.

효과적인 학급적용 상담교육 프로그램의 결과

효과적인 학급적용 상담교육 수업은 전통적으로 예방적이거나 치료적인 성격을 띠고 있다(Erford, 2014). 학교상담자는 자료를 사용하여 프로그램으로 구성된 교육과정의 효과성을 보여 줄 것을 권장받고 있으며, 이를 위해 문제에 대한 최적의 개입 방안을 찾기 위한 요구사정으로 시작하여 교육과정의 효과성을 측정하기 위한 평가를 한다(ASCA, 2012; CACREP, 2009). 강력하고 잘 전달된 교육과정은 학교의 분위기를 바꿀 수 있는 잠재력을 가지고 있다. 의도적인 계획, 평가 및 결과의 홍보를 위해 학교상담자는 교육과정을 기반한 교수로 학생을 지원할 수 있다.

핵심 교육과정

학교상담자는 사회/정서적 기술 개발, 진로 발달, 대학 준비, 학업 기술에 초점을 맞춘 교육과정을 제공할 수 있는 독특한 위치에 있다. 학교 내에서 이 영역들에만 전적으로 집중할 수 있는 다른 사람은 없다. 학급적용 상담교육 교육과정이 학교에 어떻게 도움을 줄 수 있는지에 대한 한 예는 루이지애나와 미시시피 걸프 지역을 황폐화시킨 허리케인 카트리나 당시 뉴올리언스의 학교상담자였던 저자 중 한 명인 Stephanie E. Eberts의 사례이다.

사·례·연·구

Stephanie의 사례

2005년, 나는 뉴올리언스의 한 작은 사립 초등학교 및 중학교에서 5년차 학교상담자로 근무하고 있었다. 2005년 8월 28일, 허리케인 카트리나가 뉴올리언스를 강타하며 엄청난 피해를 입혔고, 우리 학교는 다음 해가 되어서야 다시 문을 열 수 있었다. 2006년 1월에 우리가 돌아왔을 때, 도시와 학교는 간신히 기능을 유지하고 있었다. 비록 우리가 대피하기 전에 단 며칠 동안만 학교에 있었지만, 그해 나의 상담교육 프로그램은 이미 준비가 되어 있었고, 내가 학교상담자로 부임하기 전부터 이미 발달 기반 교육과정이 자리 잡고 있었다. 매년 각 학년 수준의 요구를 충족시키기 위해 교육과정이 조정되었지만, 프로그램의 기초는 예방적 성격을 띠고 있으며, 사회/정서적 발달과 학업 및 진로 기술 분야의 기술 구축에 초점을 맞추고 있다. 이 기초는 변하지 않았다. 긴 대피 기간 후에 돌아왔을 때, 나는 학생들과 마을교육공동체의 요구를 충족시키기 위해 필요한 도구를 갖추지 못할까 봐 두려웠다. 하지만 내가 틀렸다는 것을 깨달았다. 나는 교실로 들어가 종합적인 상담교육 프로그램을 제공했고, 학생들이 직면한 변화에 대처하는 방법을 논의할 수 있게 해 주었다. 예를 들어, 4학년 교육과정은 어려운 상황에 대처하는 데 초점을 맞추었다. 폭풍 전에는 친구 관계나 시험을 보는 것에 관해 어려움을 인식했지만, 폭풍 후에는 친구, 가족, 집을 잃는 것과 학업을 관리하는 데 어려움을 겪는 것을 인식했다. 나는 효과적인 상담교육 교육과정의 힘을 볼 수 있었다. 교육과정 자체는 변경할 필요가 없었고, 학생과 교사와의 관계는 이미 자리 잡고 있었다. 따라서 교육과정 기반은 변하지 않았지만, 논의 내용은 변했다. 지금까지도 나의 학교상담자로서의 경력에서 가장 확신을 주는 경험이었다. 그해 나는 학교상담자가 정말로 학생의 삶에 영향을 미치고, 마을교육공동체가 회복력을 갖추도록 도울 수 있다는 것을 알게 되었으며, 이는 학급적용 상담교육 프로그램을 통해 달성 가능하다는 것을 깨달았다.

자연재해와 같은 어려운 상황에서 시험을 받는 학교상담 프로그램이 없기를 바라지만, 이 예를 통해 강력한 학급적용 상담교육 교육과정이 학교생활에 얼마나 큰 영향을 미칠 수 있는지 쉽게 알 수 있다. 비록 학급적용 상담교육이 종합적인 학교상담 프로그램의 일부에 불과하지만, 모든 학생의 요구를 충족시키고 지원하는 데 필수적이다.

학급적용 상담교육의 실시

모든 학급적용 상담교육 프로그램이 전통적인 환경에서 전달될 수 있는 것은 아니다. 앞의 사례는 미국의 학교상담자가 1년 동안 모든 학급에 10주간의 교육과정을 전달한 프로그램을 언급하고 있다. 그러나 많은 수의 담당 학생과 수업 편성의 어려움으로 인해 항상 학급적용 상담교육의 운영이 가능한 것은 아니다. 학교상담자가 자신의 교육과정을 성공적으로 구현한 여러 가지 전달 방법의 예를 들면 다음과 같다.

- 두 개 이상의 학급을 합친 대집단
- 전교생 또는 학년 단위의 모임
- 수업에서 내용을 제공할 수 있도록 교육받은 또래 상담자 또는 학급 임원
- 멘토링 시간(advisory periods)에 대한 연수를 받은 교사들
- 여러 교직원 또는 교과 영역과 관련된 교과 연계 교육과정
- 학생이 온라인으로 접근할 수 있는 정보가 담긴 테크놀로지, 예를 들어 웨비나(webinar)

멘토링 시간은 중학교와 고등학교에서 사용되며, 다양한 방식으로 구현된다. 이 시간은 일반적으로 단축된 수업 시간이나 홈룸(담임) 시간에 이루어지며, 학생이 지정된 멘토링 교사와 만나는 시간이다. 이러한 프로그램은 학생과 교사가 관계를 형성하여 학생의 학업 목표를 지원할 수 있도록 설계된다. 학교상담자는 학생의 요구를 충족시키는 교육과정을 전달하도록 지정된 멘토링 교사를 교육시킬 수 있다. 프로그램 전달 방식의 다양성이 이러한 종류의 구현에 방해가 될 수 있지만, 많은 학생에게 내용을 전달할 수 있는 효과적인 방법이다. 교과 간 연계 교육과정 개입(cross-curricular interventions)은 단일 과목을 넘어 여러 교직원이 참여하는 협력적 개입이다. 교과 간 연계 교육과정에서는 여러 교사가 교육과정의 목표를 연결하여 학생이 특정 주제에 대한 이해를 깊이 있게 할 수 있도록 한다(이 장의 시작 부분에 있는 Mason의 사례 또는 이 장의 교과 교사와 학교상담자의 책임 부분 참조). Schmidt(2014)는 영향력 있는 상담교육 교육과정이 학교 교육과정의 필수적인 부분이라고 제안했다. 그는 학교상담자가 효과적으로 역할을 수행하기 위해서는 다양한 전달 방법을 통해 학교 공동체 전반에 자신의 가르침을 스며들게 해야 한다고 믿었다.

모범적인 실제 사례 및 연구 기반 개입

학교상담자는 어떻게 자신의 학급적용 상담교육 프로그램이 효과적인지 알 수 있는가? 학생의 요구를 충족시키는 것 외에도 학교상담자는 연구에 기반한 증거 기반 개입(evidence-based interventions)을 사용해야 한다. 이러한 프로그램을 찾는 것은 신규 및 경력 있는 학교상담자 모두에게 어려움으로 다가올 수 있다. 미국의 많은 학구와 주에서는 이러한 어려움에 대응하여 주에서 승인한 교육과정, 프로그램 또는 수업을 통해 학교상담자에게 해당 자원과 실제 기준을 제공한다. 또한 학교상담자가 증거 기반 개입을 찾는 데 도움을 줄 수 있는 여러 국가적 자원도 있다. 예를 들어, 학교상담 성과 연구 · 평가를 위한 Ronald H. Fredrickson 센터(Ronald H. Fredrickson Center for School Counseling Outcome Research and Evaluation: CSCORE; http://www. umass.edu/schoolcounseling)는 연구된 프로그램과 학교상담자가 자신의 자료 수집에 사용할 수 있는 평가 도구를 제공한다. CSCORE 웹사이트(http://www.umass.edu/schoolcounseling/resources-for-counselors.php)에 소개된 몇 가지 증거 기반 프로그램의 예로는 사회정서학습 프로그램 세컨드 스텝(Second Step, 사회적 및 학업적 성공), 학생의 목적 달성을 위한 기술(Student Success Skills, 학업 발달), 학업 · 사회 기술 통합 프로그램 프로젝트 어치브(Project Achieve, 사회적 기술), 그리고 학업 성취 및 진로지원 프로그램 로드 투 석세스(Roads to Success, 대학 준비)가 있다. 학교상담자가 교내에서 자신의 역할을 계속해서 알리기 위해서는 자신의 프로그램이 학생에게 미치는 영향을 평가하는 것뿐만 아니라 증거 기반 프로그램을 사용하는 것도 필요하다. 또한 학급적용 상담교육 프로그램의 미래는 학자와 실무자가 프로그램에 대한 철저한 연구를 수행하거나 참여하여 다양한 학생 집단에게 효과적인 것으로 입증된 더 강력한 교육과정 기반 상담교육 프로그램을 구축하는 것이다.

개입보다는 예방

학급적용 상담교육 프로그램은 학교의 모든 학생을 대상으로 하며, 초등학교, 중학교, 고등학교 수준에서 예상되는 발달과 관련된 요구를 해결한다(Myrick, 1987). 학급적용 상담교육 프로그램은 학생에게 학업, 사회/정서적, 대학 준비, 진로 발달을 지원하는 마음가짐과 행동에 대해 발달을 고려하여 전인적 · 순차적인 방식으로 가르친다(ASCA, 2012). 학교상담 분야에서는 학급적용 상담교육 프로그램을 통해 수십 년 동안 예방에 계속 집중해 왔다. 이를 통해 학생이 미래를 계획하고 현재의 학업, 진로 및 사회/정서적 목표를 저해하는 현재의 개인적, 학업적, 때로는 체계적인 문제에 대처하는 방법을 알 수 있도록 돕는다(Gysbers, 2004).

학급적용 상담교육 프로그램에서 다루는 예방의 유형

학급적용 상담교육 프로그램은 공공 보건 분야에서 사용되는 용어를 차용하여 설명한다면, 학생의 필요에 따라 1차, 2차, 3차로 예방 수준을 정의할 수 있다. 그러나 학급적용 상담교육은 일반적으로 1차적 예방(primary prevention)의 영역에 속한다. 1차적 예방 노력은 문제가 발생하기 전에 이를 막는 데 중점을 둔다(McMahon, Mason, Daluga-Guenther, & Ruiz, 2014; Walker & Shinn, 2002). 학교상담자는 학생의 발달을 고려하여 학업성취를 유지하는 데 필요한 마음가짐과 행동을 가르치고 학교 환경에서 대부분의 아동 · 청소년에게 보편적으로 나타나는 사회적 · 정서적 변화에 대처하는 데 필요한 마음가짐과 행동을 가르치는 것을 목표로 학급적용 상담교육을 계획할 수 있다. 예를 들어, 유치원생을 대상으로 학습 준비(The Ready to Learn) 프로그램(Brigman & Webb, 2003)을 사용하는 것은 학생에게 새롭거나 어려운 것을 배울 때 경청하고, 주의를 기울이고, 질문하고, 포기하지 않는 방법을 가르치기 때문에 1차 예방을 위한 도구가 될 수 있다. 이러한 내용은 ASCA의 행동 표준, 즉 학습 전략, 자기관리 기술 및 사회적 기술의 예시이기도 하다. 학생이 학습 방법을 배우도록 돕는 것은 학업적 대처 능력과 회복탄력성을 증진하고 긍정적인 학습 환경을 조성하는 데 기여한다. 대부분의 학급적용 상담교육 프로그램은 1차적 예방과 'ASCA 학생의 목적 달성을 위한 마음가짐 및 행동'(2014)에 초점을 맞추고 있다. 건강한 선택, 긍정적인 학습 행동, 사회적 기술 및 거절 기술, 대처 전략 및 회복탄력성, 가정에서 학교로, 학교에서 직장으로의 전환을 지원하기 위한 후속 조치 기술에 대한 교육이 이루어진다.

학급적용 상담교육 프로그램은 필요에 따라 2차적 예방 도구로도 사용된다. 2차적 예방(secondary prevention)은 위험이나 사건에 노출된 후 학급에서 학생에게 미칠 수 있는 잠재적인 부정적 영향을 변화시키는 데 중점을 둔다(McMahon et al., 2014; Walker & Shinn, 2002). 예를 들어, 담임교사가 다른 학교로 전근을 가거나 예기치 않은 병가를 내야 하는 경우에 해당 학급의 학생들은 상실감, 혼란 또는 당황스러움을 느낄 수 있다. 이 경우 학교상담자는 변화와 그에 적응하는 방법에 대한 학급적용 상담교육 수업을 진행할 수 있는데, 이는 학생의 긴장을 완화하고 희망적이며 개방적인 태도로 새로 부임할 교사를 맞이할 수 있도록 학생을 도울 수 있다. 새로 부임할 교사가 개입에 참여하여 학생들을 사전에 파악할 수도 있고, 그로 인해 학생들도 새로 부임할 교사에 대해 알아갈 수 있다면 매우 강력한 효과를 발휘할 수 있다. 이러한 유형의 사건은 생각보다 자주 그리고 다양한 이유로 발생하는데, 학급적용 상담교육은 예상치 못한 전환의 부정적인 영향을 되돌리고 학급이 정상적인 수준의 기능으로 돌아갈 수 있도록 도와준다.

때때로 학급적용 상담교육은 3차적 예방의 형태로 진행될 수 있다. 3차적 예방(tertiary prevention) 활동은 사건 또는 일련의 위험 요소로 인한 부정적인 영향을 줄이기 위한 것이다(McMahon et al., 2014; Walker & Shinn, 2002). 학급 또는 전교생에게 잠재적으로 심각한 영향을 미칠 수 있는 사건에 대응하여 학급적용 상담교육을 실시하는 경우가 있다. 학생이 사망한 경우에 학교상담자는 학생이 특수한 상황을 파괴적인 방식이 아닌 건설적인 방식으로 대처하도록 돕는 건강한 애도에 관한 학급적용 상담교육 프로그램을 개발할 수 있다. 이 수업의 목표는 개인 및 학업 기능에 미칠 수 있는 잠재적인 부정적 영향을 막고 학생이 이용할 수 있는 보호 요소와 자원을 파악하고 참여시키는 것이다.

학급적용 상담교육을 통한 학습 분위기 조성하기

학급적용 상담교육 프로그램은 긍정적인 학습 환경을 조성한다. 학교상담자가 학급적용 상담교육 프로그램을 사용하여 팀 빌딩, 협력적 문제 해결, 소속감을 향상시키는 활동을 촉진하면 교실이 더욱 평화롭고 안전해진다. 요구사정을 하고 교사와 협력하여 학생의 요구와 강점을 파악하면 학교상담자는 각 학급에 필요한 것이 무엇인지, 그리고 학급에 가장 적합한 시기가 언제인지 파악하는 데 도움이 된다. 학년 초에 운영되는 학급적용 상담교육은 학생 간 관계를 구축하여 각 학급에 긍정적인 분위기를 조성하고 학급 구성원 모두의 고유한 관점을 반영하는 데 도움이 될 수 있다. 예를 들어, 학교상담자가 자신이 근무하는 학교에 전학생이 많다는 것을 알고 있다면 학급의 구성원이 연중 내내 바뀔 수 있으므로 긍정적이고 격려가 되는 전입 학생 환영(및 전출 학생과의 작별 인사) 절차를 마련하는 것이 중요하다는 것을 인식할 수 있다. 이 절차가 어떤 모습이어야 한다고 생각하는지에 대해 학생들과 대화를 나누면 각 학급이 긍정적인 방식으로 서로에게 어떻게 반응할지 정의할 수 있는 기회를 제공한다. 이와 동일한 접근 방식을 교실 내 갈등이나 행동 문제를 처리하는 절차를 설계하는 데에도 적용할 수 있다.

학급 내 훈련

학급적용 상담교육의 한 형태인 학급 내 훈련(classroom meeting training)은 각 학급을 대상으로 일 년 내내 학생이 경험하는 학습에서의 성취와 좌절을 관리하는 기술을 제공하여 잠재적으로 학교상담자나 학교장 및 행정팀에게 불필요한 교내 의뢰를 줄일 수 있게 한다. 협업, 공유된 힘, 격려(Edwards & Mullis, 2003)를 기반으로 하는 학급 내 훈련은 모든 연령대의 일반 및 특수 교육 교실에서 학급적용 상담교육으로서 진행될 수 있다(Bucholz & Sheffler, 2009). 교사도 회의에 참여하는 중요한 학급 구성원이기 때문에 학급 내 훈련에서 교사의 참석과 참여는 매우 중요하다. 상대적으로 오래된 개입 방법이지만, 교실에서 일어나는 문제를 예방하는 데 있어 그 역할은 여전히 중요하다.

다층지원체계

「장애인법(Disabilities Act)」에서 권장하는 학생 개입의 다단계 모델인 중재반응(RTI)은 모든 학생이 행동장애를 줄이고, 수업 시간을 늘리고, 학습 및 성취도를 높이는 데 필요한 지원이나 개입을 받도록 돕는 것을 목표로 하는 자료 기반 프로세스이다(Gruman & Hoelzen, 2011). 중재반응의 각 단계는 개별 학생의 필요를 문서화한 자료를 바탕으로 더 집중적이고 목표가 분명한 개입을 제공한다. 중재반응의 가장 기본적인 수준에서 모든 학생에게 서비스를 제공하고 학습과 교육을 지원하는 환경을 조성하기 위해 학교 전체 또는 학급 수준의 개입이 이루어진다. 학교 차원의 긍정적 행동 지원 또는 긍정적 행동 중재 및 지원(PBIS)은 중재반응의 행동적 적용이며 학습을 위한 긍정적인 분위기를 조성하는 수단으로 선행 연구 문헌을 통해 뒷받침되고 있다(Martens & Andreen, 2013; 자세한 내용은 http://www.pbis.org 참조). 학급적용 상담교육 프로그램은 학교 전체의 긍정적 행동 지원 계획에서 학교 전체의 행동 기대치를 정의하고, 그러한 기대치를 가르치고 재교육하는 등 예방적이고 교육적인 보편적 개입을 제공하는 효율적인 수단이다(Ockerman, Mason, & Feiker-Hollenbeck, 2012). 학교상담자가 학교의 긍정적 행동 중재 및 지원 위원회에 참여하면 체계적인 변화를 위해 협력하고 지지할 수 있으며, 예방적 학급적용 상담교육을 통해 학생에게 직접적인 영향을 미칠 수 있는 기회가 더 많아질 수 있다.

학급적용 상담교육에서 다루는 예방과 관련된 주제

학교 및 상황별 자료 평가와 'ASCA 학생의 목적 달성을 위한 마음가짐 및 행동'(2014)은 학급적용 상담교육 프로그램에 포함할 예방과 관련된 주제에 대한 유용한 통찰력을 제공한다. 학생, 교육자, 학부모/보호자 평가는 대상별로 가장 필요한 영역에 대한 추가 정보를 제공한다. 최근에 발표된 'ASCA 학생의 목적 달성을 위한 마음가짐 및 행동'은 학업, 진로 및 사회/정서적 발달의 세 가지 광범위한 영역에 걸쳐 학급적용 상담교육 교육과정 개발에 활용할 수 있는 35가지 표준을 제시한다(ASCA, 2014). 종합적인 학급적용 상담교육 교육과정의 실행 계획을 개발할 때는 세 영역에 균형 잡힌 방식으로 접근하는 것이 매우 중요하다. 즉, 학생의 현재 학업성취도를 지원하여 각 학업적 영역에서의 전환(즉, 학년 간, 학교급 간)에 대비하고, 모든 학생이 대학 진학 및 진로 준비를 할 수 있도록 돕는 것을 궁극적인 목표로 해야 한다.

또한 학교상담자는 학급적용 상담교육 프로그램을 계획하고 실행할 때 학생의 정신건강을 증진하는 데 있어 자신의 역할을 고려해야 한다. 학교 환경에서 잘 개발되고 수행되는 보편적 사회정서학습 프로그램의 긍정적인 영향에 대한 경험적 지원이 증가함에 따라 학생이 학교와 일상생활에서 성공적으로 적응할 수 있도록 돕는 데 있어 그 중요성이 강조되고 있다(Durlak, Weissberg, Dymnicki, Taylor, & Schellinger, 2011; Zins & Elias, 2006). Waters와 Sroufe(1983)는 유능한 사람은 "요구에 유연하고, 적응적으로 반응하고, 그 반응을 조정하며, 환경 속에서 기회를 창출하고 활용할 수 있는 사람"(p. 80)이라고 정의했다. 이 정의는 초중고 환경에서 학생의 전인적 발달에 있어 학교상담자의 역할과 일맥상통한다. 학급적용 상담교육은 학생에게 영향을 미치는 정신건강문제를 평가하고, 불안, 스트레스, 학업중단 및 대인관계 갈등에 대처하기 위한 정신적으로 적절한 전략을 개발하는 데 사용할 수 있다. 이는 학습, 고용 및 마을교육공동체 환경에서 인내, 회복력 및 자기돌봄을 촉진하는 수단이 된다. 사회정서학습에 대한 자세한 정보는 학업, 사회 및 정서적 학습을 위한 공동 작업(http://www.casel.org)에서 확인할 수 있다. 다음에 고려해야 할 예방 주제의 범주가 제시되어 있다. 다만 이것에만 국한되는 것은 아니다.

- 학업 성공 기술(Brigman & Webb, 2003, 2004)
- 불안 예방 및 대처 기술 훈련(Barrett, Webster, Turner, & May, 2003)
- 희망/회복탄력성/학업중단 예방(Pedrotti, Edwards, & Lopez, 2008)
- 폭력 예방/사회적 기술(Committee for Children, 1997a, 1997b)
- 자살 예방(Erikson & Abel, 2013)
- 건강 및 안녕(Walsh, Kenny, Weineke, & Harrington, 2008)

앞에 제시된 범주에는 수많은 하위 주제가 포함되어 있으며, 관련된 학급적용 상담교육 프로그램을 개발, 실행 및 평가할 수 있는 단원의 제목으로 적합하다. 이 과정은 앞 장에서 자세히 설명하고 있으니 참고하기 바란다.

학급적용 상담교육 프로그램은 모든 학년 수준에서 효과적이고 효율적이며 역동적인 예방 수단으로 두드러지게 드러난다. "1온스의 예방은 1파운드의 치료만큼의 가치가 있다."(즉, 작은 예방이 나중에 더 큰 문제를 해결하는 것보다 훨씬 효과적이다)라는 말은 아이들이 성장하여 유능한 노동자, 배려심 있는 시민, 그리고 자애로운 동반자와 보호자로서의 역할을 할 수 있도록 돕는 데 있어 예방의 중요성과 영향력을 강조한다.

교사 및 상담자의 책무성

최근 몇 년 동안 학교상담자에게도 교사와 마찬가지로 엄격한 책무성 요건이 적용되고 있다. ASCA에서는 종합적인 학교상담 프로그램의 효과성에 대한 이해를 구축하기 위한 중요한 요소로 국가 모델에 책무성을 포함시켰다. 학교상담자가 각 주의 인증/면허 기관에서 인증/면허를 받기 위해 교직 경험을 요구받는 조건이 점차 없어지면서 앞으로의 학교상담은 미래의 학교상담자가 교실 안팎에서 효과적으로 일하는 방법을 얼마나 잘 배우는가에 달려 있다. 이러한 효과성의 일부는 공식적인 성과평가를 통해 측정되지만, 학교상담자는 교수-학습 기술을 사용하고, 발달을 고려하여 학교 및 국가 기준에 부합하는 교육과정을 계획하며, 교사들과 협업하고, 학급을 경영해야 한다.

학교상담의 미래와 학교상담자의 책무성은 예비 학교상담자와 그들을 양성하고 교육하는 사람들의 손에 달려 있다. 학교상담자 양성 프로그램은 예비 학교상담자가 학급적용 상담교육 및 종합적인 프로그램을 어떻게 실행할지 교육할 뿐만 아니라, 새로운 학교상담 전문가들이 교실 환경에서 일할 준비를 시키는 데에도 중점을 두어야 한다. 학생의 발달을 고려한 수업 계획 및 교육과정 개발, 상용 프로그램 및 교육과정 평가 방법, 학급경영 전략 등에 초점을 맞추고, 교직 경험이 없는 예비 학교상담자가 현대 교육개혁의 독특한 시스템, 절차, 정책에 대비할 수 있도록 준비시키는 강의가 필수적이다. 또한 학급을 경영하고 효과적인 집단을 운영하기 위한 집단 기술 사용을 강조하는 강의는 예비 학교상담자가 학급적용 상담교육 교육과정을 더 성공적으로 실행하는 데 도움이 될 것이다. 여전히 많은 교사가 학교상담자가 되고 있으나, 담임교사가 학교상담자로 전환하는 것은 어려운 패러다임의 전환이다. 학교상담자 양성 과정에서는 이러한 전환을 고려해야 한다. 특히 교직 경험이 있는 예비 학교상담자가 교육 실습 및 인턴십에 들어갈 때 그러하다.

프로그램 평가

ASCA 국가 모델(2012)에서는 학교상담자를 위한 프로그램 평가의 중요성을 매우 구체적으로 강조하고 있다. 학교상담 프로그램에 다양한 유형의 평가를 통합하면 가장 명확하고 유용한 결과를 얻을 수 있다. 실행 연구 모델은 학급적용 상담교육 프로그램과 같은 개입의 효과성을 판단하려는 학교상담자에게 유용한 틀을 제공한다. 실행 연구 모델은 연구자와 중재자로서의 역할을 동시에 수행하는 학교상담자에게 결과를 다른 환경에 일반화할 필요 없이 지역적 상황이나 특정 환경에 맞춘 개입의 중요성을 강조한다. 이를 통해 실행 연구는 학교상담자가 자신과 자신의 실천을 기준으로 측정하도록 하며, 고유한 학교상담 개입 내에서 지속적인 개선의 순환을 장려한다(Mason & McMahon, 2009; Mason & Uwah, 2007; Plummer et al., 2014; Rowell, 2005, 2006).

Schmidt(2014)가 언급한 프로그램을 강화하는 데 도움이 되는 다섯 가지 유형의 평가는 비공식적 및 공식적 평가, 형성평가 및 총괄평가, 과정평가, 요구사정, 그리고 성과평가이다. 학급적용 상담교육 프로그램과 관련하여 비공식적 평가(informal evaluations)는 학생이 손을 들고 투표하는 것과 같이 비구조화된 방식으로 이루어지는 평가를 말하며, 공식적 평가(formal evaluations)는 학교장과 행정팀에 의한 예정된 교실 관찰과 같이 더 체계적이고 구조화된 성격을 가진다. 이러한 두 유형의 평가 모두 개선을 위한 피드백을 제공할 수 있으며, 학교 공동체의 이해관계자에게 학교상담 프로그램 강화에 모두가 역할을 한다는 메시지를 전달할 수 있다. 형성평가(formative evaluation)는 학급적용 상담교육 수업 중 사전 및 사후 검사와 같이 자료와 정보를 지속적으로 수집하는 노력을 말한다. 총괄평가(summative evaluation)는 교직원을 대상으로 한 연말 설문조사와 같이 프로그램을 어떻게 개선할지에 대한 결정을 돕는다. 과정평가(process evaluation)는 학급적용 상담교육 제공에 소요되는 시간, 학교 일정 중 언제, 그리고 어떤 수업에서 진행될 것인지와 같은 실행의 논리적 절차를 보여 준다. 요구사정(needs assessment)은 학교공동체의 요구를 평가하고 학급적용 상담교육 프로그램의 잠정적인 주제를 식별하는 데 사용된다. 성과평가(outcome evaluations)는 학교상담 프로그램이 달성하려는 종합적인 목표와 관련이 있다. 예를 들어, 프로그램의 목표가 5학년의 연계 의뢰를 5% 감소시키는 것일 수 있다. 성과평가는 상별 관련 자료의 검토를 통해 프로그램이 이 목표를 달성하는 데 도움이 되었는지 여부를 확인한다. 학급적용 상담교육 교육과정은 이 목표 달성에 기여하는 개입이 될 수 있다.

자문 및 협업

교사, 학교장, 행정팀, 기타 이해관계자와의 자문 및 협업 역시 학교상담자의 책무성을 위한 노력에 있어 핵심 요소이다. 교사가 직면하고 있는 문제를 알아보기 위해 팀, 학년 또는 부서별 회의에 참여하면 학교상담자가 적절한 학급적용 상담교육 프로그램을 개발하는 데 도움이 될 수 있다. 또한 학교상담자는 학교상담 프로그램의 목적 달성에 필수적인 동료 관계를 구축할 수 있다. 마찬가지로 교사와 협업하여 중점이 되는 기준에 관한 협력적인 교육과정을 설계하면 학생은 수업에서 학업, 진로 및 사회/정서적 기술을 통합하여 배울 수 있다(Mason, 2010). 예를 들어, 학생이 역사나 사회 과목에서 시민권 운동에 대해 배우고 있는 경우, 영어 수업에서 해당 시간에 배우는 책을 함께 읽으면 해당 내용을 더 깊이 이해할 수 있다. 학교상담자는 학급적용 상담교육 수업에서 다룬 차별이 오늘날 학생의 사회 · 학업 · 직장 생활에 어떤 영향을 미치는지 가르칠 수 있다. 이러한 종류의 교과 간 연계 교육과정은 학생에게 도움이 될 뿐만 아니라 학교상담자가 학교 교육과정의 필수적인 부분으로 역할을 하며 교사들의 신뢰를 쌓는 데에도 도움이 된다. 이러한 협업 및 자문 노력은 특히 자료 및 평가 도구를 사용할 때 교사, 학교장, 행정팀 및 기타 이해관계자에게 학교상담자가 교실에서 수행하는 작업의 가치를 보여 줌으로써 학교상담자의 책무성을 높이는 데 도움이 된다.

대학 진학 및 진로 준비

학교상담 분야는 1900년대 초반의 직업 지도 운동(vocational guidance movement)에서 발전하였으며, 학생의 진로 개발을 지원하는 목표는 변하지 않았다(Gysbers, 2001). 대학 진학 및 진로에 초점을 맞춘 학급적용 상담교육 또는 대집단 상담교육 차시는 학생이 자신의 관심사, 기술, 가치관이 직업군과 어떻게 관련되는지 배우고, 학습, 일, 교육 전환에 필요한 효과적인 기술을 활용하는 방법을 배울 수 있는 강력하고 간결한 학교상담 개입이다. 학급적용 상담교육은 모든 학생에게 제공되는 종합적인 상담교육 프로그램 개입이므로 모든 학생이 고등교육과 관련된 선택지를 탐색하고 현재의 학업적 결정이 미래의 대학 진학 및 진로 계획과 실행에 어떻게 영향을 미치는지 이해할 수 있는 기회를 제공한다. 이 과정은 지원적이고 예방적이며 건설적인 방식으로 이루어진다.

대학 진학 및 진로 준비의 정의

대학 진학 및 진로 준비도(college and career readiness)의 정확한 정의는 여전히 논의 중이지만(Conley, 2012b), 대학 진학 및 진로 준비도라는 개념과 그것이 학생의 발달 과정에 어떻게 적용될 수 있는지에 대한 연구와 논의는 다양한 관점에서 계속 활발히 이루어지고 있다. 미국 교육부, 미국 대학 입학 평가 시험 기관 에이씨티(ACT)[2], 대학위원회(College Board), 미국연구소(American Institutes for Research)와 같은 기관 및 대학 기반 연구자들은 대학 진학 및 진로 준비도에 대한 지속적인 관심의 필요성을 강조하는 자료를 정기적으로 보고하고 있다.

- 93%의 중학생이 대학 진학의 목표를 가지고 있다고 보고하지만, 실제로 졸업하는 학생은 44%에 불과하고, 그중 6년 이내에 졸업하는 학생은 26%에 그친다(Conley, 2012a, 2012b).
- ACT 시험을 본 고등학교 졸업생 중 25%만이 대학 수준의 학업을 수행할 준비가 되어 있었다(ACT, 2012).
- 기초 학습 수업이 필요한 2년제 대학 학생들 중 25% 미만이 등록 후 8년 이내에 학

2 ACT(American College Testing)는 미국 대학 입학 시험 중 하나를 개발하고 주관·운영하는 비영리 단체로, ACT 시험을 관리하며, 학생들에게 시험 선택권과 유연성을 제공하기 위해 시험 형식과 내용을 지속적으로 개선하고 있다.

위나 자격증을 취득했다. 기초 학습 수업이 필요 없는 2년제 지역 대학 학생들 중 40%만이 8년 이내에 학위나 자격증 프로그램을 마쳤다(Bailey, 2009).

- 향후 10년 동안 미국 내 모든 일자리의 63%는 고등교육 이상의 훈련을 필요로 하며, 고임금을 제공하는 성장 산업의 일자리 중 90%는 고등교육 이상의 학력을 요구할 것이다(Carnevale, Smith, & Strohl, 2010).

소외계층에 대한 자료도 형평성과 접근성의 격차를 계속해서 보여 주고 있다.

- 2012년 ACT 시험을 본 백인 고등학교 졸업생의 32%가 대학 준비 기준 4개를 모두 충족한 반면, 아프리카계 미국인 학생은 5%, 히스패닉계 학생은 13%만이 해당 기준을 충족했다(ACT, 2012).
- 영어가 모국어가 아닌 학생은 영어에 능통한 또래보다 고등학교를 중퇴할 가능성이 두 배 더 높다(Rumberger, 2006).
- 장애가 있는 고등학생 중 15%만이 4년제 대학에 진학했으며, 이는 일반 학생의 37%와 비교했을 때 현저히 낮은 수치이다(Sanford, Newman, Wagner, Cameto, Knokey, & Shaver, 2011).
- 소수민족, 사회 경제적 취약계층, 가족 중 최초로 대학에 진학한 학생과 같은 소외 계층은 연방 학자금 지원 시스템을 이용하는 데에도 추가적인 도움이 필요하다(College Board National Office for School Counselor Accountability, 2010).
- 진로 준비도 부족은 학부생의 미결정(indecisiveness)을 예측하는 가장 중요한 요소이며, 다른 어떤 변수의 조합보다도 강력한 예측 요인이다(Gaffner & Hazler, 2002).

대학 진학 및 진로 준비도에 대한 재조명은 학생의 학업성취도에 대한 주요 성과 지표이자 고등교육에서의 성공 가능성을 나타내는 지표로서 교육 전문가의 업무 동기를 자극한다. 학교상담자는 대학 진학 및 진로 기반 발달을 포함하고 국가 및 주 차원의 요구 사항을 반영한 학급적용 상담교육 교육과정을 개발하고 제공한다. 학교상담자가 대학 진학 및 진로 관련 인식을 높이고 탐색, 계획 및 목적 달성을 위한 기술을 개발하는 학급적용 상담교육 활동을 주도할 때, 학생의 고등교육 선택권에 대한 접근성이 향상된다(Chen-Hayes, Ockerman, & Mason, 2013; Hines & Lemon, 2011). 「아동 낙오 방지법(NCLB)」「초·중등교육법(The Elementary and Secondary Education Act)」의 재승인, 대학 진학 및 진로 준비를 위한 공통 핵심 표준(Common Core Standards for College and Career Readiness) 채택, 대학위원회의 미국학교상담자지원사무국(NOSCA), 전국대학입학상담협회(National Association of College Admissions Counseling), 그리고 전 미국 퍼스트 레이디인 Michelle Obama가 주도하고 전 교육부 장관 Arne Duncan이 후원한 미국 대학 진학 장려 '리치 하이어(Reach Higher)' 교육 캠페인과 같은 국가 및 주 차원의 정책과 법안은 대학 진학 및 진로 준비 과정에서 학교상담자의 역할을 직간접적으로 지원한다.

대학 진학 및 진로에 대한 수업

발달을 고려한 종합적인 학교상담 프로그램을 개발 및 실행할 때, 모든 학교급의 학교상담자는 학생의 학업, 진로 및 사회/정서적 발달을 장려한다(ASCA, 2012). 이 세 가지 영역은 모두 대학 진학 및 진로 준비를 지원하며, 각 학급 또는 대집단 상담 수업의 주제가 학생의 현재 및 미래의 학업 및 진로 성공과 어떻게 관련이 있는지에 대한 논의는 학생이 고등교육 목표에 도달할 수 있도록 도움을 준다. 학교상담자는 다른 교육 전문가, 보호자, 마을교육공동체 자원, 그리고 고등교육 기관의 대표와 협업하여 대학 진학 및 진로 중심의 상담교육 교육과정을 개발하고 실행할 수 있는 독특한 역할을 하고 있다(Chen-Hayes et al., 2013; Hines & Lemons, 2011). 예를 들어, 학교상담자는 다양한 진로군을 대표하는 지역 고용주를 학급적용 상담교육 프로그램에 참여하게 하여 그들의 관점에서 진로 준비가 무엇인지 공유하도록 할 수 있다. 학부모와 보호자는 자녀의 교육에 참여할 방법을 찾고 있다. 학교상담자는 학부모에게 학급적용 상담교육 프로그램에 참여하도록 요청하거나, 학부모가 알고 있는 마을교육공동체 자원을 활용하여 강사로 활동할 수 있도록 그들의 제안을 수용할 수도 있다. 2년제 지역 대학 및 기술 학교 대표자들은 학생들에게 해당 기관에서 제공하는 프로그램을 설명할 기회를 얻기 위해 기꺼이 교실을 방문할 것이다. 예를 들어, 과학 및 수학 수업 시간에 2년제 지역 대학 입학 담당자를 초대하여 STEM(과학, 기술, 공학, 수학) 전공 프로그램에 대해 이야기하도록 하는 것은 해당 과목을 가르치는 교사들과 협업하는 한 가지 방법이다. 이러한 교과 교사들은 학생들에게 학습 내용을 전달하는 동시에 이 분야에서의 진로를 추구하도록 영감을 주려고 노력하고 있다. 또한 종합 대학 및 기술 학교 입학 담당자들은 재정 지원을 받을 수 있는 정보를 안내하여 학생이 고등교육에 대한 경제적인 부담을 경감할 수 있는 방법을 이해하도록 돕고, 다양한 취업 기회를 통해 장기적인 소득 잠재력을 증가시킬 수 있도록 안내할 수 있다.

초등학교 및 중학교 단계에서의 참여

강력하고 종합적인 학교상담 프로그램이 발달을 고려하고 순차적으로 제공된다는 특성은 학생이 유치원에 입학하는 순간부터 초등학교, 중학교, 그리고 고등학교에 다니는 동안 고등교육 환경과 직업 세계로 성공적으로 전환할 수 있도록 하는 마음가짐을 형성하는 데 중요한 역할을 한다(ASCA, 2014). 예를 들어, 초등학교 학교상담자는 다양한 진로군에 속하는 수많은 진로를 학생에게 소개함으로써 학생이 부모님이 하는 일뿐만 아니라 보다 다양한 진로를 인식할 수 있도록 도울 수 있다. 해당 직업에서 하는 일과 학교에서 배우는 과목 중 직업군과 관련된 것을 찾아 ABC순으로 정리한 책 만들기를 중점으로 하는 학급적용 상담교육 활동은 간단하지만 매우 효과적이다. 이러한 유형의 학급적용 상담교육 활동은 학생이 학교와 직업의 연관성을 이해하는 데 도움이 된다. 학생이 협력적으로 활동할 때, 학교상담자는 다른 사람들과 함께 일하는 능력이 어떤 분야든 관계 없이 학업 및 진로 준비를 위한 기술임을 설명할 수 있다. 중학교 학교상담자는 선택과목(예를 들어, 연결, 탐색 또는 특별 수업)이 직업군과 어떻게 관련되는지, 관련 과목 수강을 통해 학생이 관심 있는 분야에 어떻게 도전해 볼 수 있는지에 대해 학급적용 상담교육 수업에서 학생에게 정보를 제공할 수 있다. 또한 중학교에서는 기본적인 이력서 작성, 모의 취업 면접, 대규모 진로 박람회나 대학 박람회 개최 등의 학급적용 상담교육 수업을 제공하기에 적합하다.

대학 진학 및 진로 준비도의 구성 요소

미국학교상담자지원사무국(National Office for School Counselor Advocacy: NOSCA, 2010)에서는 대학 진학 및 진로 준비 중심의 학교상담 프로그램을 위한 여덟 가지 구성 요소를 제시하고 있다. 이 여덟 가지 요소를 학급적용 상담교육 계획에 통합하면 학생의 고등교육과 직업 환경에 대한 형평성 및 접근성을 촉진하는 학급적용 상담교육 수업을 개발하기 위한 견고한 틀을 얻을 수 있다. 발달을 고려한 수정을 통해 초등학교, 중학교, 그리고 고등학교 교실에서 연령에 적합한 방식으로 대학 관련 지식을 다룰 수 있다. 구성 요소는 다음과 같다.

- 대학 진학에 대한 열망
- 대학 및 진로 준비를 위한 학업 계획
- 특별 활동 및 비교과 활동 참여
- 대학 및 진로 탐색과 선택 과정
- 대학 및 진로 관련 평가
- 대학 수학을 위한 재정 계획
- 대학 및 진로 입학 과정
- 고등학교 졸업 후 대학 입학으로의 전환

모든 학생이 제때 졸업하고 대학 진학 및 진로 준비도를 갖추도록 돕는 것은 학생과 학교의 개별적인 요구가 다르기 때문에 상당히 어려운 과제가 될 수 있다. 따라서 NOSCA에서는 학교상담자가 학교의 자료를 분석하고, 문화적 · 제도적 측면을 고려하여 학교 환경에 가장 적합한 개입 방식을 결정할 것을 권장하고 있다.

비록 이 책에서는 집단으로 학생과 활동하는 것을 다루고 있지만, 학교상담자는 개별적인 수준에서 학생이 학급적용 상담교육에 더 적극적으로 참여할 수 있도록 준비시킬 수 있다. 학교상담자는 학생에게 다음 학급적용 상담교육 차시에 대해 미리 알려 줌으로써 이를 도울 수 있다. 이러한 방식으로 대학 진학 및 진로 준비도의 요소가 각 학생과의 상호작용에 녹아들게 되며(Hines & Lemons, 2011), 학생은 다음 학급적용 상담교육 수업에 대한 마음의 준비를 하게 되어 더 적극적으로 참여할 수 있게 된다. 다음의 사례 연구는 이러한 상호작용이 어떻게 이루어질 수 있는지를 보여 준다.

사 · 례 · 연 · 구

Anish의 사례

Anish는 이제 곧 10학년이 되는 학생으로, 새로 이사 온 지역의 고등학교로의 전입을 위해 학교상담자와 만남을 가지고 있다. 학교상담자는 Anish의 이전 학교 성적과 졸업 요건 충족 여부를 검토한 후, 그의 대학 진학 및 진로 계획에 대해 알아보기 위해 이렇게 물었다. “졸업 후에 무엇을 하고 싶나요?” 겉으로 보기에는 순서가 맞지 않는 질문처럼 보일 수도 있지만, 실제로는 공식적인 시간표를 짜기 전에 이런 질문을 하는 것이 합리적이다. 이를 통해 학생 및 그의 가족과의 유대감을 형성할 뿐만 아니라, 학교 내에서 대학 진학 및 진로 전문가로서 학생이 자신의 관심사, 선호도, 능력, 가치관을 탐색하도록 돕는 역할을 한다는 점을 알릴 수 있기 때문이다.

Anish가 엔지니어나 과학자가 되고 싶다고 말하자, 학교상담자는 그가 고등학교에서 이러한 관심사를 탐색할 수 있도록 어떤 필수 과목 및 선택 과목을 수강하면 좋을지 도와주기 시작했다. 또한 보다 원활한 대학 진학을 위해 필요한 과목의 수준에 대해서도 안내했다. 예를 들어, 선택 과목 목록을 모두 소개하는 것뿐만 아니라, 새로운 학교에서 제공하는 공학 관련 과목의 수강 순서 및 다양한 과학 과목을 강조하여 설명했다. 또한 많은 STEM(과학, 기술, 공학, 수학) 관련 대학 전공의 입학 요건 중 하나로 고등학교 졸업 전 미적분 수강이 요구된다는 점도 알려 주었다. 아울러 공학과 관련된 재미있고 경쟁적인 활동에 참여할 수 있는 공학 동아리 담당자와 연락하는 방법도 안내해 주었다. 이런 대화는 개별 상담뿐만 아니라, 대규모 학생들을 대상으로 한 학급적용 상담교육 수업에서도 이루어진다.

상담이 끝나기 전에 학교상담자는 Anish의 이전 학교의 학교상담자가 교실을 방문하여 학교생활 성공 전략, 생활 기술, 진로 발달과 관련된 정보를 제공하고 활동을 진행한 적이 있는지 물어보았다. 이는 이전 학교에서 상담 프로그램이 어떻게 운영되었는지에 대한 자료를 수집하려는 것이다. Anish는 학교상담자가 교실을 방문한 적이 있으며, 그들이 제공한 정보가 유익했다고 답했다. 이에 학교상담자는 새 학교에서도 10학년 사회 과목 수업 시간에 방문하여 학생이 온라인 대학 및 진로 발달 도구를 활용하는 방법을 배울 수 있도록 도울 것이라고 안내한다. 학생은 이 도구를 학교뿐만 아니라 집에서도 사용할 수 있는데, 이를 통해 고등학교 이후 어떤 길을 갈지 결정하고, 어떤 과목이 자신의 진로 탐색에 유익할지 파악할 수 있다. Anish는 자신이 어떤 유형의 엔지니어나 과학자가 될지 확실하지 않다고 말하며, 그 아이디어가 좋은 것 같다고 대답했다. 이에 학교상담자는 Anish가 대학 진학 및 진로 계획 과정을 더 잘 이해할 수 있도록 11학년과 12학년 동안에 진행될 추가적인 학급적용 상담교육 및 대집단 상담교육 차시에 대해 설명하며, 다가오는 학부모 대상 재정 지원 옵션 및 대학 지원 과정에 관한 안내 차시 날짜도 알려 주었다. Anish의 부모님은 학교가 대학 진학과 진로 계획에 대해 이렇게 적극적으로 접근하는 방법에 대해 매우 기뻐하며, 자신들이 이 나라에서 교육을 마치지 않아 어떻게 Anish의 대학 계획을 도울지 확신이 없었기 때문에 안도감을 느꼈다.

학교상담자가 이렇게 유익한 정보를 제공할 수 있었던 이유는 종합적인 상담교육 프로그램이 발달을 고려하고 순차적으로 제공된다는 특성 덕분이다. 또한 초등학교와 중학교 학교상담자가 대학 진학 및 진로상담 과정에서 중요한 역할을 한다는 점을 인식하고 있기 때문이다. 이는 학교의 각 학년 수준을 넘나드는 수직적 계획과 팀워크 덕분이다.

대학 진학 및 진로 중심의 학급적용 상담교육 프로그램은 고등교육 및 진로 관련 선택지에 대한 형평성과 접근성을 지지할 수 있는 많은 기회를 제공한다. 학교상담자는 법률과 국가적 정책을 통해 학생과 학급적용 상담교육 및 대집단 상담교육에서 더 많은 시간을 보낼 수 있다. 모든 학생이 대집단 상담교육에서 대학 진학 및 진로 준비에 대한 일반적인 정보와 훈련을 받으면 학교상담자는 학생의 독특한 요구에 따른 효과적인 맞춤형 개별 및 소집단 개입에 더 많은 시간을 할애할 수 있다.

다양성 및 사회 정의

다양성과 사회 정의는 학교상담자의 업무에서 중요한 요소이다. 옹호자이자 변화의 주체로서 학교상담자는 다양한 인구 집단과 함께 일할 수 있어야 하며, 사회 정의 문제를 해결하려고 노력해야 한다(ASCA, 2012; Education Trust, 2003; Holcomb-McCoy, 2007; Holcomb-McCoy & Chen-Hayes, 2011; House & Sears, 2002; Ockerman & Mason, 2012).

다양성

학교는 다양한 배경을 가진 학생들로 가득 차 있으므로 문화적 역량과 숙련도는 학교상담자의 필수적인 기술이다. 학교상담자는 학생의 학업성취도에 영향을 미치는 문화적 변수를 인식하고 지원하도록 훈련된 유일한 사람이다. 문화적 변수는 학생이나 가족의 정체성의 많은 측면을 포함하며, 인종, 민족, 경제적 상태, 종교적 또는 신앙 기반의 관습, 성적 지향, 성정체성, 능력 등을 포함할 수 있다. 학교상담자가 대학원에서 모든 인구 집단의 요구를 충족시키기 위한 준비를 완벽히 마치고 올 수는 없겠지만, 문화적 다양성을 중시하는 틀은 일반적으로 대부분의 인구 집단을 다룰 때 도움이 될 수 있다. 다음은 학교상담자가 예상할 수 있는 다양한 집단의 목록이다.

- 장애 학생(인지적, 신체적, 정서적/행동적)
- 모국어가 영어가 아닌 학생
- LGBTQ 학생

- 빈곤 또는 임시 거주 상황에 있는 학생
- 군인 가족을 둔 학생

학교상담자는 'ASCA 학생의 목적 달성을 위한 마음가짐 및 행동'(ASCA, 2014)이 다양한 학생 집단의 문화적 가치에 적합하지 않거나, 어떤 경우에는 전혀 일치하지 않을 수 있다는 점을 인식해야 한다. 수업을 위한 표준을 선택하고, 활동을 선택하며, 전달 방법을 고를 때 학교상담자는 학생들에게 미치는 문화적 영향을 신중히 고려해야 한다. 또한 학교상담자는 자기성찰과 전문성 개발의 필요성을 중시하여 자신의 편견을 인식하고, 덜 익숙한 집단을 대상으로 수업하는 데 필요한 기술을 배우기 위해 노력해야 한다(Holcomb-McCoy, 2007; Holcomb-McCoy & Chen-Hayes, 2011; Ockerman & Mason, 2012). 이러한 실천은 학교상담자가 교실에서 문화적으로 숙련되고, 존중하는 수업을 계획하고, 다양한 학습자를 위한 활동을 차별화하며, 수업 전달 중 발생할 수 있는 문화적 다양성 관련 상호작용을 예상하고 관리하는 데 도움을 줄 것이다.

사회 정의

사회 정의는 불평등 문제를 해결하거나 없애기 위한 노력이다. 불평등은 학생의 성취도와 관련하여 여러 형태로 나타날 수 있으며, 기회 부족이나 낮은 접근성, 특정 학생 집단에 대한 차별 등이 포함된다(Holcomb-McCoy, 2007; Holcomb-McCoy & Chen-Hayes, 2011; Ockerman & Mason, 2012). 다음은 사회 정의 활동이 필요한 일반적인 불평등의 예시이다.

- 비소수민족 학생에 비해 소수민족 학생의 낮은 심화 과정(Honors, AP) 등록률
- 개별화 교육 계획(IEP) 대상 학생에게 취하는 더 많은 징계 조치
- 테크놀로지에 대한 접근이 어려운 저소득 가정 학생의 낮은 숙제 완료율
- 대학 졸업생이 없는 가정의 학생이 이용할 수 있는 모든 고등교육 옵션에 대한 지식 부족

학교상담자가 사회 정의 문제를 다루기 위한 옹호자이자 변화의 주체로서 역할을 할 수 있다는 것은 다양한 학교 차원의 자료(예를 들어, 시험 성적, 학점, 졸업률, 출석 기록, 상

벌 기록)를 활용할 수 있다는 것을 의미한다(Dimmitt, Carey, & Hatch, 2007; Hatch, 2013). 이러한 자료를 사용하여 학교상담자는 학급적용 상담교육 계획에 어떤 내용을 포함할지에 대한 중요한 결정을 내려야 한다. 학급적용 상담교육 프로그램은 학생 간의 성취도 및 형평성 격차를 해소하는 주요 개입 방법이다. 학급적용 상담교육 자체는 설계상 사회 정의 행동으로, 모든 학생이 학교상담자와 상호작용하고 종합적인 학교상담 프로그램의 일환으로 지원을 받도록 보장한다.

대학 진학 및 진로 준비는 사회 정의 문제이다. 전 세계적으로 미국은 다른 나라와 비교하여 대학 졸업생 수에서 크게 뒤처지고 있다(OECD, 2014). 따라서 학교상담자는 대학 및 고등교육 졸업생의 수를 증가시키기 위해 모든 학교급에서 이를 다뤄야 하며, 이는 대학 진학 및 진로 준비 기술을 강조하는 학급적용 상담교육 프로그램에 중점을 두어야 함을 의미한다.

다음은 Karlyn이라는 시카고의 학교상담자가 학급적용 상담교육 프로그램을 사용하여 8학년 학생이 인근 고등학교가 아닌 다른 고등학교에 지원하는 비율을 증가시킨 사례 연구이다.

사 · 례 · 연 · 구

Karlyn의 사례

시카고에서는 8학년 학생이 9학년부터 12학년까지 인근 고등학교에 진학하거나, 더 엄격한 대학 준비 프로그램, 국제 바칼로레아 프로그램, 군사 예비 과목(premilitary), 예술, 수학 및 과학 또는 기타 전문 프로그램을 제공하는 도시 내 다른 고등학교에 지원할 수 있다. 이 고등학교에 지원하려면 입학 시험에서 최소 기준 점수를 얻고, 성적을 제출하는 등 여러 요구 사항을 충족해야 한다. 학교에 따라 입학 경쟁률이 치열한 곳도 있다. 새로운 학교상담자로서 Karlyn은 자신의 학교 학생 중 약 75%가 인근 고등학교에 진학하고, 25%만이 다른 지역의 고등학교에 진학한다는 사실을 발견했다. 인근에 위치한 고등학교도 괜찮지만, 이전 자료를 검토하니 8학년 학생이 고등학교와 관련된 선택지에 대해 충분히 알지 못하며, 그들의 가족 역시 마찬가지였다는 것이 분명했다. Karlyn은 학급적용 상담교육 프로그램을 통해 모든 8학년 학생이 고등학교에 대한 선택지를 알게 하고, 입학 지원서를 작성할 수 있도록 돕기 위해 집단 및 개별 회의를 포함한 추가적인 지원을 제공했으며, 가족을 위한 고등학교 선택지에 대한 프레젠테이션도 진행했다. 학년이 끝날 무렵, Karlyn은 자료와 완전히 다른 결과를 보고할 수 있었다. 8학년 학생의 75%가 다른 지역의 고등학교에 합격했고, 25%는 인근 고등학교에 진학했다.

사회 정의 문제를 다룸으로써 Karlyn은 8학년 학생을 대학 진학 및 진로 준비의 길로 이끌 수 있었다. 학생은 추가적인 정보를 제공받았고, 그 결과 더 큰 접근성과 기회를 얻게 되었다.

가상 교육/학교와 온라인 환경

이제 테크놀로지를 조금이라도 활용하지 않으면 교실은 더 이상 적절한 학습 환경이 될 수 없다. 현재와 미래의 학생은 디지털 원주민이 될 것이며, 그들에게 테크놀로지는 일상적인 삶과 학습의 일부이다(Prensky, 2010). 따라서 학교상담자는 교실 안에서뿐만 아니라 업무 전반에 걸쳐 테크놀로지를 활용하는 것이 매우 중요하다(Sabella & Booker, 2003). 그러나 학교상담자는 테크놀로지를 단순히 사용하기 위한 목적이 아니라, 신중하고 의도적이며 교육학적으로 적합한 방식으로 테크놀로지를 사용해야 한다. 학교상담자는 교육, 진로 및 생활 방식에서 생산적인 실천의 일환으로 디지털 시민으로서의 모범을 보여야 한다.

학교상담자로서 최신 테크놀로지 전반에 대해 지속적으로 학습하고, 업무에 도움이 될 수 있는 도구들을 익히는 것이 중요하다. 교실에서 사용할 수 있는 테크놀로지는 끊임없이 변화하고 있으며, 여기서 언급된 도구들은 더 새롭고 정교한 도구가 등장함에 따라 구식이 될 수 있다. 최신 테크놀로지를 꾸준히 배우고 활용하는 것은 학급적용 상담교육 수업이 시간이 지나도 신선하고, 흥미롭고, 혁신적으로 유지되도록 보장하는 한 가지 방법이다.

프레젠테이션 도구

학교상담 프로그램에 테크놀로지를 통합하는 한 가지 방법은 학급적용 상담교육 또는 대집단 상담교육에서 이루어지는 프레젠테이션이다. 파워포인트(Microsoft PowerPoint)와 같은 표준 도구도 여전히 널리 사용되고 있지만, 프레지(Prezi), 하이쿠덱(Haiku Deck), 보이스스레드(Voicethread), 라이브바인더(LiveBinder), 스모어(Smore)와 같은 프레젠테이션 도구는 발표 중 움직임, 비선형 형식, 눈에 띄는 그래픽, 테마와 글꼴, 오프라인에서 오디오, 비디오, 텍스트를 통한 상호작용과 같은 흥미로운 기능을 제공한다. 추가적인 도구를 프레젠테이션에 통합하여 학생으로부터 사전 및 사후 검사, 설문조사 또는 투표의 형태로 자료를 수집할 수 있다. 폴에브리웨어(PollEverywhere)나 폴 코드(Poll Code)와 같은 도구는 자료 입력을 위한 모바일 애플리케이션 또는 인터넷 접속이 필요하다. '자신이 소유한 기기 지참(Bring Your Own Device: BYOD)' 또는 '자신이 쓰는 테크놀로지 활용(Bring Your Own Technology: BYOT)', '1:1' 태블릿 프로그램(각 학생에게 태블릿 PC 또는 노트북 제공)의 증가로 인해 디지털기기는 학급적용 상담교육 프로그램에서 학생을 참여시키기 위한 도구로 사용되고 있다. 학교상담자는 이러한 도구를 사용하여 학생에게 직접 프레젠테이션을 할 수 있을 뿐만 아니라, 학생이 발표나 프로젝트를 위해 이러한 도구를 사용할 수 있도록 시범을 보일 수도 있다. 또한 이러한 도구를 사용하면 학생이 수업 내용을 수업 중에 실시간으로 보거나 또는 수업 시간 외에도 볼 수 있도록 할 수 있다.

모바일 애플리케이션

학급적용 상담교육은 더 이상 교실 안에서만 이루어지는 것이 아니다. 테크놀로지는 수업이 실제로 진행되는 시간과 별개로(비동기적) 학급적용 상담교육 프로그램을 거의 어디에서나 접근할 수 있게 한다. 앞에서 제시한 대부분의 프레젠테이션 도구는 모바일 앱을 제공하므로 학교상담 프로그램의 핵심 상담 교육과정에 포함된 학급적용 상담교육 콘텐츠를 태블릿PC와 스마트폰에서 학생이 조회, 편집, 발표하는 것이 가능하다. 학교에서 가정 내 테크놀로지에 대한 접근성이 다르다는 점을 고려하면 일부 학생들(특히 저소득층 지역의 학생들)은 데스크탑, 노트북 또는 태블릿PC를 가지고 있지 않을 수 있지만, 2013년 Pew 보고서(Teens and Technology)에 따르면 93%의 청소년이 컴퓨터에 접근할 수 있다(Madden, Lenhart, Duggan, Cortesi, & Gasser, 2013). 또한 이 보고서는 전체 학생의 약 73%가 스마트폰을 가지고 있으며, 많은 청소년이 스마트폰을 통해 주로 인터넷에 접속한다고 보고하고 있다. 학교상담자가 테크놀로지를 활용한 학급적용 상담교육 및 대집단 상담교육 수업을 계획할 때, 이러한 연구 결과를 염두에 두는 것이 중요하다. 테크놀로지 도구는 가능한 한 모든 학생이 쉽게 접근할 수 있도록 수업 중에 수업을 위해 사용되어야 한다.

소셜미디어

소셜미디어(social media)는 교육에서 점점 더 중요성을 더해가고 있으며, 학교에 다니는 학생들 사이에서 널리 사용되고 있다. 소셜미디어는 온라인상에서 상호작용을 가능하게 하며, 의도를 가지고 신중하게 사용될 경우에 학교상담 프로그램, 특히 학급적용 상담교육 프로그램에 도움이 될 수 있다. 현재 사용되는 소셜미디어 도구로는 페이스북(Facebook), X(이전의 Twitter), 텀블러(Tumblr), 핀터레스트(Pinterest), 인스타그램(Instagram) 등이 있으며, 교육 전용 도구로는 에드모도(Edmodo)와 같은 것이 있다. 에드모도는 인기 있는 소셜 네트워킹 도구를 모방하지만, 학교 기반의 집단이나 수업에서만 접근이 가능하다.

학교상담자는 소셜미디어를 다양한 이유(학교상담 프로그램 홍보, 가족, 교직원 및 학생과의 소통 등)로 사용할 수 있을 뿐만 아니라, 학급적용 상담교육 프로그램에도 활용할 수 있다. 예를 들어, 긍정적인 자기대화와 대처 방법에 대한 수업에서는 핀터레스트를 사용하여 영감을 주는 메시지와 인용문을 찾을 수 있다. 진로에 관한 수업에서는 학생이 인스타그램을 사용하여 직장에서 일하는 다양한 사람의 사진을 찍거나, 페이스북의 독특한 페이지에서 진로 관련 설문을 설정하는 활동을 할 수 있다. 대학 장학금과 재정 계획에 관한 수업에서는 학생이 X에서 관련 해시태그를 검색하여 트윗을 리뷰하는 활동을 할 수 있다.

플립 티칭을 활용한 학급적용 상담교육

플립 티칭(flipped teaching)은 고등학교 과학 교사인 Bergmann과 Sams(2012)에 의해 시작되었는데, 학교상담자가 학급적용 상담교육 및 대집단 상담교육 수업을 전달하는 방식에 중요한 영향을 미친다. 플립 티칭의 본질은 학생이 수업 전에 온라인으로 콘텐츠를 리뷰하고, 실제로 수업에 왔을 때는 내용을 적용하는 활동과 토론에 시간을 할애하는 것이다. Bloom의 모델(1956) 관점에서 플립 티칭은 분석, 종합, 평가와 같은 더 복잡한 수준의 학습을 교사의 지도하에 교실에서 이루어지록 한다. 반면, 이해와 적용 같은 기본적인 수준의 학습은 온라인 방식을 활용하여 자율적으로 진행되도록 한다(Brame, 2013). 플립 티칭에서 강의 부분은 온라인 형식으로 제공되며, 학생이 편리한 시간에 시청할 수 있다. 온라인 또는 동영상 강의는 수업을 실제 담당하는 교사가 제공할 수도 있고, 다른 출처나 전문가가 촬영한 동영상일 수도 있다. 어느 방식으로 제공되든 기본 개념을 가르치는 데 사용된다. Bergmann과 Sams는 유튜브를 사용했지만, 콘텐츠를 전달할 수 있는 다른 온라인 도구도 있다. 2006년에 Salman Kahn이 설립한 비영리 기관인 칸 아카데미(Khan Academy; http://www.khanacademy.org)에서는 다양한 학교 기반 주제에 대한 방대한 무료 교육 동영상 모음을 제공하며, 해당 과목의 교사가 수업의 일부로 활용할 수 있다. 또한 플립 티칭만 다루는 전체 웹사이트(http://www.flippedlearning.org)가 있으며, 플립 티칭과 학습에 관한 문헌은 계속해서 증가하고 있다.

다음은 플립 티칭을 사용하여 3학년 학생에게 학교폭력에 관한 학급적용 상담교육 수업을 전달한 사례 연구이다.

사·례·연·구

Malik의 사례

Malik은 학교상담자로서 수업의 주요 내용을 담은 파워포인트를 준비하고, 3학년 학생에게 학교폭력과 관련된 조언을 담은 짧은 동영상을 만들어 편집했다. 그는 동영상을 보이스스레드에 업로드한 후 각 슬라이드를 설명하는 내레이션을 추가했다. 일부 슬라이드에는 학생들이 주제에 대해 고려할 토의 질문이 포함되어 있다. 완성된 보이스스레드는 약 8~10분 길이이다. 그 후 Malik은 모든 3학년 학생과 가족에게 보이스스레드를 시청하라는 안내와 함께 이메일과 전단지를 발송했다. 이메일과 전단지에는 보이스스레드 링크가 포함되어 있다. 학생은 보이스스레드를 시청해야 하지만, 부모와 가족에게도 시청을 권장했다. 또한 구글 폼을 사용한 간단한 사전 및 사후 설문조사 링크도 제공되며, 학생은 수업 전후에 이를 작성해야 한다.

3학년 교사들과 협력하여 Malik은 약 30분 동안의 교실 방문을 계획했다. 대면 수업은 보이스스레드의 주요 개념이 이해되었는지 간단히 확인하는 시간(약 5분)으로 시작되었다. 그러나 더 많은 시간은 토의 질문(최대 10분)과 학생이 학교폭력 예방 포스터를 디자인하고 공유하는 활동(15분)에 할애한다. 집에서 컴퓨터를 사용할 수 없는 학생은 공공 도서관이나 모바일기기에서 앱을 통해 보이스스레드를 시청하거나, 학교에서 볼 수 있도록 조정이 이루어질 수 있다. 온라인으로 사전 및 사후 설문에 접근할 수 없거나 장애가 있는 학생에게는 Malik이 출력본을 제공할 것이다.

글로벌 학습

테크놀로지가 글로벌 지식을 증가시킬 수 있는 한 가지 방법은 국내 및 국제 간에 연결할 수 있는 도구를 사용하는 것이다. 일부 학교와 교실은 다른 지역이나 전 세계의 교실과 소통하며 학습한다. 학교상담자는 스카이프(Skype) 또는 페이스타임(FaceTime)과 같은 도구를 사용하여 교실과 학생 집단 간의 대화에 참여할 수 있다. 학생의 글로벌 지식의 증가는 그들을 더 몰입하게 하고, 세계 시장에서 더 경쟁력 있는 인재가 되는 데 도움을 준다.

앞선 사례 연구는 이 장에서 다룬 몇 가지 주요 내용을 보여 준다. 예를 들어, 교사와 협력하여 기준을 맞추고, 책무성 도구(사전 및 사후 검사)를 사용하며, 테크놀로지를 통합하고, 글로벌 학습을 촉진하는 방법 등이 있다.

사·례·연·구

Natalya의 사례

Natalya는 학교상담자로서 사회 교사와 협력하여 수업과 상호작용을 계획했다. 수업은 3주 동안 여러 차례 진행되며, 그중 두 차시는 학교상담자가 참여하기로 결정했다. 스카이프(Skype)의 무료 서비스인 교육용 스카이프(Skype in the Classroom)를 사용하여 Natalya는 아르헨티나의 8학년 교실을 찾아 상호작용을 위한 파트너를 결정했다. 두 명의 사회 교사와 Natalya는 스카이프로 학생의 향후 상호작용에 대해 논의하며, 수업 내용, 목표, 준비 활동, 언어능력, 후속 활동 등을 포함한 세부 사항을 조율했다. 세 명의 교육자는 이메일을 통해 3주 동안 진행될 단원이 끝날 때까지 계속해서 소통했다.

학교상담자의 첫 번째 수업은 학생이 수업 전에 기본적인 갈등 해결 개념을 복습하는 녹화된 강의를 시청하는 방식으로 이루어진다. 이 수업에서 Natalya는 학생이 최근에 공부한 미국 남북전쟁과 관련된 개념을 설명했다. 이 수업에는 갈등 해결에 대한 간단한 온라인 사전 검사도 포함된다. 수업 시간 동안 Natalya는 학생을 대상으로 갈등 해결 개념에 관한 여러 활동을 주도하고, 아르헨티나에 있는 교실의 학생들에게 할 질문을 개발했다. 이 질문은 일반적으로 학생이 자신의 갈등을 어떻게 해결하는지, 그리고 자신이 살고 있는 마을이나 국가에서 갈등이 어떻게 해결되는지를 묻는 내용이었다. 아르헨티나의 교실에서도 같은 주에 비슷한 수업이 진행되었다. 수업 후, 교사들과 Natalya는 함께 질문을 다듬어 이메일을 통해 아르헨티나의 교사에게 전송하고, 그로부터 비슷한 방식으로 질문을 받았다.

두 번째 수업은 그다음 주에 진행되는데, 주요 목표는 두 교실이 서로 대화하는 것이다. 수업 전에 세 명의 교육자는 방과 후 장비를 점검하여 시각적 선명도와 음질을 확인했다. 스카이프를 사용하여 교사들과 Natalya는 아르헨티나 교실의 동영상 피드를 교실 화면에 띄울 수 있게 되었다. Natalya는 두 학생 집단 간의 갈등 해결에 대한 토의를 주도했다. 두 사회 교사는 다른 관련 수업 개념을 언급하고 토의가 원활하게 진행될 수 있도록 도와주었다.

세 번째 수업은 주로 사회 교사의 책임하에 진행되었는데, 학생은 스카이프 대화에서 얻은 내용을 바탕으로 성찰문을 작성하고 이를 아르헨티나의 교실과 공유했다. Natalya는 사회 교사가 작성할 질문을 준비하는 데 도움을 주었으며, 또한 자료 수집을 위해 갈등 해결 개념에 관한 사후 검사를 이메일로 학생에게 보내는 것에 대해 교사의 허락을 구했다.

핵심 정리

- 학급적용 상담교육 프로그램은 다양한 형식으로 제공될 수 있다.
- 효과적인 학급적용 상담교육 프로그램은 자료에 기반하여 제공되며, 이용 가능한 증거 기반 프로그램을 활용한다.
- 학급적용 상담교육 프로그램은 예방적인 성격을 띄는 것이 이상적이며, 다양한 주제를 다루고 모든 학생에게 서비스를 제공하는 것을 목표로 한다.
- 교사와 학교상담자의 협업은 학급적용 상담교육 프로그램의 개발과 제공에 필수적이다.
- 학교상담자 양성 프로그램은 학교와 교실 환경에서 필요한 자질을 갖출 수 있도록 신규 학교상담자를 훈련시켜야 한다.
- 학교상담자는 자신의 학급적용 상담교육 프로그램의 효과성에 대해 책임을 지며, 다양한 평가 방법을 사용해야 한다.
- 대학 진학 및 진로 준비는 모든 학교급의 학급적용 상담교육 프로그램에서 필수적으로 다루어지는 주제이다.
- 학교상담자는 모든 학생을 위한 지원자로서의 역할을 인식하고, 학급적용 상담교육 프로그램이 성취 격차를 줄이고 사회 정의 문제를 해결하는 데 중요한 역할을 한다는 것을 인식해야 한다.
- 테크놀로지를 통합하는 것은 학급적용 상담교육 프로그램의 미래에서 중요한 요소로, 설계와 실행 모두에 영향을 미친다.

추가 자료

Center for Excellence in School Counseling and Leadership (CESCAL): http://www.cescal.org

Collaborative for Academic, Social, and Emotional Learning (CASEL): http://www.casel.org

College Board National Office of School Counselor Advocacy (NOSCA): http://nosca.collegeboard.org/

Edudemic: http://www.edudemic.com

Edutopia: http://www.edutopia.org

Flipped Learning: http://www.flippedlearning.org

Khan Academy: http://www.khanacademy.org

Matthew Sowers, "Flipped Counselor" YouTube Channel: https://www.youtube.com/channel/UCP-rvn89zwDVtbGy4_E7QzA

National Association of College Admissions Counseling (NACAC): http://www.nacacnet.org

Positive Behavioral Interventions & Supports (PBIS): http://www.pbis.org

School Counselors' Online Professional Exchange (SCOPE): http://www.scope4scs.org

참 / 고 / 문 / 헌

ACT. (2012). *The condition of college & career readiness 2012: National report*. Retrieved April 9, 2015, from http://www.act.org/research/policymakers/cccr12/

American School Counselor Association (ASCA). (2012). *ASCA national model*. Alexandria, VA: Author.

American School Counselor Association (ASCA). (2014). *ASCA mindsets & behaviors for student success: K-12 college- and career-readiness standards for every student*. Alexandria, VA: Author.

Bailey, T. (2009). Challenge and opportunity: Rethinking the role and function of developmental education in community college. *New Directions for Community Colleges, 145*, 11-30.

Barrett, P. M., Webster, H., Turner, C. M., & May, C. (2003). *Introduction to FRIENDS-A program for enhancing life skills promoting psychological resilience*. Retrieved from http://www.friendsinfo.net/downloads/friendsintro.pdf

Bergmann, J., & Sams, A. (2012). *Flip your classroom: Reach every student in every class everyday*. Eugene, OR: International Society for Technology in Education.

Bloom, B. S. (1956). *Taxonomy of educational objectives: The classification of educational goals*. New York, NY: Longmans, Green.

Brame, C. (2013). *Flipping the classroom*. Nashville, TN: Vanderbilt University Center for Teaching. Retrieved April 9, 2015, from http://cft.vanderbilt.edu/guides-sub-pages/flippingthe-classroom/

Brigman, G., & Webb, L. (2003). Ready to learn: Teaching kindergarten students school success skills. *Journal of Educational Research, 96*, 286-292.

Brigman, G., & Webb, L. (2004). *Student success skills: Classroom manual*. Boca Raton, FL: Atlantic Education Consultants.

Bucholz, J. L., & Sheffler, J. L. (2009). Creating a warm and inclusive classroom environment: Planning for all children to feel welcome. *Electronic Journal for Inclusive Education, 2*(4).

Carnevale, A. P., Smith, N., & Strohl, J. (2010). *Help wanted: Projections of job and education requirements through 2018*. Retrieved April 9, 2015, from http://files.eric.ed.gov/fulltext/ED524310.pdf

Chen-Hayes, S. F., Ockerman, M. S., & Mason, E. C. M. (2013). *101 solutions for school counselors and leaders in challenging times*. Thousand Oaks, CA: Corwin.

College Board National Office for School Counselor Accountability. (2010). *Eight components of college and career readiness counseling*. New York, NY: College Board Advocacy and Policy Center. Retrieved April 9, 2015, from http://media.collegeboard.com/digitalServices/pdf/nosca/11b_4416_8_Components_WEB_111107.pdf

Committee for Children. (1997a). *Second step: A violence prevention curriculum, grades 1-3* (2nd ed.). Seattle, WA: Author.

Committee for Children. (1997b). *Second step: A violence prevention curriculum, grades 4-5* (2nd ed.). Seattle, WA: Author.

Conley, D. T. (2012a). *The complexity of college and career readiness*. Educational Policy Improvement Center at the University of Oregon, Power Point Presentation at the New School. Retrieved April 9, 2015, from http://www.acrpro-training.org/TheComplexityofCollegeandCareerReadiness.pdf

Conley, D. T. (2012b). *Defining and measuring college and career readiness*. Washington, DC: National High School Center, American Institutes for Research. Retrieved April 9, 2015, from http://programs.ccsso.org/projects/Membership_Meetings/APF/documents/

Defining_College_Career_Readiness.pdf

Council for Accreditation of Counseling & Related Educational Programs (CACREP). (2009). *2009 standards for accreditation*. Alexandria, VA: Author.

Dimmitt, C., Carey, J. C., & Hatch, T. (2007). *Evidence-based school counseling: Making a difference with data-driven practices*. Thousand Oaks, CA: Corwin.

Durlak, J. A., Weissberg, R. P., Dymnicki, A. B., Taylor, R. D., & Schellinger, K. B. (2011). The impact of enhancing students' social and emotional learning: A meta-analysis of school based universal interventions. *Child Development, 82*(1), 405-432.

Education Trust. (2003). *A new core curriculum for all: Aiming high for other people's children*. Retrieved April 9, 2015, from http://edtrust.org/resource/a-new-core-curriculum-forall-aiming-high-for-other-peoples-children/

Edwards, D., & Mullis, F. (2003). Classroom meetings: Encouraging a climate of cooperation. *Professional School Counseling, 7*(1), 20-29.

Erford, B. T. (Ed.). (2014). *Transforming the school counseling profession* (4th ed.). Columbus, OH: Pearson Merrill.

Erikson, A., & Abel, N. R. (2013). A high school counselor's leadership in providing school-wide screenings for depression and enhancing suicide awareness. *Professional School Counseling, 16*(5), 283-289.

Gaffner, D. C., & Hazler, R. J. (2002). Factors related to indecisiveness and career indecision in undecided college students. *Journal of College Student Development, 43*(3), 317-326.

Gruman, D. H., & Hoelzen, B. (2011). Determining responsiveness to school counselling interventions using behavioral observations. *Professional School Counseling, 14*, 183-190.

Gysbers, N. C. (2001). School guidance and counseling in the 21st century: Remember the past into the future. *Professional School Counseling, 5*, 96-105.

Gysbers, N. C. (2004). Comprehensive guidance and counseling programs: The evolution of accountability. *Professional School Counseling, 8*, 1-14.

Hatch, T. (2013). *The use of data in school counseling*. Thousand Oaks, CA: Corwin.

Hines, P. L., & Lemons, R. W. (2011). *Poised to lead: How school counselors can drive college and career readiness*. Washington, DC: Education Trust. Retrieved April 9, 2015, from http://files.eric.ed.gov/fulltext/ED527908.pdf

Holcomb-McCoy, C. (2007). *School counseling to close the achievement gap: A social justice framework for success*. Thousand Oaks, CA: Corwin.

Holcomb-McCoy, C., & Chen-Hayes, S. F. (2011). Culturally competent school counselors:

Affirming diversity by challenging oppression. In B. T. Erford (Ed.), *Transforming the school counseling profession* (3rd ed., pp. 90-109). Boston, MA: Pearson.

House, R. M., & Sears, S. J. (2002). Preparing school counselors to be leaders and advocates: A critical need in the new millennium. *Theory into Practice, 41*, 154-162.

Madden, M., Lenhart, A., Duggan, M., Cortesi, S., & Gasser, U. (2013, March 13). *Teens and technology 2013*. Retrieved April 9, 2015, from http://www.pewinternet.org/2013/03/13/main-findings-5/

Martens, K., & Andreen, K. (2013). School counselors' involvement with a school-wide positive behavior support system: Addressing student behavior issues in a proactive and positive manner. *Professional School Counseling, 16*(5), 313-322.

Mason, E. C. M. (2010). Leveraging classroom time. *ASCA School Counselor*, July/August, 27-29.

Mason, E. C. M., & McMahon, H. G. (2009). Supporting academic improvement among 8th graders at risk of retention: A study using action research. *Research in Middle Level Education, 33*(1).

Mason, E. C. M., & Uwah, C. J. (2007, Fall). An eight-step research model for school counselors. *The Georgia School Counselors Association Journal*, 1-5.

McMahon, H. G., Mason, E. C. M., Daluga-Guenther, N., & Ruiz, A. (2014). Towards an ecological model of school counseling. *Journal of Counseling and Development, 92*(4), 459-471.

Myrick, R. D. (1987). *Developmental guidance and counseling: A practical approach*. Minneapolis, MN: Educational Media Corporation.

National Office for School Counselor Advocacy. (2010). *Eight components of college and career readiness counseling*. New York, NY: The College Board.

Ockerman, M. S., & Mason, E. C. M. (2012). Developing school counseling students' social justice orientation through service learning. *Journal of School Counseling, 10*(5).

Ockerman, M. S., Mason, E. C. M., & Feiker-Hollenbeck, A. (2012). Integrating RtI with school counseling programs: Being a proactive professional school counselor. *Journal of School Counseling, 10*(15).

Organization for Economic Cooperation and Development. (2014). *Education at a glance: OECD indicators 2013*. Retrieved April 16, 2015, from http://www.oecd.org/edu/eag2013%20%28eng%29--FINAL%2020%20June%202013.pdf

Pedrotti, J. T., Edwards, L. M., & Lopez, S. J. (2008). Promoting hope: Suggestions for school counselors. *Professional School Counseling, 12*(2), 100-107.

Plummer, B. D., Galla, B. M., Finn, A., Patrick, S. D., Meketon, D., Leonard, J., … Duckworth, A. L. (2014). A behind-the-scenes guide to school-based research. *Mind, Brain, and Education, 8*(1), 15-20.

Prensky, M. (2010). *Teaching digital natives: Partnering for real learning*. Thousand Oaks, CA: Corwin.

Rowell, L. L. (2005). Collaborative action research and school counselors. *Professional School Counseling, 9*, 28-36.

Rowell, L. L. (2006). Action research and school counseling: Closing the gap between research and practice. *Professional School Counseling, 9*, 376-384.

Rumberger, R. W. (2006). *Tenth grade dropout rates by native language, race/ethnicity, and socioeconomic status*. Berkeley: University of California Linguistic Minority Research Institute. Retrieved April 9, 2015, from http://escholarship.org/uc/item/2903c3p3

Sabella, R., & Booker, B. L. (2003). Using technology to promote your guidance and counselling program among stakeholders. *Professional School Counseling, 6*, 206-213.

Sanford, C., Newman, L., Wagner, M., Cameto, R., Knokey, A. M., & Shaver, D. (2011). The posthigh school outcomes of young adults with disabilities up to 6 years after high school: Key findings from the National Longitudinal Transition Study-2 (NLTS2). *National Center for Special Education Research*. Retrieved April 9, 2015, from http://files.eric.ed.gov/fulltext/ED523539.pdf

Schmidt, J. J. (2014). *Counseling in schools: Comprehensive programs of responsive services for all students*. Boston, MA: Pearson.

Walker, H. M., & Shinn, M. R. (2002). Structuring school-based interventions to achieve integrated primary, secondary, and tertiary prevention goals for safe and effective schools. *Interventions for Academic and Behavior Problems II: Preventive and Remedial Approaches*, 1-26.

Walsh, M. E., Kenny, M. E., Weineke, M. A., & Harrington, K. R. (2008). The Boston Connects program: Promoting learning and health development. *Professional School Counseling, 12*(2), 166-169.

Waters, E., & Sroufe, L. A. (1983). Social competence as a developmental construct. *Developmental Review, 3*, 79-97.

Zins, J. E., & Elias, M. J. (2006). Social and emotional learning. In G. G. Bear & K. M. Minke (Eds.), *Children's needs III: Development, prevention, and intervention* (pp. 1-13). Bethesda, MD: National Association of School Psychologists.

부록 ASCA 학생의 목적 달성을 위한 마음가짐 및 행동

'ASCA 학생의 목적 달성을 위한 마음가짐 및 행동'은 영역, 범주 및 하위 범주에 따라 정리된 표준, 학년별 역량으로 구성되어 있다. 각각은 다음에 설명되어 있다.

▶ 영역

'ASCA 학생의 목적 달성을 위한 마음가짐 및 행동'은 학업, 진로 및 사회/정서적 발달의 세 가지 광범위한 영역으로 구성되어 있다. 이러한 영역은 학습 과정을 향상시키고 모든 학생에게 대학 문화와 진로 준비를 조성하는 마음과짐과 행동을 증진한다. 각 영역의 정의는 다음과 같다.

- **학업 발달**: 각 학생의 학습 능력을 지원하고 극대화하는 전략과 활동을 구현하기 위한 학교상담 프로그램을 안내하는 표준
- **진로 발달**: 학생이, ① 학교와 직업 세계 간의 연관성을 이해하고, ② 학교에서 고등교육 및/또는 직업 세계로의 전환과 평생에 걸쳐 한 직업에서 다른 직업으로의 전환을 계획하고 성공적으로 실행할 수 있도록 돕는 학교상담 프로그램을 안내하는 표준
- **사회/정서적 발달**: 학생이 감정을 관리하고 대인관계 기술을 배우고 적용할 수 있도록 돕는 학교상담 프로그램을 안내하는 표준

▶ 범주 및 하위 범주에 따라 정리된 표준

전체 35개의 표준은 세 가지 영역 중 어느 하나에 적용될 수 있으며, 학교상담자는 학교, 학급, 소규모 그룹 또는 개인의 필요에 기초하여 영역과 표준을 선택한다. 이 표준은 시카고 대학교 컨소시움(University of Chicago Consortium)이 2012년 『Chicago School Research』에 발표한 논문에서 확인된 학업적 수행과 관련된 비인지적 요인으로 구성된 다섯 가지 일반적인 범주에 기초하여 범주와 하위 범주로 정리했다. 이 범주는 비인지적 요인에 관한 "광범위한 연구 문헌"(p. 8)을 종합하고 있으며, 비인지적 요인에는 인내, 회복탄력성, 그릿, 목적 설정, 도움 추구, 협업, 양심, 자기효능감, 자기조절, 자기통제, 자기규율, 동기부여, 마음가짐, 노력, 업무 습관, 조직화, 숙제 완료, 학습 전략 및 공부 기술 등이 있다.

- **범주 1, 마음가짐 규준**: 학업과 관련하여 학생이 스스로에 대해 가져야 하는 심리사회적 태도나 신념과 관련된 규준이다. 이 규준은 행동에서 나타나는 학생의 신념 체계를 구성한다.
- **범주 2, 행동 규준**: 목적을 달성한 학생에게 공통적으로 나타나는 행동과 관련된 규준이다. 이 행동은 학생이 학습에 참여하고 노력할 때 육안으로 확인할 수 있고 겉으로 드러나는 징후이다. 행동은 세 가지 하위 범주로 나뉜다.
- **학습 전략**: 인지적 작업(사고, 기억, 학습)을 돕기 위해 학생이 사용하는 과정과 전술
- **자기관리 기술**: 장애물에도 불구하고 목적에 계속 집중하고(그릿 또는 끈기), 낮은 즐거움보다 높은 추구를 우선시하기 위해 주의를 산만하게 하는 것이나 유혹을 피하는 것(지연된 만족, 자기 규율, 자기 통제)
- **사회적 기술**: 또래 간 또는 학생과 성인 간의 사회적 상호작용을 개선하며 허용되는 행동

▶ ASCA 학생의 목적 달성을 위한 마음가짐 및 행동: 모든 초중등학생을 위한 대학 및 진로 준비도 규준

다음 각 규준은 학업, 진로 및 사회/정서적 영역에 적용될 수 있다.

범주 1, 마음가짐 규준 학교상담자는 모든 학생에게 다음과 같은 마음가짐을 갖도록 권장한다.		
1. 정신적 · 사회/정서적 · 신체적 안녕의 건강한 균형을 포함한 온전한 자기(whole self)의 발달에 대한 신념 2. 목표를 달성할 수 있는 능력에 대한 자신감 3. 학교 환경에서의 소속감 4. 장기적 진로 목적 달성을 위한 고등교육과 평생 학습의 필요성에 대한 이해 5. 최상의 결과와 성과를 달성하기 위해 능력을 최대한 발휘하려는 신념 6. 일과 학습에 대한 긍정적인 태도		
범주 2, 행동 규준 학생은 교실 수업, 활동 및/또는 개인/소그룹 상담을 통해 다음 규준을 발휘해야 한다.		
학습 전략	자기관리 기술	사회적 기술
1. 정보에 입각한 의사결정을 하기 위한 비판적 사고 기술을 발휘하기	1. 책임감 발휘하기	1. 효과적인 구두 및 서면 의사소통 기술과 경청 기술 사용하기
2. 창의성 발휘하기	2. 자기 절제와 자제력 발휘하기	2. 다른 학생과 긍정적이고 지지적인 관계 형성하기

3. 시간 관리, 조직화, 및 공부 기술 사용하기	3. 독립적으로 일할 수 있는 능력 발휘하기	3. 목적 달성을 지원하는 어른들과 관계 형성하기
4. 학습에 대한 자기 동기부여 및 자기 지시 적용하기	4. 장기적 보상을 위해 즉각적인 만족을 지연시킬 수 있는 능력 발휘하기	4. 공감하기
5. 미디어와 테크놀로지 기술 적용하기	5. 장단기 목적을 달성하기 위한 인내력 발휘하기	5. 윤리적 의사결정 및 사회적 책임 발휘하기
6. 높은 질적 기준 설정하기	6. 학습을 위한 장애물을 극복하는 능력 발휘하기	6. 효과적인 협업 및 협동 기술 사용하기
7. 장단기적 학업, 진로 및 사회/정서적 목적 인식하기	7. 문제에 직면했을 때 효과적으로 대처하는 기술 발휘하기	7. 다양한 팀에서 효과적으로 일하기 위해 리더십과 팀워크 기술을 사용하기
8. 도전적인 과제에 적극적으로 참여하기	8. 학교, 가정, 마을교육공동체의 활동의 균형을 맞출 수 있는 능력 발휘하기	8. 필요한 경우 옹호 기술과 자기주장 능력 발휘하기
9. 증거를 수집하고 정보에 입각한 결정을 위하여 다양한 관점 고려하기	9. 자기 보호 기술 발휘하기	9. 상황과 환경에 적합한 사회적 성숙함과 행동을 보여 주기
10. 풍부한 경험을 제공하는 활동과 교외활동에 참여하기	10. 진학과 적응을 관리하고 변화하는 상황과 책임에 적응할 수 있는 능력 발휘하기	

▶ 학년 수준 역량

학년 수준 역량은 학생이 규준을 향해 나아가는 과정에서 달성하는 구체적이고 측정 가능한 기대치이다. 학교상담 프로그램의 비전, 미션 및 프로그램 목표가 학교의 학문적 사명과 일치하기 때문에 학교상담 규준과 역량도 주 및 학구 차원의 학업적 내용 기준과 일치한다.

'ASCA 학생의 목적 달성을 위한 마음가짐 및 행동'은 역량 수준의 연결을 통해 공통 핵심 국가 기준의 특정 기준에 부합한다. 이를 통해 학교상담자는 교실에서 핵심 영역에서 가르치는 학업적 내용과 함께 학생이 대학 진학 및 진로 준비도 기준을 충족할 수 있도록 도울 수 있다. 또한, 학생의 발달 요구를 충족하는 규준과 역량에 중점을 두어 개별 및 소그룹 상담을 제공할 때 학교상담자가 직접적으로 학업 교육과 일치하도록 돕는다. 공통 핵심 국가 기준을 채택하지 않은 주에서 근무하는 학교상담자는 소속된 주의 학업 기준에 역량을 맞추도록 권장되며, 'ASCA 학생의 목적 달성을 위한 마음가짐 및 행동'의 역량을 사용할 수 있다.

찾 / 아 / 보 / 기

인명

내용

편저자 소개

Jolie Ziomek-Daigle(Ph.D., LPC)

1997년에 로욜라 대학교 뉴올리언스(Loyola University New Orleans)에서 생활지도 및 상담 석사학위를 취득했다. 대학원 과정을 마치는 동안 DePaul/Tulane Behavioral Health Center의 정신과에서 근무하며 급성 및 입원 아동과 청소년을 만났다. 2002년에는 뉴올리언스 대학교 (University of New Orleans)에서 박사과정 공부를 시작했으며, 2005년에는 상담교육 및 슈퍼비전 분야의 박사학위를 취득했다. 학교상담을 부전공으로 하고 놀이치료를 집중해서 공부했다. 같은 해, 조지아 대학교(University of Georgia)의 학교상담 프로그램에서 조교수로 임용되었다. 2011년에는 종신교수가 되었으며, 학교상담 분야의 석사 교육 프로그램 조정 역할을 맡았다. 그녀는 상담교육의 보완 및 유지 문제, 학교상담자의 임상 준비, 학교 기반 상담 개입, 학교 기반 놀이치료 서비스 등과 관련된 연구를 광범위하게 발표했으며, 주요 학술지인『Journal of Counseling and Development』『Professional School Counseling』『Guidance and Counselling』『Middle School Journal』『The Family Journal』등에 기고했다. 그녀는 대인관계 기술, 아동 및 청소년 상담, 정신 진단, 놀이치료, 서비스 학습, 인턴십 등의 임상 핵심 과정을 강의하고 있다. 현재는 Northeast Georgia Regional Sharing Agency(NE GA RESA)와 지역의 교육 치료 학교인 Rutland Academy에서 교수로 재직 중이다. 이 직위에서 그녀는 두 학기 서비스 학습 프로그램(Two-semester service-learning program)을 조정하고, 현장에서 실습하는 석사 및 박사 과정 학생에게 슈퍼비전을 제공하며, 보조금과 계약을 통해 치료 모델을 확장하고 있다. 그녀는 2014년에 Association for Counselor Education and Supervision(ACES)에서 상담 비전과 혁신상을 수상했으며, 현재 조지아 대학교에서 서비스 학습 펠로우로 활동하고 있다.

기고자 소개

Kristin Avina

컬럼비아 특별구 공립학교(District of Columbia Public Schools) 전문 학교상담자이자 트루스델 교육 캠퍼스(Truesdell Education Campus) 팀 리더로 일하고 있다.

Stephanie Eberts

텍사스 주립대학교(Texas State University) 전문상담 프로그램의 조교수이다.

Melinda M. Gibbons

테네시 대학교(University of Tennessee) 교육심리학 및 상담학과 상담교육 분야의 조교수이다.

Natoya Hill Haskins

조지아 대학교(University of Georgia) 조교수이다.

Amber N. Hughes

린지 윌슨 대학교(Lindsey Wilson College) 전문상담 전공 조교수이다.

Christopher Janson

노스 플로리다 대학교(University of North Florida) 리더십, 학교상담 및 스포츠 관리학과 부교수이자, 임시 학과장이다.

Dana Jenkins

시카고 공립학교(Chicago Public Schools)에서 전문 학교상담자로 근무하며, PK-8학년 학생들을 위한 다층지원시스템(MTSS) 및 사회정서학습(SEL) 전문가이다.

Andrew J. Knoblich

버지니아주 알렉산드리아에 위치한 페어팍스 카운티 공립학교(Fairfax County Public Schools) 중등 학교상담자이다.

Christy W. Land

웨스트 조지아 대학교(University of West Georgia) 임상 및 전문 연구 부서의 조교수로 재직 중이다.

E. C. M. Mason

시카고의 드폴 대학교(DePaul University) 상담 프로그램의 부교수이다.

Sophie Maxis

노스 플로리다 대학교(University of North Florida) 리더십, 학교상담 및 스포츠 관리학과의 학교상담학 조교수이다.

Clare Merlin

노스 캐롤라이나 대학교 샬롯 캠퍼스(University of North Carolina at Charlotte) 상담학과 조교수이다.

Joy Rose

워싱턴 D.C.의 컬럼비아 하이츠 교육 캠퍼스(Columbia Heights Education Campus)에서 전문 학교상담자로 근무하며, 중학교 상담 프로그램을 운영하고 있다.

Sam Steen

공립학교에서 연구와 실무 경험이 풍부한 상담자이다. 초등학교와 중등학교에서 전문 학교상담자로 10년간 근무했다.

Amy W. Upton

사우스 앨라배마 대학교(University of South Alabama) 조교수이자 학교상담 프로그램의 코디네이터이다.

Lauren Stern Wynne

버지니아주 팜빌에 있는 롱우드 대학교(Longwood University)의 상담교육학 조교수이다.

역자 소개

이은정(EunJung Lee)

2001년에 홍익대학교 사범대학 교육학과(경제학 복수전공)를 졸업하고 사회교사로 교단에 첫발을 내디뎠다. 홍익대학교 대학원에서 석사학위(교육심리 전공)를, 한양사이버대학교 대학원에서 석사학위(상담 및 임상심리 전공)를 취득했으며, 2024년 이화여자대학교 대학원에서 박사학위(교육행정 전공)를 취득했다. 2008년에 전문상담교사 자격을 취득하고, 점촌중학교와 안성고등학교 전문상담교사를 거쳐 현재 평택에 위치한 송탄중학교에서 전문상담교사로 근무하고 있다. 경기도전문상담교육연구회 초대회장으로, 모래놀이치료를 함께 공부한 선생님들과 국내 최초로 전문상담교사 주도의 학술대회를 개최했다. 한국전문상담교육연구회 초대회장으로 공동국제학술대회 개최 등 전문상담교사의 전문성 강화 및 학교상담 정책 변화를 위한 현장 연구에 관심을 가지고 있다. 남서울대학교 일반대학원 아동복지학과 상담심리치료 전공에서 발달진단 및 심리평가, 아동상담연구방법론을 가르친 경험이 있으며, 한국교육개발원 Wee클래스 운영매뉴얼 집필, 경기도교육청 학교내대안교실 운영매뉴얼 집필, 법무부 인권교육프로그램 개발 및 『교육부 사이버어울림 고등학교 기본과정』과 『진로와 직업』을 집필했다. 한국상담심리학회, 한국임상모래놀이치료학회, 한국청소년상담학회 자격회원이자 임상심리사, 그리고 전문상담교사로 교육공동체의 상담, 심리지원, 상담교육 등의 업무를 지원하고 있다. 저서로는 『교사를 위한 미술치료: 청소년편』(공저, 학지사, 2023)이 있다.

이주(Joo Lee)

2006년에 연세대학교 문과대학 영어영문학과를 졸업하고 일본 도쿄 대학교(The University of Tokyo) 대학원에서 석사학위(사회심리학 전공)를 취득했으며, 2016년 연세대학교 문과대학 심리학과에서 박사학위(사회심리학 전공)를 취득했다. 2022년 아주대학교 교육대학원 상담심리 전공 석사과정을 졸업하며 전문상담교사 2급을 취득했다. 한국교육개발원 인성교육지원센터 연구원, 경희대학교 CTL 객원교수를 거쳐 현재 경기도 화성에 위치한 안화초등학교에서 전문상담교사로 근무하고 있다. 한국전문상담교육연구회 사무국장 및 경기도전문상담교육연구회 회장으로 학교상담 연구와 발전을 위해 노력하며, 아주대학교 교육대학원에서 상담심리 과목을 강의하고 있다.

학급에 바로 적용하는 학교상담

School Counseling Classroom Guidance:
Prevention, Accountability, and Outcomes

2026년 1월 10일 1판 1쇄 인쇄
2026년 1월 20일 1판 1쇄 발행

엮은이 • Jolie Ziomek-Daigle
옮긴이 • 이은정 · 이주
펴낸이 • 김진환
펴낸곳 • (주)학지사
펴낸곳 • 04031 서울특별시 마포구 양화로 15길 20 마인드월드빌딩
대표전화 • 02-330-5114 팩스 • 02-324-2345
등록번호 • 제313-2006-000265호

홈페이지 • http://www.hakjisa.co.kr
인스타그램 • https://www.instagram.com/hakjisabook

ISBN 978-89-997-3579-0 93370

정가 22,000원